EDGAR ALLAN POE

Band 1
Erste Erzählungen
Grotesken

DEUTSCH VON ARNO SCHMIDT
UND HANS WOLLSCHLÄGER

WALTER-VERLAG
OLTEN UND FREIBURG IM BREISGAU

Die vorliegende Ausgabe in zehn Bänden
ist textidentisch mit der vierbändigen Originalausgabe
bei Walter.

KONKORDANZ

Das Gesamtregister und das Gesamtinhaltsverzeichnis beziehen sich auf die Verteilung der Originalausgabe und sind
entsprechend auf die zehn Bände zu übertragen. Beispiel:
Die Bezeichnung «II, 549» im Gesamtregister verweist auf
Band 4. Der Titel «Band III» im Gesamtinhaltsverzeichnis
umfaßt die Bände 6, 7 und 8.

ZWEITE AUFLAGE DER SONDERAUSGABE 1976

Alle Rechte dieser Ausgabe vorbehalten.
© Walter-Verlag AG Olten, 1966
Herstellung in den Werkstätten des Walter-Verlags
Printed in Switzerland
ISBN 3-530-65655-0

INHALT

Anmerkungen und ein ausführliches Inhaltsverzeichnis
finden sich in Band 2.

Edgar Allan Poe war in seinem Geburtsland lange Zeit ein Fremder. Erst als Europa ihm geistiges Gastrecht gewährte, begann Amerika, ihn als Teil seiner eigenen Tradition zu verstehen und als bedeutenden Dichter zu feiern. Zu einer historisch-kritischen Gesamtausgabe hat es sein Werk bis heute nicht gebracht.

So gilt als Standardausgabe immer noch die 1902 von James A. Harrison herausgegebene Virginia-Edition. Im Hinblick auf einen zuverlässigen Text stellte sie zweifellos einen entscheidenden Fortschritt dar. Denn schon die erste gesammelte Ausgabe, die Poes literarischer Nachlaßverwalter Griswold 1850–56 veröffentlichte, enthielt zahlreiche eigenmächtige Änderungen. Die meisten späteren Ausgaben übernahmen sie von dort. Harrison dagegen griff auf die Originalveröffentlichungen zurück. Er druckte den Text in der von Poe revidierten Fassung und fügte ein Verzeichnis der Lesarten bei.

Die siebzehn roten Kleinoktavbände enthalten jedoch keineswegs das gesamte Werk. Eine beachtliche Zahl von Texten wurde seitdem neu identifiziert, andere erwiesen sich als nicht authentisch. Auch fehlt der Virginia-Edition ein kritischer Apparat. Die Verarbeitung der vielen Einzelstudien, die seitdem wichtiges Material über Poes Leben und Werk zutage gefördert haben, in einer historisch-kritischen Ausgabe ist eines der großen Desiderata der amerikanischen Literatur. Sie wird von T. O. Mabbott seit längerer Zeit vorbereitet. Die wichtigsten Ergebnisse dieser Einzelforschung wird auch eine deutsche Ausgabe nicht außer acht lassen dürfen.

In Europa fand Poe früh Beachtung und Zustimmung. Der Einfluß der Brüder Schlegel auf seine kritische Theorie, eine Geistesverwandtschaft des Erzählers zu E. T. A. Hoffmann und anderen Romantikern sicherten ihm in Deutschland das Interesse. In Frankreich wurde er durch die Übersetzertat Baudelaires eingebürgert und als Wegbereiter einer neuen Poetik erkannt. Wo immer in der modernen Literatur vom Dichter als Sprachingenieur die Rede ist, beruft man sich auf Poe als Erzvater und Vorbild. Anders als in Frankreich jedoch, wo Valéry ihn amalgamierte, ist der Literaturkritiker Poe in Deutschland nur vage bekannt geworden. Das Prinzip gefälliger Auswahlen hat aus ihm eher einen Autor ‹unheimlicher Geschichten› gemacht; selbst anspruchsvollere Ausgaben halten sich selten auf der Höhe von Poes Ruhm, zur modernen Vorstellung von Dichtung Wesentliches beigetragen zu haben. Die letzten größeren Ausgaben liegen über vierzig Jahre zurück (herausgegeben von Theodor Etzel und Franz Blei, beide 1922, beide in sechs Bänden).

Die Ausgabe in drei Dünndruckbänden, deren ersten Band wir hier vorlegen, soll dem deutschen Leser die Möglichkeit geben, sich umfassender und eingehender mit einem Autor zu beschäftigen, der einer der Begründer der amerikanischen Literatur und ein Wegbereiter der Moderne ist. Abgesehen von dem interpretierenden Eingriff, der unweigerlich in der Anlage einer Ausgabe liegt, haben sich die Herausgeber bemüht, statt eigener Deutung Material über Leben und Werk zusammenzutragen. Eine chronologisch angelegte Tafel der Lebensdaten verarbeitet, was über Poes Leben bekanntgeworden ist; das Vermutete und Ungewisse ist als solches bezeichnet. Sie zieht ferner Zitate aus Briefen und Berichten der Zeit heran, die beleuchten, wie die Zeitgenossen den Menschen und Autor Poe sahen. Das Verzeichnis der Werke im Anhang des ersten Bandes beruht auf einer kritischen Überprüfung der älteren Bibliographien; es ist das einzige umfassende Werkverzeichnis, das zur Zeit im Druck vorliegt. Der Anmerkungsteil trägt die Forschungsergebnisse zur Quellenkunde und Texterklärung zusammen.

Zum ersten Mal vollständig aufgenommen wurden die Erzählungen Poes, die in den ersten beiden Bänden vorgelegt werden. Sie sind nach Art und Thematik in Gruppen zusammengefaßt. Die frühesten Prosa-Veröffentlichungen von 1832 wurden an den Anfang gestellt, um deutlich zu machen, an welche literarischen Traditionen Poe anknüpft. Es folgen zwei Hauptgruppen ‹Grotesken› und ‹Arabesken›, deren Bezeichnung bei Poe selbst zu finden ist. Grotesk nannte er ein Werk, wenn ein burleskes oder satirisches Moment vorherrscht, arabesk dagegen, wenn es ganz von der Imagination bestimmt ist. Danach folgt eine Gattung, die Poe zwar nicht erfunden, aber entscheidend geprägt hat: die Detektivgeschichte. Durch diese Gruppierung versucht der erste Band, die Grundzüge von Poes Erzählkunst zu zeigen.

Nach Poes Kategorien sind auch die Erzählungen des zweiten Bandes Grotesken und Arabesken. Wir haben hier jedoch eine thematische Gliederung vorgenommen, teils, weil wir vor der Notwendigkeit einer Anordnung standen, teils, weil wir das Augenmerk auf einige zentrale Probleme in Poes Werk lenken wollten. Es sind die Gruppen ‹Phantastische Fahrten›, ‹Faszination des Bösen›, ‹Mesmerismus und Hypnose› und ‹Kosmos und Eschatologie›. Der Benutzer der Ausgabe mag sich bewußt bleiben, daß es sich hier nur um eine Ordnungshilfe handelt, nicht um eine Einteilung, die Poe selber benutzt hätte. In diesen Band sind auch die großen Arbeiten aufgenommen: der Kurzroman *The Narrative of Arthur Gordon Pym,* der fiktive Expeditionsbericht *The Journal of Julius Rodman* und der groß angelegte kosmologische Versuch *Eureka*. Die chronologische Anordnung innerhalb der Gruppen und Bände soll dem Leser die Möglichkeit geben, Entwicklungen zu verfolgen; Querverweisungen in den Anmerkungen unterstützen ihn dabei.

Ebenfalls zum ersten Mal vollständig aufgenommen wurden die Gedichte, die zusammen mit dem Fragment des Dramas *Politian* den dritten Band eröffnen. Ihre Übertragung kann nur eine Annäherung sein. Wir haben uns darum entschlossen, sie zweisprachig abzudrucken: der Abstand, der notwendig zwischen einem lyrischen Gebilde und seiner Reproduktion im Medium einer fremden Sprache bleibt, soll nicht verwischt werden. Ohne Ausnahme aufgenommen wurden auch die grundlegenden Essays, in denen Poe die Prinzipien seiner Poetik und Kritik entwickelt.

Nicht vollständig sein kann dagegen eine deutsche Ausgabe der Rezensionen: in der journalistischen Tagesarbeit, von der Notwendigkeit des Broterwerbs gedrängt, schrieb Poe nahezu pausenlos über jeden Gegenstand auf dem Literaturmarkt. Hier Vollständigkeit anzustreben, bliebe einer nach strengen Gesichtspunkten gearbeiteten historisch-kritischen Ausgabe vorbehalten. Wir haben die abgedruckten Rezensionen gleichwohl nicht ausschließlich nach bedeutenden Namen ausgewählt, sondern versucht, Poes kritische Praxis in ihrer Breite zu zeigen, auch dort, wo sie literarischen

Scheinblüten galt. Zum ersten Mal übersetzt wird ein großer Teil der *Marginalia*, die unter anderem für Poes Gesellschaftskritik wichtig sind.

Auf eine Auswahl muß sich auch die Aufnahme der Briefe in diese Ausgabe beschränken. Wir haben uns bemüht, vor allem die Briefe heranzuziehen, die Poes Lebenssituation erhellen und zusätzlich Aufschluß über seine literarische Praxis geben.

Sämtliche Texte dieser Ausgabe sind neu übertragen. Poes Sprache, die mit Anklängen und Anspielungen arbeitet, zum Teil gelehrten und ausgefallenen Charakters, aber auch die unterschiedliche Qualität seiner Texte, die vom genau kalkulierten künstlerischen Effekt bis zur flüchtigen Tagesarbeit reicht, stellen den Übersetzer vor nicht geringe Probleme. Die Herausgeber halten es für einen Glücksfall, daß Arno Schmidt und Hans Wollschläger die langwierige Arbeit einer vollständigen Neuübertragung übernommen haben. Eine Übersetzung, die handwerkliches Maß übersteigen soll, setzt ein kongeniales Verhältnis zur Sprache voraus: wer in der zeitgenössischen Literatur hätte dem Sprachingenieur Poe, aber auch dem satirisch-subtilen Kritiker näher stehen können als der Autor Arno Schmidt. Der Leser wird Eigenwilligkeiten und Kühnheiten finden. Sie sind zwischen Herausgebern und Übersetzern diskutiert worden; die Herausgeber haben sich jedoch nicht befugt gefühlt, Eingriffe oder Angleichungen vorzunehmen. Jeder Übersetzer zeichnet für seinen Text allein verantwortlich; eine Erörterung der Übersetzungsprinzipien ist in Band II vorgesehen.

In gemeinsamen Überlegungen dagegen entstand die Anlage der Ausgabe. Arno Schmidts ausgedehnter Kenntnis der Werke Poes und des Zeithintergrundes verdanken die Herausgeber manche wichtige Anregung. Für die Bargfelder Treffen, die der Arbeit an der Ausgabe galten – den Beteiligten in lebhafter Erinnerung –, möchten sie an dieser Stelle danken.

Als Textvorlage für die Übersetzung diente grundsätzlich die Virginia-Edition. Abweichend davon wurde für die Gedichte die Ausgabe von Killis Campbell gewählt, die einen umfangreichen Varianten- und Anmerkungsapparat enthält. Für die Auswahl und Übersetzung der Briefe wurde die Ausgabe *The Letters of Edgar Allan Poe* von John Ostrom benutzt.

Um Poes Leben ranken sich Legenden. Mißgünstige Zeitgenossen schmähten ihn als haltlosen Alkoholiker, feinsinnige Gemüter umgaben ihn später mit der Gloriole romantischer Weltfremdheit. Die gewissenhafte Auswertung der Dokumente ergibt ein anderes Bild. Dieser Vorzug macht die Studie von Arthur Hobson Quinn *Edgar Allan Poe, a Critical Biography* (New York 1941) zum Standardwerk, dem die nachfolgende Chronologie viel verdankt. Ältere und neuere Biographien wurden zur Ergänzung herangezogen, zu Einzelfragen die entsprechenden Forschungsbeiträge. Die Briefstellen sind nach der Ausgabe *The Letters of Edgar Allan Poe,* herausgegeben von John Ostrom (Cambridge, Mass. 1948), übersetzt.

Unsere Übersicht trägt die wichtigsten Daten und Fakten aus Poes Leben zusammen. Ungewißheiten und Vermutungen sind als solche bezeichnet. Die Zitate wollen einen Eindruck geben, wie die Zeitgenossen den Menschen und Autor Poe sahen. Über die genaue Datierung der Werke gibt das Werkverzeichnis am Ende dieses Bandes ausführlichere Auskunft, es benutzt die letzten Arbeiten auf diesem Gebiet. Die chronologische Anlage der Übersicht soll der raschen Orientierung dienen.

Poes ständige wirtschaftliche Schwierigkeiten sind bekannt. Wir haben uns bemüht, seine Einkommensverhältnisse genau zu belegen. Zum Vergleich der Kaufkraft ist in Rechnung zu stellen, daß 1 Dollar von 1825 etwa 3.75 heutigen Dollars entspricht.

Herkunft

Poes Vorfahren väterlicherseits waren irische Farmer. Sein Urgroßvater, John Poe, wanderte 1749 oder 1750 nach Pennsylvania aus und ließ sich in Baltimore nieder. Sein Sohn David (1742?–1816) stellte dort Spinnräder her und setzte sich als Whig (Liberaler) offenbar aktiv für die Pressefreiheit ein. Im Unabhängigkeitskrieg der amerikanischen Kolonien wurde er 1779 zweiter stellvertretender Generalquartiermeister (Assistant Deputy-Quartermaster General) für Baltimore im Range eines Majors, allgemein bekannt aber als ‹General Poe›. Er kaufte von seinem Vermögen Ausrüstungen für die Revolutionsarmee im Werte von $ 40 000, seine Frau versorgte 1781 die Truppen des Generals Lafayette mit Kleidung.

Sein Sohn David Poe Jr. (1784–?) wurde Schauspieler und debütierte 1803 am Charleston Theatre, blieb künstlerisch aber offenbar unbedeutend. Jedenfalls schrieb noch 1809 ein Kritiker: «Er ist äußerst labil. Der kleinste Schnitzer raubt ihm sein geringes Selbstvertrauen und stürzt ihn in die Ängste eines Debütanten.» Ab 1804 spielte er in der gleichen Truppe wie seine spätere Frau Elizabeth. Elizabeth Arnold (1787?–1811) war 1796 aus England eingewandert und debütierte als kindliche Darstellerin noch im gleichen Jahr in Boston. 1802 heiratete sie mit fünfzehn Jahren den Schauspieler Charles Hopkins, der drei Jahre später starb. Im März oder April 1806 heiratete sie in Richmond David Poe Jr. «Eine kindliche Figur, große, weitgeöffnete Augen, eine Fülle lockigen, rabenschwarzen Haars, das Gesicht einer Elfe, eines Kobolds, einer Undine», beschrieb ein Bewunderer später die Gestalt Elizabeth Poes. Sie trat vor allem in Unterhaltungsstücken auf, in denen sie so beliebt war, daß man ihr auch gelegentliche Unzulänglichkeiten verzieh. So heißt es 1806 in einer Kritik: «Über Mrs. Poe als Cordelia möchten wir uns nur mit größter Schonung äußern. Die Angst, sie könnte die ihrem Talent eigene Sphäre verlassen haben, machte sich in einer liebenswerten Schüchternheit bemerkbar, und ihre anmutige Zartheit bewahrt sie vor dem rigorosen Urteil der Kritik.» David und Elizabeth Poe traten an verschiedenen Theatern gemeinsam auf, vor allem in Philadelphia und Boston. Am 30. Januar 1807 wurde ihr erstes Kind, Edgars älterer Bruder William Henry, geboren.

1809

19. JANUAR Edgar Poe in Boston geboren. Im Herbst und Winter treten die Eltern in New York auf.

1810

AUGUST Elizabeth Poe geht ins Engagement nach Richmond, wahrscheinlich ohne ihren Mann, der seine Familie um diese Zeit verlassen haben muß. Über sein weiteres Schicksal ist nichts bekannt. – 20.(?) DEZEMBER Edgars Schwester Rosalie Poe in Richmond geboren.

1811

Elizabeth Poe tritt in Charleston und Norfolk auf, im Herbst wieder in Richmond. – 11. OKTOBER Letzter

Auftritt, danach schwere Erkrankung. – 29. NOVEMBER
Benefizvorstellung für die Todkranke. – 8. DEZEMBER
Elizabeth Poe stirbt. In 6 Bühnenjahren hat sie 201 Rollen gespielt. Die beiden jüngeren Kinder werden in
Richmonder Familien aufgenommen: Rosalie von William McKenzie, Edgar von dem Kaufmann John Allan. William Henry befand sich schon seit längerer Zeit
bei seinem Großvater David. Edgar Poes Pflegevater
John Allan (1780–1834), Schotte von Geburt, war 1795
nach Amerika eingewandert und betrieb seit 1800 gemeinsam mit einem Charles Ellis eine Tabakexportfirma (Gründungskapital jedes der beiden Partner
£ 1000). Er heiratete 1803 Frances Keeling Valentine
und wurde 1804 amerikanischer Bürger, seine Ehe blieb
kinderlos und war später wenig glücklich, da Allan zu
Seitensprüngen neigte. Edgar wurde so erzogen, daß
man ihn allgemein für Allans Adoptivsohn hielt, doch
hat dieser ihn nie wirklich adoptiert. Aus dieser Diskrepanz erklärt sich manches in Poes späterem Lebenslauf.

1814

Günstige Entwicklung der Firma Ellis & Allan. Saldo:
Aktiva $ 223 133, Passiva $ 182 494.

1815

JUNI John Allan schifft sich mit seiner Familie nach England ein, um dort die Absatzmöglichkeiten seiner
Firma zu erweitern. – JULI Ankunft in Liverpool.

Reise über Sheffield und Newcastle nach Schottland zu Allans Verwandten. Aufenthalt in Edinburgh, Glasgow, Irvine, Greenock, Kilmarnock. – OKTOBER Edgar wird in London in die Schule der Damen Dubourg aufgenommen. In einem Brief an seinen Partner Ellis schreibt Allan: «Edgar ist ein prachtvoller Junge, seine Entwicklung bietet zu keinem Tadel Anlaß.»

1817

Vermögen der Firma Ellis & Allan: $ 140 000.

1818

JULI Edgar kommt in Stoke Newington, nahe London, in das Internat des Reverend John Bransby.

1820

Da seine geschäftlichen Erwartungen sich nicht erfüllen, kehrt Allan mit Familie nach Amerika zurück. Für Edgars Internatsaufenthalt zahlt er über £ 230. Was Edgar dort lernte, beschrieb später ein Mitschüler: «Als er die Schule verließ, konnte er Französisch sprechen und jeden leichten lateinischen Autor verstehen. In Geschichte und Literatur kannte er sich besser aus als viele ältere Jungen, die unter günstigeren Umständen aufgewachsen waren.» – 21. JULI Ankunft in New York. – 2. AUGUST Ankunft in Richmond.

1 8 2 1

Edgar besucht in Richmond die Schule von Joseph H. Clarke.

1 8 2 3

1. APRIL Übergang in die Schule von William Burke. Edgar tritt bei Rezitationen und Theateraufführungen hervor, zeichnet sich auch sportlich aus. An einem heißen Junitage soll er im James River 6 Meilen gegen die Strömung geschwommen sein. Im südstaatlich aristokratischen Richmond wollten seine Mitschüler ihn nur zögernd als Anführer anerkennen, wie einer von ihnen später bestätigte: «Jeder wußte, daß Edgar Poes Eltern Schauspieler waren und daß er auf die Mildtätigkeit angewiesen war, die man einem angenommenen Sohne gewährt. Dies alles bewirkte, daß ihn die Jungen als Anführer ablehnten, und daraus wiederum, möchte ich rückblickend meinen, ging die Heftigkeit hervor, die er sonst nicht besessen hätte.» Tiefen Eindruck auf den Vierzehnjährigen macht Jane Craig Stanard, die Mutter eines Freundes, eine junge Frau von zarter elfenhafter Schönheit, an die das Gedicht *To Helen* gerichtet ist (veröffentlicht 1831) und die ein Jahr später in geistiger Umnachtung stirbt.

1 8 2 4

OKTOBER General Lafayette, der greise Held des Unabhängigkeitskrieges, besucht Richmond. Edgar Poe ist

Leutnant einer aus Jugendlichen der Stadt gebildeten Ehrengarde. – 1. NOVEMBER In einem Brief an Edgars Bruder William Henry beklagt sich Allan über seinen Pflegesohn: «Er hat wenig zu tun, für mich tut er gar nichts, und in der ganzen Familie gilt er als nichtsnutzig, mürrisch und unbeherrscht. Womit wir das verschuldet haben, weiß ich nicht; daß ich mir dieses Verhalten so lange gefallen ließ, verstehe ich selber kaum. Der Junge hat nicht einen Funken Zuneigung für uns, keine Spur von Dankbarkeit für all meine Sorge und Liebe. Sollte Rosalie je auf seine Zuneigung angewiesen sein, dann sei Gott ihr gnädig. Ich fürchte, seine Gefährten hier haben ihn zu einem Denken und Handeln verleitet, das ganz dem widerspricht, was er in England zeigte.» Gründe für diese Klage sind unbekannt. Vielleicht hatte Edgar von der ehelichen Untreue des Pflegevaters erfahren und protestierte durch Aufsässigkeit dagegen.

1825

Eine Erbschaft macht John Allan zum reichen Mann. Für $ 14950 kauft er ein Haus im vornehmen Wohnviertel Richmonds. Edgar erhält wahrscheinlich in diesem Jahre den Besuch seines Bruders William Henry. Seine Schwester Rosalie lebt weiter in Richmond, ihr Geist bleibt zeitlebens kindlich († 1874). Edgar verliebt sich in Sarah Elmira Royster, ein sechzehnjähriges Mädchen. Elmiras Vater hat gegen seine Besuche zunächst nichts einzuwenden, fängt dann aber, während Edgars Abwesenheit im nächsten Jahr, alle Liebesbriefe ab und verheiratet seine Tochter mit einem Geschäftsmann.

1826

14. FEBRUAR Poe wird an der University of Virginia, Charlottesville, immatrikuliert, die 1825 ihren Lehrbetrieb aufgenommen hat und im Unterschied zu anderen amerikanischen Universitäten der Zeit konfessionell nicht gebunden ist. Ihre freiheitliche Verfassung war Werk ihres Gründers Thomas Jefferson. Die Studenten, meist aus den besten Familien Virginias, führen ein sehr ungezügeltes Leben. Die Studienkosten belaufen sich auf mindestens $ 350 im Jahr, von denen $ 150 allein auf Unterkunft und Verpflegung entfallen. Allan stattet seinen Pflegesohn nur mit $ 110 aus. Als dieser durch genaue Rechnung nachweist, daß er schon $ 39 mehr ausgegeben habe, schickt Allan ihm $ 40. Poe beginnt zu trinken, obwohl er, wie ein Gefährte bestätigt, vor dem Alkohol Ekel empfindet und schon ein geringes Quantum ihn berauscht. Um seine Finanzlage zu verbessern, versucht er sich im Glücksspiel, gerät dadurch aber noch tiefer in Schulden ($ 2000?). – 15. DEZEMBER Poe kehrt nach Richmond zurück. Allan weigert sich, die Schulden zu bezahlen und ihn wieder auf die Universität zu lassen.

1827

Poes Verhältnis zu seinem Pflegevater verschlechtert sich weiter. Poe behauptet, Allan habe ihn schließlich aus dem Hause gewiesen. – 19. MÄRZ Er verläßt Richmond und geht nach Boston. Wovon er dort gelebt hat, ist unbekannt (schauspielerische Versuche?). – 26. MAI Poe tritt unter dem Namen Edgar A. Perry aus Boston in die amerikanische Armee ein. Er gibt sein Alter mit 22 Jahren an und kommt zur Artillerie in Fort Independence, Boston Harbor. – FRÜHSOMMER Poes erstes Werk erscheint anonym, *Tamerlane and Other Poems, By a Bostonian*. Der Druck auf eigene Kosten, schon vor Eintritt in die Armee eingeleitet, ist langwierig. Verkaufspreis des Bandes: 12 ½ Cents. Keine Beachtung durch die Kritik, kein Absatz. – 8. NOVEMBER Poes Batterie wird verlegt und trifft am 18. NOVEMBER in Fort Moultrie, Sullivan's Island, Charleston Harbor, ein. Die Insel mit ihrer eigentümlichen, süßduftenden subtropischen Vegetation kehrt später in der Erzählung ‹Der Goldkäfer› wieder.

1828

DEZEMBER Poe möchte den Militärdienst aufgeben. Er bemüht sich vergeblich um Allans Unterstützung, damit er einen Ersatzmann stellen kann. – 11. DEZEMBER Verlegung nach Fortress Monroe in Virginia. – 22. DEZEMBER An Allan: «Wenn Sie vergessen wollen, daß ich Ihr Sohn gewesen bin, so bin ich zu stolz, Sie noch einmal daran zu erinnern. Ich bitte Sie nur, daran zu denken, daß Sie selbst in mir weckten, was mich Ihre Familie verlassen ließ – Ehrgeiz. Hat er auch nicht die Richtung genommen, die Sie sich erhofften, so ist er seines Zieles doch gewiß. Richmond und die Vereinigten Staaten waren zu eng – jetzt soll die Welt meine Bühne sein.»

1829

1. JANUAR Beförderung zum Wachtmeister (Sergeant
Major). – 4. FEBRUAR Bitte an Allan, ein Gesuch um
Aufnahme in die Militärakademie West Point zu unterstützen. – 28. FEBRUAR Poes Pflegemutter Frances
Allan, an der er sehr hing, stirbt. Er trifft erst einen Tag
nach ihrer Beerdigung in Richmond ein. – 15. APRIL
Mit Hilfe Allans kann Poe den normalen Armeedienst
verlassen, um sich als Kadett zu bewerben. Den Zeug-
nissen seiner unmittelbaren Vorgesetzten fügt der Kom-
mandant von Fortress Monroe hinzu: «Den obenge-
nannten Wachtmeister Poe kenne ich seit drei Monaten
und hatte Gelegenheit, sein Verhalten zu beobachten.
Er war während dieser Zeit höchst lobenswert und ver-
trauenswürdig. Er ist sehr gebildet und scheint frei von
schlechten Manieren, was auch von Leutnant Howard
und Adjutant Griswold bestätigt wird. Da ich höre, daß
er sich durch Vermittlung von Freunden um die Zulassung als Kadett bewerben will, empfehle ich ihn ohne
Zögern und glaube, daß er die damit verbundenen Verpflichtungen eifrig und gewissenhaft erfüllen wird.» –
MAI Poe reicht in Washington das Aufnahmegesuch für
West Point ein und wartet in Baltimore auf Antwort.
Dem Verlage Carey, Lea and Carey in Philadelphia bietet
er sein Gedicht Al Aaraaf zur Veröffentlichung an –
selbstverständlich auf eigene Kosten, die nach einem
Brief an Allan höchstens $ 100 betragen sollen. Dieser
wendet sich kalt und kurz gegen das Projekt, unterstützt
Poe aber mit kleineren Summen. – DEZEMBER *Al
Aaraaf, Tamerlane and Minor Poems* anonym bei Hatch &
Dunning in Baltimore veröffentlicht.

1830

Wo Poe die ersten Monate des Jahres verbringt, ist un-
gewiß – zum Teil wohl in Richmond. – MÄRZ Zulassung
für West Point, Militärakademie (Kadettenanstalt) seit
1802. Tageslauf: Unterrichtsbeginn bei Sonnenaufgang;
Frühstück um 7 Uhr; von 8–13 und 14–16 Uhr Unterricht; militärische Ausbildung bis Sonnenuntergang;
nach dem Abendessen Unterricht bis 21.30 Uhr; Bett-
ruhe 22 Uhr. Strenge Disziplin. Verboten sind Rauchen,
Trinken, Kartenspielen, Schach. Verordnung Nr. 173:
«Den Kadetten ist es untersagt, ohne Genehmigung ihres Vorgesetzten Romane, Gedichte oder andere Bücher
auf ihren Stuben zu haben, die nicht im Zusammenhang
mit ihrer Ausbildung stehen.» Über Poe als Kadett äußert sich ein Mitschüler: «Man hält ihn hier allgemein
für einen begabten Menschen, aber er ist so aufs Dichten
versessen, daß er mit Mathematik nichts anfangen
kann.» – 1. JULI John Allan werden uneheliche Zwil-
lingssöhne geboren, mit deren Mutter er, wohl noch zu
Lebzeiten seiner ersten Frau, schon eine Tochter hatte.
Einige Monate später heiratet er, aber nicht die Mutter
dieser Kinder, sondern eine andere Frau. Poe schreibt
ihm häufig, erhält kleinere Geldzuwendungen.

1831

3. JANUAR Poe teilt Allan mit, daß er, kaum ein Jahr
dort, West Point verlassen möchte. – 28. JANUAR
Kriegsgerichtsverhandlung gegen den Kadetten E. A.
Poe. Anklagepunkte: grobe Pflichtverletzung (ab 8. Januar mehrfaches Fehlen beim Appell, Wachwechsel,

Unterricht) und Befehlsverweigerung: «Besagter Kadett Poe erhielt vom diensthabenden Offizier den Befehl, am 23. Januar 1831 am Gottesdienst teilzunehmen, und kam diesem Befehl nicht nach.» «Besagter Kadett Poe nahm am 25. Januar 1831 nicht am Unterricht teil, obwohl er vom diensthabenden Offizier den Befehl dazu erhalten hatte.» Der Angeklagte bekennt sich in den wichtigsten Punkten schuldig. Urteil: Entlassung aus dem Dienst der Vereinigten Staaten, vom Kriegsministerium mit Wirkung zum 6. März bestätigt. – 19. FEBRUAR Poe verläßt West Point und reist nach New York. Er plant die Veröffentlichung eines neuen Gedichtbandes, den eine Anzahl seiner bisherigen Kameraden subskribiert hat. – 21. FEBRUAR In einem Brief an Allan führt Poe Krankheit als Entschuldigungsgrund für seine Vergehen auf der Militärakademie an. – 10. MÄRZ Ein Brief an Oberst Thayer in West Point spricht von der Hoffnung, durch Vermittlung Lafayettes in die polnische Armee einzutreten. – APRIL *Poems by Edgar A. Poe, Second Edition,* in New York veröffentlicht, dem U.S. Kadettenkorps gewidmet. In dem vorangestellten *Letter to B* – legt Poe zum ersten Male seine Auffassung von Dichtung dar. Bald darauf geht er nach Baltimore, wo in diesem Jahr die Cholera wütet. Er findet Aufnahme bei seiner Großmutter, die vom Staate Maryland eine Jahresrente von $ 240 bezieht, eine späte und dürftige Rückzahlung der Gelder, die ‹General Poe› während des Unabhängigkeitskrieges zur Verfügung gestellt hatte. Von dieser Einnahme muß offenbar die ganze Familie leben, zu der außer Mrs. David Poe nun gehören: ihre Tochter Maria Clemm, die 1826 ihren Mann verloren hatte; deren Kinder Henry (geb. 1818) und Virginia Eliza (Edgar Poes spätere Frau, geb. 15. August 1822), Edgars Bruder William Henry und nun auch Edgar. Allan scheint in diesem Jahre kleinere Unterstützungen zu schicken. – 4. JUNI Die Zeitschrift *Philadelphia Saturday Courier* setzt einen Preis von $ 100 für die beste Erzählung aus. Poe reicht fünf Erzählungen ein. – 1. AUGUST William Henry Poe stirbt vierundzwanzigjährig an Tuberkulose. – 15. DEZEMBER Wegen eines geringen Betrages droht Poe das Schuldgefängnis. John Allan, dem Poe Bettelbriefe schreiben muß, scheint mit einer kleinen Summe geholfen zu haben. – 31. DEZEMBER Die Jury des *Philadelphia Saturday Courier* gibt ihre Entscheidung bekannt: den Preis erhält die gefühlvolle und bedeutungslose Autorin Delia S. Bacon.

1832

Der *Philadelphia Saturday Courier* veröffentlicht die von Poe eingereichten Erzählungen – anonym, wie bei unbekannten Autoren üblich, wahrscheinlich auch ohne Zahlung eines Honorars. – 14. JANUAR *Metzengerstein* – 3. MÄRZ *The Duke de L'Omelette* – 9. JUNI *A Tale of Jerusalem* – 10. NOVEMBER *A Decided Loss* – 1. DEZEMBER *The Bargain Lost*. In diesem Jahr soll Poe ein romantisches Liebesverhältnis mit einer Nachbarin, einer rothaarigen Dame mit Namen Mary Devereaux, gehabt haben.

1833

12. APRIL Poe schreibt an John Allan: «Ich leide Not, äußerste Not, da jede Hilfe fehlt. Und doch bin ich nicht

müßig, keinem Laster verfallen und habe mit nichts gegen die Gesellschaft verstoßen, daß ich ein solches Schicksal verdient hätte. Um Gottes willen, erbarmen Sie sich meiner und erretten Sie mich vom Untergang.» Keine Antwort. – 20. APRIL Die Zeitschrift *Baltimore Saturday Visiter* veröffentlicht das Gedicht *Serenade*. – 4. MAI Poe reicht dem *New England Magazine* das Manuskript von *Epimanes* ein und schreibt dazu: «Es ist eins von mehreren Stücken, die ich unter dem Titel ‹Elf arabeske Erzählungen› zu veröffentlichen gedenke. Mein Plan ist, daß sie von den elf Mitgliedern eines literarischen Klubs bei Tische gelesen werden, worauf die Gesellschaft sich über jede einzeln äußert. Diese Äußerungen sollen eine Burleske auf die Kritik sein.» Antwort unbekannt. – 15. JUNI Der *Baltimore Saturday Visiter* veranstaltet einen literarischen Wettbewerb. $ 25 werden für das beste Gedicht, $ 50 für die beste Erzählung ausgesetzt. Poe reicht das Gedicht *The Coliseum* und sechs Erzählungen unter dem Gesamttitel *Tales of the Folio Club* ein: *Epimanes, A MS. Found in a Bottle, The Visionary, Lionizing, Siope* und ? *(A Descent into the Maelström ?)*. – 12. OKTOBER Entscheidung der Jury: Den Lyrikpreis erhält der Herausgeber des *Baltimore Saturday Visiter,* John H. Hewitt, der sich unter einem Pseudonym beteiligt hatte, den Erzählpreis Poe für *A MS. Found in a Bottle*. Möglicherweise bringen nur Bedenken, beide Preise an einen Gewinner zu geben, ihn um den Lyrikpreis. Die Jury lobt an seinen Erzählungen «eine ungestüme, starke und dichterische Imagination, einen klangvollen Stil, eine fruchtbare Erfindungsgabe und ausgedehnte, eigentümliche Bildung». Die Preisrichter befinden, daß Poes Arbeiten «der aufsteigenden Literatur unseres Landes zur Ehre gereichen». Einer der Juroren, John H. B. Latrobe, ehemaliger West-Point-Kadett vor Poes Zeit, beschreibt die Erscheinung des jungen Dichters: «Er hatte eine gute Figur und trug sich so aufrecht und korrekt, wie er es beim Militär gelernt hatte. Er war ganz in Schwarz gekleidet, der Gehrock zugeknöpft bis zum Halse, wo er an die damals übliche schwarze Binde stieß. Nicht ein Fleckchen Weiß war zu sehen. Rock, Hut, Stiefel und Handschuhe hatten offenbar bessere Tage gesehen, waren aber durch Ausbessern und Bürsten ordentlich gehalten. Bei fast jedem anderen hätten diese Kleider schäbig und abgerissen gewirkt, aber dieser Mann hatte etwas, das eine Kritik an seiner Kleidung gar nicht aufkommen ließ. So sind mir diese Einzelheiten auch erst später bewußt geworden. Man hatte jedenfalls den Eindruck, daß Poe der Preis nicht ungelegen kam.» – 19. OKTOBER *A MS. Found in a Bottle* veröffentlicht. – 26. OKTOBER *The Coliseum* veröffentlicht. Der *Baltimore Saturday Visiter* weist auf eine bevorstehende Subskriptionsausgabe der *Tales of the Folio Club* hin. Poe entscheidet sich jedoch, den Band dem Verlage Carey and Lea in Philadelphia anzubieten. Dabei wie bei späteren Unternehmungen ist ihm ein anderes Jury-Mitglied behilflich, John Pendleton Kennedy (1795–1870), zunächst Rechtsanwalt in Baltimore, nach einer Erbschaft als Privatmann so gut gestellt, daß er sich ganz seinen literarischen und politischen Interessen widmen kann. Kennedy schrieb auch Romane, darunter *Swallow Barn* (Szenen aus dem Leben in Virginia). Er wurde 1838 ins Repräsentantenhaus gewählt und später hoher Regierungsbeamter.

1834

JANUAR Poe veröffentlicht seine Erzählung *The Assignation* in *Godey's Lady's Book,* einer Monatsschrift, deren Herausgeber-Besitzer zunächst ausländische Vorbilder nachahmt, sich dann aber aus Geschäftsgründen auf den amerikanischen Geschmack seiner Leserinnen umstellt. Unbekannten Autoren zahlt er kein Honorar. – 27. MÄRZ John Allan stirbt. Behauptungen, Poe habe ihn kurz zuvor noch einmal gesehen, sind bisher nicht bewiesen. Im Testament bedenkt Allan seine unehelichen Kinder, Poe jedoch mit keinem Wort und Cent.

1835

Poe bemüht sich vergeblich um eine Anstellung als Lehrer. Er ist so arm, daß er sogar eine Einladung Kennedys zum Essen ablehnen muß: «Die Gründe sind höchst beschämend – meine Kleidung… Wollen Sie mir freundlicherweise $ 20 leihen, so werde ich morgen zu Ihnen kommen – andernfalls ist es unmöglich, und ich werde mein Schicksal tragen müssen.» Zu dieser Zeit liefert er möglicherweise anonyme, bisher nicht identifizierte Beiträge für Zeitschriften. Durch Vermittlung Kennedys erhält er Verbindung zum *Southern Literary Messenger,* einer Monatsschrift in Richmond, die sich ausdrücklich für die Kultur der Südstaaten einsetzt. Ihr Besitzer und Herausgeber, der Drucker Thomas White, konnte im ersten Heft (August 1834) beifällige Botschaften von Washington Irving und James Fenimore Cooper abdrucken. – MÄRZ *Berenice* erscheint im *Southern Literary Messenger* mit einer Anmerkung von White: «Es ist in diesem Stoff, wir müssen es gestehen, für unseren Geschmack zu viel von deutschem Horror. Die Eindringlichkeit und die Eleganz des Stiles aber wird niemand bezweifeln. Hier zeigt sich eine große Begabung mit einer hochentwickelten Formkraft.» – APRIL White veröffentlicht *Morella*. – 30. APRIL Anknüpfend an Whites Bemerkung über *Berenice* äußert sich Poe in einem Brief über Publikumsgeschmack: «Sie haben völlig recht. Der Gegenstand ist bei weitem zu schrecklich, und ich gestehe mein Zögern, Ihnen diese Erzählung als Talentprobe zu schicken. Sie geht auf die Provokation einer Wette zurück, ich könne einen so ausgefallenen Gegenstand nicht wirkungsvoll und seriös gestalten. Aber was ich eigentlich sagen möchte, betrifft eher den Charakter Ihrer Zeitschrift als die Artikel, die ich vielleicht anzubieten hätte... Die Geschichte des Journalismus zeigt eindeutig, daß die berühmten Zeitschriften ihren Ruhm Erzählungen verdanken, die ihrer Natur nach *Berenice* ähneln, in Stil und Ausführung allerdings, das gebe ich zu, ein viel höheres Niveau erreichen. Sie fragen, worin diese Natur besteht? In der Überhöhung des Lächerlichen ins Groteske; der Färbung des Furchterregenden zum Grauenhaften; der Übersteigerung des Witzigen zum Burlesken; der Umformung des Ausgefallenen zum Seltsamen und Geheimnisvollen. Vielleicht meinen Sie, das alles zeige schlechten Geschmack. Ich wage es zu bezweifeln. Niemand weiß besser als ich, daß die Tagesmode das Einfache vorschreibt – aber nehmen Sie mein Wort darauf, im Herzen ist niemand am Einfachen interessiert.» – MAI *Lionizing* im *Southern Literary Messenger* veröffentlicht. – 14. MAI Im *Baltimore Republican and Advertiser* veröffentlicht Poe eine lobende Besprechung des April-Heftes von Whites Zeitschrift. – 30. MAI In einem Brief an White entschuldigt Poe das negative Urteil, das er im Mai im *Southern Literary Messenger* über den Roman *Horse-Shoe Robinson* seines Gönners Kennedy geäußert hatte, mit schlechtem Befinden. Er bestätigt den Empfang von $ 5 und $ 4.94 Honorar. – 12. JUNI Poe an White: «Was ich weiter tun kann, um die Verbreitung Ihrer Zeitschrift zu fördern, werde ich gern tun. Doch muß ich Sie bitten, mir für Gefälligkeiten dieser Art keine Entschädigung zu senden. Sie sind mir ein Vergnügen und keine Mühe.» – 13. JUNI Im *Baltimore Republican* bespricht Poe das Juni-Heft des *Southern Literary Messenger*. Er schreibt unter anderem: «Hans Phaal, eine Erzählung von Edgar A. Poe, ist eine großartige Burleske auf die Ballonfahrten, die man neuerdings bis zur Lächerlichkeit betreibt, ohne Aussicht auf Gewinn für die Beteiligten und Nutzen für die Gemeinschaft.» – 15. JUNI Besprechung des gleichen Heftes im *Baltimore American*. White fragt Poe, ob er eventuell seinen Wohnsitz nach Richmond verlegen würde. – 22. JUNI Poe erklärt sich bereit, falls eine bescheidene Einnahmequelle gefunden werden kann. – 7. JULI Die Großmutter Mrs. David Poe stirbt im Alter von neunundsiebzig Jahren; mit ihrer Rente entfällt das gesamte Einkommen der Familie. – 10. JULI Besprechung des neuesten Heftes des *Southern Literary Messenger* im *Baltimore Republican*. – ENDE JULI ODER ANFANG AUGUST Poe zieht nach Richmond, um eine Stellung am *Southern Literary Messenger* zu übernehmen, dessen Verlagsräume sich neben dem Kontor der Firma Ellis & Allan befinden. White hatte bisher keinen festen Redakteur, er beschäftigt auch Poe nur als redaktionellen Mitarbeiter. Das Gehalt beträgt zunächst $ 10 wöchentlich, dann $ 15. Ein Teil dieser Einnahme geht an die nun mittel-

lose Tante Mrs. Clemm, die Poe mitteilt, daß Neilson
Poe, ein entfernter Verwandter, sich erboten habe, für
ihre Tochter Virginia zu sorgen. – 29. AUGUST Poe antwortet: «Ich liebe Virginia – und Du weißt es – leidenschaftlich und hingebungsvoll. Ich kann die glühende
Verehrung, die ich für meine teure kleine Cousine, meinen einzigen Liebling, empfinde, nicht in Worten ausdrücken.» Am Ende heißt es: «Für Virginia, mein süße-
stes Schwesterlein, mein geliebtes Weibchen, überleg es
Dir wohl, bevor Du das Herz brichst Deines Cousin
Eddy.» – SEPTEMBER Der *Southern Literary Messenger*
veröffentlicht die Erzählungen *Shadow* und *King Pest*.
Tiefe Depressionen und gelegentliche Trunkenheit trüben das Verhältnis zu White. – 22. SEPTEMBER Aufgebot
von Poe und Virginia Clemm in Baltimore. Behauptungen, Poe habe Virginia schon zu dieser Zeit heimlich
geheiratet, sind dokumentarisch nicht zu belegen. Poe
gelobt White brieflich Besserung. – OKTOBER Mrs.
Clemm und Virginia ziehen zu Poe nach Richmond. –
NOVEMBER Poe erledigt die gesamte redaktionelle Arbeit, darf aber nach wie vor nicht selbständig entschei-
den. – DEZEMBER Szenen eines Dramenfragments veröffentlicht, das bei Fortsetzung im folgenden Monat den
Titel *Politian* erhält. In einer redaktionellen Notiz wird
auf Poe als Autor der Zeitschrift besonders hingewiesen.
– 1. DEZEMBER In einem Brief an Nathaniel Beverley
Tucker, Romancier und Professor der Jurisprudenz,
entwickelt Poe in Ansätzen seine spätere Verslehre.

1836

Durch Honorierung zusätzlicher Arbeiten erhöht sich
Poes Einkommen auf $ 800 jährlich. White sagt für den
kommenden August eine Erhöhung auf $ 1000 zu. – 9.
FEBRUAR Kennedy schreibt an Poe: «Sie sind jetzt weit
genug, um kritisiert zu werden. Ihr Fehler ist der Hang
zum Extravaganten. Ich rate Ihnen, sich davor zu hüten.
Auf einen natürlichen Schriftsteller kommen hundert
exaltierte. Einige Ihrer Bizarrerien hielt man für Satiren
und bewunderte sie als solche. Die Werke verdienten es
wohl, aber nicht Sie, denn Sie hatten anderes im Sinn.
Ich schätze bei Ihnen das Groteske – es ist vorzüglich –
und bin sicher, daß Sie im Komischen, ich meine im
Serio-Tragikomischen, Großes leisten werden.» – 11.
FEBRUAR Poe akzeptiert diese Kritik nur zum Teil:
«Was die Satire in einigen meiner Erzählungen angeht,
so haben Sie fast recht, aber nicht ganz. Zum größten
Teile sollten sie durchaus halb Scherz, halb Satire sein,
obschon ich vielleicht nicht einmal mir selbst eingestanden hätte, daß es darauf hinaus ging. *Lionizing* und *Loss
of Breath* waren Satiren im genaueren Verstande – sollten
es zumindest sein –, die eine auf die Narretei der Gesell-
schaftslöwen, die andere auf die Extravaganzen in
Blackwood.» Poes Rezensionen der zeitgenössischen
amerikanischen Literatur erregen im Verlagszentrum
New York Aufsehen. – 9. APRIL Der *New Yorker Mirror*
veröffentlicht eine Satire, in der Poe als «Kritiker Bulldogge» verspottet wird. – 12. APRIL In einem Brief an
Lydia Huntley Sigourney, eine außerordentlich produk-
tive Verfasserin gefühlvoller Reimereien, bekennt Poe
sich als Autor aller Rezensionen, die ab September 1835
im *Southern Literary Messenger* erschienen. – 16. MAI Ehe-

schließung und presbyterianische Trauung Poes mit
Virginia Clemm in Richmond. Entgegen der Versicherung eines Trauzeugen, Virginia sei volljährig, ist sie
noch keine vierzehn Jahre alt. Kurze Hochzeitsreise
nach Petersburg, Virginia. Nach seiner Rückkehr bietet
Poe auf Empfehlung von James Kirk Paulding, einem
satirischen Schriftsteller, der mit Washington Irving
befreundet ist, dem Verlage Harper in New York die
Veröffentlichung eines Bandes seiner schon erschiene-
nen Erzählungen an. Harper lehnt ab: «Amerikanische
Leser haben eine eindeutige und starke Vorliebe für solche belletristischen Werke, in denen eine einzige durch-
laufende Erzählung einen ganzen Band oder auch mehrere Bände füllt. Auch stellen wir immer wieder fest, daß
Nachdrucke von Zeitschriftenbeiträgen... sich am
schwersten verkaufen lassen.» Außerdem seien Poes Erzählungen zu gelehrt und zu mysteriös. Gelobt werden
dagegen seine Rezensionen, die auch einer ganzen Anzahl von Harper-Publikationen gelten. Einen weiteren
Grund verschweigt Harper: daß nämlich amerikanische
Verleger zu dieser Zeit am liebsten Werke englischer
Autoren veröffentlichten, die durch kein internationales
Copyright geschützt waren und als Raubdrucke kein
Honorar kosteten. Gegen diese Praktiken mußten sich
die amerikanischen Autoren mühsam behaupten, daher
ihre Vorliebe für die short story, die am ehesten in
Zeitschriften unterzubringen ist. Auf Grund der Erfahrungen mit Harper rät Paulding Poe, eine längere
Erzählung zu schreiben. – 3. JUNI Poe versucht, bei
der U. S. Regierung die Rückzahlung des Darlehens
von ‹General Poe› an Mrs. Clemm zu erreichen. Vergeblich. – 7. JUNI Poe bittet Kennedy um ein Darlehen von $ 100, damit Mrs. Clemm eine Pension auf-

machen kann. Berichtet weiter von einem Plan, in einer Nummer des *Southern Literary Messenger* nur Beiträge berühmter amerikanischer Literaten der Zeit zu bringen. Wendet sich in diesem Zusammenhang auch an Irving und Cooper. – AUGUST Poe veröffentlicht *Pinakidia,* eine Reihe von Exzerpten, hauptsächlich zur antiken Geschichte. – SEPTEMBER Wegen Krankheit fällt das Erscheinen des *Southern Literary Messenger* aus. Poe spricht offenbar wieder häufig dem Alkohol zu, was die Beziehung zu White verschärft. White behauptet später, er habe Poe in diesem Monat gekündigt. – OKTOBER Poe wieder in der Redaktion. Er schreibt Rezensionen für die Oktober- und November-Nummer der Zeitschrift.

1837

JANUAR Veröffentlichung der Gedichte *Ballad* und *Sonnet – To Zante* und des Anfangs von *The Narrative of Arthur Gordon Pym.* – 3. JANUAR White trennt sich endgültig von Poe, der seine Tätigkeit allerdings noch bis Ende des Monats fortsetzt. – FEBRUAR Ein zweites Stück von *The Narrative of Arthur Gordon Pym* abgedruckt. In der Zeit, in der Poe für den *Southern Literary Messenger* arbeitete, stieg die Zahl der Abonnenten von 500 auf zirka 3500. Rückblickend schreibt Poe 1840: «Die Situation war in jeder Hinsicht unerträglich für mich. Äußerste Plackerei und ein lächerliches Gehalt. Ich sah denn auch bald ein, daß ich außer einem Namen dort nichts gewinnen konnte. Ich hatte keine Chance, meine finanzielle Lage zu verbessern, und mußte meine besten Kräfte im Dienste eines ungebildeten und vulgären, wenn auch wohlmeinenden Mannes vergeuden, der weder Verstand hatte, meine Arbeit zu würdigen, noch den Willen, sie angemessen zu bezahlen.» – Poe übersiedelt mit seiner Familie nach New York, wo er auf eine Tätigkeit bei der *New York Review* hofft. Ein Bankkrach, der auch die Zeitungen und Zeitschriften trifft, macht aber die erhofften Verdienstmöglichkeiten zunichte. Außerdem hatte der Kritiker aus dem Süden unter den New Yorker Journalisten keine Freunde: er hatte mit der Kritik ernst gemacht und unter anderem einen Roman ihres Kollegen Theodore Sedgwick Fay vernichtend besprochen. Mrs. Clemm finanziert den Lebensunterhalt der Familie mit einem kleinen Pensionsbetrieb. Einer ihrer Gäste, der Buchhändler William Gowans, schrieb später als «Augen- und Ohrenzeuge» über das «begabte, aber unglückliche Genie»: «Acht Monate oder länger ‹ein Haus umschloß uns, uns speiste eine Tafel›. In dieser Zeit sah ich ihn häufig und hatte oft Gelegenheit, mich mit ihm zu unterhalten. Niemals habe ich bei ihm auch nur den geringsten Alkoholeinfluß bemerkt, oder daß er sich einem anderen Laster hingegeben hätte. Er war vielmehr einer der höflichsten, wohlerzogensten und intelligentesten Menschen, die ich bei meinen Reisen und Aufenthalten in verschiedenen Teilen der Welt kennengelernt habe. Außerdem hatte er noch besonderen Anlaß, ein guter Mensch und guter Ehemann zu sein, nannte er doch eine Frau von unvergleichlicher Schönheit und Lieblichkeit sein eigen. Ihr Auge konnte mit dem einer Huri wetteifern, ihr Gesicht die Kunst eines Canova beschämen. In Temperament und Anlagen war sie von größter Sanftheit, um ihn und sein Wohlergehen besorgt wie eine Mutter um ihr Erstgeborenes.»

35

1838

JULI Harper veröffentlicht *The Narrative of Arthur Gordon Pym* in Buchform. Obwohl der einflußreiche Verlag seine Auflagen sonst binnen einer Woche absetzt, verkauft er das Buch schlecht. Im Sommer verläßt die Familie das wirtschaftlich darniederliegende New York und zieht nach Philadelphia, dem zweiten Verlagszentrum der Staaten. – 11. AUGUST In *Atkinson's Saturday Evening Post* veröffentlicht Freund Lambert A. Wilmer *Ode XXX – To Edgar A. Poe* mit den Schlußversen «Du triebst die Schurken einst aus diesen Hallen / O laß des Rächers Hand erneut herniederfallen». – SEPTEMBER Im neugegründeten *American Museum of Science, Art and Literature,* das in Baltimore von N. C. Brooks und J. E. Snodgrass herausgegeben wird, erscheint die Erzählung *Ligeia*. – 4. SEPTEMBER Poe bestätigt den Empfang von $ 10, wahrscheinlich das Honorar für *Ligeia* (was einem Seitenpreis von 80 Cents gleichkäme). – NOVEMBER Die gleiche Zeitschrift veröffentlicht zwei Satiren auf die modischen Schauergeschichten, wie sie besonders im englischen *Blackwood's Magazine* gepflegt werden. Als Broterwerb übernimmt Poe die Überarbeitung eines englischen Lehrbuches über Muschel- und Schalentiere. Thomas Wyatt hatte 1837 bei Harper ein *Manual of Conchology* veröffentlicht, dessen Herstellung so teuer war, daß der Verlag eine Neuauflage ablehnte. Um für seine Vorlesungen ein preiswertes Lehrbuch zu haben, beschloß Wyatt, Poe mit der Bearbeitung des Originalwerkes zu beauftragen. Der Name des Dichters sollte wohl auch den Absatz fördern. Poe war der Gegenstand nicht fremd, da er ihn während seiner Militärzeit auf Sullivan's

Island durch den Spezialisten Edmund Ravenel kennengelernt hatte.

1839

FRÜHJAHR *The Conchologist's First Book* wird vom Verlage Haswell, Barrington & Haswell in Philadelphia
veröffentlicht. Poe erhält dafür wahrscheinlich $ 50.
Bald werden Vorwürfe erhoben, er habe ein englisches
Werk plagiiert: *The Conchologist's Text Book* von Captain
Thomas Brown (Glasgow 1833). – APRIL Im *American
Museum* erscheint das Gedicht *The Haunted Palace,* das
im gleichen Jahre in *The Fall of the House of Usher* eingearbeitet wird. – MAI Poe verhandelt mit William E. Burton über eine Tätigkeit an dessen im Juli 1837 gegrün-
deten *Gentleman's Magazine*. Burton, ein Schauspieler,
der Stücke, Erzählungen und Theatererinnerungen
schreibt, sucht nach einer redaktionellen Entlastung,
weil er ein eigenes Theater plant. – JUNI Poe wird redak-
tioneller Mitarbeiter von *Burton's Gentleman's Magazine*.
Für ein Wochenhonorar von $ 10 soll er täglich zwei
Stunden Arbeit leisten. Eigene Beiträge werden geson-
dert bezahlt. Burton gehört zu den gutzahlenden Herausgebern, sein übliches Honorar beträgt $ 3 pro Seite.
Durch seine neue Tätigkeit macht Poe unter anderem
die Bekanntschaft des Mediziners und Literaten Thomas Dunn English, der eine Dissertation über Phreno-
logie schrieb. Über das gleiche, Poe seit einiger Zeit in-
teressierende Thema hält George Combe in diesem Jahre
in Philadelphia einen Vortrag. – JULI Poes Name erscheint auf dem Titelblatt von *Burton's Gentleman's Magazine,* anscheinend ohne seine Einwilligung. Der Zeit-

37

schrift *Literary Examiner and Western Monthly Review* in
Pittsburgh liefert er eine Rezension, für die ihm $ 4 pro
Seite zugesagt werden. Das Honorar erhält er nie. – 11.
SEPTEMBER Poe regt bei Snodgrass den Nachdruck einer
Notiz des *St. Louis Bulletin* an, in der es unter anderem
heißt: «In mancher Hinsicht gibt es nur wenige Autoren
Amerikas – unserer Meinung nach: niemanden außer
vielleicht Neal, Irving und Willis –, die sich mit Poe
messen könnten. Genaue Beobachtungsgabe, männlich-
kräftiger Stil und eine Eigenständigkeit, die jede Nachahmung beschämt, verbinden sich bei ihm mit einer
glühenden Phantasie und dem herrlichsten Enthusias-
mus. Ihm ist Großes bestimmt.» – 21. SEPTEMBER Als
Kritiker distanziert Poe sich deutlich von Burtons Geschmack. Er spricht die Hoffnung aus, eine eigene Zeitschrift gründen zu können. – OKTOBER *William Wilson*
in Burtons Zeitschrift veröffentlicht als Nachdruck aus
The Gift, einem Almanach für 1840. Poe schätzt diese
Publikationen wegen des guten Honorars ($ 2 pro Seite).
– NOVEMBER *Morella* erscheint. *Burton's Gentleman's
Magazine* kündigt eine Sammlung von Poes Erzählungen
an. Poe bemüht sich um Empfehlungen berühmter Autoren, die der Werbung dienen können. – DEZEM-
BER Poes Verhältnis zu Burton kühlt sich weiter ab. – 18.
DEZEMBER In *Alexander's Weekly Messenger* bietet Poe an,
jede eingesandte Geheimschrift zu entziffern. Bis zum
6. Mai 1840 gehen 36 Kryptogramme ein, die er zum
größten Teile löst. – 19. DEZEMBER Philip Pendleton
Cooke, ein volkstümlich sentimentaler Dichter aus
Virginia, schreibt an Poe: «Sie verwandeln Ihre Sätze
nicht in Bilder, aber Sie geben ihnen eine artistische Vollkommenheit, verwenden eine Genauigkeit darauf, die
man mit Vergnügen bemerkt, und erreichen einen Ef-

fekt, den ich nicht nur bloßen Ausdruck, sondern sichtbare Gestalt Ihrer Ideen nennen möchte.» In diesem Jahre malt Thomas Sully, der 1837 Königin Viktoria von England porträtierte, Poes Bild. Es stimmt in wesentlichen Zügen mit einer Beschreibung des Kupferstechers und Journalisten John Sartain überein: «Poe hatte ein wohlgeformtes Gesicht. Zwar wich seine Stirn, im Profil betrachtet, von den Brauen an aufwärts zurück, von vorn gesehen aber war sie weit und edel, an den Schläfen und darüber großflächig. Seine Lippen waren schmal und sensibel.»

1840

JANUAR Der Verlag Lea and Blanchard veröffentlicht *Tales of the Grotesque and Arabesque* in zwei Bänden. Auflage: 750 Exemplare. Poe erhält zwanzig Freiexemplare und kein Honorar. Im Vorwort heißt es: «In vielen meiner Werke ist der Schrecken gestaltet; doch kommt er nicht aus Deutschland, sondern aus der Seele.» – JANUAR–JUNI In *Burton's Gentleman's Magazine* erscheint *The Journal of Julius Rodman;* bricht unvollendet ab. – MAI Offener Streit mit Burton, der Poe schon früher zu scharfes Rezensieren vorgeworfen hat und einige seiner Artikel zurückwies. Jetzt fordert er die Rückzahlung eines Darlehens von $ 100. Ferner könne er es sich nicht mehr leisten, $ 50 monatlich für zwei oder drei Manuskriptseiten zu zahlen. – 1. JUNI Poe antwortet entschieden: er schulde Burton nur noch $ 60. Außerdem liefere er im Monat durchschnittlich elf Seiten Manuskript, so daß er, bei einem Seitenhonorar von $ 3, für die gesamte redaktionelle Tätigkeit ganze $ 17 monatlich erhalten habe. Da Burton oft auf Reisen und mit seinen Theaterplänen beschäftigt gewesen sei, habe er die Arbeit fast allein machen müssen. Auch erhalte er keine Entschädigung für die Anführung seines Namens auf der Titelseite, wofür allein zum Beispiel *Snowden's Ladies' Companion* seinen Redakteuren $ 2 wöchentlich zahle. Mit Ablauf des Monats endet Poes Tätigkeit an *Burton's Gentleman's Magazine*. – 13. JUNI Im *Saturday Courier* kündigt Poe für den 1. Januar 1841 das Erscheinen einer eigenen Zeitschrift mit dem Titel *Penn Magazine* an. Sie soll monatlich erscheinen und im Jahresabonnement $ 5 kosten (die meisten bestehenden Zeitschriften kosten nur $ 3). – 17. JUNI Poe an Snodgrass über seine Zeitschrift: «Die Welt liebt Neuheiten, und ich werde ihr etwas völlig Neues bieten, nämlich absolute Ehrlichkeit.» In einem Werbeprospekt läßt er über die Zeitschrift drucken: «Sie wird sich bemühen, den allgemeinen Interessen der Gelehrtenrepublik zu dienen, ohne Bevorzugung einzelner Regionen. Denn als das wahre Publikum des Autors betrachtet sie die ganze Welt. Die Berichterstattung über das, was jenseits der Literatur im engeren Sinne liegt, wird sie Berufeneren überlassen. Zu gefallen wird ihr vornehmstes Ziel sein; sie wird es durch Vielseitigkeit, Originalität und Schärfe zu erreichen suchen.» Die kritische Haltung wird genauer umrissen: «Die Zeitschrift möchte vor allem dafür bekannt werden, daß man in ihr zu jeder Zeit und über jeden Gegenstand eine ehrliche und unerschrockene Meinung findet.» – NOVEMBER Burton verkauft seine Zeitschrift für $ 3500 (pro Abonnent $ 1) an George Rex Graham, einen früheren Kunsttischler, Juristen und erfolgreichen Verleger, der sie mit seiner Zeitschrift *The Casket* vereinigt. Neuer Titel ab Januar 1841 *Graham's Lady's and Gentleman's Magazine*

(Kurztitel *Graham's Magazine*). Die Zeitschrift dient der gehobenen Unterhaltung auf allen Gebieten der Literatur, legt besonderen Wert auf Illustrationen und hat auch Musikbeilagen für Klavier, Harfe und Guitarre. – 23. NOVEMBER Poe an seinen Freund, den Schriftsteller Frederick W. Thomas: «Schicken Sie die öffentliche Meinung zum Teufel, vergessen Sie, daß es ein Publikum gibt, und folgen Sie nur den natürlichen Antrieben Ihres Geistes: dann können Sie Erstaunliches leisten.» – DEZEMBER *The Man of the Crowd* erscheint in *Graham's Magazine*.

1841

1. JANUAR Wegen einer Erkrankung Poes wird das Erscheinen des *Penn Magazine* auf den 1. März verschoben. – 17. JANUAR «Jetzt heißt es – literarisch – handeln oder sterben.» Die ersten Bogen des *Penn Magazine* sollen angeblich schon zum Druck gehen. Anfrage bei Snodgrass, ob er bereit ist, für die erste Nummer Artikel über internationales Copyright und geistiges Eigentum zu schreiben. – 22. JANUAR «Bis jetzt habe ich für fremde Taschen gearbeitet und selbst nur einen kläglichen Anteil erhalten. Ich mußte meine Gedanken nach dem Willen von Menschen modeln, deren Schwachsinn allen offenkundig war, außer ihnen selbst.» – 20. FEBRUAR Die *Saturday Evening Post* teilt mit, daß wegen der allgemeinen Finanzkrise (die Bank der Vereinigten Staaten in Philadelphia stellt ihre Zahlungen ein) das Erscheinen des *Penn Magazine* erneut verschoben werden muß. Wohl um diese Zeit verhandelt Poe mit George Rex Graham über eine Anstellung an dessen Zeitschrift. Seine

Tätigkeit dort beginnt mit der Vorbereitung der April-
Nummer. – APRIL Poe veröffentlicht in *Graham's Magazine* seine erste Detektivgeschichte, *The Murders in the
Rue Morgue*. In einer Rezension verspricht er, alle
Kryptogramme zu lösen, die ihm die Leser von *Graham's
Magazine* einsenden. Er bezieht von Graham ein Jahres-
gehalt von $ 800. (Zum Vergleich: Longfellow erhält
1839 als Professor für neuere Sprachen an der Universität Harvard $ 2000). Dafür soll er durch Gewinnung
prominenter Mitarbeiter das Niveau der Zeitschrift heben, Rezensionen schreiben, monatlich eine Erzählung
liefern, die extra honoriert wird, und die Schlußkorrek-
turen lesen. – 1. APRIL Burton streut aus, Poe leide an
Trunksucht. Eine Verleumdungsklage wagt Poe nicht,
weil er sich über seinen ehemaligen Herausgeber häufig
auch recht abfällig geäußert hatte. Snodgrass gegenüber beteuert er jedoch, er habe während seiner ganzen
Tätigkeit an *Burton's Magazine* keinen Tropfen Alkohol
zu sich genommen, als Mediziner und erfahrener
Beobachter möge Snodgrass bezeugen, daß er kein
Trunkenbold sei. Die Antwort ist unbekannt. Erst 1895
stellt ein anderer Arzt und Literat, Thomas Dunn English, ein solches Zeugnis aus. – MAI Poe schreibt an Irving und andere, um sie für die Mitarbeit an *Graham's
Magazine* zu gewinnen: «Was das Schreiben für Zeitschriften angeht, brauche ich Ihnen die Zeichen der Zeit
gewiß nicht zu nennen. Sie werden mir zustimmen, daß
die Entwicklung dahin tendiert – zumindest gilt das für
die leichtere Literatur. Das Kurze, Knappe, Gedrängte
und leicht Erreichbare wird an die Stelle des Weitschweifigen, Gewichtigen und schwer Zugänglichen treten.
Selbst unsere Rezensionen (lucus a non lucendo) sind
ja dem Geschmack des Tages zu schwer, und nicht

nur denen, die ohnehin keinen Geschmack haben, sondern auch den Wenigen. Zur gleichen Zeit wenden sich die besten Geister Europas den Zeitschriften zu. Wir dagegen haben keine Zeitschrift, die der Höchstbegabung ein angemessenes Honorar oder ein in jeder Hinsicht taugliches Vehikel für ihre Gedanken bieten könnte. Diese Lücke zu füllen wäre ein Verdienst.» Bei Longfellow versucht er es mit einem besonders schmeichelhaften Lob für dessen Gedicht *The Beleaguered City*. Die meisten Adressaten lehnen wegen anderer Verpflichtungen ab. Longfellow erwidert das Lob: «Ihre Vermutung ist unzutreffend, daß mir nichts Positives über Sie bekannt sei. Nach allem, was ich von Ihnen gelesen habe, halte ich im Gegenteil sehr viel von Ihrem Können und glaube, daß Sie in unserem Lande zu den besten Autoren romantischer Erzählungen gehören könnten, falls Sie das wollen.» – 29. MAI Gegenüber Rufus Wilmot Griswold, der eine Anthologie *The Poetry and Poets of America* vorbereitet, äußert Poe den (sicher grundlosen) Verdacht, Longfellow habe für sein Gedicht *The Beleaguered City* Anleihen bei *The Haunted Palace* gemacht. – JUNI Poe schreibt wieder an prominente Autoren (Irving, Cooper, Longfellow, Paulding, Kennedy, Bryant, Halleck, Willis). Er bietet ihnen diesmal Exklusiv-Verträge für eine neue Zeitschrift an, die er am 1. Januar 1842 gemeinsam mit Graham herausbringen will. Angeblich will dieser ihn zur Hälfte am Gewinn beteiligen, wenn die Autoren zusagen, Poe die Subskriptionsliste des *Penn Magazine* einbringt und die redaktionelle Arbeit übernimmt. Ob Graham ein solches Projekt ernsthaft erwogen hat, ist nicht bekannt; dafür getan hat er jedenfalls nichts. – 26. JUNI Poe gratuliert F. W. Thomas, der 1840 im Kampf um die Präsidentschaft die

43

Whigs (die heutigen Republikaner) unterstützt hatte und dafür von Präsident Harrison mit einer Beamtenstellung belohnt wurde, die ihm jährlich $ 1000 einbringt. Nach Harrisons Tod, am 4. Mai 1841 – Poe kannte ihn offenbar auch –, wird Tyler Präsident, der aus Virginia stammt. Daraus und aus der Tatsache, daß sein alter Gönner Kennedy seit 1838 Mitglied des Repräsentantenhauses ist, scheint Poe einige Hoffnungen für eine Staatsstellung abzuleiten, die ihn aus seiner finanziellen Misere befreit und ihm für seine literarischen Arbeiten genügend Zeit läßt. Er bekennt sich Thomas gegenüber zu den Grundsätzen der Whigs, die sich gegen eine rigorose Demokratisierung wenden, und gibt sein Interesse an einer Staatsstellung zu verstehen. Als Schriftsteller, der nur von seiner Feder lebt, ist Poe zu dieser Zeit in Amerika tatsächlich ein Sonderfall. – JULI Da nur ein Leser der Aufforderung vom April nachkam, Kryptogramme einzusenden, veröffentlicht Poe *A Few Words on Secret Writing*. – 4. JULI Poe wäre selbst dann an einer Staatsstellung interessiert, wenn sie nur $ 500 einbringt. Es fehlt ihm aber das Reisegeld, selber nach Washington zu fahren. «Es ist hart, arm zu sein, aber da ich es aus ehrenhaften Motiven bin, beklage ich mich nicht.» – AUGUST Poe schreibt einen Wettbewerb zur Lösung eines eingesandten Kryptogramms aus, das er bereits entziffert hat. In einer Rezension definiert er Kritik als «den Reflex des kritisierten Gegenstandes im Geiste des Kritikers». Eine Anfrage beim Verlage Lea and Blanchard wegen einer neuen Sammlung der Erzählungen wird negativ beantwortet, da die Ausgabe von 1840 bis jetzt nicht einmal die Herstellungskosten gedeckt hat. – 1. SEPTEMBER Die Abonnentenzahl von *Graham's Magazine* ist von 5000 auf 20000 gestiegen. Poe will seine redaktionelle Stellung auch dann beibehalten, wenn seine eigene Zeitschrift im Januar erscheint. – OKTOBER Das Gedicht *Israfel* in *Graham's Magazine* veröffentlicht. Da im kryptographischen Wettbewerb bisher keine richtige Lösung eintraf, gibt Poe sie bekannt. Die Auflage von *Graham's Magazine* ist auf 25 000 gestiegen. – 10. NOVEMBER Poe bittet Lydia Huntley Sigourney um Mitarbeit an *Graham's Magazine*. Er kann nun gute Bezahlung zusichern, «denn die Tage der unentgeltlichen Beiträge sind glücklicherweise vorbei». Der Seitenpreis, bei Zeitschriften gewöhnlich $ 4, steigt bei Graham bis zu $ 12, für Gedichte werden bis zu $ 50 gezahlt. Trotzdem bringt die Zeitschrift beachtlichen Gewinn; er wird für das erste Jahr auf $ 15 000 geschätzt. Die ‹Graham-Seite› wird für amerikanische Autoren zum Standard für Umfang und Honorar.

1842

JANUAR Poe stellt eine Sammlung *Phantasy-Pieces* zusammen, die aber nie erscheint. In *Graham's Magazine* beschreibt er den idealen Kritiker: «Wie könnte man ihn besser beschreiben als mit Bulwer, ‹er muß den Mut haben, kühn zu tadeln, mit Großmut allen Neid unterdrücken, kongenial würdigen, kenntnisreich vergleichen, er braucht Augen, die der Schönheit, Ohren, die der Musik geöffnet sind, und ein empfindsames Herz›. Wir fügen lediglich hinzu: Begabung für Analyse und Erhabensein über alle Kränkungen.» – FEBRUAR In einer Rezension von Charles Dickens' *Barnaby Rudge* in *Graham's Magazine,* erweiterte Fassung einer Besprechung vom 1. Mai 1841 in der *Saturday Evening Post*, sagt Poe den weiteren Verlauf der Handlung voraus. Dickens kommentiert: «Der Mann muß der Teufel in Person sein.» – 3. FEBRUAR «Meine liebe kleine Frau war ernsthaft krank. Vor etwa vierzehn Tagen platzte ihr beim Singen ein Blutgefäß, und erst gestern konnten mir die Ärzte Hoffnung auf ihre Wiedergenesung machen.» Der Blutsturz, Ausbruch der offenen Tuberkulose, deutet jedoch auf die Unheilbarkeit der Krankheit. In den kommenden Jahren ist Virginia ständig leidend, zeitweilig verschlechtert sich ihr Zustand so, daß man das Ende befürchtet. Die Agonien hätten ihn dem Wahnsinn nahe gebracht, nur durch Trinken hätte er sich zu retten gewußt, sagt Poe später. Graham berichtet: «Sein ganzes Denken kreiste offenbar um das Wohlergehen der Familie. Nur wenn es um ihr Glück und seine verständliche Sehnsucht nach einer eigenen Zeitschrift ging, hörte ich ihn über seinen mangelnden Wohlstand klagen. Tatsächlich kümmerte Geld ihn wenig, noch weniger kannte er seinen Wert, denn er schien keine persönlichen Ausgaben zu haben! Was er von mir regelmäßig im Monat erhielt, ging gleich an seine Schwiegermutter zur Versorgung der Familie weiter. Nach meiner Erinnerung gab er für persönlichen Luxus nur zweimal verhältnismäßig viel Geld aus, und beide Male war er unruhig und verzweifelt, bis er durch zusätzliche Artikel diese für sein Gefühl ungehörigen Schulden abgearbeitet hatte. Seine Liebe zu seiner Frau war die leidenschaftliche Verehrung für den Geist der Schönheit, den er vor seinen Augen hinschwinden sah. Ich habe ihn um die Kranke bemüht gesehen, mit all der liebevollen Angst und der zärtlichen Besorgtheit einer Mutter um ihr Erstgeborenes. Ihr leisestes Hüsteln ließ ihn zusammenschrecken,

seinen Herzschlag sichtlich stocken. An einem Sommer-
abend ritt ich mit beiden aus, und die Erinnerung an seine wachsamen Augen, die mit Hingabe den leichtesten
Farbwechsel in dem geliebten Gesicht beobachteten,
verfolgt mich wie ein trauriges Lied. Dieses stündliche
Vorwegnehmen ihres Hinscheidens machte ihn traurig
und grüblerisch und gab seinem Gesang die klagende
Melodie.» – 3. FEBRUAR Über seinen Freund Thomas
versucht Poe, den schriftstellernden Sohn des amerikanischen Präsidenten, Robert Tyler, für seine Zeitschrift
zu interessieren. Er ist sogar zur Aufnahme tagespoli-
tischer Beiträge bereit. *Graham's Magazine* ist bei einer
Auflage von 40000 angelangt. – 26. FEBRUAR Thomas
berichtet, Robert Tyler schätze Poes (lobende) Kritik
eines seiner Gedichte sehr hoch und sei bereit, sich für
ihn einzusetzen. – MÄRZ Poe trifft in Philadelphia mit
Charles Dickens zusammen. Beide sind sich einig in der
Forderung nach einem internationalen Copyright. Wieder in England versucht Dickens vergeblich, einen Verleger für Poe zu finden. Bei einem zweiten Amerika-
Aufenthalt (1867–68) besucht er Mrs. Clemm und läßt
ihr eine finanzielle Unterstützung zukommen. – APRIL
Mit der Fertigstellung der Mai-Nummer gibt Poe seine
Tätigkeit an *Graham's Magazine* auf. In einer Besprechung von Longfellows Balladen unternimmt er eine
Definition der Dichtung: «Zusammenfassend würden
wir das Dichten mit Worten kurz als Erschaffung von
Schönheit durch Rhythmus definieren. Ihr Bereich
geht nicht über den der Schönheit hinaus. Der Geschmack ist ihr einziger Richter. Mit dem Intellekt oder
der moralischen Gesinnung hat sie nur indirekt zu tun.
Nur zufällig ist sie an Pflicht oder Wahrheit gebunden.»
– 18. APRIL In seiner Anthologie *The Poets and Poetry of*

America veröffentlicht R.W.Griswold drei Gedichte
von Poe – *The Haunted Palace, The Coliseum, The Sleeper.* –
MAI In einer Besprechung von Hawthornes Erzählungen gibt Poe eine Theorie der short story. – 25. MAI
Brief an Thomas: «Von der ersten Stunde unserer Bekanntschaft an waren Sie der rara avis in terris – ein wahrer Freund.» Er dankt für den Versuch, ihm über Robert
Tyler einen Posten bei der Zollbehörde von Philadelphia
zu verschaffen. Seinen Rücktritt bei *Graham's Magazine*
begründet er mit «Ekel über den unausrottbaren Wischi-
waschi-Charakter der Zeitschrift – ich meine die abscheulichen Illustrationen, Modebilder, Musik und Lie-
besgeschichten. Außerdem war mein Gehalt keine Entschädigung für die Arbeit, die ich zu leisten hatte. Mit
Graham selbst, der ein Gentleman ist, aber ein sehr
schwacher Charakter, habe ich keine Differenzen gehabt.» Mitarbeiter und Druckerei beklagten sich, daß
er in der letzten Zeit mit Manuskriptsendungen und
Korrekturen säumig geworden und tagelang der Redaktion ferngeblieben sei. Ein weiterer Grund mag Gra-
hams Uninteressiertheit gewesen sein, mit Poe eine neue
Zeitschrift zu gründen. Griswold wird sein Nachfolger.
– 4. JUNI Große Geldnot. Poe bietet seine Erzählung
The Mystery of Marie Rogêt am gleichen Tage Snodgrass
vom *American Museum* für $ 40 und der Bostoner Wo-
chenzeitung *Notion* für $ 50 an, ohne Erfolg. Graham
hätte für die 25 Seiten $ 100 gezahlt. – JULI Neue Hoff-
nung, die eigene Zeitschrift am 1.Januar 1843 heraus-
zubringen. – 27. AUGUST «Literatur notiert unter pari.
Damit ist kein Geschäft zu machen. Ohne ein internationales Copyright können sich die amerikanischen Autoren genau so gut gleich aufhängen.» – 12. SEPTEMBER
Der Posten bei der Zollbehörde scheint Poe in greif-

bare Nähe gerückt. Graham will ihn zurückholen, da er mit Griswold nicht zufrieden ist. – 27. SEPTEMBER Poe versucht, Dr. Thomas Holley Chivers, einen Dichter aus Georgia, für sein Zeitschriftenprojekt zu gewinnen. Angeblich ist ihm bereits staatliche Subvention zugesagt, falls er die Regierung mit gelegentlichen Artikeln unterstützt. Er denkt an eine Anfangsauflage von 1000 Exemplaren, die Herstellung der Einzelnummer soll $ 250 kosten, Abonnementspreis $ 5, erhoffter Jahresgewinn $ 2000. Poe träumt jedoch davon, schon am Ende des zweiten Jahres eine Auflage von 5000 und einen Gewinn von $ 20000 zu erzielen. – NOVEMBER James Russell Lowell plant eine eigene Zeitschrift, *The Pioneer*. Poe bietet seine Mitarbeit an. Die Hoffnung auf die Stellung in Philadelphia zerschlägt sich, wohl aus politischen Gründen. – NOVEMBER UND DEZEMBER 1842, FEBRUAR 1843 *The Mystery of Marie Rogêt* in *Snowden's Lady's Companion* veröffentlicht.

1843

JANUAR Das Gedicht *The Conqueror Worm* (später in die Erzählung *Ligeia* eingearbeitet) veröffentlicht. In der ersten Nummer von Lowells Zeitschrift *The Pioneer* erscheint die Erzählung *The Tell-Tale Heart*. Poe soll für jeden Beitrag $ 10 Honorar erhalten. – 31. JANUAR Unterzeichnung eines Vertrages mit dem Verleger Thomas C. Clarke über die Herausgabe einer Zeitschrift *The Stylus*. Clarke soll allein für die geschäftliche Leitung zuständig sein. Um ihn zu gewinnen, hatte Poe wohl redaktionelle Mitarbeit in dem von Clarke verlegten *Saturday Museum* zugesagt, für die er aber nichts tut. Als

Illustrator der neuen Zeitschrift wird Felix O.C.Darley
verpflichtet. – 4. FEBRUAR Poe bestätigt Lowell den
Empfang von $ 10 Honorar. – 25. FEBRUAR *Saturday
Museum* druckt den Prospekt *Stylus,* der im wesentlichen
mit dem des *Penn Magazine* übereinstimmt, aber die
Grundhaltung der Zeitschrift schärfer formuliert: «Sie
wird sich der Diktatur der ausländischen Zeitschriften
entgegenstellen, den gespreizten Stumpfsinn unserer
eigenen zu vermeiden wissen, notfalls genau so gelehrt
sein wie diese, keinesfalls aber so gesichtslos – die Un-
wahrhaftigkeit zu überbieten dürfte ihr allerdings
schwerfallen.» Der neue Titel wird gewählt, weil der alte
zu stark lokalgebunden erschien. Um dem Unternehmen
neue Publizität zu geben, erscheint in der gleichen Nummer des *Saturday Museum* eine Kurzbiographie Poes, für
die er selber das Material geliefert hat, verfaßt von dem
befreundeten Henry B. Hirst aus Philadelphia, nachdem
Thomas aus Zeitgründen abgelehnt hat. Neben Wichti-
gem steht Erfundenes (z.B. die Behauptung, Poe sei in
Europa gewesen). Der dort erwähnte ‹Roman in zwei
Bänden› und die ‹Beiträge in ausländischen Zeitschriften› sind bisher nicht identifiziert worden. 32 lobende
Kommentare von Zeitgenossen folgen, teilweise aus
Briefen an Poe und von diesem entsprechend umformu-
liert. Thomas berichtet aus Washington, das Programm
der neuen Zeitschrift habe allgemein Eindruck gemacht,
besonders auf Robert Tyler. – MÄRZ Im *Pioneer* erscheint
der Essay *Notes on English Verse* (späterer Titel: *The
Rationale of Verse*). – 7. MÄRZ Poe plant eine Reise nach
Washington und erbittet vom *Pioneer* das restliche Honorar von $ 30 (wahrscheinlich ein Irrtum, es standen
ihm nur noch $ 10 zu). – 9. MÄRZ Poe in Washington,
wo er sich erneut um eine Staatsstellung bemühen, einen

Vortrag halten und Subskriptionen für *The Stylus* sammeln will. Da Thomas erkrankt ist, kann er ihn nicht beim Präsidenten einführen, gibt ihm aber eine Empfehlung für Robert Tyler, von dem Poe einen Beitrag für seine Zeitschrift erbitten will. Durch Trunkenheit und exzentrisches Gebaren brüskiert Poe Tyler und andere einflußreiche Persönlichkeiten. – 16. MÄRZ Poe wieder in Philadelphia. Er schreibt einen zerknirschten Brief an seine Washingtoner Freunde. Bemerkenswert ist das Verständnis, das Thomas für ihn aufbringt: «Der arme Mensch. Man hatte seinen Freunden ein Amt für ihn versprochen, und in der Gespanntheit der Erwartung, die für alle Menschen, besonders aber solche mit starker Phantasie, zermürbend ist, führte er sich in Washington nicht zu seinem Vorteil auf. Ich habe Poe gesehen. Was ihn zu seinen ‹Scherzen› zwang, war eher eine exzessive, zuweilen unnatürliche Sensibilität als ein krankhaftes Verlangen nach Alkohol. Schon bei einem einzigen Glas von leichtem Wein, Bier oder Cider hatte er den Rubikon überschritten – es endete fast immer in Exzeß und Krankheit. Aber wie Coleridge kämpfte er sehr gegen diese Neigung, und ich möchte meinen, hätte er nach allen traurigen Erfahrungen und Entbehrungen ein Amt mit festem Gehalt bekommen, wäre er der literarischen Zwangsarbeit enthoben worden, dann hätte er sich davon befreien können, jedenfalls zu dieser Zeit noch.» – 24. MÄRZ Poe versucht, von den Erben des am 19. 1. 43 verstorbenen Thomas W. White die Subskriptionsliste des *Southern Literary Messenger* zu kaufen. Lowell schreibt, daß er kein Honorar mehr schicken könne, weil der *Pioneer* wegen Schulden in Höhe von $ 1800 sein Erscheinen eingestellt habe; Thomas berichtet, Präsident Tyler sei gerade in dem Augenblick abgerufen worden, in dem man ihm nochmals Poes Anstellung vorgetragen habe. Die Angelegenheit kommt nicht wieder zur Sprache. – 27. MÄRZ Poe verzichtet auf das Honorar von Lowell, obwohl er seinen Washingtoner Freunden noch das Geld für die Rückfahrt schuldet. «Ich bin zwar arm, aber ich müßte noch viel ärmer sein, um solche Forderung auch nur zu erwägen.» Er bittet Lowell um ein Gedicht für die erste Nummer des *Stylus*. Als Plan erwähnt er eine Serie über die amerikanischen Literaten. – 11. JUNI Poes Geldnot ist so groß, daß er selbst Griswold, den er nicht schätzt, um $ 5 bitten muß. – 20. JUNI Lowell sendet das erbetene Gedicht, Poe muß ihm aber mitteilen, daß *The Stylus* nicht erscheinen wird. Sein Washingtoner Abenteuer hat Clarke offenbar zu der Überzeugung gebracht, daß er kein zuverlässiger Geschäftspartner ist. – 21. UND 28. JUNI *The Gold-Bug* erscheint im *Dollar Newspaper,* nachdem Poe die Geschichte schon für $ 52 an Graham verkauft hatte. Als er erfuhr, daß *Dollar Newspaper* $ 100 für die beste Erzählung aussetze, bat er Graham um Rückgabe. Er gewinnt den Preis und arbeitet das Graham-Honorar mit Rezensionen ab. In dieser Leidenszeit scheint, wie schon oft, nur die Aktivität von Mrs. Clemm das Überleben zu sichern. In Broschürenform erscheinen *The Prose Romances of Edgar A. Poe,* wahrscheinlich als billige Fortsetzungs-Serie an Stelle der früher geplanten Sammlung *Phantasy-Pieces* gedacht. Da der Absatz gering ist, wird das Unternehmen schon nach dem ersten Heft wieder eingestellt. – AUGUST *The Black Cat* erscheint in der *United States Saturday Post.* – 13. SEPTEMBER Die Not zwingt Poe, Lowell nun doch um die ausstehenden $ 10 zu bitten. – NOVEMBER In *Graham's Magazine* erscheint die Rezension von Coopers *Wyandotté.* – 25. NOVEMBER

Poe hält in Philadelphia eine Vorlesung über amerikanische Dichtung.

1844

31. JANUAR Wiederholung des Vortrages über amerikanische Dichtung in Baltimore, am 13. MÄRZ in Read-
ing, Pennsylvania. – 27. MÄRZ Das *Dollar Newspaper*
veröffentlicht die Erzählung *The Spectacles*. – 30. MÄRZ
Poe schlägt Lowell den Zusammenschluß der Autoren
vor, um eine neue Zeitschrift zu gründen. «In welch
entsetzlichem Zustand ist unsere Literatur! Wohin soll
das führen? Zweierlei brauchen wir unbedingt: ein internationales Copyright und eine gutfundierte Monatsschrift von hinlänglicher Qualität, Verbreitung und Pro-
filiertheit, um in unserer Literatur den Ton anzugeben.
Äußerlich sollte sie ein Muster des guten, aber nicht zu
ätherischen Geschmacks sein: kräftiger Druck, ein-
wandfreies Papier, einspaltig, illustriert – nicht dekoriert
– mit geistvollen Holzschnitten im Stil Grandvilles.
Unabhängigkeit, Aufrichtigkeit, Originalität sollten
ihre Hauptziele sein. Die Zeitschrift müßte 120 Seiten
haben, $ 5 kosten und ohne Einschaltung von Agenten
oder Agenturen vertrieben werden. Eine Zeitschrift dieser Art könnte gewaltigen Einfluß haben und ihre Besitzer reich machen. Es gibt einfach keinen Grund, warum sie nicht in ein, zwei Jahren eine Auflage von
100000 haben sollte...» – APRIL *A Tale of the Ragged
Mountains* veröffentlicht. Anfangs des Monats zieht Poe
mit seiner Frau nach New York, mit einer Barschaft von
insgesamt $ 7.50. Mrs. Clemm bleibt zurück, weil die
$ 3 Reisegeld für sie nicht aufzutreiben sind. Sie kommt

später nach und verkauft inzwischen Poes kleine Bibliothek. – 13. APRIL *The New York Sun* veröffentlicht *The
Balloon Hoax,* den Bericht einer fiktiven Ballonreise
über den Atlantik, der als Extrablatt reißend abgeht,
weil man ihn für wahr hält. In den nächsten Monaten
schreibt Poe für den *Columbia Spy* Briefe über das Leben
in New York, damals eine Stadt von über 300000 Einwohnern, das große Eingangstor für die Einwanderung
aus Europa. – MAI Lowell arbeitet an einer Biographie
Poes für *Graham's Magazine.* Poe teilt ihm mit, er habe
bisher sechzig Erzählungen geschrieben, von denen sechs
nicht publiziert seien. Als größten Erfolg nennt er *The
Gold-Bug* (300000 Exemplare). – 31. MAI Poe bedankt
sich für die Bereitwilligkeit des Almanachs *The Opal,*
ihm einen Artikel mit 50 Cents pro Seite zu honorieren. –
JUNI Das Gedicht *Dreamland* erscheint in *Graham's Magazine.* – JULI Lowell bittet Poe für die Biographie um eine
Selbstdarstellung. «Worüber andere nur schwatzen»,
schreibt Poe, «das kenne ich wirklich – die Eitelkeit des
menschlichen oder zeitlichen Lebens. Ich lebe beständig
in einem Traum von der Zukunft. Ich glaube nicht an
die menschliche Vervollkommnung. Nach meiner Ansicht wird das Bemühen des einzelnen Menschen auf die
ganze Menschheit wenig Einfluß haben. Der heutige
Mensch ist aktiver, aber nicht glücklicher oder weiser
als der vor sechshundert Jahren. Schon die Annahme, es
könnte anders sein, würde bedeuten, daß der vergan-
gene Mensch vergebens gelebt hat, daß die Vergangenheit nur ein Rudiment der Zukunft ist, daß die Myriaden, die umkamen, uns nicht gleichgestellt sind und
wir nicht unseren Nachkommen. Ich kann mich nicht
bereit finden, das Individuum Mensch in der Masse
Mensch zu verlieren.» – AUGUST *Mesmeric Revelation* ver-

öffentlicht. Arbeit an einer kritischen Geschichte der amerikanischen Literatur (nicht abgeschlossen). – 8. SEPTEMBER Brief an Thomas: «In den letzten sieben oder acht Monaten habe ich tatsächlich wie ein Eremit gelebt und außer meiner Familie kein Lebewesen gesehen.» – OKTOBER Feste Tätigkeit am *Evening Mirror* und der damit verbundenen Wochenendausgabe *Weekly Mirror*. Poe arbeitet als Kolumnist und schreibt besonders über die Notwendigkeit eines internationalen Copyright und die wirtschaftliche Lage der Schriftsteller. Er geißelt die Praxis amerikanischer Verleger, bei Buchpublikationen erst dann Honorar zu zahlen, wenn die Kosten für Drucken und Binden gedeckt sind, ferner die Tatsache, daß die Buchhändler an einem Exemplar das Drei- bis Fünffache des Autorenhonorars verdienen. – OKTOBER Wieder Bemühungen um eine eigene Zeitschrift. Über einen Mittelsmann fragt Poe bei Harper an, ob Interesse an einer Veröffentlichung seiner Erzählungen bestehe. Antwort negativ, man hat nicht vergessen, daß Poe mit der Bearbeitung von *The Conchologist's First Book* gegen die Interessen des Verlages gehandelt hat. – NOVEMBER In der *Democratic Review* erscheint die erste Serie der *Marginalia*. – DEZEMBER *The Literary Life of Thingum Bob* im *Southern Literary Messenger* veröffentlicht.

1845

Poe erhält Zugang zu den literarischen Salons von New York. R. W. Griswold will in eine Anthologie *The Prose Writers of America* Werke von Poe aufnehmen und bittet um Auskünfte. – 4. JANUAR In New York erscheint eine neue Zeitschrift, *The Broadway Journal*. Auflage 1000 Exemplare, Verleger John Bisco, Herausgeber Charles F. Briggs; besondere Betonung literarischer Rezensionen, daneben Musikkritiken, für die H.C.Watson zeichnet. Durch seinen Freund Lowell aufmerksam gemacht, lädt Briggs Poe ein, Beiträge für $ 1 Honorar pro Kolumne zu liefern. In der ersten und zweiten Nummer veröffentlicht er eine Besprechung von Gedichten Elizabeth Barretts. – 13. und 14. JANUAR In einer Besprechung von Longfellows Gedichten im *Evening Mirror* beschuldigt Poe Longfellow des Plagiats. Er wird daraufhin selber angegriffen. Die Kontroverse, bekannt als «The Little Longfellow War», zieht sich im *Evening Mirror, Weekly Mirror* und *Broadway Journal* bis zum 5.April hin, soll vielleicht auch der Publizität des *Broadway Journal* dienen, schadet aber Poes Ansehen. – 18. JANUAR In einem Essay über Nathaniel Parker Willis entwirft Poe eine Theorie der dichterischen Einbildungskraft. – 29. JANUAR Das Gedicht *The Raven*, zunächst an die *American Review* verkauft, die es im Februar veröffentlicht, erscheint als Vorabdruck im *Evening Mirror* und erregt großes Aufsehen. – FEBRUAR *Graham's Magazine* veröffentlicht die von Lowell verfaßte Poe-Biographie, in der es unter anderem heißt, Poe sei «der scharfsinnigste, philosophisch gebildetste und furchtloseste Kritiker imaginativer Literatur, den Amerika hat. Oder vielleicht sollten wir diese Bemerkung etwas einschränken: er könnte das alles sein, ist es aber nicht immer. Denn zuweilen scheint er statt des Tintenfasses eine Flasche Blausäure zu benutzen. Mit seinen Prämissen stimmen wir nicht immer überein, geben aber gern zu, daß seine Folgerungen logisch und seine Gedanken die eines Mannes sind, der selbständig denkt, sagt, was er denkt,

und weiß, was er sagt. Seine analytischen Fähigkeiten
würden einem Dutzend Durchschnittskritikern zur Zier
gereichen. Wir kennen ihn nicht persönlich, glauben
aber, daß er einige Vorurteile, die ihn zuweilen vom
strengen Pfad der Kritik abbringen, mit Hingabe pflegt.
Wo sie ihm nicht dazwischengeraten, kann man sich auf
sein Urteil fast bedingungslos verlassen.» An seinen Erzählungen lobt Lowell «die Fähigkeit, auf den Geist des
Lesers den unfaßbaren Schatten des Geheimnisvollen
fallen zu lassen, und die Genauigkeit des Details, die
keine Nadel, keinen Knopf außer acht läßt». – 8. FE-
BRUAR Im *Broadway Journal* erscheint eine revidierte
Fassung von *The Raven*. – 21. FEBRUAR Poe wird am
Broadway Journal angestellt. Bedingungen: die Zeitschrift darf ihn als Redakteur nennen; ein eigener Beitrag von mindestens einer Seite für jede Ausgabe; allgemeine redaktionelle Mitarbeit. Gegenleistung: ein
Drittel des Gewinns. Poe druckt hier in der Folge eine
große Zahl seiner Gedichte und Erzählungen in revi-
dierter Fassung ab. – 28. FEBRUAR Poe hält in der New
York Historical Society einen Vortrag «Poets and Poetry
of America» mit Rezitationen. Wie der *Weekly Mirror*
berichtet, hatte er «ein Auditorium von Kritikern und
Dichtern – zwei- bis dreihundert Gerichtete und Rich-
tende – und man lauschte ihm mit atemloser Aufmerksamkeit». Poe wirft den Kritikern vor, daß sie unterschieds-
los alles loben und damit der Entwicklung der amerikanischen Literatur schaden. Der Erfolg des Abends läßt
ihn auf eine neue Einnahmequelle hoffen. Eine für März
geplante Wiederholung wird aber wegen mangelnden
Interesses abgesagt. – MÄRZ Bekanntschaft mit der Dichterin Frances Sargent Osgood. Beide schreiben sich ge-
genseitig Gedichte, die vor allem im *Broadway Journal*

abgedruckt werden. Virginia hat gegen den literarischen Flirt nichts einzuwenden, weil sie den Einfluß Mrs. Osgoods auf Poe für beruhigend hält. – 17. MÄRZ Der allgemeinen Entrüstung über seine Haltung im Plagiatsstreit um Longfellow hält Poe in einem Brief an einen journalistischen Kollegen entgegen: «Ich frage Sie als Mann von Ehre: Halten Sie es für möglich, daß jemand zehn Jahre lang als Kritiker eine streng unparteiische Haltung einnimmt, wie ich es im *Southern Literary Messenger* und *Graham's Magazine* getan habe, ohne eine Anzahl von Autoren und ihren Anhang unheilbar zu kränken? Würden Sie aber, nur weil diese Leute gekränkt sind und ihrem Unmut bei jeder Gelegenheit Luft machen, meine kritische Haltung für weniger ehrenhaft halten? Ist es Ihrer Meinung nach richtig, daß man meine Verdienste am Gekläff meiner Feinde mißt, statt sich auf Grund meiner tatsächlichen Leistungen ein eigenes Urteil zu bilden?» – MAI Poe und Lowell lernen sich in New York persönlich kennen. Beide sind enttäuscht – Lowell wohl auch, weil Poe betrunken ist. In der Folge wachsende Entfremdung. Lowell dichtet schließlich: «Hier kommt Poe mit dem Raben wie Barnaby Rudge / Drei Fünftel Genie und zwei Fünftel Quatsch.» – 4. MAI Poe an Thomas: «In den letzten drei oder vier Monaten habe ich vierzehn bis fünfzehn Stunden täglich gearbeitet... ‹The Raven› wurde ein großer Erfolg, Thomas – zu dem Zwecke habe ich ihn ja auch geschrieben, genau wie ‹Gold-Bug›, Sie erinnern sich. Aber der Vogel hat den Käfer hoffnungslos geschlagen.» – 5. JULI Der *Weekly Mirror* über Poe: «In seinem Gehirn befindet sich eine kleine Dampfmaschine, die nicht nur die Hirnmasse bewegt, sondern auch ihren Besitzer ständig im Schwunge hält.» Briggs scheidet aus der Redaktion des *Broadway Journal* aus. – 12. JULI Poe zeichnet als Redakteur allein verantwortlich, Bisco behält die finanzielle Leitung, der Gewinn soll zwischen ihnen geteilt werden. – 19. JULI Beim literarischen Wettkampf einer Mädchenschule fungiert Poe als Preisrichter. Der Verlag Wiley and Putnam kündigt das Erscheinen eines Bandes *Tales by Edgar A. Poe* an, den Evert A. Duyckinck zusammengestellt hat. Er enthält zwölf Erzählungen, alle bereits früher veröffentlicht. Preis: 50 Cents. Poe erhält für jedes verkaufte Exemplar 8 Cents. Die Ausgabe hat einen bescheidenen Erfolg. – AUGUST Poe beschäftigt sich mit Theaterkritik, schreibt im *Broadway Journal* einen Essay über das amerikanische Drama, der eine ganze Serie einleiten soll, aber ohne Fortsetzung bleibt. – 16. OKTOBER Durch Vermittlung Lowells gibt Poe einen Rezitationsabend in Boston. Er liest *Al Aaraaf,* findet wenig Beifall und äußert sich abfällig über die Bostonesen. – 24. OKTOBER Poe übernimmt das *Broadway Journal* als alleiniger Herausgeber. Er zahlt Bisco $ 50 und will die Schulden der Zeitschrift innerhalb von drei Monaten begleichen. Bittbriefe an eine Reihe von Bekannten um Darlehen. – NOVEMBER Wiley and Putnam veröffentlichen *The Raven and Other Poems,* von Poe selbst zusammengestellt. Preis: 31 Cents. Er widmet den Band Elizabeth Barrett, die in einem Dankbrief ihre und Robert Brownings Bewunderung ausspricht. In der *Revue Britannique* erscheint eine französische Übersetzung von *The Gold-Bug.* – 3. DEZEMBER Geldmangel zwingt Poe, einen Geschäftspartner in die Zeitschrift aufzunehmen. Er bleibt aber alleiniger Herausgeber.

1846

JANUAR Poe verabschiedet sich von den Lesern des *Broadway Journal,* das sein Erscheinen einstellt. Er denkt jedoch schon wieder an eine neue Zeitschrift, für die er angeblich schon Korrespondenten in Berlin und Paris hat. Dem Verlage Wiley and Putnam bietet er für $ 50 eine neue Sammlung seiner Erzählungen an. Kein Interesse. Die Erzählung *The Sphinx* erscheint in *Arthur's Ladies' Magazine.* In den nächsten Monaten regelmäßige Besprechungen in *Godey's Lady's Book,* in *Graham's Magazine* und anderen Zeitschriften; Marginalien. – APRIL Einladung zu einem Vortrag an der Universität Vermont im kommenden August. Poe lehnt wegen Krankheit ab. *Graham's Magazine* veröffentlicht *The Philosophy of Composition.* – MAI ODER JUNI Poe zieht mit seiner Familie nach Fordham, einem Dorf bei New York. Jahresmiete $ 100. Eine Besucherin beschreibt das Haus, das Poe nun mit Virginia und Mrs. Clemm bewohnt: «Um das Haus herum erstreckte sich etwa ein Morgen eingezäunte Rasenfläche, weich wie Samt und gepflegt wie ein wertvoller Teppich. Im Hof spendeten einige große alte Kirschbäume dichten Schatten. Das Haus hatte drei Zimmer – Küche, Wohnzimmer und ein Schlafzimmer, das über dem Wohnzimmer lag. Vor dem Haus war eine Terrasse, auf der man im Sommer angenehm im Schatten der Kirschbäume saß. Es war nichts angepflanzt, auch Blumen sah man nicht, nur den weichen Rasen und die majestätischen Bäume… Das Innere spiegelte Geschmack und Lebensart seiner Bewohner. Nie sah ich eine Wohnung so rein, so arm, so karg möbliert und doch so reizend. Der Fußboden der Küche war weiß wie Weizenmehl. Ein Tisch, ein Stuhl, ein kleiner Ofen genügten, um sie wohnlich zu machen. Den Boden des Wohnzimmers bedeckte eine schachbrettgemusterte Matte; vier Stühle, ein Lichthalter und ein hängendes Bücherregal bildeten die ganze Einrichtung. Auf dem Regal standen Bücher in hübschen Geschenkausgaben, die Brownings nahmen einen Ehrenplatz ein.» – MAI In *Godey's Lady's Book* erscheint die erste Nummer einer Serie von Darstellungen der New Yorker Literaten, mit der redaktionellen Notiz: «Wir müßten uns sehr irren, wenn diese Aufsätze von Mr. Poe die literarische Börse nicht in Bewegung brächten.» Im Juni Nachdruck wegen großer Nachfrage. In der Zeitschrift *The Knickerbocker* schmäht Lewis Gaylord Clark den Kritiker Poe als «literarischen Snob, der sich ständig nach vorn spielt: heute in der Gosse, morgen in einem Modistinnenmagazin – aber überall und immer herrlich snobbisch und dreckig». – 11.–13. JUNI Die Pariser Zeitung *La Quotidienne* veröffentlicht eine freie französische Bearbeitung von *The Murders in the Rue Morgue,* ohne den Autor zu nennen. – 16. JUNI Poe lehnt eine Einladung zu einem Vortrag am Dickinson College in Carlisle, Pennsylvania, ab. – 17. JUNI Hawthorne, damals noch nicht berühmt, schreibt an Poe: «Was Sie gelegentlich über meine Hervorbringungen äußerten, habe ich mit Interesse gelesen – nicht so sehr, weil Ihr Urteil im ganzen günstig für mich war, sondern weil ich den Eindruck hatte, daß es ernsthaft gemeint war. Mich interessiert nichts als die Wahrheit, und eine bittere Wahrheit über meine Arbeiten ist mir lieber als eine verzuckerte Falschheit. Allerdings muß ich gestehen, daß ich Sie mehr als Erzähler denn als Kritiker schätze. Ihren kritischen Urteilen kann ich oft nicht zustimmen, Ihre erzählerische Kraft und Originalität fordern mir jedoch stets Bewunderung ab.» – JULI Innerhalb der *Literati of New York* erscheint ein Beitrag Poes über Thomas Dunn English, der heftig reagiert und Poe «prinzipienlos, gemein und lasterhaft und dabei albern, eitel und dumm» nennt, «in Dingen der Moral ein Mörder, ein Quacksalber in der Literatur.» – 10. JULI Poe schlägt zurück. Godey veröffentlicht die Erwiderung in *The Spirit of the Times* – einer Sportzeitung – und will dafür von Poe $ 10 haben. – 23. JULI Poe verklagt Verleger und Herausgeber des *Evening Mirror,* der Englishs Artikel gedruckt hatte, wegen Verbreitung verleumderischer Behauptungen: English hatte sich hinreißen lassen, Poe auch kriminelle Delikte vorzuwerfen. – 25. JULI Der *Saturday Courier* veröffentlicht einen kurzen Aufsatz über Poe mit einem besonderen Lob des *Raven.* – AUGUST Philip Pendleton Cooke arbeitet an einer Biographie Poes (erscheint Januar 1848 im *Southern Literary Messenger*). Poe schreibt ihm: «Hätte ich jetzt alle meine Erzählungen in einem dicken Bande und als das Werk eines anderen vor mir – am stärksten würde mich ihre Verschiedenartigkeit beeindrucken.» – SEPTEMBER Die Pariser *Revue Britannique* veröffentlicht *A Descent into the Maelström* in einer Übersetzung von E. D. Forgues, mit Hinweis auf Poe. – 12. OKTOBER Ohne Poe zu nennen, veröffentlicht E. D. Forgues in der Pariser Zeitung *Le Commerce* eine Bearbeitung von *The Murders in the Rue Morgue.* Als er des Plagiats bezichtigt wird, gibt er Poes Urheberschaft zu. Poes Name wird durch diesen Streit in Frankreich bekannt. – OKTOBER Letzte Nummer der *Literati.* Die Serie sei abgebrochen worden, schreibt Poe, weil das Publikum die Reportage literarischen Klatsches mit ernsthafter Literaturkritik verwechselt habe. Poe arbeitet wieder an einer Darstellung der amerikanischen Literatur, die keine fremden Urteile übernehmen will. – NOVEMBER *The Cask of Amontillado* erscheint in *Godey's Lady's Book*. – DEZEMBER Virginias Leben verlöscht langsam. Eine Besucherin beschreibt: «Das Bett hatte nur Strohmatratzen und ein schneeweißes Laken... Die junge kranke Frau wurde von Schüttelfrost geplagt... Sie lag in den Mantel ihres Mannes gehüllt und hatte auf ihrer Brust eine große, schwarz und gelb gefleckte Katze. Das schöne Tier schien zu wissen, wie nützlich es war. Der Mantel und die Katze waren das einzige Mittel, der Kranken etwas Wärme zu geben...» Marie Louise Shew, eine ehemalige Krankenschwester, nimmt sich der Familie an und versorgt sie mit dem Nötigsten. In verschiedenen Blättern erscheinen Aufforderungen zur Hilfe. In seinem Stolz gekränkt protestiert Poe gegen solche Bloßstellung seiner Armut. Auch ihm selber geht es schlecht. «Über sechs Monate war ich krank, und meist so bedenklich, daß ich bisweilen unfähig war, einen gewöhnlichen Brief zu schreiben», schreibt er an George W. Eveleth. – 30. DEZEMBER Poe teilt Duyckinck mit, daß *The Facts in the Case of M. Valdemar* in England großen Erfolg hat, weil man den Bericht für bare Münze nimmt.

1847

8. JANUAR Im *Spirit of the Times* heißt es: «Wenn Mr. Poes Galle nicht so gut funktionierte, hätte ihn die Schar derer, die sich sein Genius zu Feinden gemacht hat, schon längst verspeist.» – 29. JANUAR Poe an Mrs. Shew: «Meine arme Virginia lebt, aber ihre Kräfte lassen rapide nach, und sie leidet jetzt große Qualen. Möge

Gott ihr Leben erhalten, bis sie Ihnen noch einmal gedankt hat. Ihr Herz wie das meine ist ganz erfüllt von unendlicher, unsäglicher Dankbarkeit für Sie.» – 30. JANUAR Virginia stirbt. Sie wird in Fordham beerdigt (später nach Baltimore überführt und dort an der Seite ihres Mannes beigesetzt). Poe erleidet einen Nervenzusammenbruch. Mrs. Shew berichtet nach Konsultation eines Facharztes: «Ich kam zu dem Schluß, daß er bei sonst guter körperlicher Verfassung an einer einseitigen krankhaften Veränderung des Gehirns litt. Da Anregungs- und Stärkungsmittel ihn sehr erregten, hatte ich keine Hoffnung, daß er das durch äußerstes physisches und psychisches Leid verursachte Hirnfieber überleben würde. Dieser wahrhaft heroische Mann hatte Entbehrungen, Hunger und Kälte auf sich genommen, um seiner Frau Nahrung, Arznei und Linderung verschaffen zu können.» – 17. FEBRUAR Im Prozeß gegen den *Evening Mirror* werden Poe $ 225 Schadenersatz zugesprochen. – MÄRZ *The Domain of Arnheim* erscheint im *Columbian Magazine*. – 13. MÄRZ In dem Gedicht *To M. L. S.* drückt Poe seinen Dank an Mrs. Shew aus. – AUGUST Poe reist nach Philadelphia, um die Kontakte zu den dortigen Zeitschriften wiederaufzunehmen. – DEZEMBER In der *American Review* erscheint anonym das Gedicht *Ulalume*. Während des ganzen Jahres arbeitet Poe an *Eureka*.

1848

JANUAR Durch die Ereignisse des letzten Jahres hat Poe viele wichtige Kontakte verloren; er äußert mehrfach, daß er sich in der literarischen Welt erst wieder einen

Platz erobern müsse. Seine Hoffnung gilt wieder einer eigenen Zeitschrift, die er nun auch selbst verlegen will, um jeder Bevormundung zu entgehen. Auf einer Reise in den Süden und Westen will er Subskriptionen sammeln. – 17. JANUAR Poe plant einen Vortrag in New York, um Geld für die Zeitschrift zu beschaffen; er rechnet mit vier- bis fünfhundert Zuhörern. – 3. FEBRUAR Unter dem Titel *The Universe* veranstaltet er eine Lesung aus *Eureka* vor kleinem Publikum. Besprechungen in der Presse sind gutwillig, aber völlig verständnislos. Das *Home Journal* bringt eine Notitz: «Wie wir hören, will Poe mit diesen Vorlesungen das nötige Kapital zur Gründung einer Zeitschrift aufbringen, die den Titel *The Stylus* haben soll. Wer Literatur ohne Fesseln und Kritik ohne Samthandschuhe bejaht, sollte ein Abonnement übernehmen. Wenn es auf der Welt einen geborenen Anatomen des Gedankens gibt, dann ist es Mr. Poe. Das Geschick, mit dem er eine große Begabung zerlegt und ihre Grenzen demonstriert, hat auf beiden Seiten des Atlantik nicht seinesgleichen. Weder in seinen Kritiken noch in seinen höchst bemerkenswerten imaginativen Stücken findet sich ein Satz, der nicht anschaulich und gedankenvoll wäre.» – 29. FEBRUAR Für den 10. März plant Poe eine Reise nach Richmond. Über seine Lebensgewohnheiten schreibt er an George W. Eveleth, einen jungen Bewunderer, mit dem er seit einiger Zeit korrespondiert: «Ich übe in allem strikte Enthaltsamkeit und befolge eine natürliche Lebensweise. Ich stehe früh auf, esse mäßig, trinke nichts als Wasser und bewege mich viel und regelmäßig in freier Luft. Aber das ist mein privates Leben, meine gelehrte und literarische Existenz, und entgeht natürlich den Augen der Welt. Nach Gesellschaft verlangt mich nur, wenn ich vom

Trinken angeregt bin. Nur dann gehe – vielmehr ging – ich in den Kreis meiner Freunde. Da diese mich selten, genaugenommen niemals anders als angeregt gesehen haben, meinen sie, ich sei immer so. Wer mich aber wirklich kennt, weiß es besser.» Neues Dankgedicht, *To –,* an Mrs. Shew, die weiter hilfreich ist. In *Sartain's Union Magazine* erscheint das Gedicht *An Enigma* für Sarah Anna Lewis, eine der dichtenden Damen, die zu dieser Zeit Mrs. Clemm unterstützen und dafür von Poe mit Lob und Heraugabe ihrer Produktion belohnt werden wollen. Mrs. Shew berichtet über die Peinlichkeit und Demütigung, die Poe dabei empfand: «Mit geradezu kindlicher Leidenschaft haßte ich die dicke, aufgedonnerte Frau, die oft in Mrs. Clemms kleiner Küche auf den genialen Mann wartete, der, ihr zu entkommen, in die Felder und Wälder geeilt war oder in die benachbarte katholische Schule. Ich erinnere mich, daß Mrs. Clemm mich eines Tages heimlich nach ihm aussandte. Er saß auf einem Stein, den er sehr liebte, und murmelte, er wolle lieber sterben, als noch länger etwas mit literarischen Schwätzern zu tun zu haben.» Mit den gelehrten Jesuitenpatres des St. John College pflegt er freundschaftlichen Umgang. – 10. MÄRZ Die Reise nach Richmond wird verschoben, da der Verlag Putnam sich bereit erklärt, *Eureka* zu veröffentlichen. Vorschuß $ 14. – 18. MÄRZ Poe veranlaßt Veröffentlichung eines an ihn gerichteten Gedichts *The Raven* im *Home Journal;* die Verfasserin Sarah Helen Whitman, eine Witwe von 45 Jahren, hat er in New Yorker Literatenkreisen kennengelernt. – MAI Bekanntschaft mit der Dichterin Ermina Starkweather Locke aus Lowell, Massachusetts. – 19. MAI Brief an Mrs. Locke läßt ernstes Interesse an ihr vermuten. – JUNI Verzweifelter Brief an Mrs. Shew, mit der er wohl eine Verbindung erhofft hatte. Offenbar wird sie durch das Eingreifen des Pastors John H. Hopkins verhindert, der Poe wegen seines Pantheismus verurteilt und auch bei Putnam gegen die Veröffentlichung von *Eureka* protestiert. Poe schickt sein Gedicht *To Helen* (das zweite dieses Titels) an Sarah Helen Whitman in Providence. Da das Reisegeld fehlt, muß die Fahrt nach Richmond wieder verschoben werden. – 10. JUNI Durch Vermittlung von Mrs. Locke hält Poe einen Vortrag in Lowell, Massachusetts, interessiert sich dort aber mehr für die Nachbarin der Dichterin, Mrs. Nancy Locke Heywood (‹Annie›), eine junge hübsche, verheiratete, aber ganz unliterarische Frau. – 14. JUNI Poe bemüht sich um nähere Auskünfte über Mrs. Whitman. – JULI Baudelaires erste Poe-Übersetzung, *Révélation Magnétique*, erscheint in *La Liberté de Penser*. – 21. SEPTEMBER Reise nach Providence, um Mrs. Whitman näher kennenzulernen. – OKTOBER Lange leidenschaftliche Briefe an Mrs. Whitman. Poe behauptet, zum ersten Male zu lieben, da er Virginia nur aus Mitleid geheiratet habe. Auf seinen Heiratsantrag hin bittet sie um Bedenkzeit. Auch bei einem weiteren Besuch zögert sie die Entscheidung hinaus. – NOVEMBER Neue Reise nach Providence. Mrs. Whitman zeigt Briefe, in denen sie vor ihm gewarnt wird. In großer Erregung fleht Poe sie an, ihn zu retten. Ein hinzugerufener Arzt diagnostiziert eine Schädigung des Gehirns. – 13. NOVEMBER Mrs. Whitman stimmt einer Verlobung unter der Bedingung zu, daß Poe das Trinken aufgibt. Er gibt sein Wort und kehrt nach New York zurück. – 16. NOVEMBER Leidenschaftlicher Brief an Annie. Behauptung, auf der Rückreise von Providence habe er mit zwei Unzen Laudanum einen Selbst-

mordversuch unternommen. – 22. NOVEMBER Brief an
Mrs. Whitman beteuert erneut Zuneigung. – 15. DE-
ZEMBER Mrs. Whitman überschreibt ihr Vermögen ihrer Mutter. – 20. DEZEMBER Vor 2000 Zuhörern hält
Poe in Providence einen Vortrag *The Poetic Principle*. –
22. DEZEMBER Er bestätigt die Überschreibung von
Mrs. Whitmans Vermögen. – 23. DEZEMBER Das Aufgebot wird bestellt, aber vom Pfarrer nicht verkündet,
da Mrs. Whitmans Freunde immer noch versuchen, die
Verbindung zu hintertreiben. Schließlich gelingt es
ihnen. Poe kehrt nach New York zurück.

1849

13. JANUAR Für ein Seitenhonorar von $ 2 bietet Poe
dem *Southern Literary Messenger* monatlich fünf Seiten
Marginalien an, die von April bis August erscheinen. –
21. JANUAR Brief an Annie: «Ich werde nachgerade
weise und kümmere mich nicht um die Meinung der
Welt, die in hochherzigem Handeln Intrigen wittert und
den Armen als Schurken betrachtet. Ich muß reich werden – reich. Dann wird alles gut sein. Bis dahin freilich
muß ich die Schmähungen ertragen.» Die Zukunft be-
urteilt er optimistisch. Da sein niedrigstes Honorar $ 5
pro Seite betrage, könne er täglich $ 7.50 verdienen.
«Eines aber darfst Du mir glauben, Annie – die ekle
Gesellschaft der schreibenden Damen werde ich von
jetzt an meiden. Sie sind ein herzloser, verbildeter, gift-
spritzender, ehrloser Haufe, der sich einzig von maßlosem Dünkel leiten läßt. Die einzige Ausnahme ist
Mrs. Osgood.» – FEBRUAR *Mellonta Tauta* erscheint in
Godey's Lady's Book. Mrs. Locke versucht, die Freund-

schaft zwischen Poe und Annie zu zerstören. Annie betont später, ihr Mann habe diese Beziehung gebilligt,
da sie nichts als Freundschaft gewesen sei. – 4. FE-
BRUAR Die Erzählung *Hop-Frog* soll in der Wochenzei-
tung *The Flag of Our Union* erscheinen, «literarisch gesehen wohl kein sehr respektables Journal, das aber immerhin die gleichen Honorare zahlt wie die meisten Zeitschriften. Der Besitzer bot mir $ 5 pro Graham-Seite,
und da ich aus meinen Geldschwierigkeiten heraus
wollte, habe ich das Angebot akzeptiert. Auch für ein
Sonett zahlt er $ 5.» – 14. FEBRUAR «Verlassen Sie sich
darauf, Thomas, am Ende ist doch die Literatur der
edelste Beruf, fast der einzige, der für einen Mann taugt.
Ich jedenfalls werde mein ganzes Leben ein Literat sein,
und nicht für alles Gold Kaliforniens würde ich die Hoffnungen hergeben, die mich immer noch vorwärtstrei-
ben.» – MÄRZ Im *Southern Literary Messenger* erscheint
Poes Besprechung von Lowells *A Fable for the Critics.*
– 14. APRIL *The Flag of Our Union* veröffentlicht *Von
Kempelen and His Discovery,* eine Satire auf die syntheti-
sche Herstellung von Gold, von der sich Poe angesichts
des einsetzenden kalifornischen Goldrausches einen besonderen Erfolg verspricht. – 21. APRIL Das Gedicht
Eldorado wird veröffentlicht. – 28. APRIL Tiefe Depressionen, da eine Reihe von Zeitschriften ihr Erscheinen
einstellen. – 30. APRIL E. H. N. Patterson, ein junger Zei-
tungsbesitzer in Oquawka, Illinois, fragt bei Poe an, ob
er mit ihm zusammen eine Zeitschrift gründen wolle. Poe
ist sofort in Hochstimmung, umgehende Zusage. – 23.
MAI Das Erscheinen der Zeitschrift wird für den 1. Januar 1850 geplant. Poe bittet Patterson, ihm für notwendige Auslagen $ 50 nach Richmond zu schicken. Am
gleichen Tage tritt er eine einwöchige Reise nach Lowell

und Boston an. – 28. JUNI Versuch, Griswold für eine lobende Darstellung von Sarah Anna Lewis zu gewinnen. – 29. JUNI Poe übernachtet mit Mrs. Clemm in Brooklyn im Hause von Mrs. Lewis und bricht am nächsten Tage nach Richmond auf. – 2. (?) JULI Aufenthalt in Philadelphia bei John Sartain, einem Freund von früher und Herausgeber des *Union Magazine*. Sartain bezeugt einen Anfall von Verfolgungswahn: Poe habe in seinem Büro Schutz vor «zwei Männern» gesucht, habe dann bis tief in die Nacht in Begleitung Sartains die Straßen und Vorstädte durchstreift. Poe gesteht, er sei wegen Trunkenheit eine Nacht inhaftiert gewesen. – 7. JULI Verzweifelter Brief an Mrs. Clemm: «Komm sofort zu mir, wenn Du diesen Brief erhältst. Die Freude, Dich zu sehen, wird mich für fast alles Leid entschädigen. Wir können nur noch zusammen sterben. Es hat jetzt keinen Sinn, mit mir zu argumentieren – ich muß sterben. Seit *Eureka* beendet ist, will ich nicht mehr leben. Ich könnte doch nicht mehr schaffen. Das Leben könnte süß sein Deinetwegen, aber wir müssen zusammen sterben. Du bist mir alles gewesen – Geliebte, immer geliebte Mutter und teuerster, wahrster Freund.» – 7. JULI Das Sonett *To My Mother* erscheint in *The Flag of Our Union*. – 13. JULI Der Romancier Georg Lippard sammelt $ 11, um die Weiterreise zu ermöglichen. Poe sagt ihm: «Sie sind jetzt meine letzte Hoffnung. Helfen Sie mir, aus Philadelphia fortzukommen. Tun Sie es um Gottes willen. Mein Herz sehnt sich nach Virginia. Wenn mein Fuß virginischen Boden betritt, werde ich ein neuer Mensch sein.» – 14. JULI Ankunft in Richmond. Poe nimmt Quartier in der Swan Tavern, nahe dem Hause der McKenzies, bei denen seine Schwester Rosalie lebt. –

19. JULI Poe schreibt an Mrs. Clemm, er sei jetzt wieder ruhiger. Spricht von Halluzinationen infolge eines Anfalls von Säuferwahn. Seine Schwester macht ihn mit der jungen Dichterin Susan Archer Talley bekannt, die von ihm sagt: «Für den Charakter anderer Menschen hatte er ein schnelles und intuitives, aber nicht sehr tief gehendes Verständnis. Selbst meiner jugendlichen Unerfahrenheit fiel auf, daß diesem Mann, der doch ein Genie war, die Kenntnis der menschlichen Natur sonderbarerweise abging.» Die Regeln südstaatlicher Gastfreundschaft machen es unmöglich, daß Poe dem Alkohol entgeht, obwohl er große Anstrengungen unternimmt. Ärzte warnen ihn, ein neues Delirium könne das Ende bedeuten. Er tritt den Temperenzlern bei und schwört, nie wieder einen Tropfen Alkohol zu sich zu nehmen. – 7. AUGUST Patterson schickt die erbetenen $ 50. Er will die Finanzierung der Zeitschrift übernehmen und Poe die Redaktion überlassen, denkt allerdings an ein Dreidollarmagazin. Poe macht Vorbehalte, ist aber zu einem Treffen am 15. Oktober in St. Louis bereit. – 27. AUGUST Vortrag *The Poetic Principle*. Das Auditorium ist groß, die Einnahme bei einem Eintrittspreis von 25 Cents gering. – 28. ODER 29. AUGUST In einem Brief an Mrs. Clemm spricht Poe von der Hoffnung, bei einer Wiederholung seines Vortrags $ 100 einzunehmen, er erwähnt auch den Plan einer Heirat mit seiner Jugendliebe Sarah Elmira Royster, verwitwete Shelton, einer nicht unvermögenden Dame, die allerdings später erklärt, sie habe seinen Antrag zurückgewiesen. Poe überlegt bereits, ob sie in Richmond oder in Lowell wohnen sollen – auf jeden Fall in Annies Nähe. Er akzeptiert das Angebot, für $ 100 die Gedichte von Mrs. St. Leon Loud herauszugeben. Der Brief schließt:

«Sprich mir nicht von Annie. Ich kann es jetzt nicht hören – es sei denn, Mr. Richmond wäre tot. Ich habe einen Trauring gekauft und werde wohl ohne Schwierigkeit einen Frack bekommen.» – 4. SEPTEMBER Mrs.
Clemm schreibt an Griswold, wenn er Poes Manuskripte
drucke, werde dieser ihn günstig rezensieren. – 14. SEP-
TEMBER Vortrag in Norfolk. Die Einnahmen reichen
zur Deckung der Gasthausrechnung in Richmond. –
18. SEPTEMBER Brief an Mrs. Clemm: «Wenn möglich
werde ich noch vor der Abreise von hier heiraten – aber
noch läßt sich nichts Genaues sagen.» – 24. SEPTEMBER
Wiederholung des Vortrags in Richmond. – 25. SEP-
TEMBER Poe verbringt den Abend bei der Familie von
Susan Archer Talley, die berichtet: «Im Laufe des
Abends zeigte er mir einen Brief, den er gerade von ‹seinem Freund, Dr. Griswold› bekommen hatte. Es war
die Antwort auf einen Brief, in dem Poe kurz zuvor
Dr. Griswold gebeten hatte, im Falle seines plötzlichen
Todes seinen literarischen Nachlaß zu verwalten. Dr.
Griswold nahm den Vorschlag an, zeigte sich ge-
schmeichelt und schrieb in einem Ton freundschaftli-
cher Wärme und Verbundenheit.» Daß Poe dem eng-
stirnigen Griswold, einem ehemaligen baptistischen
Geistlichen, der zum Journalismus hinübergewechselt
war, die so wichtige Aufgabe übertrug, bezeugt seine
geringe Menschenkenntnis. Griswold trug durch seine
fehlerhafte, unzulängliche Ausgabe und seine fälschende
Beschreibung von Poes ausschweifendem, lasterhaftem
Lebenswandel nicht wenig dazu bei, das Bild Poes in
der Literaturgeschichte zu entstellen. «Gibt es in
Amerika keine Polizeivorschrift, die Hunden das
Betreten des Friedhofs verbietet?» schrieb Baudelaire
später. – Elmira findet Poe bei der Verabschiedung krank

und fiebrig und hält ihn nicht für reisefähig. – 27.(?)
SEPTEMBER Abreise. Offenbar will er über Baltimore
nach Philadelphia und von dort nach New York. Über
die nächsten Tage ist nichts Genaues bekannt. – 3. OK-
TOBER Poe wird in Baltimore vor einem Wahllokal auf
der Straße gefunden. Er trägt fremde Kleider und bittet,
Dr. Snodgrass zu benachrichtigen. Dieser veranlaßt,
daß er ins Krankenhaus geschafft wird. Er befindet sich
in einem Zustand äußerster Verzweiflung und verfällt
nach heftigem Zittern der Glieder schließlich in ein
Delirium, in dem er sich nach der Beschreibung des
Arztes Dr. Moran «an phantastische und eingebildete
Wesen wandte, die er an den Wänden sah, das Gesicht
bleich, der ganze Körper mit Schweiß bedeckt». –
6. OKTOBER Er ruft mehrfach den Namen des Südsee-
forschers Reynolds. – 7. OKTOBER Poe stirbt. Seine
letzten Worte: «Gott sei meiner armen Seele gnädig.» –
9. OKTOBER Bei der Beerdigung sind anwesend: die
Verwandten Neilson Poe und Henry Herring, der
Freund Dr. Snodgrass und ein Kommilitone von der
Universität Virginia, Z. Collins Lee. Ein Methodisten-
pfarrer segnet den Toten ein.

KS

ERSTE ERZÄHLUNGEN
1832

METZENGERSTEIN

Pestis eram vivus – moriens tua mors ero.
Martin Luther

Grau'n und Verhängnis sind zu allen Zeitaltern weit hin über die Lande gegangen. Warum denn der Geschichte ein Datum geben, die ich erzählen will? Sei's dran genug, daß zu der Zeit, davon ich spreche, im Innern Ungarns es einen tief verwurzelten, ob schon geheim-verborgnen Glauben an die Lehren der Metempsychose gab. Von diesen Lehren selber – will meinen: ihrer Fälschlichkeit doch, oder ihrem Wahrheitsschein – sage ich nichts. Doch möcht' ich wohl verfechten, es rühre viel von unsrer Ungläubigkeit (wie's La Bruyère von all unserem Elend sagt) her ‹de ne pouvoir être seuls›.[1]
Doch es gab in jenem ungrischen Aberglauben einige Punkte, die schon recht derb ans Fratzenhafte grenzten. Die Ungarn unterschieden sich darin sehr wesentlich von ihren östlichen Autoritäten. «Die Seele», sagten sie zum Beispiel – und ich gebe die Worte eines scharfsinnigen und geistreichen Parisers – «*ne demeure qu'une seule fois dans un corps sensible: au reste – un cheval, un chien, un homme même, n'est que la ressemblance peu tangible de ces animaux.*»
Die Familien auf Berlifitzing und Metzengerstein hatten Jahrhunderte lang im Streit gelegen. Nie jemals standen

---

[1] Mercier vertritt – in ‹*L'an deux mille quatre cent quarante*› – allen Ernstes die Lehren der Metempsychose, und J. D'Israeli sagt, es sei «kein System so einfach und dem Verstande so einleuchtend-akzeptabel» als dieses. Oberst Ethan Allen, der ‹Green Mountain Boy›, soll gleicherweise der Metempsychose ernstlich angehangen haben.

noch zwei so erlauchte Häuser in so erbitterter, so töd-
licher Feindseligkeit widereinander. Der Ursprung dieser Gegnerschaft scheint in den Worten einer alten Prophezeiung zu liegen – «Ein hehrer Name kommt gar
furchtbar schwer zu Fall, wenn, wie der Reiter seinem
Roß, die Sterblichkcit Metzengersteins obsiegen wird
der Unsterblichkeit Berlifitzings.»

Die Worte selber hatten natürlich wenig oder keinerlei
Bedeutung. Doch führten geringere Ursachen – und
dies vor gar nicht langer Zeit – zu Folgen, die gleicher
Weise ereignisschwer. Es hatten überdies die einander
nah angrenzenden Besitzungen eine Rivalität bewirkt,
die lange einen Einfluß auf die Geschäfte tätigen Regi-
ments ausübte. Zudem sind nahe Nachbarn selten
Freunde; und die Bewohner von Burg Berlifitzing vermochten von ihren himmelan strebenden Pfeilern grad
in die Fenster des Schlosses Metzengerstein zu blicken.
Am allerwenigsten denn war die mehr schon als feudale
Pracht, die so erspäht ward, dazu angetan, die reizbaren
Empfindungen des weniger – an Alter wie an Gütern –
reichen Berlifitzing zu beschwichtigen. Was Wunder,
daß die Worte jenes Weis-Spruchs, ob sie schon töricht
warn, am Ende zwei Familien entzweit und unversöhn-
lich verzwistet hatten, denen es gleichsam im Blute lag,
einander zu befehden, ward die ererbte Eifersucht nur
einmal aufgereizt. Die Prophezeiung schien – wenn etwas überhaupt – den endlichen Triumph auf Seiten des
ohnhin schon mächtigern Hauses in sich zu begreifen;
und wurde natürlich vom schwächern und weit minder
einflußreichen mit umso bittererem Groll bedacht.

Wilhelm, Graf Berlifitzing, war, obschon von hoher
Herkunft, zum Zeitpunkt der Erzählung ein siecher
und ein kindisch alter Mann, an dem bemerkenswert

nichts anderes zu finden als eine unmäßig zügellose und
eingefleischte Abneigung gegen die Familie seines Rivalen und eine so leidenschaftliche Liebe zu Pferden und
zum Waidwerk, daß körperliche Schwäche nicht, noch
hohes Alter, noch Geistesblödigkeit ihn hindern konnten, alltäglich Teil an den Gefahren der Jagd zu nehmen.

Friedrich, Baron Metzengerstein, stand andrerseits noch
gar nicht hoch in Jahren. Sein Vater, der Minister
G----, starb jung. Seine Mutter, Lady Maria, folgte ihm
rasch nach. Zu jener Zeit befand sich Friedrich in seinem
achtzehnten Jahre. In Städten nun sind achtzehn Jahre
keine lange Zeit; doch in der Wildnis, in einer so erlesenen, so prächtigen Wildnis gar wie jener alten Herrschaft, – da schwingt das Pendel doch mit tieferm Sinne.
In Folge einiger besondern Umstände, die seines Vaters
Testament ergab, trat bei des Ersteren Verscheiden der
junge Baron unmittelbar seine unermeßlichen Besitzungen an. Selten wohl je ward solch Vermögen von
einem Edelmann Ungarns besessen. Seine Burgen waren
schier ohne Zahl. Der Hauptbesitz, nach Glanz wie
auch nach Größe, war ‹Schloß Metzengerstein›. Sein
sämtliches Gebiet ward niemals klar bestimmt; doch
seinen herrschaftlichen Park allein umgab ein Umkreis
von wohl fünfzig Meilen.

Da den Besitz nun, einen so unvergleichlichen Reichtum, ein Erbe antrat – noch so jung, und von bereits so
wohlbekanntem Wesen – lief alsbald manches Spekulieren um ob seines mutmaßlichen Wandels. Und in der
Tat – noch waren nicht drei Tage hin, da stellte sein
Verhalten bereits Herodes in den Schatten und übertraf
noch weit, was die begeistertsten Bewunderer erwartet.
Schändliche Ausschweifungen – abscheuliche Treu-

79

losigkeiten – schier unerhörte Greueltaten gaben den
zitternden Vasallen eilends zu begreifen, daß keine
kriechend-knechtische Ergebung hier bei ihnen – noch
gar ein zimperlich' Gewissen dort bei ihm – hinfort nur
irgend würden Sicherheit vor eines kleinen Caligula
reulosen Fängen gewähren. Bei Nacht des vierten Tags
fand man die Stallgebäude von Burg Berlifitzing brennen; und die einmütige Meinung der Nachbarschaft
fügte das Verbrechen der Brandesstiftung dem schon
genugsam gräßlichen Verzeichnis von des Barons Ver-
gehn und Freveln zu.

Doch während des Getümmels, das von diesem Ereignis
entstanden, saß der junge Edelmann selber ganz offenbar in tiefes Sinnen versunken in einem weiten und öd
verlaßnen Gemach hoch droben im Stammesschloß
Metzengerstein. Die reich gewirkten, wennschon ver-
schossen bläßlichen Behänge, die düster an den Wänden
schwangen, stellten die schattenhaften und majestätischen Bildgestalten von wohl tausend erlauchten Vorfahren dar. *Hier* legten Priester in reichem Hermelin
und päpstische Prälaten, vertraulich sitzend bei dem
Souverän und Autokraten, ihr Veto gegen die Wünsche
eines weltlichen Königs ein – und taten mit dem Bann-
Befehl römischen Supremats dem rebellischen Szepter
des Erzfeinds Einhalt. *Dort* ließen die dunkeln Hoch-
gestalten der Fürsten Metzengerstein – indessen ihre
muskelstarken Schlachtenrenner hin über die Leichname gefallner Feinde stampften – auch die beständig-
sten Nerven vor ihrem hart-entschloßnen Ausdruck
beben; und hier nun wieder schwebten schwanengleich
die üppigen, wollüstlichen Gestalten der Edelfrauen
lang vergangner Tage dahin im Irrgegängel unwirk-
licher Tänze zum Klang imaginärer Melodie.

Doch da der Baron noch auf den mählich wachsenden
Aufruhr in den Stallungen von Berlifitzing lauschte –
oder zu lauschen sich stellte – oder vielleicht gar über
einer noch ungewöhnlicheren, noch entschiednern
Übeltat brütete –, ward ihm der Blick ganz wie von ungefähr hinüber gewendet auf ein riesiges Pferd von unnatürlicher Färbung, das auf dem Wandteppich als
einem sarazenischen Vorfahren der Familie seines Rivalen gehörig dargestellt war. Das Schlachtroß selbst, im
Vordergrund des Musters, stand reglos, standbildgleich
– indessen, weiter hinten, sein unterlegner Reiter vom
Schwerte seines Feinds Metzengerstein den Tod empfing.
Ein teuflischer Ausdruck erschien auf Friedrichs Lippen, da er der Richtung gewahr wurde, die sein Blick,
ihm gänzlich unbewußt, genommen. Doch wandte er
ihn nicht von jener Stelle. Im Gegenteil, er konnte sich
durchaus die niederdrückende Beklemmung nicht erklären, die dunkeldicht wie eine Hülle auf seine Sinne
sank. Mit Mühe nur geschah es, daß er seine verträum-
ten und unzusammenhängenden Empfindungen mit
der Gewißheit, wach zu sein, vereinte. Je länger er so
starrte – desto mehr verstrickte und umschloß der
Zauber ihn – und wachsend schier unmöglich wollte
es ihm scheinen, es könnte je der Blick vom Reiz des
Wandverhangs sich abziehn lassen. Doch als der Tumult dort draußen jäh heftiger wurde, lenkte er mit
einer Zwangsanstrengung seine Obacht auf den Blend-
schein rötlichen Lichts, der von den flammenden Stallungen voll auf die Fenster des Gemachs geworfen
wurde. Die Wirkung währte jedoch nur einen Augenblick; mechanisch ging sein Blick zur Wand zurück.
Doch zu seinem äußersten Schrecken und Erstaunen

hatte dort der Kopf des gigantischen Streitrosses unterweil seine Position verändert. Der Hals des Tieres, zuvor wie in Erbarmen über den hingestreckten Leib seines
Herrn geneigt, war nun zu voller Höhe aufgereckt – in
Richtung des Barons. Die Augen, unsichtbar zuvor,
trugen nun einen energischen und menschlichen Ausdruck, derweilen sie funkelten in feurigem und wunder-
seltnem Rot: und die rückaufgeworfnen Lippen des
offenbar in Wut gebrachten Pferdes zeigten voll dem
Blick die widerwärtig leichenbleichen Zähne.

Vor Grauen halb bewußtlos, taumelte der junge Edelmann zur Tür. Als er sie aufstieß, schleuderte ein Blitz
von rotem Licht, das weit in das Gemach hinströmte,
seinen Schatten mit klarem Umriß gegen den zitternden
Wandbehang; und schaudervoll gewahrte der Baron,
indem er eine Weile auf der Schwelle schwankte, wie
jener Schatten die genaue Stellung des mitleidlosen,
triumphalen Mörders des Sarazenen Berlifitzing einnahm und dessen Umriß aufs genauste füllte.

Die Bedrückung seines Gemüts zu lichten, eilte der
Baron hinaus ins Freie. Beim Haupttor des Palasts begegnete er drei Stallmeistern. Mit großer Schwierigkeit
und unter drohender Lebensgefahr suchten sie ein kon-
vulsivisch mit den Hufen ausschlagendes gigantisches
und feuerfarbnes Pferd zu bändigen.

«Wess' Tier ist das? Wo habt ihr's her?» begehrte der
Jüngling, in klagendem und heiser trocknem Ton, zu
wissen; denn augenblicklich wurde er gewahr, daß das
geheimnisvolle Schlachtroß dort in der von Teppichen
verhangnen Kammer das schiere Gegenstück des wilden Wesens war, das hier vor seinen Augen stand.

«Euer Eigentum ist's, Herr», erwiderte einer der Stallmeister, «zum mindesten erhebt kein andrer Eigner dar-

auf Anspruch. Wir fingen es ein, da es, dampfend und schäumend vor Wut, aus den brennenden Stallungen von Burg Berlifitzing floh. Da wir annahmen, es möchte zu des alten Grafen Gestüt von fremdländischen Pferden gehören, schafften wir's als herrenloses Tier zurück. Doch stellen dort die Stallknechte jeden Anspruch auf die Kreatur in Abrede; was recht verwunderlich ist, trägt es doch ganz deutlich Zeichen auf sich, daß es den Flammen drüben knapp entkommen.»

«Die Buchstaben W. v. B. sind insgleichen entschieden seiner Stirne eingebrannt», unterbrach ein zweiter Stallmeister; «natürlich las ich sie für die Initialen Wilhelms von Berlifitzing – doch Alle auf der Burg bestreiten mit Nachdruck jede Wissenschaft von dem Pferde.»

«Höchst eigentümlich!» sagte der junge Baron mit sinnendem Ausdruck und der Bedeutung seiner Worte offensichtlich nicht bewußt. «Es ist, ihr sagt es, ein merkwürdiges Pferd – ein wundersames Pferd! – wenn schon, wie ihr sehr recht bemerkt, von verdächtigem und eigensinnigem Wesen; doch laßt es immerhin mein sein», setzte er dann, nach einer Pause, hinzu; «ein Reiter wie Friedrich von Metzengerstein mag leicht wohl selbst den Teufel aus den Stallungen von Berlifitzing zähmen.»

«Da irrt Ihr, Herr; das Pferd, so denk ich schon erwähnt zu haben, stammt *nicht* aus den Ställen des Grafen. Wenn dies der Fall gewesen, so hätten wir unsre Pflicht wohl besser gekannt und es nicht vor das Angesicht eines Edeln Eurer Familie gebracht.»

«Schon recht», bemerkte der Baron kurz angebunden; und in diesem Augenblick kam ein Page des Schlafgemachs her vom Palast mit hochverfärbtem Gesicht und überstürztem Schritt. Er flüsterte in seines Herrn

Ohr die Botschaft, es sei ein kleiner Teil der Wandbehänge in einem Gemach, das er näher bezeichnete, ganz plötzlich verschwunden, – indem er sich zugleich in Einzelheiten von minutiösem und umständlichem Charakter erging; doch dem gedämpften Tone seiner Stimme, womit diese letztern mitgeteilt wurden, entkam nichts, was die höchlichst erweckte Neugier der Stallmeister hätte befriedigen können.

Der junge Friedrich schien während der Unterredung von den verschiedensten Gemütsbewegungen aufgewühlt. Doch bald gewann er seine Fassung wieder, und ein Ausdruck entschlossener Bosheit trat auf seine Züge, da er nun entschiedne Befehle gab, es sei das fragliche Gemach sofort zu verschließen und ihm der Schlüssel einzuhändigen.

«Hörtet Ihr bereits von dem unglückseligen Tode des alten Jägers Berlifitzing?» fragte einer der Vasallen den Baron, als nun, nachdem der Page gegangen, das ungeheure Schlachtroß, welches der Edelmann für sein Eigentum erklärt hatte, mit stampfenden Hufen und verdoppeltem Ungestüm die lange Allee dahin kurbettierte, welche sich vom Palast hin nach den Stallungen von Metzengerstein erstreckte.

«Nein!» rief da der Baron, indem er sich jäh zu dem Sprecher umwandte, «tot? sagst du, – tot?»

«In der Tat, so ist es, Herr; und es wird, so denk ich, meinem erhabnen Herrn wohl keine unwillkommne Zeitung sein.»

Ein reißend rasches Lächeln schoß auf des Zuhörers Züge. «Wie starb er?»

«Bei seinen tollkühnen Anstrengungen, einen ihm liebsten Teil seines Jagdgestüts zu retten, kam er selbst elend in den Flammen um.»

«Tat--säch--lich--?» stieß der Baron hervor, als werde er langsam und bedächtig von der Wahrheit eines erregenden Gedankens durchdrungen.

«Tatsächlich», wiederholte der Vasall.

«Ein schwerer Schlag», meinte da der Jüngling gelassen und wendete sich still in den Palast zurück.

Von diesem Zeitpunkt an fand eine ausgesprochene Veränderung im äußeren Benehmen des ausschweifenden jungen Barons Friedrich von Metzengerstein statt. Tatsächlich enttäuschte sein Verhalten jegliche Erwartung und wollte nur recht wenig zu den listenreichen Plänen so mancher Frau Mama im Lande passen; derweilen seine Neigungen und Manieren noch weniger denn früher irgend nur Verwandtes mit denen der nachbarlichen Aristokratie bezeigten. Nie ward er einmal jenseits der Grenzen seines eigenen Besitzes gesehen, und in der eignen weiten Gesellschaftswelt war er ganz ohne jeden Freundgefährten – es sei denn, man wollte jenem unnatürlichen, sturmungestümen feuerfarbnen Pferd, das er hinfort beständig ritt, ein rätselhaftes Recht auf den Titel seines Freundes zugestehen.

Zahlreiche Einladungen vonseiten der Nachbarschaft stellten sich jedoch auf längre Zeit hin immer wieder ein. «Wird der Baron unsre Feste mit seiner Gegenwart ehren?» «Wird der Baron an unsrer Eberjagd teilnehmen?» – «Metzengerstein jagt nicht»; «Metzengerstein gedenkt nicht zu erscheinen», waren die hochmütigen und lakonischen Antworten.

Solch wiederholter Schimpf war einem herrischen Adel nicht erträglich. Die Einladungen verloren an Herzlichkeit – sie wurden seltener – und mit der Zeit dann blieben sie ganz aus. Die Witwe des unglücklichen Grafen Berlifitzing gar gab, so hörte man, einer Hoffnung Ausdruck, es «möchte der Baron doch ja auch dann zu Hause bleiben, wenn er nicht zu Hause zu sein wünsche, da er doch die Gesellschaft von seinesgleichen verschmähe; und er möchte nur immer ausreiten, auch wenn ihm nicht der Sinn danach stünde, denn er ziehe ja die Gemeinschaft mit einem Pferde vor.» Dies war gewißlich ein sehr törichter Ausbruch ererbten Grolls; und er bewies nur, wie fade sinnlos unsre Redensarten werden können, grad wenn besondrer Nachdruck uns am Herzen liegt.

Die Nachsichtigen allerdings schrieben die Veränderung im Wesen des jungen Edelmannes dem natürlichen Kummer eines Sohnes zu, der seine Eltern allzu früh verloren; – doch sie vergaßen dabei sein abscheuliches und rücksichtsloses Betragen während der kurzen Periode, die jenem Verlust unmittelbar gefolgt. Es gab auch manche immerhin, die flüsterten von allzu anmaßlichem Selbstgefühl und Adelshochmut. Und wieder andre (unter denen der Hausarzt Erwähnung finden mag) zögerten nicht, von krankhaft schwarzer Schwermut zu sprechen und ererbter Ungesundheit; derweilen unkend dunkle Andeutungen noch zweifelhafterer Natur im Volke umgingen. Tatsächlich ward des Barons bös-störrische Anhänglichkeit an seinen jüngst gewonnenen Schlachtenrenner – eine Anhänglichkeit, welche erneute Kräftigung aus jedem frischen Beispiel von des Tieres grimm-wilden und dämonischen Neigungen zu empfangen schien – am Ende in den Augen aller vernünftigen Menschen ein scheußlicher und unnatürlicher Eifer. Im Blendglanz des Mittags – zur toten Mittstunde der Nacht – in Krankheit oder Gesundheit – bei Stille oder bei Sturm – auf immer schien der junge Metzengerstein mit dem Sattel jenes Roßkolosses verwachsen, dessen unbändige Scheusäglichkeiten so wohl mit seinem eignen Feuersinn überein stimmten.

Umstände gab es überdies, welche – verkoppelt mit jüngsten Begebnissen – ein unerdliches und Unheil kündendes Wesen der Manie des Reiters zuliehen und den Fähigkeiten des Rosses. Der Raum, den ein einziger Sprung übersprang, war akkurat gemessen worden, und weit, so fand man, ja um schier Bestürzendes, übertraf er noch auch die wildeste Erwartung schweifender Phantasie. Auch hatte der Baron gar keinerlei besondern *Namen* für das Tier, obschon ein jedes andere in seinem Marstall durch artbezeichnende Benennung unterschieden ward. Sein Stall war ihm zudem fernab von allen andern zugewiesen; und was die Wartung und andere notwendige Dienstleistungen betraf, so hatte Niemand denn der Eigner in Person es je gewagt, sie zu versehen oder selbst auch nur des Pferdes verschlossen abgelegnes Stallgelaß dreist zu betreten. Es war auch zu bemerken, daß – mocht' es den drei Stallbediensteten, welche das Roß gefangen, da es von der Feuersbrunst auf Berlifitzing floh, wohl auch gelungen sein, seinem rasenden Lauf mit Hilfe von Kinnkettenzügel und Fangschlinge Einhalt zu tun, – doch Keiner der Drei nur irgend mit Gewißheit behaupten konnte, er hätte, während des gefährlichen Gemengs, oder sonst irgend hinterher zu einer Zeit, wirklich die Hand auf den Leib der Bestie gelegt. Augenblicke von besondrem Verstande im Betragen eines edeln, hochsinnigen Pferdes werden gemeinhin nicht für angetan erachtet, übermäßiges Aufmerken zu erwecken; doch gab es hier gewisse Umstände, welche notwendig auch dem größten Skeptiker und dem trägsten Phlegmatiker zusetzten; und Zeiten, sagt man, kamen, da das Tier die gaffende

Menge, die es umstand, in Grauen vor dem tiefen und impressiven Sinne seines erschrecklichen Gestampfs zurückweichen ließ, – Zeiten, da selbst der junge Metzengerstein sich fahl und furchtdurchschaudert von dem reißenden und durchdringenden Menschenausdruck seines Augs abwandte.

Unter dem ganzen Gefolge des Barons jedoch ward niemand gefunden, welcher die Glut jener außerordentlichen Leidenschaftlichkeit und Zugeneigtheit bezweifelt hätte, die der junge Edelmann für das feuerige Wesen seines Pferdes hegte; zumindest niemand denn ein unbedeutender und mißgestalteter kleiner Page, dessen Buckelhöckrigkeit in jedermanns Wege war und dessen Meinung von geringstmöglichem Gewicht. Er besaß (wenn seine Gedanken überhaupt mitzuteilen wert sind) die Dreistigkeit zu beteuern, es schwinge sich sein Herr nie in den Sattel ohne einen unerklärlichen und fast unmerklichen Schauder, und bei der Rückkehr von jedem lang-anhaltenden Gewohnheitsritt zerre ein Ausdruck triumphaler Bosheit an jedem Muskel seiner Züge.

In einer stürmischen Nacht nun stieg Metzengerstein, aus schwerem Schlummer erwacht, wie rasend aus seinem Gemache nieder und sprengte, in heißer Hast sich in den Sattel schwingend, davon ins düstre Irrgewirr des Forsts. Ein so gewöhnliches Ereignis erweckte keinerlei besonderes Bemerken, doch seiner Rückkehr ward vonseiten der Bediensteten mit heftiger Beängstigung geharrt, als, nach einigen Stunden Abwesenheit, die ragend wunderbaren Prachtzinnen des Palasts Metzengerstein vom Einflusse einer dickichtdichten und graubleilichen Masse entfesselten Feuers krachten und wankten bis in das unterste Fundament.

Da nun die Flammen, als man sie bemerkt, sich schon so

schrecklich ausgebreitet hatten, daß alles Mühen, nur einen Teil des Baues wenigstens zu retten, ganz offensichtlich eitel war, stand die erstaunt-entsetzte Nachbarschaft tatlos umher in schweigendem, wenn nicht gar feierlichem Verwundern. Doch ein neuer und furchtbarer Gegenstand fesselte alsbald das Augenmerk der Menge und bewies, wie doch so sehr viel angespannter die Erregung in den Empfindungen einer Vielzahl sich zeigt, wird sie von der Betrachtung menschlicher Todespein geweckt, als angesichts der – sei's noch so entsetzenden – Schauspiele unbeseelter Materie.

Hinan die lange Allee uralter Eichen, welche von den Wäldern zum Hauptportal von Schloß Metzengerstein führte, ward – jagend mit einem Ungestüm, das noch das Rasen des Dämons Sturm übertraf – ein Roß erblickt und auf ihm, barhäuptig und wüst zugerichtet, ein Reiter.

Seinem Galopp war unstreitig von seiner Seite kein Einhalt zu gebieten. Seine agonisch schmerzverzerrten Züge, die ganze krampfhaft zuckend kämpfende Gestalt gaben die augenfällige Gewißheit einer übermenschlichen Anstrengung: doch kein Laut, es sei denn einzeln heiser einmal noch ein Schrei, entkam von den zerrißnen Lippen, welche im Unmaß des Entsetzens durch und durch gebissen waren. Ein Augenblick – und das Hämmern der Hufe scholl scharf und schrillend über das Brüllen der Flammen und Heulen der Winde hin; – ein andrer – und das Roß sprengte, indem es sich mit einem einzigen Ansprung stürzend Bahn brach hin über Torweg und Wallgraben, im schwankenden Treppengehäus' des Schlosses weit hinan und schwand, mit seinem Reiter, mitten im Wirbelchaos sturmverworrnen Feuers.

Da verlosch das Toben des Ungewetters wie mit einem Male, und Totenstille folgte finster nach. Doch eine weiße Flamme hüllte noch den Bau gleich einem Leichenlaken ein, und, weit davon hinströmend in die stumme Luft, schoß hoch ein Schein von Geisterlicht; indessen ein Gewolk von schwerem Qualm sich auf den Zinnen niederließ, sich breitete, entschiedner an Gestalt schon, ein Koloß, ein – *Pferd*.

– – – entwich alsbald in kühlere Gefilde.
Cowper

Keats erlag einer Rezension. Wer war's doch, der an der
Andromache verstarb?[1] Gemeine Seelen! – De L'Omelette verunglückte an einem Ortolan. _L'histoire en est_
brève. Geist des Apicius, steh mir bei!

Ein güldner Käfig trug den winzig beschwingten
Wandrer, den verliebten, zarten, schläfrig schlaffen, aus
seiner Heimat im fernen Peru hin zur _Chaussée d'Antin._
Von seiner königlichen Besitzerin, La Bellissima, über-
brachten sechs Edle des Reichs den glücklichen Vogel
dem Duc de L'Omelette.

An jenem Abende gedachte der Duc allein zu speisen.
In der Einsamkeit seines Gemaches ruhte er matt auf
jener Ottomane, für die er einstens seine Loyalität geopfert, indem er seinen König überbot, – der allberühm-
ten Ottomane Cadets.

Er birgt das Gesicht in den Kissen. Es schlägt die Uhr!
Unfähig, seinen Gefühlen Einhalt zu tun, verzehrt
Seine Gnaden eine Olive. In diesem Augenblicke öffnet
sich sehr sacht die Tür dem Klange sanfter Musik – und
siehe! der köstlichste der Vögel liegt vor dem verliebte-
sten Manne! Doch welch unsägliche Bestürzung um-
schattet da des Herzogs Züge jäh? – – «_Horreur! – chien!_
– Baptiste! – l'oiseau! ah, bon Dieu! cet oiseau modeste que tu
as déshabillé de ses plumes, et que tu as servi sans papier!» Es

---

[1] Montfleury. Der Autor des _Parnasse Réformé_ läßt ihn im Hades
sprechen: «_L'homme donc qui voudrait savoir ce dont je suis mort, qu'il_
ne demande pas s'il fut de fièvre ou de podagre ou d'autre chose, mais qu'il
entende que ce fut de ‹ L'Andromaque ›.»

ist überflüssig, mehr zu vermelden: – der Duc verschied in einem Anfall von Ekel.

«Hä! hä! hä!» – so äußerten sich Seine Gnaden am dritten Tage nach dero Hinscheiden.

«Hi! hi! hi!» replizierte ihm der Teufel schwach, indem er sein Gesicht zu einer Miene von *hauteur* verzog.

«Wahrhaftig, es kann Ihr Ernst nicht sein», wiederholte de L'Omelette mit grollender Beharrlichkeit. «Ich habe gesündigt – *c'est vrai* – doch bedenken Sie sich, mein lieber Herr! – nicht wirklich können Sie die Absicht hegen, so – so – barbarische Drohungen in die Ausführung gelangen zu lassen!»

«Weshalb denn nicht?» versetzte Seine Majestät – «kommen Sie, mein Herr, entledigen Sie sich des Zeugs!»

«Des *Zeugs*! – das ist ja reizend, meiner Treu! – nein, nein, mein Herr, ich werde mich *nicht* entledigen. Wer, bitte, sind Sie überhaupt, daß ich, der Duc de L'Omelette, Fürst von Foie-Gras, soeben erst mündig geworden, Autor der ‹Mazurkiade› und Mitglied der Akademie, mich auf Ihr bloßes Ersuchen hin der entzückendsten Pantalons entkleiden sollte, welche je nur von Bourdon gefertigt, – der köstlichsten *robe-de-chambre,* die Rombêrt komponierte –, gar nicht zu reden davon, daß ich meinem Haar die Lockenwickler ja entnehmen müßte, – gar nicht zu sprechen von der Mühesal, die mir das Abziehn meiner Handschuhe bereiten würde?»

«Wer ich bin? – ah, wahrlich! Ich bin Beelzebub, der Fürst der Fliegen. Ich nahm Dich, eben jetzt, aus einem Sarge von Rosenholz mit Elfenbeineinlagen. Du warest von wunderlichem Geruche und betitelt und bezettelt wie ein Frachtpaket. Belial sandte Dich mir – mein

Friedhofsoberaufseher. Die Pantalons, von welchen Du sagest, sie seien von Bourdon gemacht, sind ein erlesnes Paar steifleinener Unterhosen, und Deine *robe-de-chambre* ist ein Sterbehemd von gar nicht eben kargen Dimensionen.»

«Mein Herr!» erwiderte der Duc, «man beleidigt mich nicht ungestraft! – Mein Herr! Ich werde die allernächste Gelegenheit nehmen, diesen Schimpf zu ahnden! – Mein Herr! Sie werden von mir hören! Inzwischen *au revoir!*» – und der Duc entzog sich unter etlichen Verbeugungen der Satanischen Gegenwart, wurde jedoch in dieser Verrichtung unterbrochen und von einem, bereits wartenden, Herrn wieder zurückgebracht. Hierauf rieb sich Seine Gnaden die Augen, gähnte, zuckte die Achseln, überlegte. Nachdem er seiner Identität zufriedenstellend gewiß geworden, tat er einen scharfen Blick auf seine Umgebung.

Das *apartement* war schier überwältigend. Selbst de L'Omelette erklärte es eindeutig für *bien comme il faut*. Es war nicht seine Länge, noch war es seine Breite, – doch seine Höhe – ah, das war erschreckend! – Es gab da keine Decke – wahrhaftig keinerlei Decke – sondern eine dicht wirbelnde Masse aus feuerfarbnen Wolken. Seiner Gnaden schwindelte der Kopf, da er nur aufwärts blickte. Von oben hing eine Kette hernieder, von unbekannt blutrotlichem Metalle – ihr oberes Ende aber verlor sich, wie die Stadt Boston, *parmi les nues*. An ihrem niedern Ende schwang eine gewaltige Ampel. Der Duc erkannte sie für einen Rubin; doch es ergoß von ihr sich ein so schrecklich Licht, so still, so heiß und heftig, wie wohl dergleichen Persien niemals verehrte – Gheber es nie im Geiste erschaut – kein Muselmann es erträumte, wenn er, vom Opium berauscht, zu seinem

93

Bette von blütendem Mohne gewankt war und zwar den hintern Teil den Blumen, doch sein Gesicht dem Gott Apollo zugewendet hatte. Der Duc ließ einen gelinden Fluch vernehmen, entschieden ein Zeichen der Billigung.

Die Ecken des Raumes waren zu Nischen gerundet. – In dreien von diesen erhoben sich Statuen von schier gigantischem Maße. Ihre Schönheit war griechisch, ihre Häßlichkeit ägyptisch, ihr *tout ensemble* französisch. Das Standbild in der vierten Nische barg ein Schleier; es mochte kaum ein Kolossalwerk sein. Doch gab es einen magern Knöchel, einen sandalenbekleideten Fuß zu unterst zu erblicken. De L'Omelette preßte die Hand auf das Herz; er schloß die Augen, erhob sie wieder und – ertappte seine Satanische Majestät bei einem Erröten. Doch die Gemälde erst! – Kypris! Astarte! Aschtoreth! – in tausendfältig einerlei Gestalt! Und Raffael sah sie? Ja, er weilte hier; denn malte er nicht die – – –? und ward er nicht, in nur zu konsequenter Folge, dann auch verdammt? Oh die Gemälde! – die Gemälde! Oh Wollust! Liebe! – wer sollte noch, tat er einen Blick nur auf diese verbotnen Schönheiten, wohl Augen haben für die neckisch leckern Sprüche, die gülden gerahmten, die wie Sterne die hyazinthenen und porphyrenen Wände bedecken?

Doch dem Duc wird es schwach im Herzen. Nicht freilich, daß ihm, wie man glauben könnte, die Herrlichkeiten die Vernunft benähmen – noch gar, daß er von dem verzückenden Odem jener unzähligen Weihrauchgefäße trunken würde. *C'est vrai que de toutes ces choses il a pensé beaucoup – mais!* Den Duc de L'Omelette hat nacktes Entsetzen gepackt; denn: durch den geisterfinstern Ausblick dort, den ihm ein einzig unverhangnes Fen-

ster gönnt, siehe! da glüht das grausig gleißend bleichste
aller Feuer!

Le pauvre Duc! Er konnte nicht umhin, sich die Vorstellung zu bilden, daß die herrlichen, die lüstlich üppigen, die nie ersterbenden Melodien, welche die Halle
durchdrangen, gefiltert und verwandelt von der Al-
chimie der dunkel verwunschenen Fensterscheiben, das
Wehgeschrei und Heulen seien der Hoffnungslosen und
Verdammten! Und dort auch – dort! – dort auf der Ottomane! – wer konnte *er* sein? – er, der *petit-maître* – nein,
der Göttliche – der dort wie ein gemeißelt Bild von
Marmor saß, *et qui sourit,* mit seinen bleichen Zügen, *si
amèrement?*

Mais il faut agir – das heißt, ein Franzose gerät nie gänzlich aus der Fassung. Zudem auch haßten Seine Gnaden
jegliche Art Scenen – de L'Omelette ist wieder ganz er
selbst. Es lagen Stoßrapiere auf dem Tische – desglei-
chen ein paar schwere Säbel. Der Duc hatte sich von
B---- unterweisen lassen; *il avait tué ses six hommes.* Nun
denn, *il peut s'échapper.* Schon nimmt er mittlere Mensur
und fordert, mit unnachahmlicher Anmut, die Majestät
zum ersten Stoße auf. *Horreur!* Majestät fechten nicht!
Mais il joue! – welch glücklicher Gedanke! – doch Seine
Gnaden hatte stets ein ausgezeichnetes Gedächtnis.
Er hatte einstens flüchtig im ‹ *Diable* › des Abbé Gual-
tier geblättert. Darin es heißt *«que le Diable n'ose pas re-
fuser un jeu d'écarté».*

Aber die Chancen – die Chancen! Wahrhaftig – verzweifelt; doch kaum verzweifelter als der Duc. Zudem
– war er denn nicht ein Eingeweihter? – hatt' er nicht
im Père Le Brun gestöbert? – war er nicht Mitglied im
‹Club Vingt-un›? «*Si je perds*», sagte er sich, «*je serai
deux fois perdu* – bin ich nur eben doppelt verdammt –

voilà tout! » (Hier zuckte Seine Gnaden dero Achseln.)
« Si je gagne, je reviendrai à mes ortolans – que les cartes soient préparées! »

Seine Gnaden war ganz Sorgfalt, ganz Aufmerksamkeit – Seine Majestät ganz Zuversicht. Ein Zuschauer würde an Franz und Karl gedacht haben. Seine Gnaden dachte an sein Spiel. Seine Majestät dachte nicht; dieselbe mischte. Der Duc hob ab.

Die Karten sind verteilt. Der Atout ist heraus – es ist – es ist – der König! Nein – es war die Dame. Seine Majestät verfluchte ihre männliche Kleidung. De L'Omelette legte die Hand aufs Herz.

Sie spielen. Der Duc zählt. Die Partie ist um. Seine Majestät zählt auch, leicht schläfrig, lächelt, nimmt ein Gläschen Wein. Der Duc steckt heimlich eine Karte ein.

« C'est à vous à faire », sagte Seine Majestät und hob ab.
Seine Gnaden verbeugte sich, gab aus und erhob sich vom Tische *en présentant le Roi.*

Seine Majestät blickte verdrießlich.

Wäre Alexander nicht Alexander gewesen, so hätte er Diogenes sein mögen; und der Duc versicherte seinen Gegenspieler, indem er Abschied nahm, *« que s'il n'eût pas été de L'Omelette il n'aurait point d'objection d'être le Diable ».*

Intonsos rigidam in frontem ascendere canos
Passus erat – – –   Lucan

> – – – *ein borstiger Eber.*
> Übersetzung

«Lasset uns zu den Wällen eilen», sagte Abel-Phittim zu
Buzi-Ben-Levi und Simeon dem Pharisäer, und es geschah dies am 10. Tage des Monats Tammuz im Jahre
der Welt dreitausend neunhundert und einundvierzig –
«lasset uns zu den Festungswällen beim Tore Benjamins
eilen, das da liegt in der Davidsstadt, davor die Unbeschnittenen ihr Lager haben; denn es ist die letzte Stunde
der vierten Wache; schon will die Sonne aufgehen; und
die Götzendiener sollten unser, das Versprechen des
Pompeius zu erfüllen, bereits mit den Lämmern für die
heilgen Opfer warten.»
Simeon, Abel-Phittim und Buzi-Ben-Levi waren die
Gizbarim – will sagen die untern Opfer-Collektoren –
in der heiligen Stadt Jerusalem.
«Wahrlich», erwiderte der Pharisäer, «lasset uns eilen:
denn ungewohnt ist diese Freigebigkeit der Heiden;
und stets schon war ein wankelmütiger Sinn den Ver-
ehrern Baals eigen.»
«Daß sie wankelmütig sind und voller Arglist, ist so
wahr wie der Pentateuch», sagte Buzi-Ben-Levi, «doch
sind sie es nur gegen des Herrn Volk. Wann ward es je
vernommen, daß die Ammoniter etwas taten, ohne auf
ihren eignen Vorteil zu sehen? Mich dünkt, sie über-
anstrengen ihre Generosität so überaus sehr nicht, wenn
sie uns Lämmer für den Altar des Herrn gewähren und

an deren Statt ganze dreißig Silbersekel für das Stück empfangen!»

«Du vergissest jedoch, Ben-Levi», erwiderte Abel-Phittim, «daß der Römer Pompeius, der gegenwärtig so gottvergessen die Stadt des Allerhöchsten bedrängt, keinerlei Gewißheit hat, daß wir die solcherart für den Altar erworbenen Lämmer nicht mehr unserm leiblichen Wohle weihen denn dem geistlichen.»

«Nun, bei den fünf Spitzen meines Bartes», rief der Pharisäer, welcher der Sekte angehörte, die da heißt Die Stampfer, (jenem Grüpplein von Heiligen also, deren Gewohnheit, mit den Füßen das Pflaster zu stampfen und sich dabei möglichst Verletzungen beizubringen, lange schon den weniger eifernden Gläubigen ein Stachel war und eine Schmach – ein Stein des Anstoßes allen minder begabten Wanderern) – «bei den fünf Spitzen jenes Bartes, welchen zu scheren mir als Priester verboten ist! – haben wir gelebt, um den Tag zu sehen, da ein gotteslästerlicher und götzendienerischer Emporkömmling Roms uns bezichtigen wird, die hochheiligen und geweihten Elemente dem Fleischesappetit zu widmen? Haben wir gelebt, um den Tag zu sehen, da – – –»

«Lasset uns nicht nach des Philisters Beweggründen fragen», unterbrach Abel-Phittim, «denn heute ziehen wir zum erstenmal Vorteil aus seiner Habgier oder seiner Großzügigkeit; doch lasset uns lieber nun zu den Festungswällen eilen, auf daß uns das Opfer nicht mangle für jenen Altar, dessen Feuer kein Regen des Himmels verlöschen und dessen Rauchsäule kein Sturmwind krümmen kann.»

Der Teil der Stadt, zu dem unsere würdigen Gizbarim nunmehr eilten und der den Namen seines Architekten König David trug, galt als der stärkstbefestigte Abschnitt Jerusalems; denn er lag auf dem schroffen und erhaben ragenden Berge Zion. Hier ward ein breiter, tiefer Schanzgraben, gehauen aus dem harten Fels, von einem Wall von großer Stärke geschützt, der sich auf seinem innern Rande erhob. Diesen Wall krönten in regelmäßigen Abständen viereckige Türme aus weißem Marmor, der niedrigste sechzig und der höchste einhundert und zwanzig Ellen hoch. Doch in der Nähe des Tores Benjamins erhob sich die Wallmauer keineswegs unmittelbar über dem Rande der Grabenrinne. Im Gegenteil, zwischen der Kante der Kluft und dem Fundament der Festungswand stieg eine lotrechte Felsenklippe von wohl zweihundert und fünfzig Ellen Höhe auf, die einen Teil des schroffen Berges Morija bildete. Als denn nun Simeon und seine Genossen auf der Spitze des Turmes anlangten, der da heißt Adoni-Bezek, – dem luftig erhabensten von allen Turmbauten rundum und in Jerusalem und üblichen Ort der Verhandlung mit dem Belagerungsheer – da blickten sie nieder auf das Lager des Feindes von einem Gipfelpunkte, der noch, um viele Fuß, die Höhe der Cheops-Pyramide überragte und, um wenigstens einige, die des Tempels Marduks.

«Wahrlich», seufzte der Pharisäer, da er nun beklommen über den Rand des Abgrunds lugte, «die Unbeschnittenen sind wie der Sand am Meer – sind wie die Heuschrecken in der Wüste! Das Tal des Königs ist ein Tal der Edomin geworden.»

«Und doch», fügte Ben-Levi hinzu, «und doch kannst du mir nicht einen Philister weisen – nein, nicht einen – von Aleph bis Tau – von der Wüste bis zu den Zinnen der hochgebauten Stadt –, der auch nur ein weniges größer schiene denn der Buchstabe Jod!»

«Laßt den Korb mit den Silbersekeln hernieder!» schrie

hier ein römischer Soldat mit rauher, mißtönender Stimme, die wie aus den Regionen Plutos heraufscholl – «laßt den Korb mit dem verwünschten Mammon nieder, dessen Namen ein anständiger Römer nicht auszusprechen vermag, ohne sich den Kiefer zu verrenken! Erweist ihr so eure Dankbarkeit unserem Herrn Pompeius, der sich in seiner Güte herabgelassen hat, euren götzendienerischen Zudringlichkeiten sein Ohr zu leihen? Der Gott Phoebus, der ein wahrer Gott ist, fährt nun schon eine Stunde lang am Himmelsgewölbe dahin – und solltet ihr nicht bei Sonnaufgang auf den Wällen sein? Ei, glaubt ihr denn, daß wir, die Eroberer der Welt, nichts besseres zu tun haben, als vor den Mauern jedes Hundestalls zu stehen, um mit den Kötern der Erde zu feilschen? Laßt nieder! sag ich – und gebt acht, daß euer Flitterkram auch blank glänze und das rechte Gewicht habe!»

«El Elohim!» stieß da der Pharisäer hervor, als das schrille Mißgetön des Centurio zu den Felsspitzen der Steilwand heraufschnarrte und hinüber gegen den Tempel zu verwehte – «El Elohim! – *wer* ist der Gott Phoebus? – *wen* ruft der Lästerer dort an? Du, Buzi-Ben-Levi! du, der du im Gesetz der Heiden lasest und weiltest unter denen, die es treiben mit den Teraphim! – ist es Nergal, von welchem des Götzendieners Rede geht? – oder Asima? – oder Nibhaz? – oder Tartak? – oder Adramelech? – oder Anamelech? – oder Sukkoth-Benith? – oder Dagon? – oder Belial? – oder Baal-Perith? – oder Baal-Peor? – oder Baal-Sebub?»

«Wahrlich, keiner von diesen ist es – doch gib acht, daß du den Strick nicht allzu eilig durch deine Finger lässest; denn sollte es sich begeben, daß der Weide Geflecht am Vorsprung jener Klippenspitze hängen bliebe, so möchte es ein gar jammervolles Ergießen der heiligen Dinge aus dem Tempel geben.»

Mit dem Beistande einer grob hergerichteten Maschinerie ward der schwerbeladene Korb nun sorgfältig hinabgelassen, mitten unter die Menge; und von der schwindelnden Zinne war zu sehen, wie sich die Römer in verwirrtem Getümmel darum sammelten; doch aufgrund der ungeheuern Höhe, und da ein dichter Nebel vorherrschte, konnte kein bestimmter Blick auf ihre Handlungen gewonnen werden.

Eine halbe Stunde war bereits verstrichen.

«Wir werden zu spät kommen», seufzte der Pharisäer, da er nach Ablauf dieser Frist hinunter in den Abgrund blickte – «wir werden zu spät kommen und von den Katholim unseres Amtes entlassen werden!»

«Nie mehr», so respondierte Abel-Phittim, «nie mehr werden wir herrlich und in Freuden schmausen – nie mehr werden unsere Bärte duftend sein von Weihrauch – und unsere Lenden gegürtet mit feinem Linnen vom Tempel.»

«Racha!» schwor Ben-Levi, «Racha! meinen sie uns um das Kaufgeld zu betrügen? oder – heiliger Moses! – *wiegen* sie gar die Sekel aus der Stiftshütte?»

«Endlich! sie haben das Zeichen gegeben», schrie da der Pharisäer, «sie haben endlich das Zeichen gegeben! – ziehe, Abel-Phittim! – und du, Buzi-Ben-Levi, ziehe fest! – denn wahrlich, entweder halten noch der Philister Hände den Korb, oder aber der Herr hat ihre Herzen gewendet, also daß sie darein ein Tier von gutem Gewichte legten!»

Und die Gizbarim zogen, indessen ihre Bürde schwer aufwärts schwankte durch den immer dichter werdenden Nebel.

«Booshoh he!» – so brach es von den Lippen Ben-
Levis, als nach Beschluß einer Stunde ein Gegenstand
am äußern Ende des Seils undeutlich sichtbar ward –
«Booshoh he! – Pfui über sie! – es ist ein Widder aus
der Wüste Engedi und so zottig rauh wie das Tal
Jehosaphat!»

«Es ist ein Erstling der Herde», sagte Abel-Phittim,
«ich erkenn' es am Blöken seiner Lippen und an der un-
schuldigen Faltung seiner Gliedmaßen. Seine Augen
sind herrlicher denn die Juwelen am Brustschilde des
Hohenpriesters, und sein Fleisch ist wie der Honig aus
dem Tale von Hebron.»

«Es ist ein gemästet Kalb von den Weiden von Ba-
schan», sagte der Pharisäer, «die Heiden haben auf das
herrlichste an uns gehandelt! – lasset uns unsere Stimmen erheben zu einem Psalme! – lasset uns Dank sagen
auf der Schalmei und dem Psalter – auf der Harfe und
den Zimbeln – auf der Zither und auf der Sackpfeife!»

Es geschah nicht eher, als bis der Korb den Gizbarim auf
wenige Fuß nahe gekommen war, daß ein tiefes Grun-
zen ihrer Wahrnehmung ein *Schwein* von nicht gewöhnlichen Maßen verriet.

«Nun El Emanu!» stieß langsam und mit himmelwärts
gerichteten Augen das Trio hervor, als das emanzipierte
Borstentier, welches sie hatten fahren lassen, kopfüber
mitten unter die Philister stürzte, «El Emanu! – nun sei
Gott mit uns! – *es ist das unaussprechliche Fleisch!*»

DER ATEMVERLUST

EINE ERZÄHLUNG,
DIE WEDER IM ‹BLACKWOOD› STEHT
NOCH IHM ENTNOMMEN IST.

Oh atme nicht, usw. ...
Moore's ‹Melodien›

Selbst das hartnäckigste Mißglück muß sich am Ende
dem unermüdenden Mute der Philosophie ergeben –
gleich wie die verstockteste Stadt der unablässigen
Wachsamkeit des Feinds. Salmanassar lag, so steht's in
den heiligen Texten, drei Jahre lang vor Samaria; doch
es fiel. Sardanapal – siehe Diodor – behauptete sich sieben in Ninive; doch es war zwecklos. Mit Troja ging es
am Schluß des zweiten Lustrums zu Ende; und Asdod
öffnete, wie Aristaeus auf seine Ehre als Gentleman
erklärt, schließlich doch dem Psammetich die Tore,
nachdem es dieselben den fünften Teil eines Jahrhunderts lang verbarrikadiert gehalten hatte.

«Du Elende! – du böse Sieben! – du Zankteufel!» – so
sprach ich zu meinem Eheweibe am Morgen nach unserer Heirat – «du Hexe! – du Furie! – du dumme kleine
Schnappgans, du! – du Senkgrube der Bosheit! – du
feuergesichtige Quintessenz alles Abschäumlichen! –
du – – du – – –» und indem ich mich hier auf die Zehen-
spitzen erhob, sie bei der Kehle packte und meinen
Mund dicht an ihr Ohr brachte, bereitete ich mich vor,
ein neues und noch entschiednes Epitheton von
Schimpf und Schande vom Stapel zu lassen, welches –
wenn nur recht ejakuliert – nicht verfehlen sollte, sie
zwingend von ihrer Belanglosigkeit zu überzeugen, –

doch da entdeckte ich, zu meinem äußersten Schrecken und Erstaunen, *daß ich meinen Atem verloren hatte.*

Die Phrasen «Ich bin außer Atem», «Ich habe den Atem verloren» usw. werden oft genug und immer wieder in der gewöhnlichen Konversation gebraucht; doch niemals war es mir beigekommen, daß der gräßliche Unfall, von dem ich spreche, tatsächlich und *bona fide* geschehen könnte! Vergegenwärtigen Sie sich – das heißt, wenn Ihnen eine wendige Phantasie eigen ist – vergegenwärtigen Sie sich, sagte ich, meine Verwunderung – meine Bestürzung – meine Verzweiflung!

Ein guter Genius jedoch waltet, der mich noch niemals gänzlich verlassen hat. Selbst in meinen unbändigsten Stimmungen weiß ich mir einen Sinn für Schicklichkeit zu bewahren, *et le chemin des passions me conduit* – wie Lord Edouard in der «Julie» von sich sagt – *à la philosophie véritable.*

Obgleich ich anfangs noch keine genaue Gewißheit gewinnen konnte, bis zu welchem Grade der Vorfall mich betroffen, beschloß ich doch für alle Fälle, die Sache meinem Weibe zu verhehlen, bis fürdere Erfahrung mir das Ausmaß dieser meiner unerhörten Kalamität entdeckt haben würde. Indem ich daher augenblicklich meine Miene veränderte, von ihrer aufgeblasenen und verrenkten Erscheinung zu einem Ausdruck schelmischer und koketter Huld, versetzte ich meiner Dame einen Klaps auf die eine Backe und einen Kuß auf die andere, pirouettierte ohne ein Wort zu sagen (Furien! ich konnte's nicht!) in einem *Pas de Zéphyr* aus dem Raume und ließ sie mit ihrem Erstaunen über meine schnurrigen Späße allein.

So sehen Sie mich denn, sicher geborgen in meinem privaten *boudoir,* ein fürchterliches Beispiel für die übeln

Folgen, die aus dem Jähzorn erwachsen, – lebendig zwar, doch nicht fähiger denn ein Toter – tot, doch mit allen Neigungen der Lebenden – eine Anomalie auf dem Angesichte der Erde – ein zwar gelassenes, doch atemloses Wesen.

Ja! atemlos. Mir ist es völlig ernst bei der Versicherung, daß mir der Atem vollständig ausgegangen war. Nicht ein Federchen hätte ich damit mehr rühren können, noch trüben nur die zarte Empfindlichkeit eines Spiegels, und wäre mein Leben auf dem Spiel gestanden. Hartes Geschick! – doch es gab eine gewisse Erleichterung für den ersten überwältigenden Krampfanfall meines Kummers. Fand ich doch, auf einen Versuch hin, daß die Kräfte der Äußerung, die ich angesichts meiner Unfähigkeit, in der Konversation mit meinem Weibe fortzufahren, für vollkommen vernichtet halten mußte, tatsächlich nur partiell behindert waren, und ich entdeckte, daß ich, hätte ich zum Zeitpunkte jener bedeutungsschweren Krise meine Stimme zu einer besonders tiefen Kehllage sinken lassen, recht wohl noch hätte fortfahren können, meine Empfindungen mitzuteilen; denn die Laute dieser Stimmlage (der gutturalen) beruhen, so finde ich, nicht auf dem Strom des Atems, sondern auf einer gewissen krampfartigen Tätigkeit der Kehlmuskeln.

Mich in einen Sessel werfend, blieb ich einige Zeit lang in Meditation versunken. Meine Gedanken waren, des seien Sie sicher, in gar keiner Weise tröstlich. Wohl tausend verschwommene und tränenreiche Vorstellungen nahmen Besitz von meiner Seele – und selbst der Gedanke an Selbstmord huschte mir durchs Hirn; doch es ist bezeichnend für die Perversität der menschlichen Natur, daß sie das Einleuchtende und Naheliegende ausschlägt und sich lieber an das Entlegne und Zweifelhafte hält. So schauderte ich vor dem Gedanken an Selbstentleibung wie vor der entschiedensten aller Abscheulichkeiten zurück, während die getigerte Katze auf dem Teppich rastlos schnurrte und der Wasserhund unter dem Tische unverdrossen schnaufte: ein jegliches tat sich auf die Stärke seiner Lungen viel zugute, und alles geschah ganz offensichtlich zur Verhöhnung meiner eigenen Atmungsunfähigkeit. Bedrückt von einem Aufruhr vager Hoffnungen und Ängste, hörte ich schließlich die Schritte meines Weibes sich die Treppe hinab entfernen. Ihrer Abwesenheit nunmehr versichert, kehrte ich klopfenden Herzens zum Schauplatz meines Unheils zurück. Sorgfältig verriegelte ich die Tür von innen und begab mich nach allen Kräften auf die Suche. Es war ja möglich, dachte ich, daß sich, versteckt in irgendeiner dunkeln Ecke oder lauernd in einem Schranke oder Schubfach, der verlorene Gegenstand meines Forschens würde finden lassen. Er mochte eine dampfartige – ja, er mochte sogar eine mit Händen greifbare Form haben. Die meisten Philosophen sind, in vielen Punkten der Philosophie, doch noch sehr unphilosophisch. Doch William Godwin sagt in seinem ‹ Mandeville ›, daß die «unsichtbaren Dinge die einzigen Realitäten» seien, und das erlaubt in einem Falle wie dem vorliegenden schlechthin alles. Der verständige Leser sollte sich doch bedenken, ehe er solch feierliche Versicherungen bezichtigt, ein ungebührliches Quantum Widersinn zu enthalten. Anaxagoras, man wird sich erinnern, behauptete, daß Schnee schwarz sei, und eben dies habe ich seither denn auch bestätigt gefunden.

Ausführlich und mit allem Ernst setzte ich meine Untersuchung fort: doch jämmerlich genug bestand der Lohn meines perseveranten Forscherfleißes lediglich in einem Satz falscher Zähne, zwei Paar Hüften, einem Auge und einem Bündel von *billets-doux,* die Herr Windgenug meinem Eheweibe geschrieben. Ich darf hier wohl gleich bemerken, daß es mir nur sehr geringes Unbehagen verursachte, meiner Dame Vorliebe für Herrn W. bestätigt zu sehen. Daß Frau Luftmangel ein Etwas bewunderte, das mir in allen Stücken gänzlich unähnlich, war ein natürliches und notwendiges Übel. Ich selber bin, das ist ja wohlbekannt, von derber und korpulenter Erscheinung, und zugleich ist meine Gestalt ein wenig klein geraten. Was Wunder denn, daß die lattengleiche Dünnheit meines Bekannten wie auch seine Hochlänge, die ja schon sprichwörtlich geworden ist, in den Augen von Frau Luftmangel ganz nach Gebühr ihre Würdigung erfuhren. Doch kommen wir wieder zur Sache.

Meine Bemühungen erwiesen sich, wie ich bereits sagte, als fruchtlos. Schrank nach Schrank – Schublade nach Schublade – Ecke nach Ecke – alles ward ohne Ergebnis durchmustert. Einmal nur hatte ich das Empfinden, mich nicht umsonst geplagt zu haben, als ich nämlich beim Durchstöbern eines Toilettenkästchens eine Flasche Grandjean's Engelwurzöl aus Versehen zerstörte – welches als ein recht schätzbares Parfüm zu empfehlen ich mir bei dieser Gelegenheit die Freiheit nehme.

Mit schwerem Herzen kehrte ich zu meinem *boudoir* zurück – um dortselbst über irgendeiner Methode nachzugrübeln, die mich der Penetranz meines Weibes enthob, bis ich hatte Vorkehrungen treffen können, das Land zu verlassen, denn dazu war ich nun bereits entschlossen. Unbekannt, und unter fremdem Himmel, mochte ich wohl mit leidlicher Aussicht auf Erfolg be-

strebt sein, mein unseliges Pech zu verbergen – ein Pech,
das mehr noch als bare Bettelarmut dazu angetan war,
das natürliche Mitgefühl der Menge zu befremden und
auf den armen Tropf den wohlverdienten Unwillen der
Tugendhaften und Glücklichen herabzuziehen. Ich
hielt mich nicht mit langem Zaudern auf. Da ich von
Natur aus sehr behende bin, prägte ich meinem Gedächtnis die komplette Tragödie ‹Metamora› ein.
Glücklicherweise nämlich war mir eingefallen, daß in
der Deklamation dieses Dramas, oder wenigstens des-
jenigen Teils, der dem Helden zubestimmt ist, die
Stimmklänge, an denen es mir selber gebrach, überhaupt unnötig waren, und daß die tiefe Gutturallage als
durchweg monoton beherrschendes Element vorgesehen war.

Ich übte mich eine Zeitlang am Rande eines vielbesuch-
ten Marschlands; – wobei ich freilich keinerlei Ambi-
tionen hatte, dem Verfahren des Demosthenes nachzu-
eifern, sondern einem Vorhaben nachging, das ich
speziell und nach bestem Gewissen mein Eigen nennen
darf. Solcherart in allen Stücken gewappnet, entschied
ich mich, meine Frau glauben zu machen, es habe mich
ganz plötzlich eine Leidenschaft für die Bühne befallen.
Dies glückte mir denn auch auf das wundersamste; und
auf jegliche Frage oder Andeutung wußte ich ohne Ver-
legenheit in meiner froschmäßigen Grabesstimme mit
irgendeiner Stelle aus der Tragödie zu antworten –
welch letztere, so bemerkte ich bald mit großem Vergnügen, mir für jede Lebenslage gleichbleibend treff-
liche Sätze lieferte. Nun soll man aber nicht etwa vermuten, ich hätte es, wenn ich solche Passagen von mir
gab, an künstlerischer Gestaltung fehlen lassen – also
am queren Blick – am Zähnefletschen – am Kniege-

wackel – Fußgescharre – oder irgendeiner jener unsagbaren Tugenden, die heute, und ganz zu Recht, als Kennzeichen des volkstümlichen Darstellers gelten. Sicherlich, man sprach davon, mich in eine Zwangsjacke zu stecken, – doch, Gott sei Dank! niemals faßte man den Argwohn, ich könnte meinen Atem verloren haben.

Nachdem ich schließlich meine Angelegenheiten geordnet hatte, nahm ich eines Morgens in aller Frühe meinen Sitz in der Postkutsche nach *** ein, – nicht ohne zuvor bei meinen Bekannten durchblicken zu lassen, daß Geschäfte höchster Wichtigkeit meinen sofortigen persönlichen Besuch in jener Stadt erforderten.

Die Kutsche war zum Brechen vollgestopft; doch im ungewissen Zwielicht ließen sich die Züge meiner Reisegefährten nicht im einzelnen unterscheiden. Ohne mich irgend nur wirksam zu widersetzen, litt ich's, daß man mich zwischen zwei Herren von kolossalen Maßen plazierte; indessen ein dritter, dessen Format womöglich noch ausladender, sich – nicht ohne höflich Pardon zu erbitten für die Freiheit, die er sich nehme – in voller Länge auf meinen Leib warf, dort im Augenblicke einschlief und all meine kehligen Stoßseufzerbitten um Erleichterung in einem Schnarchen ertränkte, welches gar noch den, wahrlich wacker brüllenden, ehernen Stier des Phalaris schamhaft hätte erblassen lassen. Glücklicherweise machte der Zustand meiner Atmungsfähigkeiten den Erstickungstod zu einem Unfall, den ich mit Sicherheit nicht zu befürchten hatte.

Als wir uns aber schließlich den Außenbezirken der Stadt näherten und das Taglicht bestimmter hereinbrach, erhob sich mein Peiniger, und indem er sich den Hemdkragen zurecht rückte, dankte er mir in der artigsten Weise für mein freundliches Entgegenkommen. Da er nun sah, daß ich reglos blieb (denn all meine Glieder waren verrenkt, und mein Kopf war auf die Seite gedreht), ergriff einige Aufregung von ihm Besitz; und die übrigen Passagiere wachrüttelnd, teilte er in sehr bestimmten Worten seine Ansicht mit, man habe ihnen während der Nacht einen toten Mann unterschoben, an Stelle eines lebendigen und zahlungsfähigen Mitreisenden; und hier versetzte er mir einen Faustschlag auf das rechte Auge, um solcherart die Wahrheit seiner Andeutung zu demonstrieren.

Hierauf erachteten es alle, einer nach dem andern (und es waren neun insgesamt), für ihre Pflicht, mich am Ohre zu ziehen. Nachdem dann auch noch ein junger praktizierender Arzt einen Taschenspiegel an meinen Mund gebracht und mich ohne Atem gefunden hatte, ward die Behauptung meines Belästigers für einen Wahrspruch erklärt; und die gesamte Gesellschaft gab vereint dem Entschlusse Ausdruck, in Zukunft dergleichen arglistige Täuschungen nicht mehr friedlich hinzunehmen, für die Gegenwart aber keinen Schritt weiter mit Leichnamen meiner Sorte mehr zu fahren.

So ward ich denn in schöner Folgerichtigkeit an dieser Stelle aus der Kutsche geworfen, und zwar beim Schild der «Krähe» (einer Taverne, an der wir gerade vorüberfuhren), wobei mir nichts weiter geschah, als daß ich mir unter dem linken Hinterrad des Vehikels beide Arme brach. Ich muß dem Kutscher übrigens Gerechtigkeit insofern widerfahren lassen, als ich feststelle, daß er nicht versäumte, mir den größten meiner Reisekoffer nachzuwerfen, welcher, da er unglücklicherweise mein Haupt traf, mir einen interessanten und zugleich außerordentlichen Schädelbruch eintrug.

Als nun der Wirt der «Krähe», der ein gastlicher Mann ist, fand, daß mein Koffer genügend inhaltsreich war, um ihn für jegliches kleine Ungemach, das er um meinetwillen auf sich nehmen mochte, schadlos zu halten, sandte er unverzüglich nach einem Chirurgen seines Bekanntenkreises und überlieferte mich seiner Obhut mitsamt einer Rechnung und Quittung über zehn Dollar.

Der Abnehmer schaffte mich nach seiner Wohnung und begann sogleich mit seinen Operationen. Nachdem er jedoch meine Ohren abgeschnitten hatte, entdeckte er Anzeichen, daß noch Leben in mir wäre. Er läutete nun die Glocke und schickte nach einem benachbarten Apotheker, um mit ihm in dieser kritischen Situation Rats zu pflegen. Für den Fall, daß sein Argwohn betreffs meines Lebendigseins sich am Ende als begründet erweisen sollte, nahm er inzwischen erst einmal einen Bauchschnitt vor und brachte diverse Stücke meiner Eingeweide zu privater Sektion auf die Seite.

Der Apotheker war der Auffassung, daß ich tatsächlich tot sei. Diese Ansicht mühte ich mich zu widerlegen, indem ich mit allen Kräften um mich trat und die wildesten Verrenkungen vollführte – was mir jetzt möglich war, denn die Operationen des Chirurgen hatten mich in gewissem Maße wieder in den Besitz meiner Fähigkeiten gebracht. All dies jedoch ward der Wirkung einer neuen galvanischen Batterie zugeschrieben, mit welcher der Apotheker, der wirklich ein unterrichteter Mann war, verschiedene wunderliche Experimente veranstaltete, an denen ich, war ich doch persönlich an ihrer Durchführung beteiligt, zwangsläufig das tiefste Interesse nahm. Nichtsdestoweniger wollte es mich doch recht verdrießen, daß meine rednerischen

Kräfte trotz mehrerer Versuche, eine Unterhaltung an-
zuknüpfen, so vollständig im Zustande der Untätig-
keit befangen blieben, daß ich nicht einmal den Mund
zu öffnen vermochte; geschweige denn Antwort zu
geben auf einige geistreiche, doch phantastische Theorien, welche zu widerlegen mir unter andern Umständen bei meiner minuziösen Bekanntschaft mit der
Hippokratischen Pathologie recht leicht gefallen wäre.
Da sie zu keinem Schlusse kommen konnten, ward ich
erst einmal für weitere Untersuchungen beiseite gelegt.
Man schaffte mich hinauf in eine Dachkammer; und
nachdem des Chirurgen bessere Hälfte mich mit Unterhosen und Strümpfen ausgestattet hatte, fesselte der
Chirurg selber meine Hände und band mir mit einem
Taschentuche die Kinnbacken hoch, – dann verriegelte
er die Tür von außen, eilte zu seinem Mittagsmahl und
ließ mich allein in Stille und Nachdenken zurück.
Ich entdeckte nunmehr zu meinem äußersten Entzük-
ken, daß ich hätte sprechen können, wäre mein Mund
nicht von dem Taschentuch zugebunden gewesen. Ge-
tröstet von diesem Gedanken, war ich eben dabei, im
Geiste einige Passagen der «Allgegenwart der Gottheit»
zu repetieren, wie es stets meine Gewohnheit ist, ehe ich
mich dem Schlummer hingebe, als zwei Katzen, erfüllt
von tadelnswert gefräßigen Gelüsten, in einem Mauer-
loche erschienen, mit einem phantastischen Schnörkel
à la Catalani zu mir heraufsprangen und, indem sie sich
einander gegenüber auf meinem Gesichte niederließen,
sich einem Streit um den abgeschmackten Preis meiner
Nase widmeten.
Doch wie der Verlust seiner Ohren sich dem Magier
oder Mige-Gush von Persien als Mittel erwies, den
Thron des Kyros zu besteigen, und wie sich Zopyros

durch Abschneiden seiner Nase in den Besitz von Baby-
lon setzte, so erwies sich der Verlust einiger Unzen von
meinen Gesichtszügen als die Errettung meines Leibes.
Aufgerüttelt von dem Schmerz, und brennend vor Entrüstung, sprengte ich mit einem einzigen Ruck die Fesseln und die Bandage. Durch das Zimmer stakend, warf
ich sodann nur noch einen Blick der Verachtung auf die
Kämpfenden, schob zu ihrem äußersten Schrecken und
Verdruß den Fensterladen auf und stürzte mich überaus
behende hinaus.

Der Posträuber W-----, der eine ausnehmende Ähnlichkeit mit mir besaß, befand sich eben in diesem
Augenblick auf dem Wege vom Stadtgefängnis zu dem
Blutgerüst, das in der Vorstadt für seine Exekution er-
richtet worden war. Seine ungemeine Gebrechlichkeit
und eine langdauernde Unpäßlichkeit hatten ihm das
Vorrecht eingetragen, ohne Handfesseln zu bleiben;
und in seinem Galgenkostüm – das meinem gegenwärtigen eignen Habit sehr ähnlich sah – lag er nun ausgestreckt auf dem Boden des Henkerkarrens (der zufällig grad im Moment meines Sturzes unter den Fenstern des Chirurgen vorüberfuhr), ohne jede andere
Bewachung denn den Kutscher, der eingenickt war,
und zwei Rekruten von der sechsten Infanterie, die betrunken waren.

Wie das Unglück es wollte, landete ich auf meinen
Füßen mitten in dem Gefährt. W-----, der ein scharf-
sinniger Bursche war, erkannte sogleich seine Gelegenheit. Unmittelbar aufspringend, schoß er hinten hinaus,
bog in ein Gäßchen ein und war außer Sicht, ehe man
auch nur mit dem Auge zwinkern konnte. Die Rekruten, aufgestört von dem Getöse, vermochten die wesentlichen Vorgänge dieser Transaktion nicht genau zu

begreifen. Da sie jedoch einen Mann erblickten, der aufrecht vor ihren Augen in dem Karren stand, das gerade Gegenstück des Verbrechers, waren sie der Meinung, der Schurke (nämlich W-----) schicke sich an, sich aus dem Staube zu machen (so drückten sie sich aus), und nachdem sie diese Meinung einander mitgeteilt, nahmen sie jeder einen herzhaften Schluck und schlugen mich sodann mit den Kolben ihrer Musketen nieder.

Es währte nicht lange, so hatten wir den Ort unserer Bestimmung erreicht. Zu meiner Verteidigung ließ sich natürlich nichts mehr vorbringen. Es war unentrinnbar mein Schicksal, gehenkt zu werden. So ergab ich mich denn darein mit einem Gefühl, halb abgestumpft, halb verbittert. Da ich ein weniges vom Kyniker an mir habe, war ich ganz so sentimental wie ein Hund. Der Henker legte die Schlinge um meinen Hals. Das Fallbrett fiel.

Ich versage es mir, meine Empfindungen am Galgen abzuschildern; obschon ich hier zweifelsohne genaue Mitteilungen machen könnte und es sich zudem um einen Gegenstand handelt, über den bislang so gar nichts Rechtes gesagt wurde. Tatsächlich ist es, will man über ein solches Thema schreiben, unumgänglich notwendig, sich vorher einmal hängen zu lassen. Ein jeglicher Autor sollte sich auf die Dinge beschränken, die er selber erfahren hat. So schuf ja auch Mark Anton einen Traktat über die Trunkenheit.

Ich darf nur rasch erwähnen, daß ich nicht zu Tode kam. Mein Körper wurde gehängt, doch ich hatte ja keinen Atem, der mir bei diesem Verfahren hätte ausgehen können; und was den Knoten unter meinem linken Ohr betraf (der sich wie eine militärische Halsbinde anfühlte), so wage ich zu sagen, daß ich von ihm nur eine sehr geringe Belästigung erfuhr. Denn bei dem Ruck, den mein Kopf erhielt, als ich ins Leere fiel, erwies er sich bloß als ein Korrektiv für die Verdrehung, die mir von dem dicken Herrn in der Kutsche zugefügt worden war.

Aus guten Gründen tat ich mein Bestes, die Menge, die sich extra herbemüht hatte, auf ihre Kosten kommen zu lassen. Meine Konvulsionen sollen außerordentlich gewesen sein. Meine krampfhaften Zuckungen hätten sich so leicht nicht überbieten lassen. Der Pöbel ließ es denn auch an Da-Capo-Rufen nicht fehlen. Verschiedene Herren fielen in Ohnmacht; und eine Menge Damen wurden in hysterischen Krämpfen nach Hause geschafft. Pinxit nutzte die Gelegenheit, um nach einer an Ort und Stelle aufgenommenen Skizze sein bewundernswürdiges Gemälde ‹Marsyas lebendig geschunden› erneut zu überarbeiten.

Als ich genügend Kurzweil geboten hatte, hielt man es für angebracht, meinen Körper vom Galgen zu entfernen; – dies um so mehr, als der wirkliche Schuldige unterdessen wieder ergriffen und erkannt worden war: eine Tatsache, von der ich unglücklicherweise nichts wußte.

Nun ward natürlich viel Mitgefühl zu meinem Frommen kundgetan, und da niemand einen Anspruch auf meinen Leichnam anmeldete, wurde angeordnet, daß ich in einer städtischen Gruft untergebracht werden sollte.

Hier ward ich denn auch, nachdem gebührende Zeit verstrichen, beigesetzt. Der Totengräber entfernte sich, und ich war allein. Ein Vers aus Marston's ‹Mißvergnügtem› –

Freund Hein, der ist ein guter Kerl
und hält ein offen Haus –

traf mich in diesem Augenblick als eine handgreifliche Lüge.

Ich sprengte jedoch den Deckel meines Sarges und trat hinaus. Die Stätte war schauderhaft trostlos und dumpfig, und langsam begann mich die Langeweile zu plagen. Um mir die Zeit auf möglichst lustige Weise zu vertreiben, tastete ich mir meinen Weg zwischen den zahllosen Särgen hin, die in Reih und Glied gestapelt umherstanden. Ich wuchtete sie herunter, einen nach dem andern, brach ihre Deckel auf und beschäftigte mich eifrig damit, Spekulationen über ihren verstorbenen Inhalt anzustellen.

«Dieser hier», so monologisierte ich, indem ich einen Sarg durchstöberte, der einem aufgeblasenen, gedunsenen und tonnenförmigen Wesen zur Behausung diente – «dieser hier ist ohne Zweifel in jedem Sinne des Wortes ein Unglücklicher gewesen – ein vom Schicksal geschlagener Mensch. Es war sein schreckliches Los, nicht gehen zu können, sondern watscheln zu müssen – durchs Leben zu wandern nicht wie ein menschliches Wesen, sondern wie ein Elefant – nicht wie ein Mann, sondern wie ein Rhinozeros.

Seine Versuche, sich fortzubewegen, sind reine Fehlschläge gewesen, und seine circumgyratorischen Prozeduren ein glatter Reinfall, mit Händen zu greifen. Tat er einen Schritt nach vorn, so war's sein Mißgeschick, gleich zwei nach rechts und drei nach links tun zu müssen. Seine Studien waren der Poesie von Crabbe gewidmet. Er kann keine Ahnung gehabt haben von den Wundern einer *pirouette*. Für ihn war ein *pas de papillon*

ein abstrakter Begriff. Niemals erstieg er den Gipfel
eines Hügels. Nie blickte er von irgendeinem Turme
auf die Herrlichkeiten einer Metropole nieder. Sein Tod-
feind war die Hitze. In den Hundstagen waren seine
Tage wie die Tage eines Hundes. Da träumte er dann
von Flammen und vom Ersticken – von Bergen über
Bergen – vom Ossa auf dem Pelion. Er war kurzatmig –
um es in einem Wort zu sagen, er war kurzatmig. Er
hielt es für extravagant, auf Holzblasinstrumenten zu
spielen. Er war der Erfinder selbstbeweglicher Fächer-
wedel, Windsegel und Lüftungsanlagen. Er förderte
Du Pont, den Blasebalgmacher, und starb jämmerlich
bei dem Versuch, eine Zigarre zu rauchen. Er war ein
Fall, für den ich tiefes Interesse hege, – er hatte ein Los,
dem mein aufrichtiges Mitgefühl gilt.»

«Doch hier», – sagte ich – «hier» – und zerrte mit Bosheit aus ihrem Behältnis eine hagere, lange und originell
dreinblickende Gestalt, deren bemerkenswerte Erscheinung mich unwillkommenerweise irgendwie vertraut
anmutete – «hier ist ein Wicht, der kein Anrecht auf
irdisches Mitleiden hat.» Indem ich also sprach, packte
ich ihn, um einen entschiedneren Blick auf meinen
Gegenstand zu gewinnen, mit Daumen und Zeigefinger bei der Nase, veranlaßte ihn, eine sitzende Haltung auf dem Boden einzunehmen, und hielt ihn so auf
Armeslänge, während ich in meinem Selbstgespräche
fortfuhr.

«– der kein Recht», so wiederholte ich, «auf irdisches
Mitleiden hat. Wer wollte wohl im Ernst darauf verfallen, sich eines Schattens zu erbarmen? Überdem, hat
er nicht sein volles Teil an den Segnungen des Lebens
gehabt? Er war der Urheber gewaltiger Monumente –
Schrottürme – Blitzableitungen – lombardischer Pap-

peln. Sein Traktat über ‹Schemen und Schatten› hat ihn unsterblich gemacht. Er edierte mit hervorragender Geschicklichkeit die letzte Ausgabe von ‹*South on the Bones*›. Schon in aller Frühe begab er sich aufs College und studierte die Pneumatik. Dann kam er heim, hielt endlos lange Reden und spielte auf dem Waldhorn. Seine Förderung galt dem Dudelsacke. Captain Barclay, der gegen die Zeit antrat, hätte gegen *ihn* wohl keinen Gang getan. Windham und Allbreath waren seine Lieblingsschriftsteller – sein Lieblingskünstler war Phiz. Er starb eines herrlichen Todes – nämlich durch Einatmen von Gas: *levique flatu corrumpitur,* wie die *fama pudicitiae* bei Hieronymus[1]. Er war unzweifelhaft ein – – –»

«Wie *können* Sie nur! – wie – *können* – Sie?!» – unterbrach mich hier der Gegenstand meiner kritischen Rügen, indem er nach Luft schnappte und mit einer verzweifelten Anstrengung die um Mund und Kinn geschlungene Binde herunterriß – «wie *können* Sie, Herr Luftmangel, nur so infernalisch grausam sein, mich in dieser Weise in die Nase zu kneipen! Sahen Sie denn nicht, wie man mir den Mund zugebunden hat und – aber das *müssen* Sie einfach wissen, wenn Sie überhaupt etwas wissen – über welch riesigen Überfluß an Atem ich zu disponieren habe?! Wenn Sie es jedoch *nicht* wissen, so setzen Sie sich nieder, und Sie werden schon sehen. – In meiner Lage ist es wahrlich eine große Erleichterung, wenn man imstande ist, den Mund zu öffnen – imstande, sich frei zu verbreiten – imstande, sich einer Person wie Ihnen mitzuteilen, die sich nicht für berufen hält, einem Gentleman alle Augenblicke lang den Faden

---

[1] *Tenera res in feminis fama pudicitiae, et quasi flos pulcherrimus, cito ad levem marcessit auram, levique flatu corrumpitur, maxime, etc.*. Hieronymus ad Salvinam. (Epist. LXXXV.)

der Rede abzuschneiden. – Unterbrechungen sind eine Belästigung und sollten ohne Zweifel abgeschafft werden – meinen Sie nicht auch? – keine Antwort, ich bitte Sie, – es können nicht zwei zugleich reden, einer genügt. – Ich werde hernach ja fertig sein, und dann mögen Sie beginnen. – Wie, zum Teufel, mein Herr, kamen Sie an diesen Ort? – nicht ein Wort, ich flehe Sie an – bin hier selber schon einige Zeit – schrecklicher Vorfall! – haben wohl davon gehört, nehme ich an – gräßlicher Unglücksfall! – ging grad unter Ihren Fenstern vorbei – ist noch gar nicht lange her – war um die Zeit, als Sie Ihren Bühnenkoller bekamen – schauderhaftes Ereignis! – schon mal was von ‹Atem holen› gehört, eh? – halten Sie den Mund, sage ich Ihnen! – also ich ‹holte› mir den eines Andern! – hatte dabei immer schon viel zu viel eigenen – traf dann Babbeler an der Straßenecke – der wollte mich nicht zu einem einzigen Wort kommen lassen – ich konnte nicht eine Silbe an den Mann bringen – bekam infolge dessen einen epileptischen Anfall – Babbeler entwischte – ah, die verdammten Narren alle! – hielten mich für tot, hoben mich auf und brachten mich in dieser Stätte unter – eine schöne Bescherung das! – hörte alles, was Sie über mich sagten – jedes Wort eine Lüge – schrecklich! – erstaunlich! – schändlich! – gräßlich! – unfaßbar! – et cetera – et cetera – et cetera – et cetera –»

Es ist unmöglich, sich meine Verblüffung bei dieser so unerwarteten Ansprache vorzustellen – bzw. die Freude, mit der ich schrittweise die Überzeugung gewann, daß der von jenem Gentleman (den ich bald als meinen Nachbarn Windgenug erkannte) ‹geholte› Atem tatsächlich doch eben jenes Besitztum war, das mir bei der Unterhaltung mit meinem Weibe abhanden gekommen.

Zeit, Ort und Umstände stellten die Sache gänzlich
außer Frage. Nun entließ ich jedoch keineswegs etwa
sofort Herrn Windgenugs Riechorgan aus meinem
Griffe – nicht wenigstens während der beträchtlichen
Zeit, die der Erfinder der lombardischen Pappeln damit zubrachte, mich mit seinen Ausführungen zu beehren.

In dieser Hinsicht ward ich von jener gewohnheitsmäßigen Bedachtsamkeit geleitet, die stets mein vor-
herrschender Charakterzug gewesen ist. Ich überlegte,
daß immer noch viele Schwierigkeiten im Wege meiner
Rettung liegen mochten, die nur äußerste Anstrengung
meinerseits würde zu überwinden vermögen. Viele
Personen, so sann ich, haben die Neigung, in ihrem
Besitz befindliche Vorteile – mögen diese ihnen im
Augenblick auch noch so wertlos sein, so lästig oder gar
qualvoll – in direktem Verhältnis zu dem Gewinn ein-
zuschätzen, den andere aus ihrem Erwerb oder sie selber aus ihrer Preisgabe ziehen könnten. Mochte dies
nicht auch bei Herrn Windgenug der Fall sein? Konnte
ich nicht, indem ich allzu ängstliches Interesse an dem
Atem sehen ließ, dessen er im Augenblick noch so
bereitwillig ledig werden wollte, mich selbst den Er-
pressungen seiner Habsucht ungeschützt aussetzen?
Es gibt Schurken auf dieser Welt, erinnerte ich mich
seufzend, die nicht den mindesten Anstand nehmen, un-
redliche Gelegenheiten selbst bei allernächsten Nachbarn auszunutzen, und (diese Bemerkung stammt von
Epiktet) ausgerechnet immer dann, wenn die Menschen
sich am meisten sehnen, die Last ihrer eignen Nöte ab-
zuwerfen, verspüren sie die geringste Lust, sie bei anderen zu lindern.

Auf solche und ähnliche Überlegungen hin, und indem

ich nach wie vor Herrn W's Nase im Griff behielt, erachtete ich es denn für angebracht, meine Entgegnung etwas zu modifizieren.

«Unhold!» begann ich in einem Tone des tiefsten Unmuts, «Unhold – und doppel-windiger Idiot! – erkühnst du dich, du, auf dessen Missetaten hin es dem Himmel gefallen hat, dich zu zwiefältiger Atmung zu verdammen, – erkühnst *du* dich, sage ich, mich in der vertraulichen Sprache eines alten Bekannten anzureden? – ‹Ich lüge›, traun fürwahr! und ‹halte den Mund›, oh gewiß! – das nenn' ich mir in der Tat eine schöne Konversation gegenüber einem Gentleman, der nur einen einzigen Atem hat! – und das alles auch noch, wo es in meiner Macht steht, Linderung der Trübsal zu bringen, unter welcher du so gerechtermaßen leidest, – mindernde Mäßigung dem Übermaße deiner unseligen Atmung!»

Wie Brutus machte ich hier eine Kunstpause, um Raum für Erwiderung zu geben – mit welch letzterer Herr Windgenug auch unverzüglich, einem Tornado gleich, über mich kam. Beteuerung folgte auf Beteuerung, und Entschuldigung auf Entschuldigung. Es gab keinerlei Bedingungen, denen er sich nicht ohne alles Sträuben fügte, und gleicherweise keine, aus denen ich den ausgiebigsten Vorteil zu ziehen säumte.

Nachdem die Präliminarien schließlich erledigt waren, lieferte mein Bekannter mir die Atmung aus; für welche ich ihm (nachdem ich sie sorgfältig untersucht) hernach eine Quittung überreichte.

Viele meiner Leser, dess' bin ich mir wohl bewußt, werden mich wohl dafür schelten, daß ich über eine so ungreifbar feine Transaktion in so kursorischer Weise rede. Man wird denken, ich hätte noch genauer auf die

Details eines Vorfalles eingehen sollen, der – und das ist ja wirklich auch wahr – viel neues Licht auf einen höchlichst fesselnden Zweig der physikalischen Philosophie werfen könnte.

Auf all dies kann ich zu meinem Bedauern nichts erwidern. Ein Fingerzeig ist die einzige Antwort, die zu geben mir allenfalls erlaubt ist. Es gab da *Umstände* – doch erwäge ich's recht, so halte ich es doch für weit sicherer, so wenig als möglich über eine Affäre zu sagen, die derart delikat – ich wiederhole: *delikat* – war und zudem die Interessen einer dritten Partei mit einbeschloß, deren schwefeligen Groll mir zuzuziehen ich im Augenblick nicht das mindeste Verlangen habe.

Nicht lange nach diesem notwendigen Arrangement waren wir am Werk, unser Entkommen aus den Verliesen der Gruft in die Wege zu leiten. Die vereinigte Kraft unserer wiederaufgelebten Stimmen ward bald hinreichend zur Kenntnis genommen. Scherer, der nationale Redakteur, wärmte in seinem Blatte eine Abhandlung ‹Natur und Ursprung subterraner Geräusche› wieder auf. Erwiderung – Gegendarstellung – Widerlegung – und Verteidigung folgten in den Spalten einer demokratischen Gazette. Erst als man dann, um die Kontroverse zu schlichten, das Gruftgewölbe öffnete, lieferte Herrn Windgenugs und mein Erscheinen den Beweis, daß beide Parteien entschieden im Irrtum gewesen waren.

Ich kann diesen Bericht von einem sehr eigentümlichen Abschnitt meines zu allen Zeiten hinlänglich ereignisreichen Lebens nicht beschließen, ohne der Aufmerksamkeit des Lesers noch einmal die Verdienste jener blind-praktischen Philosophie ins Gedächtnis zu rufen, die ein sicherer und bequemer Schild gegen all jene

Pfeile des Unglücks ist, die weder gesehen, noch ge-
spürt, noch voll verstanden werden können. Es war im
Geiste dieser Weisheit, daß unter den alten Hebräern
geglaubt wurde, die Tore des Himmels müßten sich
unvermeidlich *dem* Sünder, oder auch Heiligen, öffnen,
der mit guten Lungen und unbedingter Zuversicht das
Wort «*Amen!*» würde brüllen können. Es war im Geiste
dieser Weisheit auch, daß zu Athen, da eine schwere
Seuche wütete und mit allen Mitteln vergeblich versucht worden war, sie zu bannen, Epimenides, wie
Laertius in seinem zweiten Buche von jenem Philosophen erzählt, den Rat erteilte, doch jedenfalls einen
Tempel und Altar aufzurichten – gewidmet «dem betreffenden Gotte».   *Lyttleton Barry*

Quand un bon vin meuble mon eſtomac,
Je suis plus savant que Balzac –
Plus sage que Pibrac;
Mon bras seul faisant l'attaque
De la nation Cossaque,
La mettroit au sac;
De Charon je passerois le lac
En dormant dans son bac;
J'irois au fier Eac,
Sans que mon cœur fît tic ni tac,
Présenter du tabac.
Französischer Gassenhauer

Daß Pierre Bonbon ein *reſtaurateur* von ungewöhnlichen
Qualitäten war, wird, denke ich, niemand, der, während
der Regierung von – – – –, das kleine Café im *cul-de-sac*
Le Febvre zu Rouen besuchte, zu bestreiten sich bemüßigt fühlen. Daß Pierre Bonbon in gleichem Grade
in der Philosophie jener Epoche bewandert war, ist, so
möchte ich annehmen, in noch weit besondererem Maße
unleugbar. Seine *pâtés à la foie* waren über allem Zweifel
makellos: doch welche Feder kann seinen Essays *sur la
Nature* gerecht werden – seinen Gedanken *sur l'Ame* –
seinen Bemerkungen *sur l'Eſprit*? Wenn seine *omelettes*
– wenn seine *fricandeaux* schon schier unschätzbar waren,
– welcher *littérateur* des Tages hätte nicht zweimal so viel
für eine ‹*Idée de Bonbon*› gegeben als für all den Plunder
all der ‹*Idées*› all der restlichen *savants*? Bonbon hatte
Bibliotheken durchstöbert, die kein andrer Mensch
durchstöbert hatte, – was keiner sonst zu lesen auch nur
würde in Betracht gezogen haben, das hatte er gelesen,

– er hatte mehr verstanden, als jeder Andere zu verstehen auch nur für möglich gehalten hätte; und obgleich es während der Zeit seiner Blüte zu Rouen nicht an Autoren fehlte, die geltend machten, «daß seine *dicta* weder die Reinheit der Akademie noch die Tiefe des Lyceums dartäten», – obgleich seine Lehren, merken Sie auf meine Worte, durchaus gemeinhin nicht verstanden wurden, so folgte daraus doch mitnichten, daß sie etwa schwierig zu begreifen gewesen. Es lag, so will mich dünken, an ihrer Selbstverständlichkeit, daß viele Personen verleitet wurden, sie für abstrus zu nehmen. Dabei ist es Bonbon – aber verbreiten Sie dieses nicht weiter –, ist es Bonbon, sagte ich, dem Kant in Hauptsache seine Metaphysik schuldet. Nun war der erstere gewißlich kein Platoniker – noch gar, genau genommen, ein Aristoteliker – noch vergeudete er, wie der moderne Leibniz, jene kostbaren Stunden, welche der Erfindung eines *fricassée* oder, *facili gradu,* der Analyse eines Gefühls gewidmet werden mochten, im nichtigen Versuche, die widerspenstigen Öle und Wasser ethischer Diskussion miteinander auszusöhnen. Nicht im mindesten. Bonbon war Ioniker – Bonbon war gleicherweise Italiker. Er urteilte *a priori* – er urteilte auch *a posteriori.* Seine Ideen waren ihm angeboren – oder nicht. Er glaubte an Georg von Trapezunt – er glaubte an Bessarion. Bonbon war, mit ganzer Emphase, ein – Bonbonist.

Ich habe von dem Philosophen in seiner Eigenschaft als *restaurateur* gesprochen. Gleichwohl wünsche ich nicht, daß einer meiner Freunde etwa vermeine, unser Held habe es, bei der Erfüllung seiner ererbten Pflichten in dieser Richtung, an gebührlicher Schätzung ihrer Würde und Wichtigkeit mangeln lassen. Weit gefehlt.

Unmöglich wäre, zu sagen, auf welchen Zweig seiner Professionen er den größern Stolz setzte. Nach seiner Meinung hielten die Kräfte des Geistes die innigste Verbindung mit den Fähigkeiten des Magens. Tatsächlich bin ich nicht sicher, ob er wesentlich uneins mit den Chinesen war, welche den Sitz der Seele im Unterleibe vermuten. Die Griechen jedenfalls befanden sich nach seiner Ansicht im Recht, wenn sie dasselbe Wort auf den Geist und das Zwerchfell anwendeten[1]. Damit gedenke ich jedoch keineswegs etwa eine Empfehlung der Gefräßigkeit oder nur sonst ein ernstliches Gebot anzudeuten, welches zu des Metaphysikers Nachteil gereichen müßte. Wenn Pierre Bonbon irrte – und welcher große Mann irrte nicht tausend Mal? – *wenn* Pierre Bonbon, so sagte ich, irrte, dann waren seine Irrungen von recht geringem Gewicht, – kleine Fehler, welche, bei anderen Naturen, des öftern eher im Licht von Tugenden betrachtet worden sind. Was eine dieser Schwächen anbetrifft, so hätte ich ihrer in dieser Geschichte gar nicht einmal Erwähnung getan, wäre nicht die bemerkenswerte Prominenz – der extreme *alto rilievo* –, mit welchem sie aus der Ebene seiner allgemeinen Anlage hervortrat. – Er konnte niemals eine Gelegenheit vorüber lassen, ein Geschäft zu machen. Nicht daß er etwa habgierig gewesen – nein. Es war keineswegs der Befriedigung des Philosophen von Nöten, daß ihm das Geschäft zum eignen Vorteil gereichte. Wofern nur ein Handel zustande gebracht werden konnte – ein Handel jeglicher Art, zu jeder Bedingung und unter jedwedem Umstand –, ward viele Tage danach noch ein triumphierendes Lächeln an ihm

[1] *Φϱένες.*

gesehen, das seine Züge erleuchtete, und ein wissendes Augenzwinkern, welches von seiner Weisheit Kunde gab.

Zu allen Zeiten wohl wäre es verwunderlich gewesen, hätte eine so sonderliche Grille wie jene, die ich soeben erwähnte, nicht allenthalben Beachtung und Aufmerken erweckt. Wäre nun aber gerade in der Epoche unserer Erzählung dieser Sonderlichkeit *kein* Augenmerk entstanden, so möchte wohl tatsächlich Raum zum Staunen sein. Es wurde bald berichtet, daß Bonbons Lächeln, bei allen Gelegenheiten der beschriebnen Art, gewöhnlich weit verschieden von dem biedern Grinsen war, mit welchem er seine eigenen Scherze bedachte oder eine Bekanntschaft begrüßte. Allerlei Winke von erregender Natur kamen in Umlauf; es wurden Geschichten erzählt von gefahrvollen Geschäften, die in Eile getätigt und in Muße bereut wurden; und Beispiele führte man an, für unerklärliche Fähigkeiten, für unbestimmte Gelüste und unnatürliche Neigungen – Gerüchte allesamt, welche vom Urheber allen Übels ausgesät worden, mit Weisheit zu eigenen Zwecken.

Der Philosoph hatte andere Schwächen – doch sind sie kaum der ernstlichen Untersuchung würdig. Gibt es doch zum Beispiel nur wenige Männer von außergewöhnlicher Profundität, bei welchen sich der Mangel einer Neigung zur Flasche feststellen läßt. Ob nun diese Neigung eine erregende Ursache oder eher ein triftiger Beweis solcher Profundität sei, ist eine heikle Frage. Bonbon selber erachtete, soweit ich ersehen kann, den Gegenstand nicht für der minuziösen Erforschung geeignet; – noch tue ich es. Doch darf aus dem Umstande, daß er einer so wahrlich klassischen Neigung frönte, nicht vermutet werden, es hätte der *restaurateur*

den Blick jener intuitiven Unterscheidung verloren,
welche zu ein und der selben Zeit seine *essais* wie seine
omelettes bezeichnete. Ein jedes hatte, zu Zeiten seiner
Zurückgezogenheit, eigens seine zuerteilte Stunde, –
der Vin de Bourgogne diese – und jene der Côtes du
Rhône. Sauterne galt ihm gegen Médoc, was Catull
gegenüber Homer. Süffelte er St-Péray, so ergötzte er
sich wohl an einem Syllogismus, doch beim Clos de
Vougeot entwickelte er eine Beweisführung, und eine
Theorie stürzte er in einer Flut von Chambertin um.
Gut wäre es gewesen, wenn der selbe rasche Sinn für
Schicklichkeit sich ihm auch bei der nichtigen Neigung
eingestellt hätte, auf die ich im vorigen anspielte, –
doch war dies leider keineswegs der Fall. In der Tat begann, um die Wahrheit zu sagen, *dieser* Wesenszug in
dem philosophischen Bonbon schließlich einen sonderlich intensiven und mystischen Charakter anzunehmen
und erschien zutiefst gefärbt von der *diablerie* seiner vorzüglich betriebenen Deutschen Studien.
Das kleine *Café* im *cul-de-sac* Le Febvre betreten hieß
zur Zeit unserer Erzählung in das *sanctum* eines Mannes
von Genie eindringen. Bonbon *war* ein Mann von
Genie. Es gab zu Rouen nicht einen *souscuisinier,* bei
welchem Sie nicht hätten erfahren können, daß Bonbon
ein Mann von Genie sei. Gar seine Katze wußte es und
ließ es sich nicht nehmen, in der Gegenwart des Mannes
von Genie den Schwanz zu neigen. Seinem großen
Wasserhunde war die Tatsache insgleichen bekannt,
und stets verriet er, bei Annäherung seines Meisters,
das Bewußtsein seines geringeren Standes durch eine
weihevolle Haltung, durch Anlegen der Ohren und
durch ein Senken der Kinnlade, – ein Verhalten, das
sich bei einem Hunde gar nicht einmal unwürdig aus-

nahm. Gleichwohl ist es richtig, daß ein gut Teil dieses gewohnheitsmäßigen Respektes der persönlichen Erscheinung des Metaphysikers zuzuschreiben war. Ein distinguiertes Äußeres wird, das bin ich genötigt zu sagen, selbst bei einem Tiere sein Gewicht haben; und bereitwillig räume ich ein, daß gar vieles am äußern Menschen des *restaurateur* dazu angetan war, die Imagination der Vierfüßler zu beeindrucken. Es ist eine sonderliche Majestät um die Atmosphäre des kleinen Großen – wenn mir einmal ein so mehrdeutiger Ausdruck erlaubt ist –, etwas, das die bloße Körpermasse allein, so wird man finden, zu keinen Zeiten schöpferisch hervorbringen kann. Wenn freilich Bonbon auch kaum wohl drei Fuß hoch und sein Haupt gar winzig klein war, so war es doch unmöglich, die Rundung seines Bauches ohne die Empfindung einer Pracht zu betrachten, welche nahezu schon ans Erhabene grenzte. In seinem Umfange müssen Hunde wie Menschen ein Abbild seiner Errungenschaften gesehen haben – in seiner schieren Unermeßlichkeit ein wohlangemessenes Gehäuse für seine unsterbliche Seele.

Ich könnte hier, wollte ich es mir beifallen lassen, des breitern bei seiner Kleidung verweilen oder bei anderen bloßen Umständen des äußern Metaphysikers. Ich könnte darauf weisen, daß unser Held sein Haar recht kurz, weich über die Stirne gekämmt, und gekrönt von einer kegelförmigen weißen Flanellkappe mit Troddeln trug, – daß sein erbsengrünes Wams nicht von der Mode war, nach welcher sich die gemeine Klasse der *restaurateurs* in jenen Tagen kleidete, – daß die Ärmel einiges voller waren, als die herrschende Tracht erlaubte, – daß die Aufschläge nicht, wie in jener barbarischen Epoche üblich, aus Stoff der selben Art und Farbe bestanden wie die Gewandung selbst, sondern in weit wunderlicherer Manier aus buntscheckigem, geköpertem Sammet aufgesetzt waren, – daß seine Pantoffeln von leuchtendem Purpur waren, aufs künstlichste mit Filigran bestickt, und in Japan hätten hergestellt sein können, wären nicht die erlesene Zuspitzung an den Zehen und die brillanten Tinten von Borte und Stickerei gewesen, – daß seine Beinkleider aus jenem gelben, atlasseidenen Stoffe bestanden, den man *aimable* nennt, – daß sein himmelblauer Mantel, welcher in der Form einem Schlafrock glich und über und über aufs reichste mit karmesinenem Zierat besetzt war, in stolzer Pracht schier wie ein morgendlicher Dunstschleier um seine Schultern flutete, – und daß sein *tout ensemble* zu dem bemerkenswerten Ausspruch der Benevenuta, der Improvisatrice von Florenz, den Anlaß gab, es wäre «schwerlich zu sagen, ob Pierre Bonbon tatsächlich ein Paradiesvogel sei oder gar eher noch selber ein Paradies der Vollkommenheit», – – ich könnte, so hob ich an, mich über alle diese Punkte recht wohl des weitern auslassen, wenn es mir beifiele: – doch ich versage es mir: – bloße persönliche Einzelheiten mögen dem Schreiber historischer Romane verbleiben; – sie liegen unter der moralischen Würde der nüchternen Berichterstattung.

Ich habe gesagt, «das *Café* im *cul-de-sac* Le Febvre betreten hieß in das *sanctum* eines Mannes von Genie eindringen» – doch dann wieder war es nur der Mann von Genie, der dieses *sanctum* mit all seinen Meriten gebührlich würdigen konnte. Ein Schild, in Gestalt eines ungeheuern Folio-Bandes, schwang über dem Eingang. Auf die eine Seite des Buches war eine Flasche gemalt; auf die rückwärtige ein *pâté*. Auf dem Rücken

selbst stand in großen Lettern zu lesen: *Œuvres de Bonbon*.
So wurde zartfühlend auf die zwiefältige Beschäftigung
des Eigners gewiesen.

Trat man über die Schwelle, so bot sich sogleich das
ganze Innere des Gebäudes dem Blicke dar. Ein langer,
nicht sehr hoher Raum von antiker Bauweise war in der
Tat alles, was das *Café* an Gemächern zu bieten hatte.
In der einen Ecke der Behausung stand das Bett des
Metaphysikers. Eine Reihe von Vorhängen, vereint mit
einem Baldachin *à la Grecque*, umgaben es mit einer zugleich klassischen wie bequemlichen Atmosphäre. In
der schräg gegenüber liegenden Ecke erschienen, in
trautem Verein, die Gerätschaften von Küche und
bibliothèque. Eine Schüssel voll Polemiken stand friedfertig auf der Anrichte. Hier lag ein Ofenvoll der letzten
Ethiken – dorten ein Kessel mit Duodecimo-*mélanges*.
Bücher deutscher Sittenlehre zeigten sich sehr vertraut
mit dem Bratroste – eine Röstgabel ließ sich dicht neben
Eusebius entdecken – Plato ruhte unbeschwert in der
Schmorpfanne – und zeitgenössische Manuskripte
waren auf dem Bratspieß aufgereiht.

In anderem Betrachte möchte man jedoch von dem
Café de Bonbon sagen, daß es sich wenig von den gewöhnlichen *restaurants* der Zeit unterschied. Ein großer Kamin gähnte der Tür gegenüber. Zu seiner Rechten bot
der Schanktisch den Anblick einer schier mächtigen
Fülle etikettierter Flaschen.

Hier war es, gegen wohl zwölf Uhr eines Nachts, während des strengen Winters 18––, daß Pierre Bonbon,
nachdem er einige Zeit lang den Auslassungen seiner
Nachbarn zum Gegenstande seiner eigentümlichen
Neigungen gelauscht, – daß Pierre Bonbon, sagte ich,
seine Türe, nachdem er sie alle aus dem Hause gejagt,

mit einem Fluche hinter ihnen schloß und sich in nicht sehr ebenmäßiger Laune den tröstlichen Bequemlichkeiten eines ledergepolsterten Armstuhls und eines Feuers von flackernd knackenden Reisigbündeln widmete.

Es war eine jener schrecklichen Nächte, welche nur ein oder zwei Mal im Verlauf eines Jahrhunderts vorkommen. Es schneite wild, und das Haus erbebte in seinen Grundfesten von den flutenden Wellen des Windes, welcher durch die Ritzen der Mauern fuhr und in tobendem Ungestüm zum Kamine niederkam, schrecklich an des Philosophen Bettvorhängen zerrte und den Haushalt seiner *pâté*-Pfannen und Papiere durcheinander brachte. Der riesige Folio-Band, welcher draußen schwang, dem Toben des Sturmes ausgeliefert, knarrte verdächtig und gab stöhnende Laute aus seinem Gerüst von derbem Eichenholz.

Es war, so sagte ich, keine gelassene Verfassung, in welcher der Metaphysiker seinen Stuhl zur gewohnten Stelle am Kamine zog. Mancherlei Umstände von verwirrender Natur hatten sich über Tage ereignet, welche sehr wohl angetan, die Heiterkeit seiner Meditationen zu stören. Bei dem Versuch, einige *œufs à la Princesse* zu gestalten, war unglücklicher Weise eine *omelette à la Reine* herausgekommen; die Entdeckung eines ethischen Prinzips war durch den Umsturz eines Schmortopfes vereitelt worden; und *laſt not leaſt* war ihm eines jener bewundernswürdigen Geschäfte zunichte geworden, welche zu einem erfolgreichen Ziel zu führen ihn allezeit so ganz besonders entzückte. Doch in die Hitze seines Zorns über diese unbegreiflichen Wechselfälle mischte sich unvermeidlich jene einigermaßen nervöse Ängstlichkeit, welche hervorzubringen das Wüten einer

BONBON

stürmischen Nacht so sehr wohl geeignet ist. Indem er
den großen schwarzen Wasserhund, von dem wir bereits zuvor gesprochen, in seine unmittelbarere Nachbarschaft pfiff und sich selbst unbehaglich in seinem
Stuhle niederließ, konnte er nicht umhin, einen vorsich-
tigen und beklommenen Blick in jene entfernten Winkel der Behausung zu werfen, deren unerbittliche
Schatten nicht einmal der rötliche Feuerschein mehr
denn nur teilweise zu überwinden vermochte. Nachdem
er seine Untersuchung abgeschlossen, deren genauer
Endzweck vielleicht ihm selber unverständlich war,
zog er dicht neben seinen Sitz ein kleines Tischchen, bedeckt mit Büchern und Papieren, und war bald ganz
vertieft in die Aufgabe, ein umfangreiches Manuskript,
das er am folgenden Morgen zum Druck befördern
wollte, zu überarbeiten.

So war er einige Minuten lang beschäftigt gewesen, als
plötzlich – «Ich habe keineswegs Eile, Monsieur Bonbon» – eine weinerliche Stimme sich flüsternd in der
Behausung vernehmen ließ.

«Teufel auch!» stieß unser Held hervor, indem er auf
die Füße sprang, den Tisch an seiner Seite umstürzte
und voller Verwirrung um sich starrte.

«Sehr wahr», erwiderte die Stimme gemächlich.

«Sehr wahr! – was ist sehr wahr? – wie kommen Sie
überhaupt hierher?» brüllte der Metaphysiker, als sein
Auge auf ein Etwas fiel, das in voller Länge auf seinem
Bette ausgestreckt lag.

«Ich sagte», versetzte der Eindringling, ohne dem Ver-
hör Beachtung zu schenken, «ich sagte, daß ich nicht
die mindeste Eile habe – daß mein Geschäft, um dessent-
willen ich mir die Freiheit nahm vorzusprechen, von
keiner dringlichen Bedeutung ist – kurz, daß ich sehr

wohl warten kann, bis Sie mit Ihrer Exposition zu Ende sind.»

«Mit meiner Exposition! – ei was denn! – wie können denn *Sie* davon wissen? – wie kommen *Sie* zu der Kenntnis, daß ich an einer Exposition schrieb? – guter Gott!»

«Pssssst», erwiderte die Gestalt mit schrillem Flüstern: und indem sie sich behende vom Bette erhob, tat sie einen einzigen Schritt auf unseren Helden zu, während eine eiserne Lampe, die von der Decke herabhing, jäh und krampfhaft vor dem Nahenden zurückschwang.

Des Philosophen Erstaunen verhinderte nicht eine eingehende Untersuchung von Kleidung und Erscheinung des Fremden. Die Umrisse einer außerordentlich hagern, doch weit über das gewöhnliche Maß hohen Gestalt wurden überaus deutlich von einem verblichenen Anzug aus schwarzem Tuch hervorgehoben, welcher zwar hautdicht angepaßt, doch andererseits ganz nach dem Stil des Jahrhunderts zuvor geschnitten war. Die Kleidungsstücke schienen für eine weit kürzere Person gedacht gewesen, als ihr jetziger Eigentümer war. Seine Knöchel und Handgelenke zeigten sich mehrere Zoll weit unbekleidet. An seinen Schuhen freilich strafte ein Paar sehr brillanter Schnallen den Anschein äußerster Armut Lügen, welcher von den andern Teilen seiner Kleidung geweckt wurde. Sein Haupt war unbedeckt und vollkommen kahl, mit der Ausnahme des hintern Teiles, von welchem eine *queue* beträchtlicher Länge herniederging. Eine grüne Brille mit Seitengläsern schirmte den Einfluß des Lichtes von seinen Augen ab und verhinderte zugleich unsern Helden, deren Farbe und Gestalt sicher auszumachen. An der ganzen Person war nichts von einem Hemde zu erblicken; doch war eine weiße Krawatte – von allerdings schmutziger Erscheinung – mit äußerster Sorgfalt um des Besuchers Hals gebunden, und ihre Enden hingen so formgerecht zu den Seiten herab, daß sie (wenngleich wohl unabsichtlich, wie ich anzunehmen wage) an einen Geistlichen gemahnten. Tatsächlich hätten noch mancherlei andere Punkte in seiner Erscheinung und seinem Betragen recht wohl eine Vorstellung dieser Natur stützen mögen. Über dem linken Ohre trug er, nach dem Brauch eines modernen Bureau-Schreibers, ein Instrument, welches dem *stylus* der Alten ähnlich sah. Aus einer Brusttasche seines Rockes blickte auffällig ein dünner schwarzer Band mit stählernen Schließen hervor. Dieses Buch war, ob zufällig oder nicht, so nach außen gewendet, daß die Worte ‹ *Rituel Catholique* › in weißen Lettern auf dem Rücken sichtbar waren. Seine ganze Physiognomie zeigte anziehende Schwermut – ja leichenhafte Blässe. Die Stirne verlief in erhabener Bildung und tief gefurcht von den Pfaden des Nachdenkens. Seine Mundwinkel waren zu einem Ausdruck der unterwürfigsten Demut herabgezogen. Auch konnte seine Weise, die Hände zu falten, da er nun auf unsern Helden zuschritt, – sein tiefes Seufzen – und ganz und gar erst ein Blick von schierer Heiligkeit nicht verfehlen, ganz unzweideutig für ihn einzunehmen. Jeglicher Schatten des Ärgers schwand von den Zügen des Metaphysikers, als er, nach zufrieden beendigter Besichtigung von seines Besuchers Person, demselben nun herzlich die Hand schüttelte und ihn zu einem Sitz geleitete. Es wäre jedoch ein gründlicher Irrtum, wollte man diesen augenblicklichen Wechsel in den Gefühlen des Philosophen irgend nur einer jener Ursachen zuschreiben, von welchen man natürlicher Weise einen Einfluß hätte erwarten dürfen. Tatsächlich wäre Pierre Bonbon, soweit ich seine Wesensart zu verstehen vermag, der letzte gewesen, der sich von äußeren Betragens Schein hätte beeindrucken lassen. Unmöglich darf man annehmen, daß einem so sorgfältigen Beobachter von Menschen und Dingen im Augenblick der wirkliche Charakter der Persönlichkeit entgangen sein sollte, welche sich also seiner Gastlichkeit aufgedrängt hatte. Um nicht mehr zu sagen, – die Bildung der Füße seines Besuchers war absonderlich genug – auf dem Kopfe trug er lose einen unmäßig hohen Hut – im hintern Teil seiner Hosen gab es ein zitterndes Schwellen – und das Beben seines Rockschoßes war eine unverkennbare, sozusagen handgreifliche Tatsache. Beurteilen Sie selbst, mit welchen Gefühlen der Befriedigung sich unser Held so plötzlich in der Gesellschaft einer Persönlichkeit befand, für welche er zu allen Zeiten den unbedingtesten Respekt gehegt hatte. Gleichwohl war er doch zu sehr auch Diplomat, um sich nur die geringste Andeutung seiner Mutmaßungen in Betracht des wirklichen Standes der Dinge entkommen zu lassen. War es doch seine Sache nicht, sich gar der hohen Ehre bewußt zu erzeigen, deren er sich so unerwartet erfreute, sondern vielmehr mußte ihm angelegen sein, indem er seinen Gast in eine Konversation verwickelte, einige bedeutsame ethische Ideen aus ihm hervorzulocken, die, wenn sie einen Platz in der erwogenen Publikation erhielten, das menschliche Geschlecht erleuchten und ihn selber zugleich unsterblich machen mochten, – Ideen, welche, so hätte ich noch hinzufügen sollen, zu beschaffen seines Besuchers hohes Alter sowie seine wohlbekannte Beschlagenheit in der Wissenschaft der Moral sehr wohl befähigt sein mochten.

Beflügelt von so lichtvollen Aussichten, bat unser Held
den Herrn, doch Platz zu nehmen, während er selber
Gelegenheit nahm, einige Reisigbündel auf das Feuer
zu werfen und einige Flaschen Mousseux auf den nunmehr wieder aufgerichteten Tisch zu plazieren. Nachdem er diese Verrichtungen behende ausgeführt, zog
er seinen Stuhl dem seines Gefährten *vis-à-vis* und wartete, daß der letztere die Konversation eröffnen möchte.
Doch oftmals werden Pläne, und seien sie auch höchst
künstlich zur Reife gebracht, schon im Anfang ihrer
Anwendung durchkreuzt, und bereits bei den allerersten Worten von seines Besuchers Rede fand sich der
restaurateur in einige Enge getrieben.

«Ich sehe, Sie kennen mich, Bonbon», sagte er: «ha!
ha! ha! – he! he! he! – hi! hi! hi! – ho! ho! ho! – hu! hu!
hu!» – und indem der Teufel mit einem Male alle
Heiligkeit aus seinem Betragen fallen ließ, öffnete er zu
vollstem Ausmaß seinen Mund von Ohr zu Ohr, um
ein Gebiß von schartigen Fangzähnen zu enthüllen, und
mit zurückgeworfenem Kopfe lachte er lange, lärmend
laut und boshaft, während der schwarze Hund sich auf
die Hinterläufe hockte und rüstig in den Chorus ein-
stimmte – und die getigerte Katze in jähem Sprung und
mit gesträubtem Haar entfloh und in der fernsten Ecke
der Behausung ein schrilles Kreischen ertönen ließ.

Nicht so der Philosoph; – er war zu sehr ein Mann von
Welt, um wie der Hund zu lachen oder durch Schreie
die unschickliche Angst der Katze zu verraten. Es muß
bekannt werden, – er verspürte ein gelindes Erstaunen,
als er sah, wie die weißen Lettern, welche auf dem Buch
in seines Gastes Tasche die Worte ‹ *Rituel Catholique* ›
bildeten, im Augenblicke sowohl Farbe wie Sinn wechselten und nach ein paar wenigen Sekunden an Statt des

ursprünglichen Titels die Worte ‹*Regître des Condamnés*›
in roten Charakteren darauf flammten. Dieser verwir-
rende Umstand verlieh, als nun Bonbon auf seines Besuchers Bemerkung erwiderte, seiner Haltung etwas
leicht Verlegenes, welches ansonsten vermutlich kaum
an ihm bemerkt worden wäre.

«Nun, mein Herr, ich – » sagte der Philosoph, «also um
aufrichtig zu sprechen, mein Herr, ich – ich glaube, Sie
sind – auf mein Wort – der – – das heißt, ich denke – ich
möchte annehmen – ja, ich habe eine schwache – eine
sehr schwache Vorstellung – von der bemerkenswerten
Ehre – – »

«Oh! – ah! – ja! – sehr gut! » unterbrach da Seine Majestät; «sagen Sie nichts weiter – ich sehe, wie es steht.»
Und indem er hierauf seine grüne Brille abnahm, wischte
er die Gläser sorgsam mit dem Ärmel seines Rockes und
deponierte sie in seiner Tasche.

Hatte Bonbon sich bereits über den Vorfall mit dem
Buche verwundert, so wuchs sein Erstaunen nunmehr
noch vor dem Schauspiel, das sich seinem Blicke bot.
Indem er die Augen hob, im Gefühle heftiger Neugier,
die Farbe derer seines Gastes für gewiß auszumachen,
fand er sie keineswegs schwarz, wie er vorweg gedacht,
– noch grau, wie man wohl füglich auch noch hätte erwarten mögen, – noch braun gar oder blau – noch gelb,
noch rot – noch purpurn – noch weiß – noch grün – noch
von irgend einer Farbe der Himmel droben, der Erde
hier oder der Wasser dort unter der Erde. Kurz, Pierre
Bonbon sah nicht nur mit Deutlichkeit, daß Seine Majestät überhaupt keine Augen hatte – (mochte man darunter verstehen, was man wollte), sondern konnte auch
keinerlei Anzeichen entdecken, daß sie zu irgend frühe-
rer Zeit sollten vorhanden gewesen sein; denn der

Raum, wo Augen sich natürlicher Weise hätten befinden müssen, war – ich muß es sagen – schlicht eine tote Fläche Fleisch.

Es lag nicht in der Natur des Philosophen, von einigem Forschen in den Quellen eines so sonderlichen Phänomenes abzustehen, und die Antwort Seiner Majestät war zugleich prompt, voll Würde und zufriedenstellend. «Augen! mein lieber Bonbon, Augen! sagten Sie? – oh! ah! – ich verstehe! Die lächerlichen Abbildungen, eh? welche so im Schwange sind, haben Ihnen eine falsche Vorstellung von meiner persönlichen Erscheinung gebildet. Augen!!! – wahrhaftig. Augen, Pierre Bonbon, sind – an ihrem rechten Platze – ja recht schön und gut – *das,* würden Sie sagen, wäre der Kopf? – richtig – der Kopf eines Wurmes. Für *Sie* freilich sind diese optischen Gerätschaften unerläßlich – doch will ich Sie wohl noch überzeugen, daß *mein* Sehvermögen durchdringender ist denn das Ihre. Dort ist eine Katze – ich sehe sie in der Ecke – ein hübsches Tier – blicken Sie hin – und merken Sie recht auf! Nun, Bonbon, sehen Sie vielleicht die Gedanken – die Gedanken, sage ich – die Ideen – die Überlegungen – welche sich ihr im Schädel erzeugen? Da haben Sie's! – Sie sind es nicht im Stande. Sie denkt, wir bewundern die Länge ihres Schwanzes und die Tiefe ihrer Gedanken. Sie ist gerade zu dem Schlusse gekommen, daß ich der vorzüglichste der Geistlichen sei und Sie der überflüssigste aller Metaphysiker wären. Sie sehen mithin, ich bin nicht gänzlich blind: doch wären für Einen meiner Profession die Augen, von welchen Sie sprechen, nurmehr ein Hindernis – allzeit zudem nur der Gefahr ausgesetzt, von einer Röstgabel oder einer Mistforke ausgestochen zu werden. Für Sie jedoch, da willige ich ein, sind diese optischen Sächelchen unentbehrlich. Bemühen Sie sich nur, Bonbon, sie recht wohl zu benützen; – *ich* sehe mit der Seele.»

Hierauf bediente sich der Gast von dem Wein, der auf dem Tische stand, und indem er auch Bonbon einen Humpen voll einschenkte, forderte er ihn auf, nur dreist zu trinken und sich überhaupt vollkommen zu Hause zu fühlen.

«Recht gescheit, Ihr Buch da, Pierre», hob Seine Majestät wieder an und klopfte unserm Freunde verständnisinnig auf die Schulter, als dieser, nachdem er seines Besuchers Aufforderung nach Kräften entsprochen, sein Glas wieder hinsetzte. «Ein wirklich gescheites Buch, auf Ehre. Es ist so recht ein Werk nach meinem Herzen. Ihre Anordnung der Materie freilich, möchte ich denken, ließe sich noch verbessern, und zudem erinnern mich doch viele Ihrer Bemerkungen an Aristoteles. Jener Philosoph zählte zu meinen vertrautesten Bekanntschaften. Ich mochte ihn gut leiden, gleicherweise um seiner schrecklich schlechten Laune willen wie seiner überaus glücklichen Geschicklichkeit im Schießen grober Böcke wegen. Es gibt in allem, was er geschrieben, nur eine einzige solide Wahrheit, und für diese gab ich selber ihm noch den Fingerzeig, aus purem Mitgefühl mit seinen Ungereimtheiten. Ich nehme an, Pierre Bonbon, Sie wissen sehr wohl, auf welche herrliche moralische Wahrheit ich anspiele?»

«Ja – also – das heißt, im Augenblick könnte ich kaum – –»

«Tatsächlich? – nun, ich war es, der dem Aristoteles sagte, daß durch das Niesen die Menschen überflüssige Ideen durch die Nase ausstoßen.»

«Was unzwei--hick--felhaft der Fall ist», sagte der Metaphysiker, während er sich einen weiteren Humpen

Mousseux einschenkte und seine Schnupftabakdose den Fingern seines Besuchers bot.

«Und auch Plato», fuhr Seine Majestät fort, indem sie die Tabakdose und das mit ihrem Angebot verbundene Kompliment bescheidentlich zurückwies, «auch Plato war ich seiner Zeit in herzlicher Freundschaft zugetan. Sie kannten Plato, Bonbon? – ah, nein! – ich bitte tausend Mal um Verzeihung. Er traf mich eines Tages zu Athen im Parthenon und klagte mir, er sei in schierer Not, weil ihm keine Idee einfallen wolle. Ich bat ihn, doch zu schreiben, daß ὁ νοῦς ἐστιν αὐλός. Er sagte mir zu, dies tun zu wollen, und begab sich nach Hause, während ich weiter zu den Pyramiden zog. Doch plagte mich unterwegen mein Gewissen, eine Wahrheit enthüllt zu haben, und war es auch nur einem Freunde zu Gefallen; ich eilte nach Athen zurück und kam gerade hinter dem Stuhl des Philosophen an, da er eben den ‹αὐλός› schriftlich niederlegte. Indem ich nun dem Lambda einen Nasenstüber mit dem Finger gab, stellte ich es auf den Kopf. So lautet der Satz denn heute ὁ νοῦς ἐστιν αὐγός› und ist, Sie wissen es, der fundamentale Lehrsatz seiner Metaphysik.»

«Waren Sie je in Rom?» fragte der *reſtaurateur,* als er seine zweite Flasche Mousseux beendet hatte und aus dem Schranke einen größern Vorrat Chambertin herbeiholte.

«Nur einmal, Monsieur Bonbon, nur einmal. Es gab da eine Zeit –» sagte der Teufel in einem Tone, als rezitiere er den Abschnitt eines Buches – «es gab da eine Zeit, da sich eine Anarchie von fünf Jahren ereignete, während welcher die Republik, beraubt all ihrer Beamten, keinerlei Obrigkeit besaß außer den Volkstribunen, und diese waren legal mit keinerlei Exekutiv-Gewalt ausgerüstet

– – zu jener Zeit, Monsieur Bonbon – *nur* zu jener Zeit war ich in Rom, und so habe ich folglich keine irdische Bekanntschaft mit irgend nur einem Vertreter der dortigen Philosophie[1].»

«Was halten Sie von – halten Sie von – hick! – von Epikur?»

«Was ich von *wem* halte?» fragte der Teufel in Verwunderung, «Sie können doch nicht ernstlich an Epikur etwas auszusetzen finden! Was ich von Epikur halte! Meinen Sie *mich,* mein Herr? – Ich bin Epikur. Ich bin der eben selbe Philosoph, der sämtliche dreihundert Auszüge schrieb, welche von Diogenes Laertius überliefert wurden.»

«Das ist eine Lüge!» sagte der Metaphysiker, denn der Wein war ihm ein wenig zu Haupte gestiegen.

«Sehr wohl! – sehr wohl, mein Herr! – tatsächlich, mein Herr, sehr wohl!» sagte Seine Majestät, offenbar recht geschmeichelt.

«Das ist eine Lüge!» wiederholte der *restaurateur* in dogmatischem Ton, «das ist ei – ei – hick! – eine Lüge!»

«Nun, nun, Sie sollen ja Ihren Willen haben», sagte der Teufel friedfertig: und Bonbon hielt es, nachdem er Seiner Majestät in einer Auseinandersetzung obgesiegt, für seine Pflicht, sich zu einer zweiten Flasche Chambertin zu bekennen.

«Wie ich sagte», nahm der Besucher wieder das Wort, «wie ich bereits vor einer kleinen Weile bemerkte, sind da in Ihrem Buche doch einige Stellen, die mir reichlich *outré* vorkommen. Was zum Beispiel wollen Sie mit all dem Humbug über die Seele? Ich bitte Sie, mein Herr, die Seele – was ist die Seele?»

[1] *Ils écrivaient sur la Philosophie (Cicero, Lucretius, Seneca) mais c'était la Philosophie Grecque.* – Condorcet

«Die – hick! – Seele», erwiderte der Metaphysiker, indem er sein Manuskript zu Rate zog, «ist unzweifelhaft –»

«Nein, mein Herr!»

«Mit unumstößlicher Sicherheit –»

«Nein, mein Herr!»

«Unstreitig –»

«Nein, mein Herr!»

«Ganz offensichtlich –»

«Nein, mein Herr!»

«Unwiderleglich –»

«Nein, mein Herr!»

«Hick! –»

«Nein, mein Herr!»

«Und völlig fraglos ein –»

«Nein, mein Herr! so ein Ding ist die Seele nicht.» (Hier nahm der Philosoph mit spitzigen Blicken Gelegenheit, augenblicklich einer dritten Flasche Chambertin ein Ende zu bereiten.)

«Dann – bi – hick! – bitte, mein Herr – was – was ist sie denn?»

«Das gehört nicht hierher, Monsieur Bonbon», erwiderte Seine Majestät sinnend. «Ich habe einige sehr schlechte Seelen gekostet – das heißt, ich habe sie gekannt – und auch einige – hm, recht gute Exemplare.» Hier schmatzte er mit den Lippen, und nachdem er wie unwillkürlich seine Hand auf das Buch in seiner Tasche hatte fallen lassen, ward er von einem heftigen Niesanfall gepackt.

Er fuhr fort:

«Da war die Seele des Kratinos – ganz passabel: Aristophanes – recht pikant: Plato – ausgezeichnet – nicht *Ihr* Plato, sondern Plato der Lustspieldichter; Ihr Plato hätte dem Cerberus noch den Magen herumgedreht – pfui! Dann, lassen Sie mich sehen, waren da noch Naevius, Andronicus, Plautus und Terentius. Dann Lucilius, Catullus, Naso und Quintus Flaccus, – der liebe Quinty! So nannte ich ihn nämlich, als er mir ein *seculare* zu meiner Erheiterung vorsang, während ich ihn, in reinster bester Laune, an einem Spieße briet. Aber es fehlt ihnen an der richtigen *Würze,* diesen Römern. Ein einziger fetter Grieche ist ein Dutzend von ihnen wert, und außerdem *hält* er sich, was man von einem Quiriten nicht eben sagen kann. – Wollen wir doch jetzt von Ihrem Sauterne einmal kosten.»

Bonbon hatte sich unterdessen zum *nil admirari* entschlossen und mühte sich redlich, die fraglichen Flaschen herabzuholen. Er wurde dabei eines sonderbaren Geräusches im Raume gewahr, dem Wedeln eines Schwanzes ähnlich. Doch nahm davon, obwohl es jedenfalls äußerst unanständig von Seiner Majestät war, der Philosoph keine Notiz: – er versetzte nur eben dem Hunde einen Tritt und ermahnte ihn zur Ruhe. Der Besucher fuhr indessen fort:

«Ich fand, daß Horaz doch ziemlich nach Aristoteles schmeckte: – und Sie wissen, ich liebe die Abwechslung. Terentius hätte ich nicht von Menander unterscheiden können. Naso war zu meinem Verwundern bloß ein verkleideter Nicander. Virgil schmeckte recht penetrant nach Theokrit. Martial gemahnte reichlich an Archilochos – und Titus Livius erst war unbedingt Polybios und kein anderer.»

«Hi-hick!» erwiderte hier Bonbon, und Seine Majestät setzte fort:

«Doch *wenn* ich ein *penchant* habe, Monsieur Bonbon – *wenn* ich ein *penchant* habe, so ist es das zu einem Philo-

sophen. Aber lassen Sie mich Ihnen sagen, mein Herr, –
nicht jeder Teu – ich meine, nicht jeder Herr weiß einen
Philosophen auch richtig zu *wählen*. Lange Exemplare
sind *nicht* gut; und die besten, wofern man sie nicht
sorgsam schält, haben immer noch einen leicht ranzigen
Beigeschmack aufgrund der Galle.»

«Schält?!!»

«Ich meine, man löst sie doch aus dem Leichnam.»

«Was halten Sie denn von ei – hi-hick! – einem Arzte?»

«Erwähnen Sie mir nur diese nicht! – hu! hu!» (Hier
überkam die Majestät ein starkes Würgen.) «Nur einmal habe ich einen gekostet – den Schuft Hippokrates! –
der roch nach Asafoetida – hu! hu! – ich holte mir einen
abscheulichen Schnupfen, als ich ihn im Styx zu wa-
schen suchte – und obendrein brachte er mir auch noch
die Cholera.»

«Der – hick! – der Schelm!» rief Bonbon aus, «diese –
hick! hi-hick! – diese Fehlgeburt von einer Pillen-
schachtel!» – und der Philosoph ließ eine Träne fallen.

«Schließlich», fuhr der Besucher darauf fort, «schließlich und endlich, wenn ein Teu – ein Herr zu leben
wünscht, Bonbon, zu *leben* wünscht, so muß er mehr als
nur so ein oder zwei Talente haben; und bei uns ist ein
fettes Gesicht ein Beweis für Diplomatie.»

«Wie das?»

«Weil wir manchmal ganz ungemein in Proviantschwie-
rigkeiten kommen. Sie müssen wissen, daß es, bei einem
so schwülig heißen Klima wie dem meinen, häufig unmöglich ist, einen Geist länger als zwei oder drei Stunden am Leben zu erhalten; und nach dem Verscheiden,
es sei denn, man nähme eine unmittelbare Einpökelung
vor (und ein gepökelter Geist ist *gar nicht* gut), – nun,
riechen sie so – Sie verstehen, eh? Immer ist Fäulnis zu

befürchten, wenn die Seelen uns auf dem gewöhnlichen Wege zugeleitet werden.»

«Hi-hick! – hi-hick! – guter Gott! wie mögen Sie *das* nur bemeistern?!»

Hier begann die eiserne Lampe mit verdoppelter Heftigkeit zu schwingen, und der Teufel fuhr gar halb aus seinem Sitze auf; – jedoch mit einem leichten Seufzen erlangte er die Fassung wieder, indem er nur mit leiser Stimme zu unserm Helden sagte:

«Ich will Ihnen etwas anraten, Pierre Bonbon, – wir *dürfen* uns kein Fluchen mehr erlauben.»

Der Gastgeber stürzte einen weitern ganzen Humpen hinunter, um auf diese Weise sein volles Verständnis und seine Fügsamkeit zu bekunden, und der Besucher fuhr fort:

«Nun, es gibt da verschiedentliche Möglichkeiten. Die meisten von uns darben: manche halten es mit dem Gepökelten: ich für mein Teil kaufe meine Geister grundsätzlich *vivente corpore,* in welchem Falle sie sich recht wohl halten, finde ich.»

«Aber der Leib – hi-hick! – der – hick! – der Leib!!!»

«Der Leib, der Leib – nun, was denn, was soll der Leib? – oh! ah! – ja, ich verstehe. Nun, mein Herr, der Leib ist *überhaupt nicht* von der Transaktion betroffen. Ich habe schon ungezählte Käufe der Art in meinem Leben getätigt, und die Beteiligten erfuhren niemals auch nur die geringste Unbequemlichkeit. Da hatten wir Kain und Nimrod und Nero und Caligula und Dionysios und Peisistratos und – und – und tausend Andere, welche im spätern Teil ihres Lebens niemals wußten, was es hieß, eine Seele zu haben; und doch, mein Herr, waren diese Männer die Zierde der Gesellschaft. Nehmen Sie doch A-----, nun, welchen Sie doch ebenso wohl als ich

kennen? *Iſt* er nicht im Vollbesitz all seiner Fähigkeiten,
der geistigen wie auch der leiblichen? Wer schreibt
wohl beißendere Epigramme? Wer urteilt schlauer –
wer gewitzter? Wer – doch warten Sie! Ich habe den
Vertrag in meinem Taschenbuche.»
Bei diesen Worten zog er eine rotlederne Brieftasche
hervor und entnahm ihr eine Anzahl Papiere. Auf
einigen von diesen erhaschte Bonbon die Buchstaben
Macchi – Maza – Robeſp – – zugleich mit den Worten
Caligula, George, Elizabeth. Seine Majestät wählte einen
schmalen Streifen Pergament und las ihm laut die folgenden Worte ab:
«Gegen das Entgelt gewisser geistiger Begabungen,
welche des nähern aufzuführen unnötig ist, und eine
fernere Prämie von eintausend Louisdor übermache ich
hiemit, im Alter von einem Jahr und einem Monat, dem
Inhaber dieses Vertrages meine sämtlichen Rechte und
Ansprüche auf den Schatten, welcher meine Seele heißt.

gez. A.....[1]

(Hier wiederholte Seine Majestät einen Namen, welchen noch unzweideutiger anzudeuten ich mich nicht
für berechtigt halte.)
«Ein geriebener Bursche das», resümierte er; «doch
ganz wie Sie, Monsieur Bonbon, befand er sich betreffs
der Seele in einem Irrtume. Die Seele ein Schatten –
wahrhaftig! Die Seele ein Schatten! Ha! ha! ha! – he!
he! he! – hu! hu! hu! Man denke nur – ein frikassierter
Schatten!»
«Man denk – hick! – denke nur – ein frikassierter
Schatten!» rief unser Held aus, dessen Fähigkeiten

[1] Frage: Arouet?

durch Seiner Majestät tiefgründigen Diskurs in kräftige Begeisterung versetzt wurden. «Man denke nur – hi-hick! – ein frikassierter Schatten!! Ei was, verdammt! – hi-hick! – ha! hm! Wenn *ich* ein solcher – hick! – Hansnarr gewesen wäre! *Meine* Seele, Herr-äh – –!»

«Ihre Seele, Monsieur Bonbon?»

«Jawohl, mein Herr – hi-hick! – hick! – *meine* Seele ist –»

«Nun, was, mein Herr?»

«*Kein* Schatten – hick-verdammt!»

«Ich wollte nicht –»

«Jawohl, mein Herr, – hick! – *meine* Seele ist – hi-hick! – ä-häm! – jawohl – jawohl, mein Herr.»

«Ich wollte nicht behaupten –»

«*Meine* Seele ist – hick! – besonders gut geeignet für – hi-hick! – ein –»

«Was, mein Herr?»

«Stew.»

«Hu!»

«Soufflée.»

«Eh?»

«Fricandeau.»

«Oho!»

«Ragoût und Fricassée – – und sehn Sie mal, mein guter Freund! Sie können – hick! – sie haben – – ein Geschäft!» Hier klopfte der Philosoph Seiner Majestät auf den Rücken.

«Daran war nicht zu denken», versetzte der letztere gemächlich, indem er sich zur gleichen Zeit von seinem Sitz erhob. Der Metaphysiker starrte ihn an.

«Bin gegenwärtig versorgt», sagte Seine Majestät.

«Hi-hick! – ä-hä?» fragte der Philosoph.

«Habe kein Kapital zur Hand.»

«Was?»

«Wäre außerdem sehr garstig von mir –»

«Mein Herr!»

«Vorteil zu ziehen –»

«Hi-hick!»

«Aus Ihrer gegenwärtigen geschmacklosen und eines Gebildeten unwürdigen Verfassung.»

Hier verbeugte sich der Besucher und entwich – auf welche Weise, konnte nicht mit Sicherheit festgestellt werden –, doch bei dem wohlersonnenen Bemühen, eine Flasche nach «dem Lümmel» zu entsenden, ward die schwache Kette abgetrennt, die von der Decke herabhing, und der Metaphysiker vom Sturz der Lampe zu Boden gestreckt.

GROTESKEN
1835–1849

EINIGE EREIGNISSE
AUS DEM LEBEN EINER BERÜHMTHEIT

ODER WIE MAN ZUM LÖWEN
DES TAGES WIRD

*– – – und sieh, schon trippelt Alt und Jung
auf sämtlichen zehn Zehen vor Begeisterung.*
Bischof ‹Halls Satiren›

Ich bin – das heißt, ich *war* – ein großer Mann; doch darf
ich mich weder den Autor der Junius-Briefe nennen
noch den Mann in der Maske; denn mein Name lautet,
glaub' ich, Robert Jones, und irgendwo in der Stadt
Fummelpfusch bin ich geboren.
Die erste Handlung meines Lebens bestand darin, daß
ich mit beiden Händen meine Nase faßte. Meine Mutter
sah dies und nannte mich ein Genie: – mein Vater weinte
vor Freude und beschenkte mich mit einer Abhandlung
über Nosologie. Diese bemeisterte ich, noch ehe ich die
ersten Hosen trug.
Nunmehr begann ich zu ahnen, daß ich meinen Weg in
der Wissenschaft nehmen würde; und bald schon er-
öffnete sich mir die Erkenntnis, daß ein Mensch – gesetzt, er hätte nur eine hinlänglich auffällige Nase – recht
wohl, indem er derselben schlicht folge, zur Berühmtheit gelangen möchte. Doch meine Aufmerksamkeit
blieb nicht allein auf Theorie beschränkt. Allmorgendlich zupfte ich mir einige Male recht kräftig an dem genannten Organ und schluckte ein halbes Dutzend
Schnäpschen.
Als ich mündig wurde, fragte mein Vater mich eines
Tages, ob es mir gefallen wolle, mit ihm in seine Studier-
stube zu treten.

«Mein Sohn», sprach er, nachdem wir Platz genommen, «was ist nun deines Daseins letztes Ziel und Ende?»

«Mein Vater», erwiderte ich, «es ist das Studium der Nosologie.»

«Und was, mein Robert», so forschte er, «ist Nosologie?»

«Mein Herr», entgegnete ich, «es ist die Wissenschaft von der Nase.»

«Und kannst du mir sagen», begehrte er weiters zu wissen, «welche Bedeutung einer Nase innewohnt?»

«Eine Nase, mein Vater», gab ich, überaus weich gestimmt, zurück, «ist von rund tausend verschiedenen Autoren sehr verschiedentlich definiert worden.» (Hier zog ich meine Taschenuhr.) «Jetzt haben wir Mittag – oder so ungefähr – – wir werden also Zeit genug haben, mit ihnen allen noch vor Mitternacht durchzukommen. Um denn zu beginnen: – Die Nase ist, nach Bartholinus, jener höckerartige Auswuchs – jene Beule – jener Vorsprung –, welcher – – –»

«– – – mir bereits genügt, Robert», unterbrach mich der gute alte Herr. «Ich bin förmlich erschlagen von der Tragweite deiner Information – meiner Seel' – das bin ich wahrhaftig.» (Hier schloß er die Augen und legte die Hand aufs Herz.) «Komm her.» (Hier griff er mich beim Arme.) «Dein Erziehungsgang mag nunmehr als vollendet betrachtet werden – es ist hohe Zeit, daß du dir selber die Hörner abstößest – und dabei kannst du nichts Bessers tun, als grad nur immer deiner Nase zu folgen – so – so – und so – – –» (Hier wies er mir durch wohlapplizierte Fußtritte den Weg zur Treppe hinunter und zur Tür hinaus) «– so entferne dich denn aus meinem Hause, und damit Gott befohlen!»

Da ich in meinem Innern den göttlichen Funken fühlte, erachtete ich diesen Vorfall eher für glücklich denn anderswie. Ich beschloß, mich von den väterlichen Ratschlägen leiten zu lassen. Ich entschied mich, meiner Nase zu folgen. Augenblicklich zog ich zu ein oder zwei Malen an derselben und verfaßte eine Flugschrift über die Nosologie.

Ganz Fummelpfusch geriet in Aufruhr.

«Ein herrlicher Genius!» rief das Vierteljahrsblatt.

«Überragender Physiologe!» sagte der Westminster.

«Toller Bursche!» meinte die Auslandsstimme.

«Glänzender Schriftsteller!» sagte der Edinburgher.

«Tiefgründiger Denker!» hieß es im Dubliner.

«Großer Mann!» sagte Bentley.

«Eine begnadete Seele!» rief Fraser aus.

«Einer der Unsern!» stellte Blackwood fest.

«Wer mag er sein?» fragte Mrs. Bas-Bleu.

«Was mag er sein?» fragte die große Miß Bas-Bleu.

«Wo mag er sein?» fragte die kleine Miß Bas-Bleu. – Doch ich zollte diesen Leuten keinerlei Aufmerksamkeit – ich betrat einfach das Atelier eines Künstlers.

Die Herzogin von B'hütmichgott saß gerade zu einem Porträt; der Marquis von Soundso hielt der Herzogin Pudel; der Graf von Diesunddas spielte neckisch mit ihrem Riechfläschchen; und Seine Königliche Hoheit von Rührmichnichtan stand auf die Lehne ihres Fauteuils gestützt.

Ich näherte mich dem Künstler und wies ihm meine Nase.

«Oh wie entzückend!» seufzten Ihro Gnaden.

«Ach du meine Güte!» stammelte der Marquis.

«Unerhört!» grunzte der Graf.

«Abscheulich!» grollte Seine Königliche Hoheit.

«Was wollen Sie dafür?» fragte der Künstler.

«Für seine *Nase?*» schrien Ihre Gnaden.

«Tausend Pfund», sagte ich, indem ich mich setzte.

«Tausend Pfund?» fragte der Künstler träumerisch.

«Tausend Pfund», sagte ich.

«Sie ist herrlich!» rief er schier außer sich.

«Tausend Pfund», sagte ich.

«Sie übernehmen die Garantie?» fragte er und drehte die Nase dem Lichte zu.

«Ich übernehme», erwiderte ich, indem ich sie nach Kräften schneuzte.

«Ist sie auch *ganz* echt?» forschte er und berührte sie voller Ehrerbietung.

«Na, na», sagte ich, indem ich sie auf die Seite drehte.

«Ist auch noch *keine* Kopie davon genommen?» wollte er wissen, als er sie durch ein Mikroskop besah.

«Keine», sagte ich, indem ich sie stracks in die Luft reckte.

«Herrlich, herrlich!» rief er aus, schier benommen von der Schönheit dieser Bewegung.

«Tausend Pfund», sagte ich.

«*Tausend* Pfund?» fragte er.

«Genau», sagte ich.

«Tausend *Pfund?*» fragte er.

«Eben dieses», sagte ich.

«Sie sollen sie haben», sagte er, «– welch ein Stück *virtù!*» – So händigte er mir auf der Stelle eine Anweisung aus und nahm eine Skizze von meiner Nase. Ich mietete Räume in der Jermyn-Straße und sandte Ihrer Majestät die neunundneunzigste Auflage der ‹Nosologie› mit einem Porträt des Organes. Der schlimme kleine Schelm, der Prinz von Wales, lud mich zum Diner.

Wir waren lauter Löwen des Tages und lauter *recherchés*.

Da war ein Neuplatoniker. Der zitierte Porphyrios, Iamblichos, Plotin, Proclus, Hierocles, Maximus von Tyrus und Syrianus.

Dann hatten wir einen Herrn, der es mit der menschlichen Vervollkommnung hielt. Er zitierte Turgot, Price, Priestley, Condorcet, de Staël und den ‹Ehrgeizigen Gelehrten in schlimmen Umständen›.

Da war Sir Possitief Paradox. Er tat die Bemerkung, daß alle Narren Philosophen wären und alle Philosophen Narren.

Da war Aestheticus Ethix. Er redete vom Feuer, von Einheit und von Atomen; von Seelenspaltung und Präexistenz; von Affinität und Dissonanz; von Primitivintelligenz und Homöomerien.

Da war Theologos Theologimpel. Er sprach von Eusebius und Arius; von Ketzerei und dem Konzil von Nicäa; von Puseyismus und Consubstantialismus; von Homoousios und Homoiousios.

Da war M. Fricassée vom Rocher de Cancale. Er erwähnte Miroton von roter Zunge; Blumenkohl mit *sauce veloutée;* Kalbfleisch *à la* St. Menehoult; Marinaden *à la* St. Florentin; und Orangengelee *en mosaïques*.

Da war Bibulus O'Humpen. Er verbreitete sich über Latour und Markbrünen; über Mousseux und Chambertin; über Richebourg und St. George; über Haubrion, Léonville und Médoc; über Barac und Preignac; über Grâve und über St. Péray. Über Clos de Vougeot äußerte er ein Kopfschütteln und vollbrachte es, mit geschlossenen Augen Sherry von Amontillado zu unterscheiden.

Da war Signor Tintontintino aus Florenz. Er ließ sich

über Cimabue aus, über Arpino, Carpaccio und Ago-
stino – über die Düsternis Caravaggios, die Lieblichkeit
Albanos, die Farben Tizians, die ‹Vrouwen› von Rubens
und die Schelmereien Jan Steens.

Da war der Rektor der Fummelpfuscher Universität. Er
tat die Ansicht kund, der Mond sei in Thrakien Bendis
geheißen worden, in Ägypten Bast, Diana in Rom und
Artemis in Griechenland.

Da war ein Großtürke aus Stambul. Der konnte *partout*
nicht von der Meinung lassen, die Engel wären Pferde,
Hühner und Stiere; im sechsten Himmel habe einer sie-
benzigtausend Köpfe, und die Erde werde von einer
himmelblauen Kuh mit unermeßlich vielen grünen Hörnern getragen.

Da war Delphinus Polyglott. Er belehrte uns, was aus
den dreiundachtzig verlornen Tragödien des Aeschylus
geworden sei; aus den vierundfünfzig Reden des Isäus
und den dreihunderteinundneunzig des Lysias; aus den
hundertundachtzig Abhandlungen des Theophrastus;
aus dem achten Buch des Apollonius über die Kegel-
schnitte; aus Pindars Hymnen und Dithyramben; und
aus den fünfundvierzig Tragödien Homers des Jüngeren.

Da war Ferdinand Fitzfossilus Feldspat. Er unterrichtete
uns gründlich über innerirdische Feuer und tertiäre For-
mationen; über gasförmige, flüssige und feste Zustände;
über Quarz und Mergel; Schiefer und Schörl; über Gips
und Trapp; über Talk und Kalk; über Blende und Horn-
blende; Glimmer und Puddingstein; über Zyanit und
Lepidolit; über Hämatit und Tremolit; über Antimon
und Chalcedon; über Mangan und was Sie sonst noch
wollen.

Und da war ich selbst. Ich sprach von mir selbst; – von

mir selbst, von mir selbst, von mir selbst; – von der Nosologie meiner Flugschrift, und von mir selbst. Ich reckte meine Nase und sprach von mir selbst.

«Ein herrlicher Mensch, so gescheit!» sagte der Prinz.

«Superb!» sagten seine Gäste; und am nächsten Morgen stattete mir Ihre Gnaden von B'hütmichgott einen Besuch ab.

«Werden Sie mit zu Almack's kommen, Sie reizendes Wesen?» So fragte sie, indem sie mich unter dem Kinne kraulte.

«Auf Ehre», sagte ich.

«Nase und alles?» fragte sie.

«Wie ich leib' und lebe», erwiderte ich.

«So nehmen Sie hier meine Karte, mein Herz; darf ich sagen, Sie werden wirklich erscheinen?»

«Teure Herzogin, mit ganzem Herzen.»

«Ach, nicht doch! – aber mit ganzer Nase?»

«Nicht ein Atom soll fehlen, meine Liebe», gelobte ich: – und so gab ich dem Organe ein oder zwei Drehungen und fand mich bei Almack's.

Die Räumlichkeiten waren schier zum Ersticken überfüllt.

«Er kommt!» rief jemand auf der Treppe.

«Er kommt!» rief jemand weiter oben.

«Er kommt!» rief jemand auf der höchsten Höhe.

«Er ist gekommen!» rief die Herzogin aus – «er ist gekommen, der kleine Liebling!» – und indem sie mich fest bei beiden Händen faßte, küßte sie mich drei Mal auf die Nase.

Eine förmliche Sensation folgte augenblicklich dieser Tat.

«*Diavolo!*» schrie Graf Capricornutti.

«*Dios guarda!*» murmelte Don Stiletto.

«*Mille tonnerres!*» äußerte der Fürst von Grenouille.

«*Tausend Teufel!*» grollte der Kurfürst von Bluttgenuck. Das war nicht zu ertragen. Ich wurde ungehalten. Ich drehte mich kurz zu Bluttgenuck um.

«Mein Herr!» so redete ich ihn an, «Sie sind ein Pavian!»

«Mein Herr», erwiderte er nach einer Pause, «Donner und Blitz!»

Mehr ließ sich kaum noch wünschen. Wir wechselten die Karten. Auf Chalk-Farm schoß ich ihm am nächsten Morgen die Nase ab – und sprach sodann bei meinen Freunden vor.

«*Bête!*» sagte der erste.

«Narr!» sagte der zweite.

«Tölpel!» sagte der dritte.

«Esel!» sagte der vierte.

«Gimpel!» sagte der fünfte.

«Tropf!» sagte der sechste.

«Verschwinde!» sagte der siebente.

Von all dem fühlte ich einen rechten Unmut, und so begab ich mich zu meinem Vater.

«Mein Vater», fragte ich, «was ist nun meines Daseins letztes Ziel und Ende?»

«Mein Sohn», erwiderte er, «es ist noch immer das Studium der Nosologie; doch indem du des Kurfürsten Nase trafest, hast du über dein Ziel hinausgeschossen. Du hast eine schöne Nase, das ist wahr; doch Bluttgenuck hat nun gar keine mehr. Du bist verflucht, und er ist zum Helden des Tages geworden. Gern gestehe ich dir zu, daß in Fummelpfusch die Größe einer Berühmtheit wesentlich vom Formate seiner Nase abhängig ist – doch ach, du lieber Himmel! eine Berühmtheit *ganz ohne* jede Nase – dagegen ist kein Aufkommen.»

Chacun a ses vertus.
Crébillon's ‹Xerxes›

Antiochus Epiphanes wird ganz allgemein als der Gog des Propheten Hesekiel angesehen. Richtiger eigentlich ist diese Ehre jedoch dem Kambyses zuzuschreiben, dem Sohne des Kyros. Und tatsächlich hat der Charakter des syrischen Monarchen es in keiner Weise nötig, noch irgendwie zusätzlich ausgeschmückt zu werden. Seine Thronbesteigung – oder vielmehr sein widerrechtliches Besitzergreifen der Herrschaft, einhundert und einundsiebenzig Jahre vor dem Kommen Christi; sein Versuch, den Tempel der Diana zu Ephesus zu plündern; sein unversöhnlicher Judenhaß; seine Schändung des Allerheiligsten; und sein elender Tod zu Tabä nach einer tumultuarischen Regierungszeit von 12 Jahren, sind Umstände prominenter Art und daher von den Historikern seiner Zeit im allgemeinen eher und gewissenhafter verzeichnet worden als die ruchlosen, feigen, grausamen, törichten und grillenhaften Großtaten, welche das Fazit seines privaten Lebens und Rufes ausmachen.

Lassen Sie uns, geneigter Leser, nun einmal annehmen, wir schrieben das Jahr der Welt dreitausend achthundert und dreißig, und uns ein paar wenige Minuten lang im Geiste an die groteskeste Wohnstätte der Menschheit versetzen, nämlich die bemerkenswerte Stadt Antiochien. Sicherlich, es gab in Syrien und anderen Landen noch ganze sechzehn Städte gleichen Namens – außer der einen, auf die ich mich hier im besondern beziehe.

Doch *unsere* ist jene, die unter dem Namen Antiochia Epidaphnes ging, da sie dem kleinen Flecken Daphne, wo ein Tempel jener Gottheit stand, benachbart lag. Erbaut ward sie (obgleich darüber einiger Streit besteht) von Seleukos Nikator, dem ersten Könige des Landes nach Alexander dem Großen, zum Angedenken seines Vaters Antiochus, und unmittelbar wurde sie zur Residenz des syrischen Königreichs. Zur Blütezeit der römischen Weltherrschaft war sie der feste Sitz des Prokonsuls der östlichen Provinzen; und viele Imperatoren der Königin der Städte (unter denen Commodus und Valens besonders erwähnt sein mögen) verbrachten hier den größern Teil ihrer Zeit. Doch ich bemerke soeben, daß wir bei der Stadt selber angekommen sind. Lassen Sie uns denn diese Festungszinne besteigen und unsern Blick auf die Stadt und das Land der Umgebung richten.

«Welch breiter und reißender Fluß ist es, der sich dort in unzähligen Wirbeln und Fällen seinen Weg bahnt – erst durch die gebirgige Wildnis und schließlich durch die der Gebäude?» Das ist der Orontes, und kein anderes Wasser ist zu sehen denn er, ausgenommen das Mittelmeer, welches sich wie ein breit-heller Spiegel wohl zwölf Meilen entfernt nach Süden erstreckt. Nun hat ja Jedermann das Mittelmeer gesehen; doch nur wenige, das lassen Sie mich Ihnen sagen, nur wenige sind, die einen Blick auf Antiochien getan. Wenige – damit meine ich solche, die – wie Sie und ich – zugleich die Vorzüge moderner Bildung genossen haben. Deshalb stehen Sie ab von der Betrachtung jener See und schenken Sie Ihre ganze Aufmerksamkeit dem Häusermeer, das dort unter uns liegt. Sie werden sich entsinnen, daß wir uns jetzt im Jahre der Welt dreitausend achthundert und dreißig befinden. Wäre es später – schreiben wir zum Beispiel das

Jahr unseres Herrn achtzehnhundert und fünfundvierzig, so würden wir dieses außerordentlichen Schauspiels beraubt sein. Im neunzehnten Jahrhundert ist Antiochien in einem beklagenswerten Zustand des Verfalls – will sagen: wird es sein. Es wird zu jener Zeit vollständig zerstört worden sein, zu drei verschiedenen Malen, durch drei einander folgende Erdbeben. Tatsächlich wird, um die Wahrheit zu sagen, das wenige, das von ihrem frühern Selbst dann noch übrig ist, sich in einem so trostlosen und ruinösen Zustande befinden, daß der Patriarch seine Residenz längst nach Damaskus verlegt hat. Ah! das ist recht. Ich sehe, Sie ziehen Gewinn aus meinem Rate und nutzen Ihre Zeit so wohl als möglich, indem Sie Land und Stätten inspizieren und Ihre

Augen weiden

Mit den Denkmälern und berühmten Dingen,

So diese Stadt besitzt...

Aber ich bitte um Verzeihung; ich hatte vergessen, daß Shakespeare erst in siebzehnhundert und fünfzig Jahren erblühen wird. – Doch rechtfertigt nicht die Erscheinung von Epidaphnes die Bezeichnung *grotesk,* die ich ihr gab?

«Es ist wohlbefestigt – und ist in dieser Hinsicht gleicherweise der Natur wie der Kunst verpflichtet.»

Sehr wahr.

«Dort zeigt sich eine erstaunliche Anzahl stattlicher Paläste.»

Sie zeigt sich, ja.

«Und die zahlreichen Tempel, kostbar und voller Pracht, mögen wohl den Vergleich mit den höchstgepriesenen des ganzen Altertums aushalten.»

All dies muß ich anerkennen. Doch gibt es dort noch eine wahre Unendlichkeit von Lehmhütten und abscheulichen Behausungen. Wir können nicht umhin, in allen Gossen eine förmliche Flut von Unrat zu erblicken, und wäre nicht der überwältigende Räucherduft heidnischen Weihrauchs, so würden wir, da hege ich keinerlei Zweifel, einen höchst unerträglichen Gestank wahrnehmen. Erblickten Sie jemals Straßen von so unleidlicher Enge oder Häuser von solch wundersamer Höhe? We!.. trübes Düster ihre Schatten auf den Erdgrund werfen! Wohlangebracht ist es, daß die Ampeln in jenen endlosen Kolonnaden den ganzen Tag über brennend erhalten werden; wir hätten sonst die Finsternis Egyptens zur Zeit seiner Verödung.

«Es ist gewißlich eine seltsame Stätte! Was mag jenes einzigartige Gebäude dort drüben zu bedeuten haben? Sehen Sie! es türmt sich hoch über allen anderen und liegt östlich dessen, was ich für den königlichen Palast halte.»

Das ist der neue Tempel des Sonnengottes, der in Syrien unter dem Namen Elah Gabalah angebetet wird. Später wird einmal ein sehr berüchtigter römischer Imperator diesen Kult in Rom einsetzen und davon einen Beinamen ableiten, Heliogabalus. Sie würden wohl gern, ich wage's zu sagen, einen verstohlenen Blick auf die Gottheit des Tempels werfen. Sie brauchen dazu nicht zum Himmel aufzuschauen; ihre Sonnenschaft weilt nicht dort; zumindest nicht die Sonne, die von den Syrern angebetet wird. *Jenes* Gottwesen findet sich im Innern des Gebäudes dort drüben. Es wird in der Gestalt eines großen Steinpfeilers verehrt, der an der Spitze in einen Kegel beziehungsweise eine *Pyramide* ausläuft: eine Darstellung des Feuers.

«Hören Sie nur! – sehen Sie! – wer mögen jene lächerlichen Wesen dort sein, die halb nackt, und mit bemalten

Gesichtern, schreiend und fuchtelnd den Pöbel bedrängen?»

Ein paar davon sind Marktschreier. Andere in Sonderheit gehören zum Geschlecht der Philosophen. Der größte Teil jedoch – jene besonders, welche die Pöbelmenge mit Knütteln bearbeiten – sind die vornehmsten Höflinge des Palasts: pflichtschuldigst führen sie irgendeinen hochlöblichen Tollhauseinfall ihres Königs aus.

«Doch was haben wir hier? Himmel! die Stadt wimmelt von wilden Tieren! Welch schreckliches Schauspiel! – welch gefährliche Absonderlichkeit!»

Schrecklich immerhin, wenn's beliebt; doch nicht im mindesten Grade gefährlich. Jedes Tier folgt, wenn Sie sich die Mühe machen wollen, genau hinzusehen, ganz friedlich seinem Meister auf dem Fuße. Gewißlich, einige werden an einem Seil geführt, das um ihren Nacken gebunden ist, doch das sind in der Hauptsache die kleineren oder furchtsamen *species*. – Der Löwe, der Tiger und der Leopard sind vollständig ohne beschränkende Fessel. Man hat sie ohne Schwierigkeit für ihren gegenwärtigen Beruf abgerichtet, und sie dienen ihren jeweiligen Herren in der Stellung von *valets-de-chambre*. Es ist wahr, wohl gibt es Gelegenheiten, da die Natur ihre verletzten Rechte geltend macht; – doch dann ist der Umstand, daß ein Gewappneter gefressen wird oder ein heiliges Rind gewürgt, von zu geringem Gewicht, als daß man zu Epidaphnes groß Aufhebens davon machte.

«Doch welch außerordentlichen Tumult vernehme ich da? Gewißlich ist dies selbst für Antiochien ein lauter Lärm! Er läßt einem Aufruhr von ungewöhnlichem Interesse vermuten.»

Ja – zweifellos. Der König hat irgendein neues Spektakel angeordnet – eine Gladiatoren-Vorstellung beim Hippodrom – oder vielleicht die Hinmetzelung der skythischen Gefangenen – oder das Niederbrennen seines neuen Palasts – oder das Einreißen eines hübschen Tempels – oder tatsächlich gar ein Freudenfeuer aus ein paar Juden. Das Getümmel wächst. Lachgebrüll steigt zum Himmel. Die Luft erzittert im Mißgetön von Holzblasinstrumenten und schauerlich vom Geschrei aus wohl einer Million Kehlen. Lassen Sie uns herniedersteigen, des Spaßes halber, und sehen, was vor sich geht! Hier entlang – seien Sie achtsam! Hier befinden wir uns in der Hauptstraße, die da heißt Straße des Timarchos. Hier wird sich die Menschenflut entlangwälzen, und schwierig wohl sollte es uns fallen, gegen den Strom zu schwimmen. Er ergießt sich durch das Gäßchen des Heraklides, das direkt vom Palaste herführt; – demnach ist höchstwahrscheinlich der König selbst unter den Tobenden. Ja! – ich höre das Schreien des Herolds, der sein Nahen in der pompösen Ausdrucksweise des Ostens verkündet. Wir werden einen raschen Blick auf seine Person tun können, wenn er beim Tempel des Asima vorüberkommt. Verbergen wir uns im Vestibül des Heiligtums; er wird sogleich hier sein. Inzwischen lassen Sie uns dies Bildnis betrachten. Was stellt es dar? Oh, den Gott Asima in höchsteigener Person. Bemerken Sie doch bitte, daß er weder ein Lamm, noch eine Ziege, noch ein Satyr ist; noch hat er sonderliche Ähnlichkeit mit dem Pan der Arkadier. Und doch sind – ah, ich bitte um Verzeihung – *werden* all diese Erscheinungsformen dem Asima der Syrer von den Gelehrten zukünftiger Zeitalter verliehen werden. Nun setzen Sie ihre Brille auf und sagen Sie mir, wie er wirklich aussieht! Nun?»

«Ach du lieber Gott! – wie ein Affe!»

Richtig – ein Pavian; was seiner Göttlichkeit aber mitnichten Abbruch tut. Sein Name ist eine Ableitung vom griechischen *Simia* – was Altertumsforscher doch für große Narren sind! Doch sehen Sie! – sehen Sie! – da drüben nimmt ein zerlumpter kleiner Kerl Reißaus. Wo läuft er hin? Was schreit er da herum? Was sagt er? Oh! er sagt, der König naht im Triumphe; er trägt sein prunkendes Staatsgewand; soeben ward er damit fertig, ein rundes Tausend gefesselter israelitischer Gefangener mit höchsteigener Hand zu Tode zu bringen! Für diese Heldentat preist ihn nun der Lump in alle Himmel! – Horch! Da kommt ein ganzer Trupp der gleichen Sorte. Die Kerle haben eine lateinische Hymne auf den Heldenmut des Königs gemacht und singen sie im Gehen.

Mille, mille, mille,
Mille, mille, mille,
Decollavimus, unus homo!
Mille, mille, mille, mille, decollavimus!
Mille, mille, mille!
Vivat qui mille mille occidit!
Tantum vini habet nemo
Quantum sanguinis effudit![1]

Was etwa mit folgender Paraphrase wiedergegeben werden könnte:

Tausend, tausend, tausend!
Lang lebe unser Herr!
Tausend, tausend, tausend!
Heil! Lang lebe er!

[1] Flavius Vopiscus berichtet, daß die hier vorgestellte Hymne vom Pöbel gegrölt worden sei, als Aurelian im Sarmatischen Kriege mit eigener Hand neunhundertundfünfzig Feinde erschlagen hatte.

Tausend, tausend, tausend,
Die schlug er unverdrossen!
Tausend, tausend, tausend, tausend!
Soviel Wein ist nie
In Syriens Monarchie
Geflossen – wie
Heut einer Blut vergossen!

«Hören Sie jenen Trompetentusch?»
Ja; der König zieht heran! Sehen Sie! das Volk ist schier
außer sich vor Bewunderung und hebt in Verehrung die
Augen zum Himmel. Er naht; – da kommt er; – er ist da!
«Wer? – wo? – der König? – sehe nichts; – könnte nicht
sagen, daß ich ihn erblickte!»
Dann müssen Sie blind sein.
«Sehr wohl möglich. Immer noch sehe ich nichts weiter
als einen wirr tobenden Haufen von Idioten und Verrückten, die emsig dabei sind, sich vor einem gigantischen Kameleoparden in den Staub zu werfen, und sich
abplagen, von des Tieres Hufen geküßt zu werden. Sehen Sie doch! die Bestie hat ganz zu Recht einen der Pö-
belschreier niedergetreten – und jetzt noch einen – und
noch einen – und noch einen. Also wirklich, ich kann mir
nicht helfen, ich muß das Tier bewundern für den ex-
zellenten Gebrauch, den es von seinen Füßen macht!»
Pöbel? – was Sie nicht sagen! – das sind die edeln und
freien Bürger von Epidaphnes! Und ‹Bestie› meinten
Sie? – passen Sie nur ja auf, daß man Sie nicht belauscht!
Erkennen Sie denn nicht, daß jenes Tier die Visage eines
Menschen hat? Jaja, mein werter Herr, der Kameleopard
dort ist niemand anderes denn Antiochus Epiphanes
selbst, Antiochus der Erlauchte, König von Syrien, und
der mächtigste aller Autokraten des Ostens! Wohl ist es

wahr, daß man ihn zu Zeiten auch Antiochus Epimanes – Antiochus den Verrückten – nennt, doch das liegt nur daran, daß nicht alle Leute imstande sind, seine Verdienste recht zu würdigen. Auch ist es gewiß, daß er sich gegenwärtig in die Haut eines wilden Tieres gehüllt hat und sein Bestes tut, die Rolle eines Kameleoparden zu spielen; doch dies geschieht nur zur bessern Behauptung seiner Würde als König. Im übrigen ist der Monarch von gigantischer Statur, und seine Gewandung daher weder unkleidsam noch übermäßig weit. Wir dürfen jedoch wohl annehmen, daß er sich ihrer nicht bedient hätte, bestünde nicht ein besonders feierlicher Anlaß. Wie es etwa, Sie werden gestatten, die Hinmetzelung von tausend Juden ist. Mit welch überlegener Würde der Monarch auf allen Vieren dahinschreitet! Sein Schwanz, so erkennen Sie, wird von seinen beiden Hauptkonkubinen, Elline und Argelais, in die Höhe gehalten; und seine gesamte Erscheinung würde unendlich anziehend wirken, wäre nicht das höckrige Hervorquellen seiner Augen, die ihm gewiß noch aus dem Kopfe treten werden, und die eigentümliche Färbung seines Angesichts, das von all dem Wein, den er sich einverleibt hat, ausgesprochen unbeschreiblich geworden ist. Folgen wir ihm nun zum Hippodrom, wohin er sich begibt, und lauschen wir dem Triumphgesang, den er anstimmt:

Wo ist ein König wie Epiphanes?
  Sagt an – wo?
Wer ist ein König wie Epiphanes?
  Bravo – bravo!
Keiner ist wie Epiphanes,
  Aller Völker Wonne,

GROTESKEN

Der die Tempel niederreißt
  Und löscht aus die Sonne!

Gut und herzhaft gesungen! Der Pöbel schreit Heil –
dem ‹Dichterfürsten› wie auch dem ‹Stolz des Ostens›,
der ‹Wonne des Universums› und dem ‹herrlichsten aller Kameleoparden›. *Da-capo*-Rufe belohnen seinen Erguß, und – hören Sie? – er singt das Ganze noch einmal.
Wenn er beim Hippodrom anlangt, wird man ihn mit
dem Dichterkranze krönen, in weiser Voraussicht seines
Siegs bei den bevorstehenden Olympischen Spielen.
«Aber, ach du lieber Jupiter! was ist denn in der Menge
hinter uns geschehen?»
Hinter uns, sagten Sie? – oh! ah! – ich sehe. Mein
Freund, das ist recht, daß Sie mich zeitig aufmerksam
machten. Wir wollen uns doch lieber so rasch wie möglich an einen sichern Ort begeben. Hier! – unter dem Bogen dieses Aquädukts wollen wir uns verstecken, und
ich will Sie augenblicklich über den Ursprung des Getümmels unterrichten. Es ist gekommen, wie ich es mir
im voraus gedacht hatte. Die einzigartige Erscheinung
des Kameleoparden hat, so scheint es, die Anstandsbe-
griffe beleidigt, die bei den in der Stadt domestizierten
wilden Tieren im allgemeinen Geltung haben. Eine
Meuterei war das Ergebnis; und nun werden, wie es bei
solchen Gelegenheiten immer ist, alle menschlichen Mühen nichts fruchten, dem rasenden Haufen Einhalt zu
tun. Schon sind verschiedene Syrer gefressen worden;
doch das allgemeine Verlangen der vierfüßigen Patrio-
ten scheint dahin zu gehen, den Kameleoparden zu ver-
zehren. Der ‹Dichterfürst› ist daher bereits auf den Hinterbeinen und rennt um sein Leben. Seine Höflinge haben ihn im Stich gelassen, und seine Konkubinen sind

diesem ausgezeichneten Beispiel gefolgt. ‹Wonne des Universums›, du befindest dich in einer fatalen Klemme! ‹Stolz des Ostens›, du stehst in Gefahr, zermalmt zu werden! Betrachte daher nicht immerfort so kläglich deinen Schwanz; er wird unzweifelhaft durch den Dreck schleifen, daran ist nichts zu ändern. So blicke dich denn nicht um nach seiner unvermeidlichen Erniedrigung; sondern fasse Mut, wirf mit Fleiß und Kraft die Beine und renne zum Hippodrom! Erinnere dich, daß du Antiochus Epiphanes bist, Antiochus der Erlauchte! – insgleichen der ‹Dichterfürst›, der ‹Stolz des Ostens›, die ‹Wonne des Universums› und der ‹herrlichste der Kameleoparden›! Himmel! welch gewaltige Geschwindigkeit du entfaltest! Welch eine Fähigkeit im Reißausnehmen du entwickelst! Lauf, mein Fürst! – Bravo, Epiphanes! – Wohlgetan, Kameleopard! – Ruhmreicher Antiochus! Er läuft! – er springt! – er fliegt! Wie ein vom Katapult geschnellter Pfeil nähert er sich dem Hippodrom! Er springt! – er schreit! – er ist da! Das ist dein Glück; denn hättest du, o ‹Stolz des Ostens›, nur eine halbe Sekunde später die Tore des Amphitheaters erreicht, so wäre kein Bärenjunges in Epidaphnes, das nicht ein kleines Fetzchen von deinem Leichnam abbekommen hätte! Wir wollen uns davon machen – nehmen wir Abschied! – denn unsere empfindsamen Ohren dürften sich nicht in der Lage finden, das wüste Getöse zu ertragen, das nun ausbrechen wird, des Königs Entkommen zu feiern! Hören Sie! schon hat er begonnen. Sehen Sie! – die ganze Stadt steht kopf!

«Gewißlich ist dies hier die menschenreichste Stadt des ganzen Ostens! Welch ein Völkergewirr! welch ein Gemisch aus allen Ständen und Altersstufen! Welch eine Vielfalt von Sekten und Nationen! welch buntes Ge-

wimmel von Gewandungen! welch ein Babel der Sprachen! welch ein bestialisches Geheul! welch ein Geklin-
gel von Instrumenten! welch eine Masse Philosophen!»
Kommen Sie, wir wollen uns entfernen!

«Warten Sie noch einen Augenblick! Ich sehe das wüste
Gewühl im Hippodrom; was hat es zu bedeuten, ich
flehe Sie an!»

Das? – oh, nichts Besonderes! Da die edeln und freien
Bürger von Epidaphnes hochbefriedigt sind, wie sie erklären, von der Redlichkeit, Tapferkeit, Weisheit und
Göttlichkeit ihres Königs, und weil sie überdem noch
Augenzeugen seiner jüngsten übermenschlichen Behen-
digkeit waren, erachten sie es für nicht mehr denn ihre
Pflicht, seine Stirn (zusätzlich noch zum Dichterlorbeer)
mit dem Siegerkranz im Langstreckenlauf zu schmük-
ken – einem Kranze, den er, das ist evident, bei der Feier
der nächsten Olympiade ja einfach gewinnen *muß* und
dessen Lorbeer sie ihm daher schon jetzt als Vorschuß
verleihen.

EINE MYSTIFIKATION

Potz Element, wenn das Eure ‹Passaden› und
‹Terzen› sind, Herr, – die könn' mir gestohlen bleiben.
Ned Knowles

Der Baron Ritzner von Jung entstammte einer edlen
ungarischen Familie, deren Mitgliedern sämtlich (so
weit im mindesten, als die Chroniken ins Altertum
zurückreichen) mehr oder weniger sonderbare Anlagen
eigneten – dem größern Teile jene Art *grotesquerie* der
Auffassung, von welcher uns Tieck, ein Sproß des
Hauses, so lebhafte Anschauung gegeben hat – wenn
auch bei weitem nicht erschöpfend. Meine Bekanntschaft mit Ritzner begann auf dem prächtigen Château
Jung, nach welchem mich eine Kette spaßhafter Abenteuer, die sich gleichwohl der öffentlichen Mitteilung
entziehen, während der Sommermonate des Jahres 18--
verschlagen hatte. Hier geschah es, daß ich einen Platz
in seiner Achtung erlangte, wie ich auch hier, was mit
mehrerer Schwierigkeit verbunden, einige Einsicht in
seine Denkweise gewann. In spätern Tagen vertiefte
und klärte sich dieser Einblick, je inniger die Verbindung wurde, die ihn zu Anfang zugelassen; und als wir
uns, nach dreijähriger Trennung, in G----n wieder-
trafen, wußte ich alles, was über den Charakter des
Baron Ritzner von Jung zu wissen notwendig war.
Wohl entsinne ich mich noch der flüsternen Neugierde,
die seine Ankunft im Universitätsbezirk am Abend des
fünfundzwanzigsten Juni erregte. Noch deutlicher
erinnere ich mich, daß kein Mensch, indessen Jung auf
allen Gesellschaften beim ersten Blick der ‹allermerkwürdigste Mann auf der Welt› geheißen wurde, nur

irgend den Versuch unternahm, für diese Ansicht einen
genügenden Grund zu geben. Daß er ein *Unikum* war,
lag so unbestreitbar auf der Hand, daß man es für gar zu
dreist erachtet hätte zu forschen, was seine einzige Wirkung ausmache. Doch will ich diesen Gegenstand für
das erste bei Seite lassen und nur bemerken, daß er vom
ersten Augenblick, da er seinen Fuß auf den Boden der
Universität setzte, auf die Personen, Manieren, Gewohnheiten, Börsen und Neigungen der gesamten Gemeinschaft, welche ihn umgab, einen höchst ausgedehn-
ten und despotischen Einfluß zu üben begann, der zu
gleicher Zeit jedoch höchst unbestimmt und gänzlich
unerklärbar blieb. So bildet die kurze Periode, während
welcher er an der Universität weilte, förmlich eine eigene
Ära in deren Annalen und wurde von allen möglichen
Leuten aller möglichen Stände, soweit sie ihr auch nur
entfernt zugehörten, als ‹jene ganz außerordentliche
Epoche der Herrschaft des Barons Ritzner von Jung›
charakterisiert.
Bei seiner Ankunft in G---n suchte er mich in meiner
Wohnung auf. Er hatte damals nicht eigentlich ein bestimmtes Alter; – womit ich meine, daß es unmöglich
war, aus irgend nur von ihm persönlich gemachten An-
gaben sein wahres Alter zu mutmaßen. Er hätte fünfzehn sein können oder ebenso wohl auch fünfzig; doch
war er einundzwanzig Jahre und sieben Monate alt. Er
war keineswegs ein schöner Mann – vielleicht eher das
Gegenteil. Der Schnitt seines Gesichts wirkte irgendwie eckig und grob. Seine Stirne war hoch und freilich
ganz makellos; die Nase aber ein stumpfer Knorren;
und seine Augen mußte man groß, plump, glasig und
ausdruckslos nennen. Mehr noch wäre über den Mund
zu sagen. Die Lippen waren leicht vorgestülpt und ruh-

ten in einer Weise aufeinander, daß man sich schwerlich eine Vereinigung menschlicher Züge, und sei sie auch noch so vielgestaltig, vorzustellen vermöchte, welche so ganz und einzig die Idee ungemilderten Ernstes, unwandelbarer Ruhe und Feierlichkeit vermittelte.

Man wird aus dem Gesagten zweifelsohne erkennen, daß der Baron eine jener nicht eben häufig zu treffenden menschlichen Anomalien war, welche die Wissenschaft der *Mystifikation* zum Studium und Geschäfte ihres Lebens machen. Für diese Wissenschaft wies ihm eine sonderliche Denkungsart wie von selber die Richtung, indessen seine körperliche Erscheinung es ihm ungewöhnlich leicht fallen ließ, seine Vorstellungen ins Werk zu setzen. Ich möchte wohl glauben, daß kein Student zu G----n während jener rühmlichen Epoche, die nur gar zu schwächlich mit der ‹Herrschaft des Barons Ritzner von Jung› bezeichnet wird, je gänzlich in das Geheimnis drang, das seinen Charakter überschattete. Ja wahrlich, es will mir scheinen, daß niemand an der Universität, mit einzig der Ausnahme meiner selbst, wohl je auf den Gedanken verfiel, er könnte eines Scherzes überhaupt nur fähig sein, im Worte oder in der Tat: – noch eher schon hätte man dessen die alte Bulldogge am Gartentor – den Geist des Heraklit – oder die Perücke des emeritierten Professors der Theologie bezichtigen mögen. Und dieses selbst dann noch, als es klar zu Tage lag, daß die unerhörtesten und unverzeihlichsten aller nur erdenkbaren Streiche, Grillenhaftigkeiten und Possen, wenn auch nicht unmittelbar von ihm selber, so doch zum mindesten auf sein vermittelndes Betreiben und mit seiner stillschweigenden Billigung angestellt wurden. Das Schöne, darf ich's einmal so nennen, seiner *art mystique* lag in jener vollendeten Geschicklich-

keit (welche in einer intuitiven Kenntnis der menschlichen Natur ihren Ursprung hat – und in einer geradezu
wunderbaren Selbstbeherrschung), vermittels derer es
ihm nie mißriet, den Anschein zu wecken, es seien all
die Schnurren und Schwänke, die er in Szene zu setzen
trachtete, teils trotz teils in Folge des lobenswerten
Eifers entstanden, den er zu ihrer Verhinderung oder
zur Wahrung von Würde und Ordnung der Alma
Mater an den Tag legte. Die tiefe, die bitterliche, die
überwältigende Bekümmerung, welche bei jedem derartigen Scheitern seiner preiswürdigen Bemühungen
jeden Zug seines Gesichtes überzog, ließ auch nicht dem
leisesten Zweifel an seiner Redlichkeit im Herzen seiner
Genossen Raum, und wären diese die letzten Skeptiker
gewesen. Nicht weniger beachtenswürdig war auch die
Gewandtheit, mit welcher er es zu Stande brachte, das
eigentlich Groteske stets vom Schöpfer auf das Opfer
abzuschieben – von seiner eignen Person also auf die
Ungereimtheiten, die er hatte entstehen lassen. In keinem Fall vor jenem, von dem ich sprechen will, habe ich
je erlebt, wie jemand den natürlichen Folgen seiner
Streiche so stets geheimnisvoll entging; – fast möchte
man von einer Anhänglichkeit des Possierlichen selber
reden, einer Zuneigung zu seinem eignen Charakter und
seiner Person. Fortwährend in eine Atmosphäre wunderlicher Grillenhaftigkeit gehüllt, schien mein Freund
doch nur den ernsten Seiten der Geselligkeit zu leben;
und selbst sein eigner Haushalt hat nie auch nur einen
Augenblick lang andere Vorstellungen denn die von
steifer Gesetztheit, ja Erhabenheit mit dem Gedanken
an den Baron Ritzner von Jung verbunden.
Während der Epoche seines Aufenthaltes in G----n
schien es wirklich, als liege der Dämon des *dolce far niente*

wie ein Inkubus über der Universität. Nichts jedenfalls wurde verrichtet, es sei denn Essen und Trinken und allerlei närrische Kurzweil. Die Wohnungen der Studenten verwandelten sich in ebenso viele Kneipstätten, und keine von diesen allen war berühmter und fleißiger besucht als die des Barons. Unsere Zechgelage hier waren zahlreich, geräuschvoll und lang – und stets ereignisreich.

Bei einer Gelegenheit hatten wir unsere Sitzung bis nahe Tagesanbruch ausgedehnt, und eine ungewöhnliche Menge Wein war getrunken worden. Die Gesellschaft bestand aus sieben oder acht Individuen außer dem Baron und mir. Die meisten waren wohlbegüterte junge Herren mit hohen Verbindungen und stark ausgeprägtem Familienstolz, und alle funkelten förmlich vor übertriebenem Ehrgefühl. Sie huldigten den allerdeutschesten Ansichten über das *Duell*. Solchen don-quixotischen Gelüsten hatten einige kürzliche Pariser Publikationen, unterstützt noch von drei oder vier verwegnen und verhängnisvollen Zweikämpfen in G----n, erneut Kraft und Antrieb gegeben; und so kreiste die Konversation während des größern Teils der Nacht in rechter Hitze um dieses offenbar allerwichtigste Thema des Zeitalters. Der Baron, welcher ungewöhnlich schweigsam und zerstreut gewesen, als es auf den Morgen ging, schien schließlich aus seiner Teilnahmslosigkeit aufgerüttelt zu werden, übernahm eine führende Rolle in der Unterhaltung und verweilte bei den Wohltaten und in Sonderheit den Schönheiten des allgemein angenommenen Codes der Waffengang-Etikette so inbrünstig und beredtsam, so schier ergreifend und innig, daß er bei seinen Hörern sämtlich die wärmste Begeisterung hervorrief und selbst mich vollends verblüffte, der ich doch sehr wohl wußte, daß er im Herzen eben diese Dinge, um welche er so angelegentlich rang, verlachte und besonders schon die *fanfaronnade* der Duell-Etikette ganz so uneingeschränkt verachtete, wie sie es verdient.

Als ich einmal während einer Pause in des Barons Vortrag um mich blickte (einem Vortrag, von welchem meine Leser einen schwachen Begriff gewinnen mögen, wenn ich sage, daß er einige Ähnlichkeit mit der siedenden, singenden, monotonen, doch musisch tönenden Predigerweise von Coleridge besaß), bemerkte ich in den Zügen eines der Teilnehmer der Gesellschaft Anzeichen für gar noch mehr denn das allgemeine Interesse. Dieser Herr, den ich Hermann nennen will, war ein Original in jedem Betrachte – mit Ausnahme vielleicht des Umstandes, daß er ein ausgemachter Narr war. Er verstand es jedoch, sich innerhalb eines gewissen Kreises an der Universität in den Ruf tiefen metaphysischen Denkens und, glaube ich, beträchtlichen logischen Talents zu bringen. Als Duellant genoß er großen Ruhm, sogar in G----n. Ich vergaß die genaue Zahl der Opfer, die von seinen Händen gefallen; doch waren ihrer nicht wenige. Zweifellos war er ein Mann von Mut. Doch mehr noch rühmte er sich einer überaus genauen Bekanntschaft mit der Etikette des Duells sowie der spitzfindigen Feinheit seines Ehrgefühls. Diese Dinge waren ein Steckenpferd, welches er förmlich zu Tode tritt. Ritznern hatten diese Eigenarten bei seiner stetigen Umschau nach Groteskem lange schon Appetit gemacht, ihm einen Streich zu spielen. Dies hatte ich jedoch noch nicht bemerkt; obschon ich im gegenwärtigen Augenblick deutlich sah, daß meinem Freunde irgendeine Grille durch den Kopf ging und daß Hermann deren erlesnes Objekt war.

Als der Baron nun in seinem Vortrag – oder besser Monologe – fortfuhr, bemerkte ich, wie die Aufregung Hermanns in jedem Augenblick wuchs. Zu guter Letzt ergriff er selbst das Wort, indem er zu einem Punkte, welchen R. aufs hartnäckigste vertreten hatte, eine Einrede vortrug und seine Gründe ausführlich darlegte. Diesen wiederum replizierte der Baron des längern (wobei er nach wie vor seine übertrieben empfindungsreiche Sprechweise behauptete), um schließlich, was ich für reichlich abgeschmackt erachtete, mit recht sarkastischen und höhnischen Worten zu schließen. Herrn Hermanns Steckenpferd nahm nun alsbald die Trense zwischen die Zähne. Dies merkte ich aus dem künstlich haarspalterischen *farrago* seiner Erwiderung. Seiner letzten Worte entsinne ich mich deutlich. «Ihre Meinungen – gestatten Sie mir, Ihnen dies zu sagen, Baron von Jung – sind, wenngleich auch in der Hauptsache wohl korrekt, in vielen kritischen Punkten doch für Sie selbst und für die Universität, welcher Sie angehören, einigermaßen schimpflich. In manchem Betracht gar sind sie einer ernstlichen Widerlegung nicht wert. Ich würde, mein Herr, noch mehr als dieses sagen, müßte ich nicht befürchten, Ihnen zu nahe zu treten –» (hier lächelte der Sprecher überaus milde). «Ich würde, mein Herr, sagen, daß Ihre Meinungen nicht von der Art sind, die man von einem Ehrenmann erwartet.»

Als Hermann diese zweideutige Rede geendet, wendeten sich alle Augen dem Barone zu. Dieser wurde zuerst bleich, dann überaus rot; sein Taschentuch entfiel ihm, und indem er sich bückte, es aufzuheben, konnte ich einen raschen Blick auf seine Züge tun, welche in diesem Augenblick sonst niemandem am Tische sichtbar waren. Sein Gesicht funkelte förmlich vor durchtriebenem Ver-

gnügen, einem Ausdruck, der sein eigentlicher Charakter
war, doch den ich es nie hatte annehmen sehen, außer
wenn wir allein zusammen waren und er sich frei und
ungezwungen gab. Im nächsten Augenblick aber stand
er schon aufrecht vor Hermann; und eine so vollständige
Veränderung des Gesichtsausdruckes in so kurzer Zeit
habe ich wahrlich noch nie zuvor gesehen. Einen
Moment lang bildete ich mir gar ein, ich hätte seinen
Ausdruck mißdeutet, und er befinde sich gänzlich bei
nüchternem Ernste. Schien es doch, als wolle er vor
leidenschaftlicher Erregung schier ersticken, und sein
Gesicht war leichenblaß. Kurze Zeit verblieb er schweigend, offenbar voller Anstrengung, seine Gemüts-
bewegung zu bemeistern. Nachdem dies Ringen dem
Anschein nach schließlich erfolgreich geworden, ergriff
er eine Karaffe, die neben ihm stand, und indem er sie
fest gepackt hielt, sagte er – «Die Sprache, Mynheer
Hermann, welche Sie mir gegenüber zu gebrauchen sich
angelegen sein ließen, ist in so vielen Einzelheiten zu
tadeln, daß ich weder Zeit noch Neigung habe, dieselben
umständlicher zu explizieren. Daß meine Ansichten jedoch nicht von der Art seien, die man von einem Ehrenmann erwartet, ist eine so unmittelbar beleidigende Behauptung, daß mir nur ein Verfahren erlaubt ist, ihr zu
begegnen. Einige Höflichkeit erfordern nichtsdestoweniger die Gegenwart dieser Gesellschaft sowie Ihre
eigene, da Sie in diesem Augenblick mein Gast sind. Sie
werden es mir darum nachsehen, wenn ich aus solcher-
lei Erwägungen von der in ähnlichen Fällen persönlichen Affronts unter Ehrenmännern üblichen Gepflo-
genheit leicht abweiche. Vergeben werden Sie mir auch
die gelinde Beschwernis, welche ich Ihrem Vorstel-
lungsvermögen bereiten werde, indem ich Sie ersuche,

für einen Augenblick das Abbild Ihrer Person in jenem Spiegel dort als den leibhaftigen Mynheer Hermann selbst zu betrachten. Ist dies geschehen, so wird es keinerlei Schwierigkeiten mehr geben. Ich werde diese Karaffe Wein über Ihrem Spiegelbildnis entleeren und so den ganzen Geist, wenn auch nicht genau den Buchstaben, der mir obliegenden Ahndung Ihres Schimpfes erfüllen, indessen die Notwendigkeit, Ihre wirkliche Person am Leibe zu schädigen, vermieden wird.»

Mit diesen Worten schleuderte er die Karaffe voll Wein gegen den Spiegel, welcher Hermann direkt gegenüber hing; sie traf das Spiegelbild des letzteren mit großer Präzision, und natürlich ging das Glas dabei zu Bruche. Die ganze Gesellschaft sprang augenblicklich auf die Füße und empfahl sich eilig und sogleich, mit Ausnahme Ritzners und meiner. Als Hermann hinausschritt, flüsterte der Baron mir zu, ich solle ihm doch folgen und mich zu seiner Verfügung stellen. Diesem stimmte ich bei, ohne freilich genauer zu wissen, was ich aus diesem fratzenhaften Geschäft machen sollte.

Der Duellant akzeptierte meine Vermittlung mit seiner gewöhnlichen Miene, steif und *ultra recherché,* ergriff meinen Arm und führte mich nach seiner Wohnung. Kaum vermochte ich an mich zu halten, ihm nicht in das Gesicht zu lachen, während er mit dem allertiefsten Ernste daran ging, mir das auseinander zu setzen, was er den ‹besonders raffinierten Charakter› der ihm widerfahrenen Beleidigung nannte. Nach einem ermüdenden Wortschwall in seinem gewöhnlichen Stil entnahm er seinem Bücherbord eine Anzahl muffiger Bände zum Thema des Duells und bewirtete mich eine Zeit lang mit ihrem Inhalt, den er laut verlas und aufs angelegentlichste während des Lesens erläuterte. Ich kann mich eben nur noch der Titel von einigen dieser Werke entsinnen. Es waren dies die ‹Anordnung Philipps des Schönen zum Zwei-Kampfe›; das ‹Theater der Ehre› von Favyn; und ein Traktat ‹Über die Erlaubniß zum Duelle› von D'Audiguier. Er wies mir auch, nicht ohne pompöse Gebärden, Brantôme's ‹Duell-Memoiren›, erschienen zu Köln im Jahre 1666, in den Typen der Elzevir-Presse – ein kostbar werter und einzigartiger Velin-Band, mit schönem Rande, und gebunden von Derôme. Doch in Sonderheit, und mit einer Miene geheimnisvollen Scharfsinns, heischte er meine Aufmerksamkeit für einen dicken Oktav-Band, geschrieben in barbarischem Latein von einem gewissen Hédelin, einem Franzosen, und mit dem wunderlichen Titel ‹*Duelli Lex scripta, et non; aliterque*›. Aus diesem las er mir eines der allerpossierlichsten Kapitel, die es auf der Welt nur geben dürfte: ‹*Iniuriae per applicationem, per conſtructionem, et per se*›, von dem die Hälfte etwa, so behauptete er mir, strikt auf seinen eignen, ‹besonders raffinierten› Fall abziele, obgleich ich nicht eine Silbe des ganzen Krams zu begreifen vermochte, und wäre ein Preis darauf gestanden. Als er den Abschnitt beendet, schloß er das Buch und fragte um meine Ansicht, was zu tun sei. Ich erwiderte, ich hätte das vollständigste Vertrauen zu seinem hohen Zartgefühl und würde mich an alles halten, was er nur vorschlage. Von dieser Antwort schien er recht geschmeichelt, und er setzte sich hin, um ein Billett an den Baron zu schreiben. Es lautete folgendermaßen:

Mein Herr!
Mein Freund, Herr P--, wird Ihnen diese Zeilen überbringen. Ich erachte es für meine Pflicht, Sie um unver-

zügliche Aufklärung der heute abend in Ihren Räum-
lichkeiten stattgehabten Vorfälle zu ersuchen. Sollten
Sie sich nicht dazu verstehen wollen, so wird es Herrn
P-- ein Vergnügen sein, mit einem Freunde, welchen
Sie bezeichnen mögen, die vorbereitenden Schritte zu
einem Treffen zu tun.

      Mit dem Ausdruck vollkommener Hochachtung
                  Ihr ergebenster Diener
                  Johann Hermann.
An den Baron Ritzner von Jung.
18. August 18--.

Da ich Besseres nicht zu tun wußte, sprach ich mit dieser
Epistel bei Ritznern vor. Er verbeugte sich, indessen ich
sie ihm präsentierte; dann geleitete er mich mit würdiger
Miene zu einem Sitz. Nachdem er das Kartell durch-
lesen, schrieb er die folgende Erwiderung, welche ich
Hermann überbrachte:

Mein Herr!
Durch unsern gemeinsamen Freund, Herrn P--, habe
ich Ihre Zeilen vom heutigen Abend erhalten. Nach
reiflicher Erwägung gestehe ich offen zu, daß die Erklärung, welche Sie anregen, wohl schicklich wäre. Im
weitern jedoch finde ich einige Schwierigkeit (auf Grund
der besonders raffinierten Natur unserer Meinungsver-
schiedenheit und des persönlichen Affronts, der Ihnen
von meiner Seite zuteil geworden), die mir obliegende
Ehrenerklärung so in Worte zu fassen, daß alle minuziösen Erfordernisse und alle verschiedentlichen Schat-
tierungen des Falles darin einbegriffen wären. Doch ver-
traue ich zuversichtlich auf jenes extreme Feingefühl
der Unterscheidung in Sachen der Etikette, welches an

Ihnen des längern schon und so überaus vorzüglich ge-
rühmt wird. In vollkommener Gewißheit, verstanden
zu werden, darf ich mir daher erlauben, anstatt irgend
eigener Empfindungen zur Sache Sie auf die Ansichten
des Sieur Hédelin zu verweisen, wie sie im neunten Abschnitt des Kapitels ‹*Iniuriae per applicationem, per con-
structionem, et per se*› seiner ‹*Duelli Lex scripta, et non;
aliterque*› dargelegt sind. Die Schärfe Ihres Urteils in
allen hier zur Rede stehenden Fragen wird Sie, als einen
Mann von Ehre, des bin ich gewiß, hinlänglich überzeugen, daß *der bloße Umstand meines Hinweises* auf diese
bewundernswürdige Stelle Ihrem Ersuchen um Aufklärung in jeder wünschbaren Weise Genüge zu tun geeignet ist.

Mit dem Ausdruck tiefsten Respektes
Ihr gehorsamster Diener
von Jung.

An den Herrn Johann Hermann.
18. August 18--.

Hermann begann die Lektüre dieser Epistel mit ver-
drossenem Gesicht, welches jedoch ein Lächeln der
albernsten Selbstgefälligkeit überflog, als er an das Geschwätz mit den *Iniuriae per applicationem, per construc-
tionem, et per se* kam. Nachdem er zu Ende gelesen, bat er
mich mit dem allermildesten Lächeln, Platz zu nehmen,
indessen er den fraglichen Traktat zu Rate ziehe. Die be-
nannte Stelle aufschlagend, las er mit großer Sorgfalt;
dann schloß er das Buch und brachte mir, in meiner
Eigenschaft als Vertrauensmann, den Wunsch zum Ausdruck, dem Baron von Jung seine tiefsten, ja leidenschaftlichen Empfindungen zu übermitteln und ihm des
weitern zu versichern, daß die gegebene Aufklärung die

vollste, die ehrenhafteste und unzweideutigste Genugtuung in sich begreife.

Von all dem einigermaßen verwirrt, trat ich meinen
Rückweg zu dem Barone an. Er schien Herrn Hermanns
freundschaftlichen Brief für ganz selbstverständlich zu
nehmen, und nach einigen wenigen Worten gewöhnlicher Konversation ging er abseits in ein anderes Zimmer und – wahrhaftig! – brachte mir den unvermeidlichen Traktat ‹*Duelli Lex scripta, et non; aliterque*› an.
Er reichte mir den Band und forderte mich auf, mir doch
einmal einen Abschnitt anzusehen. Dies tat ich, doch
mit wenig Gewinn, denn ich fand mich nicht imstande,
auch nur die mindeste Spur von Sinn darin zu entdek-
ken. Hierauf nahm er selber das Buch und las mir einen
Absatz laut vor. Zu meiner Überraschung erwies sich,
was er las, als ein ganz schauderhaft absurder Bericht
über ein Duell zwischen zwei Pavianen. Nunmehr klärte
er mir das Geheimnis auf, indem er mir wies, daß der
Band, wie es *prima facie* schien, nach dem Plan der Un-
fugreime von Du Bartas geschrieben war; das will
heißen – die Sprache war höchst geistreich so gehalten,
daß sie dem Ohr alle äußern Anzeichen von Verständ-
lichkeit, ja von Tiefe bot, indessen in Wahrheit nicht der
Schatten eines Sinns bestand. Der Schlüssel zum Ganzen
war darin zu suchen, daß man ein jedes zweite oder
dritte Wort abwechselnd ausließ, worauf eine Reihe von
albernen Spötteleien über einen Zweikampf zu Tage
trat, wie er in modernen Zeiten praktiziert wird.

Er habe, so unterrichtete mich der Baron hernach, absichtlich diesen Traktat zwei oder drei Wochen vor dem
Abenteuer Hermann in die Hände gespielt und mit
Genugtuung dem allgemeinen Tenor der Konversation
entnommen, daß Jener ihn mit der tiefsten Aufmerk-

samkeit studiert und unbeirrbar für ein Werk von ungewöhnlichem Verdienst gehalten habe. Auf diesen
Fingerzeig hin begab er sich ans Werk. Und Hermann
wäre eher tausend Tode gestorben, denn daß er eingestanden hätte, *nicht* alles zu verstehen und zu kennen,
was über das Duell je auf der Welt geschrieben.

WIE MAN EINEN BLACKWOOD-ARTIKEL
SCHREIBT

Im Namen des Propheten – Feigen! Feigen!!
Losung eines türkischen Feigenhändlers

Ich nehme an, daß Jedermann bereits von mir hörte.
Mein Name ist Signora Psyche Zenobia. Ein Faktum,
gewißlich wahr. Niemand denn meine Widersacher nur
rufen mich Sissylein Snobbs. Ich bin versichert worden,
daß Sissy eine gemeine Verfälschung von Psyche sei,
welches gut Griechisch ist und ‹die Seele› bedeutet (und
das bin ich auch, ich bin *ganz* Seele), manchmal aber auch
‹ein Schmetterling›, welch letzteres zweifelsohne auf
meine Erscheinung anspielt: in dem neuen Kleid von
karmesinener Atlasseide mit der himmelblauen arabischen *Mantille* und dem grünspangenen *Saumbesatz* und
den sieben Falbeln aus apfelsinig rosettigen *Aurikeln*.
Was übrigens das ‹Snobbs› belangt – jedwede Person,
welche auch nur einen Blick auf mich täte, würde
augenblicklich gewahr werden, daß mein Name solchermaßen unmöglich lauten kann. Fräulein Tabea Steckrübbel verbreitete aus schierem Neide jenes üble Ge-
rücht. Tabea Steckrübbel, wahrhaftig! Ein herzhaftes
Pfui der Elenden! Doch was dürften wir auch von einer
rüpeligen Steckrübe erwarten! Ich frage mich, ob ihr
das alte Sprüchwort vom «Safte aus der Steckrübe
u.s.f.» wohl gegenwärtig ist. (N.B.: Steck's ihr bei
nächster Gelegenheit!) (N.B. zweitens: Und rübbel sie
nach Kräften an der Nase!) Wo war ich doch stehen geblieben? Ah! Also ich bin insgleichen versichert worden, daß Snobbs eine bloße Verhunzung von Zenobia
sei, und daß Zenobia eine Königin war – (wie denn ja

auch ich eine bin; Dr. Fennichmacher nennt mich stets
die Königin der Herzen) – und daß Zenobia ebenso wohl
als Psyche gut Griechisch ist und daß mein Vater ein
‹Böotier› war und daß ich mithin ganz folgerecht einen
Anspruch auf unsern Geschlechtsnamen besitze, welcher Zenobia lautet und keineswegs Snobbs. Niemand
als nur Tabea Steckrübbel nennt mich Sissylein Snobbs.
Ich bin die Signora Psyche Zenobia.

Wie ich bereits sagte, hörte wohl schon Jedermann von
mir. Bin ich doch eben jene Signora Psyche Zenobia,
welche als Korrespondentin des «*Boſtoner Literatur An-
zeigers (mit Börsenteil und Landwirtschaftlichem Anhange)
zur Beförderung der Literarischen Anliegen der United States,
der Telegraphie und Rassenforschung, des Umsatzes und der
Menschlichkeit; mit Porträts und Figuren*» so billiger Weise
gefeiert wurde. Dr. Fennichmacher ersann diesen Titel
für uns, und er sagt, er wählte ihn, weil er dick und
tönend sei wie ein leeres Schnapsfaß. (Ein recht gewöhnlicher Mann das – zuweilen – aber er ist tief!) Wir alle
geben die Initialen der Vereinigung unseren Namen
hintenan, nach dem schönen Brauche der S.K.K.G. –
das ist: der Königlichen Gesellschaft der Schönsten
Künste –, der V.V.E.I., der Vereinigung zur Verbreitung Erhabener Ideen, und vieler anderer. Dr. Fennichmacher sagt, das zwiefältige ‹V› sei eigentlich zusam-
menzunehmen und bilde ein ‹W› und stehe für *Wind,* und
E.I. sei eben als *Ei* zu lesen (das kann ich aber kaum
glauben), und solchermaßen ausgemacht stehe denn das
V.V.E.I. für ein ausgemachtes Wind-Ei und nicht für
Lord Brougham's Gesellschaft – – aber Dr. Fennichmacher ist ja ein so wunderlich grilliger Mensch, daß ich
nie ganz sicher bin, wann er mir nun die Wahrheit sagt.
Jedenfalls fügen wir unseren Namen stets die Initialen

EIN BLACKWOOD-ARTIKEL

B. L. A. B. L. A. B. L. A. U. S. T. R. U. M. P. F. hinzu – das
will sagen: Bostoner Literatur Anzeiger (mit Börsenteil
und Landwirtschaftlichem Anhange) zur Beförderung
der Literarischen Anliegen der United States, der Telegraphie und Rassenforschung, des Umsatzes und der
Menschlichkeit; mit Porträts und Figuren – einen Buchstaben für jedes einzelne Hauptwort, was sich gegenüber
Lord Brougham durchaus ansehnlich ausnimmt. Dr.
Fennichmacher will nun wahrhaben, es gäben diese Initialen getreulich unseren Charakter wieder – doch vermag ich ums Leben nicht zu erkennen, was er meint.
Ohngeachtet der gefälligen Dienste des Doktors und der
rastlosen Bemühungen des Vereines, sich in Geltung zu
bringen, wollte sich keineswegs ein sonderlicher Erfolg
einstellen, ehe ich beitrat. Die Wahrheit ist – einige Mitglieder frönten einem allzu seichten Ton bei ihren Er-
örterungen. Die Abhandlungen, welche regelmäßig jeden Samstag abend gelesen werden, waren weniger
durch Tiefe denn durch allerlei Possen ausgezeichnet.
Sie erwiesen sich schlicht als eitel Schaum und Wind.
Keine tiefschürfenden Untersuchungen urgründiger
Dinge, ewiger Grundgedanken. Ja, überhaupt keine
tiefschürfenden Untersuchungen gab es. Keinerlei Augenmerk wurde einem so wichtigen Punkte wie der
‹Faß- und Paßlichkeit der Dinge› gezollt. Kurzum, es
wurde einfach nicht richtig schön geschrieben. Alles war
lau und seicht und flau – ach, wie so flau! Keine Belesenheit, kein Tiefgang, keine Metaphysik – nichts von dem,
was der Gebildete Geistigkeit nennt und der Ungebil-
dete als bloßen *cant* zu verleumden beliebt. (Dr. Fennichmacher sagt, ich müßte *cant* mit einem großen ‹K› schreiben – doch das weiß ich besser.)
Als ich dem Verbande beitrat, war es mein vornehmstes

Anliegen, einen bessern Stil im Denken und Schreiben einzuführen, und weltweit ist es bekannt, wie herrlich mir dies gelungen. Wir bringen im B. L. A. B. L. A.-B. L. A. U. S. T. R. U. M. P. F. nunmehr Abhandlungen – so vortrefflich, wie sie ansonsten nur im Blackwood noch zu finden sind. Ich nenne grad diesen Namen, weil ich versichert worden bin, daß der feinste Stil, auf jeglichem Gebiete, in den Seiten eben dieses, mit Recht so hochgefeierten Magazines zu entdecken sei. Wir nehmen es uns jetzt bei all unsern Themen zum Vorbilde und erzielen demzufolge reißend wachsende Achtung. Und schließlich ist es ja keine gar so schwierige Sache, einen Artikel von echtem Blackwood-Gepräge zu gestalten, geht man nur recht dabei zu Werke. Natürlich spreche ich nicht von den politischen Artikeln. Wie *sie* zustande kommen, weiß ja ein Jeder, seit Dr. Fennichmacher es erhellte. Mr. Blackwood hat eine große Schneiderschere sowie drei Lehrlinge, welche neben ihm stehen, zu jeglicher Handreichung bereit. Einer reicht ihm die ‹Times›, ein Anderer den ‹Examiner›, und ein Dritter ‹Gulley's Neues Compendium des Roth-Welschen›. Mr. B. schneidet bloß aus und mengt alles untereinander. Das ist alsbald getan – nichts als Examiner, Rotwelsch und Times – dann Times, Examiner, Rotwelsch – dann Rotwelsch, Times und Examiner.

Doch des Magazines Hauptverdienst ruht in seinen Vermischten Artikeln; und deren beste laufen unter dem Titelkopf dessen, was Dr. Fennichmacher *Bizarrerien* nennt (was dies auch heißen mag) und Jedermann sonst *Intensitäten*. Dies ist eine Art des Schreibens, welche ich lange schon zu schätzen gewußt habe, ob ich schon erst seit meinem kürzlichen Besuch bei Mr. Blackwood, gesandt von unserem Verein, der genauen dichterischen

Methodik gewahr geworden bin. Diese Methodik ist eine sehr einfache, wenngleich auch nicht in dem Maße wie bei den politischen Artikeln. Auf meine Anfrage bei Mr. B., gelegentlich welcher ich ihm die Wünsche des Verbandes vortrug, empfing er mich auf das artigste, führte mich in sein Arbeitsgemach und ließ mir eine erhellende Aufklärung des ganzen Vorganges zuteil werden. «Meine werte Dame», so hob er an, ganz augenscheinlich betroffen von meiner majestätischen Erscheinung – denn ich trug das karmesinene Atlaskleid mit dem grünspangenen *Saumbesatz* und den apfelsinig rosettigen *Aurikeln;* «meine *sehr* werte Dame», sagte er, «nehmen Sie Platz. Die Sache steht folgendermaßen. Zuvörderst und vor allem muß Ihr Intensitäten-Schreiber über ein Faß voll sehr schwarzer Tinte gebieten sowie über eine sehr große Feder mit einem sehr stumpfen Schnabel. Und, merken Sie auf meine Worte, Miß Psyche Zenobia!» fuhr er, nach einer Pause, mit höchst eindrucksvoller Kraft und feierlicher Gebärde fort, «merken Sie auf! – *diese Feder – darf – niemals – frisch geſpitzt werden!* Hierin, meine Dame, liegt das Geheimnis, die Seele aller Intensität. Ja, ich wage das Diktum, daß noch kein Mensch, und wäre er von größtem Genie, je mit einer guten Feder einen – verstehen Sie mich – guten Artikel schrieb. Sie können es für bewiesen nehmen: wenn ein Manuscript leserlich ist, so ist es niemals lesenswert. Dies ist – so zu sagen – der Leit-Artikel unseres Glaubensbekenntnisses, und sollten Sie ihm nicht alsogleich beipflichten können, so wäre unsere Unterredung hiermit zu Ende.»

Er hielt inne. Doch da ich selbstverständlich nicht wünschte, die Unterredung ein so rasches Ende nehmen zu lassen, stimmte ich seinem so sehr einleuchtenden

Theoreme zu, dessen Wahrheit mir immer schon hinlänglich bekannt gewesen. Er schien davon recht angenehm berührt und fuhr in seiner Unterweisung fort:
«Es mag ein wenig boshaft von mir erscheinen, Miß
Psyche Zenobia, wenn ich Ihnen einfach unsere Artikel
oder Artikelserien zum Studium und Vorbild empfehle;
doch vielleicht darf ich füglich Ihre Aufmerksamkeit auf
ein paar wenige Fälle lenken. Lassen Sie mich sehen. Da
wäre einmal der ‹Lebendige Tote›, ein ganz famoses
Stück! – in welchem ein Herr, versehentlich bestattet,
bevor sein Geist den Körper gänzlich verlassen, seine
Empfindungen mitteilt – sehr geschmackvoll, gruselig,
empfindungsreich, metaphysisch und von gründlicher
Belesenheit getragen. Sie würden geschworen haben,
der Schreiber sei in einem Sarge zur Welt gekommen
und aufgewachsen. Dann hatten wir da die ‹Bekennt-
nisse eines Opium-Essers› – fein, sehr fein! – ein köstlicher Einfall – tiefe Philosophie – scharfe Beobachtung –
eine Fülle furiosesten Feuers – und nett gewürzt mit
allerlei rechtschaffenen Unverständlichkeiten. Das war
ein hübscher Bissen Flunkerei, und er rutschte den Leuten auf das vergnüglichste durch die Kehle. Sie wollten
doch gleich um jeden Preis den Coleridge für den Ver-
fasser halten – doch ist dem nicht so. Er wurde – unter
Zuhilfenahme eines Humpens Wacholderschnaps und
Wasser (‹heiß, und ohne Zucker›) – von meinem Lieb-
lings-Pavian Genever geschaffen.» (Dies hätte ich kaum
glauben können, wäre ein Anderer es denn Mr. Blackwood gewesen, der es mir versicherte.) «Dann gab es da
den ‹Unfreiwilligen Experimentator› – die Geschichte
eines Herrn, welcher, in einen Backofen geraten, daselbst
gebacken wurde, ihm jedoch lebendig und munter wieder entstieg, freilich unterweil zum Wenden gar. Und

dann war da das ‹Tagebuch eines verstorbenen Arztes›, dessen Vorzug wesentlich in gut schwulstiger Rede und leidlichem Griechisch bestand – welches beides dem Publikum überaus herrlich einging. Und schließlich hatten wir den ‹Mann in der Glocke› – ein Stücklein, nebenbei, Miß Zenobia, welches ich Ihrer Aufmerksamkeit gar nicht warm genug empfehlen kann. Es bildet die Geschichte eines jungen Menschen, welcher sich unter dem Klöppel einer Kirchenglocke zum Schlafe legte und von ihrem, aus Anlaß einer Beerdigung erfolgenden Geläut wieder geweckt wird. Das Getöse benimmt ihm den Verstand, und in schöner Folgerichtigkeit gibt er, indem er sein Merkbuch hervorzieht, einen Bericht seiner Sensationen. Sensationen – das ist überhaupt das Allerwichtigste. Sollten Sie ja einmal ertränkt oder gehenkt werden, so notieren Sie doch jedenfalls Ihre Sensationen – sie werden Ihnen zehn Guineen pro Druckbogen einbringen. Wenn Sie recht wirkungsvoll zu schreiben wünschen, Miß Zenobia, so stehen Sie nicht an, den Sensationen die peinlichste Aufmerksamkeit zu zollen.»

«Ich werde gewiß nicht anstehen, Mr. Blackwood», sagte ich.

«Gut!» erwiderte er. «Ich sehe, Sie sind eine Schülerin nach meinem Herzen. Doch liegt es mir nun ob, Sie im notwendigen Detail hinsichtlich der Gestaltung dessen *au fait* zu setzen, was sich einen echten Blackwood-Artikel der Sensations-Klasse nennen ließe, – jener Art also, welche für die beste aller wirksamen Formen zu halten, Sie mir gewiß nicht verübeln werden.

«Das erste Erfordernis wäre, daß Sie sich in eine dermaßene Klemme begeben, wie in ihr noch kein Mensch zuvor sich befunden hat. Der Backofen zum Beispiel – das war ein wahrer Glückstreffer. Doch wenn Sie keinen

Ofen zur Hand haben oder keine große Glocke, an welche Sie sich hängen könnten, und wenn die Umstände Ihnen nicht günstigerweise gestatten, aus einem Ballon zu stürzen oder von einem Erdbeben verschluckt zu werden oder unverrückbar in einem Kamine stecken zu bleiben, werden Sie sich damit bescheiden müssen, sich schlicht ein ähnliches Mißgeschick zu ersinnen. Ich würde freilich der Unterstützung durch wirkliches Geschehen den Vorzug geben. Nichts steht der Phantasie so trefflich zur Seite wie eine experimentelle Kenntnis des betreffenden Casus. ‹Die Wahrheit ist ein wunderlich Ding›, das wissen Sie ja, ‹seltsamer noch denn jede Erfindung› – außerdem ist sie vielviel zweckdienlicher.»
Hier versicherte ich ihm, ich besäße ein ausgezeichnetes Paar Strumpfbänder und wolle die allernächste Gelegenheit nehmen, mich daran aufzuhängen.

«Gut!» erwiderte er, «tun Sie das; – obschon das Aufhängen einigermaßen abgebraucht ist. Vielleicht finden Sie noch etwas Besseres. Nehmen Sie eine Gabe Brandreth's-Pillen ein und schenken Sie uns dann Ihre Sensationen. Gleichwohl werden sich meine Belehrungen auf jede Spielart von Mißgeschick gleicher Weise wohl anwenden lassen, und leicht ja möchte es Ihnen auf Ihrem Heimwege geschehen, daß man Ihnen den Schädel einschlägt oder ein Omnibus Sie überfährt oder ein tollwütiger Hund Sie beißt oder Sie in einem Rinnstein ertrinken. Doch gehen wir weiter.

«Haben Sie sich erst für Ihren Gegenstand entschieden, so müssen Sie als nächstes Ton oder Manier Ihrer Erzählung in Betracht ziehen. Da gibt es den lehrhaften Ton, den begeisterten Ton, den natürlichen Ton – recht gemeinplätzig sie alle. Aber dann wäre da der lakonische oder trockene Ton, welcher letzthin recht eigentlich in

Gebrauch gekommen ist. Er besteht in kurzen Sätzen. Etwa so. Kann nie zu bissig sein. Stets ein Punkt. Und nie ein Abschnitt.

«Dann gibt es noch den gehobenen, weitschweifigen, mit Einschaltungen reich versehenen Ton. Er wird von einigen unserer besten Romanschreiber begünstigt verwendet. Die Worte müssen bei ihm in stetig quirlendem Wirbel begriffen sein, wie ein Brummkreisel, und ein sehr ähnliches Geräusch erzeugen, welches außerordentlich wohl zum Ersatz des Sinnes taugt. Dies ist der beste aller möglichen Stile: der, bei welchem der Schreiber zu sehr in Eile ist, um zu denken.

«Der metaphysische Ton macht sich ebenfalls gut. Wenn Sie irgend nur hochtrabende Worte wissen – hier bietet sich Ihnen die beste Gelegenheit. Sprechen Sie von den Ionischen und Eleatischen Schulen – von Archytas, Gorgias und Alcmaeon. Reden Sie von Objektivität und Subjektivität. Nehmen Sie keinen Anstand, einen Mann namens Locke zu schmähen. Rümpfen Sie erst einmal ganz allgemein die Nase über alles Mögliche, und sollte Ihnen ja dabei eine besonders alberne Bemerkung entkommen, so brauchen Sie sich keineswegs die Mühe zu machen, sie auszustreichen, sondern geben Sie nur eine Fußnote zu – des Inhalts, Sie seien für den Gewinn obiger tiefgründigen Erfahrung der ‹Kritik der reinen Vernunft› oder den ‹Metaphysischen Anfangsgründen der Naturwissenschaft› verpflichtet. Das wird gelehrt und belesen aussehen und – und – und Ihre Aufrichtigkeit bezeugen.

«Es gibt nun noch verschiedentliche andere Stile gleicher Rühmlichkeit, doch werde ich nur eben noch zweier Erwähnung tun – des transzendenten Tones und des heterogenen Tones. Der Vorzug des ersteren besteht darin, einen weit tiefern Blick in die Natur der Dinge zu tun als irgend nur sonst ein Mensch. Diese Sehergabe ist sehr wirkungsvoll, wenn sie recht zur Geltung gebracht wird. Eine kleine Lektüre des ‹Dial› wird Ihnen hier die besten Aussichten eröffnen. Meiden Sie in diesem Fall die dicken Worte; halten Sie dieselben so bescheiden und schlicht als möglich, und schreiben Sie sodann nur frisch drauflos. Tun Sie rasch einen Blick in Channing's Gedichte und zitieren Sie, was er da sagt über einen «*fat little man with a delusive show of Can*». Bringen Sie etwas von der Himmlischen Einheit unter. Doch verlieren Sie ja keine Silbe über die Höllische Zweiheit. Vor allem – studieren Sie *innuendo!* Deuten Sie alles nur an – sprechen Sie nichts eigentlich aus. Wenn Sie sich bemüßigt fühlen, von ‹Brot und Butter› zu reden, so sagen Sie es um keinen Preis gerade heraus! Sie mögen alles Mögliche sagen, was ‹Brot und Butter› in etwas nahe kömmt. Sie können auf Buchweizenkuchen anspielen oder gar noch so weit gehen, auf eine Suppe aus Hafergrütze zu deuten, doch wenn Sie wirklich Brot und Butter meinen, so seien Sie nur ja auf der Hut, meine *sehr* werte Miß Psyche, daß Ihnen nicht etwa ein wirkliches ‹Brot und Butter› entfährt!»

Ich versicherte ihn, ich würde es nie wieder aussprechen, solange ich lebte. Er küßte mich und fuhr fort:

«Was nun den heterogenen Ton betrifft – dieser ist am Ende nur eine wohl überlegte Mischung, zu gleichen Teilen, aus allen andern Stilen der Welt und beschließt in Folge dessen alles Tiefe, Große, Wunderliche, Reizvolle, Zweckmäßige und Schöne in sich.

«Lassen Sie uns annehmen, Sie seien sich über Vorfall und Ton im klaren. Dann wäre nunmehr noch dem wichtigsten Teil – ja, recht eigentlich der Seele des ganzen

Geschäftes – Beachtung zu schenken: – ich spiele auf die *Füllung* an. Es ist nicht zu vermuten, daß eine wirkliche Dame oder ein wirklicher Herr das Leben eines Bücherwurms geführt haben. Und doch ist es vor allem andern notwendig, daß Ihr Artikel Gelehrsamkeit atme oder zum mindesten den Eindruck ausgedehnter allgemeiner Belesenheit erwecke. Nun will ich Sie anleiten, wie man diesen Punkt in das Werk setzt. Sehen Sie her!» (Und er nahm einige drei oder vier recht gewöhnlich aussehende Bände herab und öffnete sie aufs Geratewohl.) «Auf welche Seite welchen Buches der Welt Sie Ihr Auge auch richten, überall werden Sie sogleich einen ganzen Schwarm von kleinen Schnitzeln und Bröckchen, sei's der Gelehrsamkeit, sei's des *Bel-eſprit*-ismus gewahren, welche zur Würzung eines Blackwood-Artikels gerade das Richtige sind. Sie mögen sich übrigens gern einige notieren, indem ich sie Ihnen vorlese. Ich werde dabei zwei Abteilungen machen: erstens ‹Reizvolle Tatsachen zur Herstellung von Gleichnissen› – und zweitens ‹Reizvolle Aussprüche zur allfälligen Verwendung›. Schreiben Sie jetzt! – » und ich schrieb, was er diktierte.

«REIZVOLLE TATSACHEN ZUR HERSTELLUNG VON GLEICHNISSEN. ‹Ursprünglich gab es nur drei Musen – Melete, Mneme, Aoide – Nachdenken, Gedächtnis und Gesang›. Also aus dieser kleinen Tatsache können Sie, wenn Sie es nur recht anfassen, eine ganze Menge machen. Sie sehen, die Sache ist gemeinhin nicht bekannt und sieht also gleich sehr *recherché* aus. Nur müssen Sie acht geben und sie schön bieder improviso vorbringen.

«Weiter. ‹Der Fluß Alpheios strömte unter dem Meere hin und trat wieder hervor, ohne daß die Reinheit seines Wassers Schaden genommen hätte›. Nun, das ist natürlich eine ziemlich abgestandene Geschichte, doch nett

herausgeputzt und aufgetischt wird sie sich ganz so
frisch ausnehmen als nur je.

«Hier ist etwas Besseres. ‹Die persische Iris scheint für
manche Menschen einen süßen und sehr kräftigen Duft
zu besitzen, während sie Anderen vollkommen geruchlos ist›. Fein das, köstlich geradezu! Wenden Sie das ein
wenig, und es wird Wunder tun. Nun wollten wir noch
etwas aus dem botanischen Bereiche nehmen. Nichts
geht den Leuten so wohlig ein wie dieses, besonders mit
der Hilfe von ein wenig Latein. Schreiben Sie!

«‹Das *Epidendrum Flos Aeris* auf Java treibt eine sehr
schöne Blüte und bleibt unverwelkt frisch, wenn man es
mit der Wurzel auszieht. Die Eingeborenen hängen es
mittels einer Schnur an der Decke auf und erfreuen sich
jahrelang an seinem Wohlgeruche.› Das ist ja prächtig!
Es wird für die Gleichnisse reichen. Nun zu den ‹Reiz-
vollen Aussprüchen›.

«REIZVOLLE AUSSPRÜCHE. ‹Der ehrwürdige chinesi-
sche Roman Ju-Kiao-Li›. Gut! Indem Sie diese wenigen
Worte mit Geschick einführen, erweisen Sie Ihre intime
Bekanntschaft mit Sprache und Literatur der Chinesen.
Mit solchem Beistande können Sie dann vielleicht sogar
des Arabischen, des Sanskrit oder Tschikasa entraten.
Doch niemals darf es ohne Spanisch, Italienisch, Deutsch,
Latein und Griechisch abgehen. Darf ich Ihnen von
einem jeglichen ein kleines Muster weisen. Jedes Schnit-
zelchen wird zum Zweck genügen, denn es sodann in
Ihren Artikel säuberlich einzupassen, müssen Sie sich
auf Ihren eigenen Witz verlassen. Schreiben Sie denn!

«‹*Aussi tendre que Zaïre*› – so zart wie Zaire – Französisch.
Spielt an auf die häufig wiederholte Redensart, *la tendre
Zaïre,* in der französischen Tragödie gleichen Namens.
Geschicklich eingeführt, wird sie nicht nur Ihre Kennt-

nis der Sprache, sondern auch Ihre allgemeine Belesenheit und Geistigkeit dartun. Sie können ja sagen, das
Huhn, welches Sie aßen – (und beschreiben Sie doch in
einem Artikel, wie Sie an einem Hühnerknochen erstickt
sind), sei nicht gerade *aussi tendre que Zaïre* gewesen.
Schreiben Sie!

‹*Ven muerte tan escondida,*
Que no te sienta venir,
Porque el plazer del morir
No me torne á dar la vida.›

Das ist Spanisch – von Miguel de Cervantes. ‹Komm,
oh Tod, mit rascher Eile her, / daß nicht, seh' ich erst
dein Visier, / von des Sterbens Wonne mir / gar die
Lebenskraft wiederkehre›. Dies mögen Sie ganz *à propos*
einfließen lassen, wenn Sie infolge des Hühnerknochens
in den letzten Zuckungen liegen. Schreiben Sie gütigst
weiter!

‹*Il pover' huomo che non sen' era accorto,*
Andava combattendo, ed era morto.›

Das ist, Sie haben es bemerkt, Italienisch - von Ariost.
Es bedeutet, daß ein großer Held, welchem in der Hitze
des Gefechtes entgangen, daß er bereits ordnungsgemäß
erschlagen war, fortfuhr, aufs kühnste zu kämpfen, tot
wie er war. Die Anwendung auf diesen Ihren eigenen
Fall liegt klar zu Tage – denn ich bin zuversichtlich, Miß
Psyche, daß Sie nicht verfehlen werden, noch zum min-
desten eine und eine halbe Stunde, nachdem Sie an jenem
Hühnerbein erstickt sind, Widerstand zu leisten. Wollen
Sie gefälligst weiterschreiben.

GROTESKEN

‹ Und sterb' ich doch, so sterb' ich denn
Durch sie – durch sie!›

Das ist Deutsch – von Schiller – und heißt, was es heißt. Hier ist es klar, daß Sie mit diesem Satz die *Ursache* Ihres Unglücksfalles apostrophieren, das Huhn. Wahrlich, welcher Herr (oder auch welche Dame) von Empfindsamkeit würde – das möchte ich einmal wissen – *nicht* sterben wollen für einen wohlgemästeten Kapaun aus rechter Molukken-Zucht, mit Kapern gefüllt und *champignons* – in einer Salatschüssel serviert – mit Orangengelee *en mosaïques!* Schreiben Sie! (Sie bekommen dieselben übrigens bei Tortoni in der beschriebenen Weise vorgesetzt). Schreiben Sie, wenn's beliebt!

« Hier ist eine nette kleine lateinische Phrase, eine seltene obendrein (man kann ja gar nicht knapp und *recherché* genug sein mit seinem Latein; es wird so gewöhnlich,) – *ignoratio elenchi.* Er hat eine *ignoratio elenchi* begangen – das heißt, er hat zwar die Worte Ihrer Behauptung verstanden, doch nicht den Sinn. Der Mensch war *ein Narr,* wie Sie sehen. Irgend ein armseliger Bursche, an welchen Sie sich wandten, derweilen Sie an jenem Hühnerknochen würgten, und der also nicht verstand, wovon Ihre Rede ging. Schleudern Sie ihm die *ignoratio elenchi* in das Gesicht, und Sie haben ihn augenblicklich vernichtet. Sollte er gar noch eine Erwiderung wagen, so können Sie ihm von Lukan (hier ist er) ausrichten, daß seine Rede aus bloßen *anemonae verborum* bestehe, aus Anemonenworten also. Der Anemone nämlich gebricht es, bei großer Farbenpracht, an jeglichem Dufte. Oder sollte er aufzubrausen anheben, so fallen Sie mit einem *insomnia Iovis* über ihn her – das heißt Jupiters Träumeschäume – ein Ausdruck, welchen Silius Italicus (sehen Sie, hier!)

auf prahlerische und aufgeblasene Gedanken anwendet.
Dies wird ihn sicher und gewiß ins innerste Herze treffen. Er kann nur noch zu Boden stürzen und sterben.
Aber wollen Sie gütigst weiterschreiben.

«Aus dem Griechischen müssen wir etwas recht Hübsches nehmen – von Demosthenes zum Beispiel. ’Ἀνὴρ
ὁ φεύγων καὶ πάλιν μαχήσεται – Aner ho pheugon kai palin
machesetai. Eine leidlich gute englische Übersetzung
davon steht im Hudibras –

‹ For he that flies may fight again,
Which he can never do that's slain.›

– was wiederum übersetzt etwa hieße –

‹Wer flieht, steht nachmals seinen Mann,
Was, wer erschlagen, nicht mehr kann.›

In einem Blackwood-Artikel nimmt nichts so fein sich
aus wie Ihr Griechisch. Die bloßen Buchstaben schon
haben etwas Tiefgründiges an sich. Beachten gnä’ Frau
doch nur die verschmitzte Miene des Epsilons! Das
Phi sieht drein, als wäre ein Bischof an ihm verloren
gegangen! War je ein durchtriebneres Bürschchen als
das Omikron? Und dies geschniegelte Tau erst! Kurzum, nichts kommt in einem echten Sensations-Aufsatze
dem Griechischen ähnlich. Im vorliegenden Fall ist die
Anwendung die klarste Sache der Welt. Platzen Sie
nur – mit einem wüsten Fluch und in der Weise eines
ultimatum – heraus mit dem Satz, – dem nichtsnutzigen
Tölpel, der Ihr klares, wenn von dem Hühnerknochen
auch nicht unbeeinträchtigtes Englisch nicht verstehen konnte, mitten in das Gesicht! Er wird den Wink

begreifen und verschwinden, darauf mögen Sie sich verlassen.»

Dies waren die sämtlichen Unterweisungen, welche Mr. B. mir zu dem in Rede stehenden Gegenstande zukommen lassen konnte; doch fühlte ich, sie würden vollkommen hinreichend sein. Wenigstens war ich nunmehr endlich in der Lage, einen echten Blackwood-Artikel zu schreiben, und ich entschied mich, diese Arbeit sogleich zu unternehmen. Indem ich mich empfahl, trug mir Mr. B. noch an, den Aufsatz, wenn geschrieben, anzukaufen; doch da er mir lediglich fünfzig Guineen pro Druckbogen bieten konnte, hielt ich es für besser, ihn unserem Vereine zukommen zu lassen, als ihn für eine so elende Summe zu opfern. Ohngeachtet seines knauserigen Geistes bewies der genannte Herr mir jedoch in jedem andern Betracht die vollste Hochachtung und behandelte mich mit wahrlich der größten Liebenswürdigkeit. Seine Abschiedsworte machten meinem Herzen den tiefsten Eindruck, und ich hoffe, ich werde ihrer stets in Dankbarkeit gedenken.

«Meine teure Miß Zenobia», so sagte er, indem ihm die Tränen in den Augen standen, «Gibt es *irgend* noch etwas, das ich zu tun vermöchte, dem Erfolge Ihres löblichen Unternehmens förderlich zu sein? Lassen Sie mich nachdenken! Es möchte immer sein, daß Sie, in passender Bälde, nicht die Möglichkeit finden, zu – zu – ertrinken oder – an einem Hühnerbeine zu ersticken oder – gehenkt zu werden oder – gebissen von – von – aber warten Sie! Kommt es mir doch eben in den Sinn, daß unten im Hof ein paar ganz ausgezeichnete Bulldoggen weilen – feine Burschen, ich versichere Sie – wild, ja unbändig rasend – wahrlich grad das Richtige für Ihr Geld – sie werden binnen weniger denn fünf Minuten (hier

meine Uhr!) mit Ihnen fertig sein, samt sämtlichen Aurikeln, – und denken Sie doch nur, welch reiche Empfindungen – welche *Sensationen* Ihnen bevorstehen! Hierher! Hört ihr nicht – Tom! – Peter! – Dick, du Lümmel,
laß doch die Hunde 'raus –» – doch da ich wirklich in
großer Eile war und keinen Augenblick zu verlieren
hatte, sah ich mich zu meinem Bedauern genötigt, meinen Abschied zu beschleunigen, und infolgedessen be-
urlaubte ich mich nun doch *sogleich* – etwas eiliger wohl,
das will ich einräumen, als strenge Höflichkeit es sonst
gestattet hätte.

Meine Hauptaufgabe, nachdem ich Mr. Blackwood verlassen, bestand nun darin, mich unmittelbar – in getreuer
Befolgnis seines Rates – einigen Fährnissen auszusetzen, und in dieser Absicht verbrachte ich den größern
Teil des Tages damit, in ganz Edinburgh auf der Suche
nach verwegenen Abenteuern umherzuwandern – Abenteuern, welche der Intensität meiner Gefühle ebenbürtig
und dem umfassenden Geiste des Artikels angemessen
wären, den ich zu schreiben gedachte. Auf dieser Ex-
kursion begleiteten mich ein Negerdiener, Pompeius,
und mein Schoßhündchen Diana, das ich mir von Boston
mitgebracht hatte. Es kam jedoch nicht vor dem späten
Nachmittage, daß meinem heißen Bemühen ein voller
Erfolg beschieden ward. Es trat da ein bedeutendes Ereignis ein, dessen Ergebnis und Substanz der nun folgende, im heterogenen Ton gehaltene Blackwood-Artikel bietet.

Welch grimm' Geschick hat, Frau, Euch dies getan?
Comus

Es war an einem friedreichen und stillen Nachmittage,
da ging ich in der anmutigen Stadt Edina so für mich hin.
Lärm und Getümmel in den Straßen waren fürchterlich.
Männer schwatzten. Weiber kreischten. Kinder schmatz-
ten. Schweine quiekten. Karren ratterten. Rinder blök-
ten. Kuhe muhten. Rosse wieherten. Katzen maunzten.
Hunde tanzten. *Tanzten!* War denn das die Möglichkeit?
Tanzten! Ach, dachte ich, die Tage, da *ich* tanzte, sind
dahin! So ist der Lauf der Welt. Welche Fülle trüber Erinnerungen wird nicht immer und wieder im Gemüte
reich angelegter und beschaulich sinniger Geister em-
porquillen, vorzüglich bei einem Genius, welcher verurteilt ist zum Immerwährenden, zum Ewigen, zum
Alldauernden und, wie man wohl sagen könnte, *All-
dauerhaften* – ja, zum *alldauerhaft Alldauernden,* – dem bit-
teren, marternden, verwirrenden, dem – wenn mir der
Ausdruck erlaubt sei – *sehr* störenden Einflusse des heitern, göttergleichen, himmlischen, des erhebenden, erhabnen und erhobenen, des reinigenden Effektes dessen,
was mit Fug wohl das beneidenswerteste, das wahrlich
*aller*beneidenswerteste – nein! das segensreichst schönste, das köstlichst entzückendst ätherischste, das *hübscheste* (wenn ich einen so kühnen Ausdruck wagen darf)
Ding (verzeihe, geneigter Leser!) in der Welt genannt
wird, ja im ganzen – – doch meine Gefühle reißen mich
hin. In *solch* einem Gemüte, wiederhole ich, – welche
Fülle von Erinnerungen wird darin nicht von dem win-

zigsten Umstande aufgeführt! Die Hunde tanzten! *Ich* – ich konnte's nicht! Sie hüpften munter – ich jedoch, ich weinte. Sie sprangen in die Luft – ich schluchzte laut. Ergreifend Bild! – welches nicht verfehlen wird, dem klassisch gebildeten Leser jene erlesene Stelle von aller Dinge Faß- und Paßlichkeit in das Gedächtnis zu bringen, mit welcher das dritte Buch des bewundernswürdigen und unschätzbaren chinesischen Romanes anhebt, des Wau-Miau-nie.

Auf meinem einsamen Gange durch die Stadt hatte ich zwei bescheidene, doch treue Begleiter. Diana, mein Pudelchen! süßeste Kreatur! Sie trug ein gar anmutig Büschlein Haare über dem einen Aug', und ein blaues Band schlang sich höchst modisch um ihren Hals. Diana hatte nicht mehr denn fünf Zoll Höhe, doch war ihr Haupt um einiges größer als ihr Körper, und der Schwanz, welcher außerordentlich kurz abgeschnitten, gab dem interessanten Tier ein *air* verletzter Unschuld, wodurch es zu Aller erklärtem Liebling geworden.

Und Pompeius, mein Neger! – holdester Gefährte! Wie sollte ich wohl jemals dein vergessen! Ich hatte ihn beim Arm genommen. Er war wohl drei Fuß hoch (ich bin so gern genau) und siebzig, oder vielleicht achtzig, Jahre alt. Er hatte Sichelbeine und war recht beleibt. Seinen Mund sollte man nicht eigentlich klein nennen, wie auch seine Ohren nicht kurz. Doch waren seine Zähne gleich wie Perlen, und seine großen runden Augen zeigten das köstlichste Weiß. Die Natur hatte ihm einen Hals versagt und seine Knöchel (wie bei jener Rasse allgemein erscheinlich) gleich mitten auf dem obern Teil der Füße angebracht. Er war mit rührender Einfachheit gekleidet. Seine einzige Gewandung bestand aus einem Stocke von wohl zehn Zoll Höhe und einem nahezu neuen mausgrauen Überrock, welcher früher dem schlanken, stattlichen und rühmlichst bekannten Dr. Fennichmacher gedient hatte. Es war ein guter Überrock. Von tadellosem Schnitt. Vortreffliche Arbeit. Der Rock war nahezu neu. Pompeius hielt ihn hoch mit beiden Händen, auf daß er ihn dem Schmutz entzöge.

Wir waren unser zu drei Personen, und zwei davon sind nun schon Gegenstand der Beschreibung gewesen. Aber es war noch eine dritte da, und diese dritte war – ich selbst! Ich bin die Signora Psyche Zenobia. Ich bin *nicht* Sissylein Snobbs. Ich bin von sehr gebietender Erscheinung. Zu dem bemerkenswerten Zeitpunkte, von welchem ich spreche, war ich in ein karmesinenes Satingewand gekleidet – mit einer himmelblauen arabischen Mantille. Und das Kleid hatte einen grünspangenen Saumbesatz sowie sieben zierliche Falbeln von der Farbe der apfelsinigen Aurikel. Dergestalt bildete ich die Dritte im Bunde. Da war der Pudel. Da war Pompeius. Und da war ich selbst. Wir waren *drei.* So, heißt es, gab es ursprünglich nur drei Furien – Melitta, Mamma und Adele – Nachdenken, gutes Gedächtnis und Violinspiel.

Gestützt auf den Arm des ritterlichen Pompeius und gefolgt, in respektvoller Entfernung, von Diana, wandelte ich auf einer der volkreichen und sehr unterhaltenden Straßen der nun verödeten Stadt Edina dahin. Ganz plötzlich bot sich eine Kirche meinen Blicken dar – eine gotische Kathedrale – ungeheuer, ehrwürdig, und mit einem gewaltigen Glockenturm versehen, der hoch hinauf zum Himmel ragte. Welcher Wahnsinn jetzt ergriff von mir Besitz? Was trieb mich meinem Schicksal in die Arme? Ich ward von einem unbezwinglichen Verlangen gepackt, die schwindelnde Zinne zu erklimmen und von dort die unermeßliche Ausdehnung der Stadt zu überschauen. Einladend stand der Kathedrale Tür geöffnet. Mein Schicksal überwand mich. Schon trat ich unter das unheilkündende Portal! Wo war da mein Schutzengel? – wenn es wirklich solche Engel gibt. *Wenn!* Schmerzliches Silbenwort! welch eine Welt von Geheimnis, von Zweifel und Bedeutung, von Ungewißheit liegt in diesen vier Buchstaben beschlossen! Ich trat unter das unheilkündende Portal! Ich trat hinein; und ohne an meinen apfelsinigen Aurikeln Schaden zu nehmen, schritt ich unter der Wölbung her und tauchte in der Vorhalle wieder auf. So, sagt man, floß dereinst der Riesenstrom Alfredo, ganz unbeschädigt, ohne naß zu werden, unter dem Meere hin.

Ich dachte, die Treppen würden nie ein Ende nehmen. *Rundum!* Ja, immer runder ging es hier rundum, hinauf, rundum, hinauf, rundum, und immer weiter rund hinauf rundum, bis ich mich des Verdachtes nicht mehr entbrechen konnte, einig bei diesem Gedanken mit dem scharfsinnigen Pompeius, auf dessen hilfreich stützenden Arm ich mich mit dem ganzen Vertrauen alter herzlicher Zuneigung lehnte, – mich des Verdachtes nicht mehr entbrechen *konnte,* sagte ich, daß man das obere Ende der sich beständig in Spiralen weiter windenden Wendeltreppe versehentlich, oder gar aus Absicht, entfernt habe. Ich verhielt, um Atem zu schöpfen; und gelegentlich dessen trat ein Ereignis ein, zu wichtig und folgenschwer von Natur, unter moralischem wie auch metaphysischem Betrachte, um es ohne Bemerken vorüber gehen zu lassen. Es wollte mir scheinen – nein, ich war des Tatsächlichen meiner Wahrnehmung ganz sicher – ich konnte nicht irren – nein! ich hatte bereits seit einigen Augenblicken die Bewegungen Dianens mit sorgsamem und ängstlichem Bedacht beobachtet – ich

GROTESKEN

konnte, sagte ich, einfach *nicht irren* – – Diana *witterte eine Ratte!* Unverzüglich zog ich Pompeii Aufmerksamkeit zu Rate, und er – er stimmte meiner Deutung bei! So war denn keinem Zweifel der Vernunft noch länger Raum zu geben. Die Ratte war gewittert worden – und zwar von Diana. Himmel! werde ich je die hoch gespannte Erregung dieses Augenblicks vergessen? Ach! was ist des Menschen so gepriesener Intellekt! Die Ratte! – da war sie – das heißt, sie war dort irgendwo. Diana roch die Ratte. *Ich* – ich *konnte's* nicht! So, heißt es, hat die preußische Isis für manche Menschen einen süßen und sehr kräftigen Duft, während sie Anderen vollkommen geruchlos erscheint.

Die Treppe war nun überwunden, und nurmehr drei oder vier Stufen lagen noch zwischen uns und unserm hohen Ziele. Wir stiegen rüstig fort, und jetzt verblieb uns nur noch eine Stufe. Eine Stufe! eine kleine, winzige Stufe! Von solch einer kleinen Stufe im großen Treppenhaus des menschlichen Lebens – welch riesige Summe menschlichen Glücks und Elends hängt oft von ihr nur ab! Ich dachte an mich selbst, dann an Pompeius, und dann an das geheimnisvolle und unergründliche Geschick, welches uns waltend umgab. Ich dachte an Pompeius! – ach, ich gedachte der Liebe! Ich dachte an die vielen trügerischen Stufen und an die vielen *Fehltritte,* die schon getan wurden und wohl wieder und wieder getan werden werden. Ich beschloß, noch vorsichtiger, noch zurückhaltender zu sein. Ich gab Pompeii Arm frei, und ohne seinen Beistand erklomm ich die noch verbleibende eine Stufe und gewann die Glockenkammer. Mein Pudel folgte mir unbedenklich nach. Pompeius allein blieb zurück. Ich stand am obersten Ende der Treppe und ermutigte ihn, sie ebenfalls zu ersteigen. Er

streckte seine Hand nach mir aus und wurde unglücklicherweise durch dieses Tun genötigt, den sichern Halt
seines Überrockes aufzugeben. Wolln denn die Götter
nie von ihren Verfolgungen abstehen? Der Rock fiel
nieder, und mit einem seiner Füße trat Pompeius auf
einen der langen und nachschleppenden Schöße des
Rockes. Er strauchelte und fiel – diese Folge war unvermeidlich. Er fiel vornüber und schlug mir mit seinem
verwünschten Kopfe direkt gegen die – gegen die Brust,
wodurch er bewirkte, daß ich, zusammen mit ihm selbst,
der Länge nach auf den harten, unflätigen, verab-
scheuenswürdigen Boden des Glockenhauses hinstürzte.
Doch meine Rache kam sicher, rasch und vollkommen.
Ihn wild mit beiden Händen in der Wolle packend, riß
ich ihm eine riesige Menge des schwarzen, krüllig kraus-
ligen Zeuges aus und schleuderte es mit allen Zeichen
der Verachtung von mir. Es fiel unter die Glocken-
stränge und blieb dort liegen. Pompeius erhob sich und
sagte kein einziges Wort. Doch blickte er mich schier
Mitleid erregend aus seinen großen Augen an und –
seufzte. Ihr Götter! – welch ein Seufzen! Es schnitt mir
tief ins Herz. Und dann das Haar – die Wolle! Hätte ich
sie nur erreichen können, ich hätte sie genetzt mit meinen Tränen, zum Zeugnis meiner Reue. Doch ach! sie
war nun meinem Griff entzogen. Wie sie so zwischen
dem Glockenstrangwerk hing, vom Winde lind berührt,
da war es mir, als sei sie noch lebendig. Mir war, als er-
bebe sie voller Unmut. So treibt auf Java, heißt es, das
Happyendum Floß Haaris die entzückendste Blüte, welche lebendig bleibt, wenn man es mit den Wurzeln aus-
reißt. Die Eingeborenen hängen es an einem Bindfaden
an die Decke und ergötzen sich jahrelang danach noch
an seinem Dufte.

Unser Zwist war nun begraben, und wir sahen uns im Raum nach einer Öffnung um, durch welche die Stadt Edina zu überschauen wäre. Fenster waren keine vorhanden. Das einzige Licht, das in die dämmrige Kammer Zulaß fand, drang durch eine quadratische Öffnung von wohl einem Fuß Durchmesser, welche sich in einer Höhe von etwa sieben Fuß über dem Boden befand. Doch was vermöchte eines wahren Genius Energie nicht zu bewirken? Ich beschloß alsbald, zu diesem Loch emporzuklimmen. Ein wüster Haufen Räder, Drehlinge, Federn und anderes kabbalistisch anmutendes Maschinenwerk befand sich eng dem Loche gegenüber; und durch das Loch verlief, von der Maschinerie aus, eine Eisenstange. Zwischen den Rädern und der Wand, in welcher sich das Loch zeigte, war kaum nur Raum für meinen Leib – doch handelte ich mit dem Mute der Verzweiflung und beschloß, empor zu dringen. Ich rief Pompeius an meine Seite.

«Du erblickst dort jene Öffnung, Pompeius. Ich wünsche, durch sie hindurchzuschauen. Du wirst dich hier genau unter das Loch stellen – so. Nun lege eine deiner Hände an, Pompeius, und laß mich darauf steigen – so. Nun auch die andere Hand, Pompeius, und mit ihrem Beistand werde ich auf deine Schultern gelangen.»

Er tat alles, was ich wünschte, und da ich hinaufgelangt war, fand ich, daß ich mit Leichtigkeit Kopf und Hals durch die Öffnung stecken konnte. Die Aussicht war hocherhaben. Nichts konnte großartiger sein. Ich unterbrach mein Schauen nur für einen Augenblick, um Diana zu schicklichem Betragen anzuhalten und Pompeius zu versichern, daß ich rücksichtsvoll sein und mich auf seinen Schultern so angenehm wie möglich machen wolle.

Ich sagte ihm, ich gedächte die zarteste Rücksicht auf
seine Gefühle zu nehmen, eine Rücksicht – *ausser tante
quaisebire*. Nachdem ich meinem treuen Freunde solchermaßen gerecht geworden, gab ich mich selbst mit dem
größten Behagen und schierer Begeisterung dem Genuß
der Szene hin, welche sich so gefällig vor meinen Augen
breitete.

Über diesen Gegenstand mich des breitern auszulassen,
werde ich jedoch Abstand nehmen. Ich will die Stadt
Edinburgh nicht beschreiben. Ist doch Jedermann schon
in Edinburgh – dem klassischen Edina – gewesen. Ich
werde mich auf die *wesentlichen* Einzelheiten meines eigenen beklagenswerten Abenteuers beschränken. Nachdem ich einigermaßen meine Neugier in Betracht der
Ausdehnung, Lage und allgemeinen Erscheinung der
Stadt befriedigt hatte, fand ich die Muße, über die Kirche, in welcher ich mich befand, und die köstliche Archi-
tektur des Turmes sinnend hinzublicken. Ich bemerkte,
daß die Öffnung, durch welche ich meinen Kopf ge-
schoben hatte, im Zifferblatte einer gigantischen Uhr angebracht worden war und von der Straße aus wohl nicht
größer als ein weites Schlüsselloch ausgesehen haben
muß, wie wir es von französischen Taschenuhren kennen. Zweifelsohne war sein natürlicher Zweck, dem
Arme eines Wärters Raum zu geben, wenn es notwendig
wurde, die Zeiger der Uhr von innen zu stellen. Mit Erstaunen ebenfalls bemerkte ich die ungeheuern Ausmaße
dieser Zeiger, von welchen der größte nicht weniger
denn zehn Fuß in der Länge und, an seiner dicksten
Stelle, acht oder neun Zoll in der Breite besitzen mochte.
Sie waren dem Anschein nach aus gediegenem Stahl, und
ihre Kanten wirkten ziemlich scharf. Nachdem ich diese
und noch einige andere Umstände zur Kenntnis genom-

men hatte, wandte ich meine Augen wieder der prächtigen Aussicht unter mir zu und versank alsbald in tiefes Sinnen.

Aus diesem wurde ich, nach einigen Minuten, jäh durch die Stimme Pompeii gerissen, welcher erklärte, er könne es nicht länger mehr aushalten, und mich ersuchte, doch gütigerweise wieder hernieder zu steigen. Dies war eine Zumutung, bar jeder Vernunft, und das ließ ich ihn vermittels einer längern Ansprache auch wissen. Er scheute nicht die Erwiderung, doch bewies diese nur eine völlige Verständnislosigkeit gegenüber meinen in Rede stehenden Ideen. Infolgedessen ergrimmte ich und teilte ihm in klaren Worten mit, daß er ein Narr sei, daß er eine *ignorante elendige* begangen habe, daß seine Bemerkungen nur eine *Unsumme Bockmiſt* seien und seine Worte wenig besser als *verbohrte Buschwindröschen*. Hiermit schien er zufrieden gestellt, und ich nahm meine beschaulichen Betrachtungen wieder auf.

Es mochte eine halbe Stunde nach diesem Hader verstrichen sein, als ich, tief versunken in den himmlischen Anblick unter mir, von etwas sehr Kaltem erschreckt wurde, das einen sanften Druck auf meinen Nacken übte. Es ist unnötig zu sagen, daß mich ein unaussprechliches Gefühl der Bestürzung überkam. Ich wußte Pompeius unter meinen Füßen, ich wußte, daß Diana, gemäß meiner ausdrücklichen Anweisung, auf den Hinterbeinen in der fernsten Ecke des Raumes saß. Was konnte es sein? Ach! ich sollte es nur zu bald entdecken. Indem ich mein Haupt behutsam zur Seite wandte, bemerkte ich, zu meinem äußersten Entsetzen, daß sich der ungeheure, glänzende, säbelgleiche Minutenzeiger der Uhr in seinem stündlichen Umlauf *auf meinen Nacken herabgesenkt hatte!* Es war, das wußte ich, keine Sekunde mehr zu ver-

lieren. Augenblicklich versuchte ich, den Kopf zurück-
zuziehen, – doch es war zu spät. Keine Möglichkeit mehr
gab es, mein Haupt dem Rachen jener schrecklichen
Falle zu entreißen, in die ich mich so bieder ahnungslos
begeben hatte und die nun enger, immer enger wurde,
mit einer Geschwindigkeit – zu gräßlich, um ihr Ende
auszudenken. Die Seelenangst jenes Augenblickes geht
über alle Beschreibung. Ich warf die Hände empor und
mühte mich mit aller Kraft, die gewichtige Eisenstange
von mir weg zu drücken. Doch eben so gut hätte ich versuchen können, die Kathedrale selbst empor zu heben.
Tiefer, tiefer, immer tiefer kam der Stahl, näher, enger
noch und immer enger. Ich schrie nach Pompeius um
Hilfe: doch er gab nur zurück, ich hätte seine Empfindungen verletzt, indem ich ihn einen ‹Ignoramus elendi-
gen› genannt. Gellend erscholl mein Ruf nach Diana;
doch sie erwiderte lediglich «bau-wau-wau» – und daß
ich «ihr befohlen, sich um keinen Preis aus der Ecke zu
rühren». So hatte ich denn von meinen Gefährten keine
Erlösung zu gewärtigen.

Mittlerweile hatte die schwere und schreckliche *Sense der
Zeit* (denn nun entdeckte ich die wörtliche Bedeutung
jenes klassischen Ausdrucks) nicht abgelassen von ihrer
Laufbahn, noch ließ sich annehmen, daß sie es tun werde.
Tiefer und immer tiefer kam sie herab. Schon hatte sie
ihre scharfe Schneide einen ganzen Zoll tief in mein
Fleisch gegraben, und meine Empfindungen wurden un-
klar und verworren. Einmal war es mir, als befände ich
mich in Boston bei dem stattlichen Dr. Fennichmacher,
ein andermal wieder schien ich im Empfangszimmer von
Mr. Blackwood zu sitzen und seine unschätzbaren Wei-
sungen zu empfangen. Und dann wieder kamen die
süßen Erinnerungen an bessere und frühere Zeiten über

mich, und ich gedachte jener glücklichen Tage, da die
Welt noch keine Wüste und Pompeius noch nicht so
grausam gewesen.

Das Ticken der Maschine belustigte mich. *Belustigte
mich,* sage ich, denn meine Empfindungen grenzten jetzt
an vollkommene Glückseligkeit, und die winzigsten
Umstände bereiteten mir Vergnügen. Das ewige tick-
tack, tick-tack, tick-tack der Uhr war meinen Ohren die
melodischste Musik und rief gelegentlich sogar die Erinnerung an die angenehmen und überaus künstlichen
Reden des Dr. Ollerpott in mir wach. Dann waren da
die großen Zeichen auf dem Zifferblatt – wie gebildet,
wie durchgeistigt sie alle aussahen! Und eben jetzt setzten sie zum Tanze einer Mazurka an, und ich denke, es
war die Ziffer V, die es am meisten zu meiner Befriedigung vollführte. Sie war ganz offensichtlich eine Dame
von Lebensart. Keine von diesen Aufschneiderinnen: –
und ihre Bewegungen hatten überhaupt nichts Unfeines
an sich. Die Pirouette vollbrachte sie einfach zum Entzücken – wirbelnd um ihren Scheitelpunkt. Ich unternahm eine Anstrengung, ihr einen Stuhl zu reichen, denn
ich sah, daß sie offensichtlich ermüdet war von ihren Bemühungen – und erst da, in diesem Augenblick, kam
mir meine beklagenswerte Lage wieder voll zu Bewußtsein. Wahrlich, beklagenswert! Der Zeiger hatte sich
schon zwei Zoll tief in meinen Nacken gegraben. Meine
Sinne wurden von den erlesensten Qualen geschüttelt.
Ich flehte und betete um den Tod, und in der Seelenpein
des Augenblicks konnte ich nicht umhin, die köstlichen
Verse Michels des Zehrwanstes vorzutragen:

«*Wenn muerte, dann escondida.*
   Keiner tête di Sense wennse,

Park und Plätze demoliert,
  Nornen turnen hasta la vista.»

Doch nun zeigte sich ein neues Schrecknis, und wahrlich
eines, geeignet, die stärksten Nerven zu verstören. Meine Augen nämlich schickten sich, unter dem grausamen
Drucke der Maschine, ganz entschieden an, aus ihren
Höhlen zu treten. Während ich noch sann, wie ich möglicherweise ohne sie würde auskommen können, entfiel
schon eins tatsächlich meinem Haupte und blieb, indem
es an dem steilen Turme abwärts rollte, in der Regen-
rinne hängen, welche am Dachbau des Hauptschiffes entlang verlief. Der Verlust des Auges selbst war nicht so
übel wie der anmaßende Ausdruck der Unabhängigkeit
und Verachtung, mit welchem es mich, nachdem es ent-
wichen, betrachtete. Da lag es in der Rinne, just unter
meiner Nase, und das Ansehen, welches es sich gab, wäre
lächerlich zu nennen, hätte diesen Ausdruck nicht ein
solcher der schieren Abscheulichkeit noch übertroffen.
Nie ward zuvor wohl je ein solches Blinkern und Zwinkern gesehen. Dieses Betragen vonseiten meines Auges
in der Dachrinne war, auf Grund seiner ausgesprochenen Unverschämtheit und schamlosen Undankbarkeit,
nicht nur geeignet, den höchsten Zorn zu erwecken,
sondern mußte insgleichen, erwägt man die Sympathie,
welche stets zwischen zwei Augen des gleichen Hauptes
besteht, seien sie auch weit voneinander entfernt, außerordentlich ungehörig wirken. Denn so nun war ich
gleichsam genötigt, in einem fort zu blinkern und zu
zwinkern, ob ich nun wollte oder nicht, – in genauer
Übereinstimmung mit dem schurkischen Dinge, welches
da just unter meiner Nase lag. Bald jedoch wurde mir,
vermittels des Ausfalls meines andern Auges, Erleichte-

rung zuteil. Es nahm beim Fallen die selbe Richtung
(vermutlich ein ausgemachtes Komplott) wie sein Kumpan. Beide rollten nunmehr im Vereine aus der Rinne
hinaus, und wahrlich, ich war froh, ihrer ledig zu werden.

Der Zeiger war nun vier und einen halben Zoll tief in
meinen Nacken gedrungen, und nur ein kleines Rest-
chen Haut verblieb noch zu durchschneiden. Meine
Empfindungen waren solche vollkommener Seligkeit,
fühlte ich doch, daß ich längstens in ein paar wenigen
Minuten aus meiner mißlichen Lage würde erlöst sein.
In dieser Erwartung sah ich mich denn auch nicht getrogen. Genau am Nachmittag um fünf Uhr fünfundzwanzig Minuten war der ungeheure Stahlzeiger auf seiner gräßlichen Bahn genügend weit fortgeschritten, um
den letzten schmalen Überrest meines Nackens abzu-
trennen. Ich spürte durchaus kein Bedauern, den Kopf,
welcher mir zuletzt solche Verlegenheiten bereitet, endgültig von meinem Leibe scheiden zu sehen. Er rollte
zuerst am Turm hinunter, dann verhielt er für wenige
Sekunden in der Dachrinne und nahm schließlich seinen
Weg in jähem Sturze mitten auf die Straße hinab.

Ich will freimütig bekennen, daß meine Empfindungen
nunmehr von einzigartigstem – nein, von geheimnisvoll-
stem, verwirrendstem und unbegrenztestem Charakter
waren. Meine Sinne weilten hier und dort, in ein und
dem selben Augenblick. Mit meinem Kopfe stellte ich
mir zum einen vor, daß ich, der Kopf, die wirkliche
Signora Psyche Zenobia sei – zum andern aber fühlte
ich die Überzeugung, daß doch mir selbst, dem Körper,
die eigentliche Identität zukomme. Um meine Begriffe
bezüglich dieses Gegenstandes zu klären, tastete ich in
meiner Tasche nach der Schnupftabakdose, doch indem

ich sie ergriff und mich anschickte, mir eine Prise von ihrem angenehmen Inhalt in der gewöhnlichen Weise zuzuführen, wurde ich unmittelbar meines eigentümlichen Mangels gewahr und warf die Dose augenblicklich nach unten, meinem Haupte zu. Dieses nahm mit großer Befriedigung eine Prise und schenkte mir ein anerkenntliches Lächeln. Kurze Zeit danach hielt es mir eine Rede, welche ich jedoch ohne Ohren nur undeutlich vernehmen konnte. So viel allerdings begriff ich davon, daß es sich über meinen Wunsch verwunderte, unter solchen Umständen noch weiter am Leben zu bleiben. In den abschließenden Sätzen führte es die herrlichen Worte von A. Rost an –

Ich dove hummel que non er' am Orto,
und dada kommt am ende der il Morto.

– indem es mich mit dem Helden verglich, welcher in der Hitze des Gefechtes nicht bemerkte, daß er tot war, und fortfuhr, mit unauslöschlicher Tapferkeit zu streiten. Jetzt gab es nichts mehr, was mich hätte hindern können, von meinem hohen Standpunkte hernieder zu steigen, und so tat ich dies. Was es war, das Pompeio an meiner Erscheinung so *sehr* wunderlich vorkam, habe ich jedoch nie so recht herausfinden können. Der Bursche öffnete den Mund von einem Ohr zum andern und schloß seine beiden Augen, als liege ihm die Bemühung ob, Nüsse zwischen den Lidern zu knacken. Indem er schließlich seinen Überrock fahren ließ, tat er einen Sprung nach der Treppe und verschwand. Ich aber schleuderte dem Schurken die leidenschaftlichen Worte von de Mostenes nach –

GROTESKEN

Anna, du pheiglink, deibelwat machsduda!

– und wandte mich dann zu dem Liebling meines Herzens, der einäugigen, zottelhaarigen Diana. Ach! welch eine greuliche Vision bot da sich meinen Augen! War's eine *Ratte,* welche dort in diesem Loch dahin ich schleichen sah? Sind dies die kostbaren Gebeine meines kleinen Engels, der von dem Ungeheuer grausam aufgefressen? Ihr Götter! was erblicken meine Augen! – ist's die entfloh'ne Seele, ist's der Geist, der Schatten des geliebten Hundchens, den dort ich in der Ecke mit solcher düstern Anmut sitzen sehe? Horch! denn er spricht und – Himmel! 's ist von Schillern –

«*Unsterblich dick, unsterblich dünn*
Durch sie – durch sie!»

Ach! sind nicht diese Worte nur zu wahr? Süßeste Kreatur! auch *sie* hat sich geopfert – nur zu meinem Frommen. Hundlos, niggerlos, kopflos – was bleibt der unseligen Signora Psyche Zenobia wohl *jetzt* noch übrig? Ach – *nichts!* Es geht zu Ende. Es ist aus.

Was hat die Glock' geschlagen?
Altes Sprichwort

Jedermann weiß, daß der platt-dütsche Marktflecken Wunnerwobliftitid das schönste Plätzchen auf der Welt ist – oder, ach, nun *war*. Doch da es in einiger Entfernung von den breiten Heerstraßen liegt, so recht eigentlich ‹abwegig›, absonderlich abgesondert, sind unter meinen Lesern vielleicht nur wenige, welche ihm je einen Besuch machten. Zum Vorteil aller, welche dies versäumten, wird es daher wohl angeraten sein, daß ich des nähern einmal darauf eingehe. Und dies ist in der Tat um so notwendiger, als ich – in der Hoffnung, zum Frommen seiner Bewohner die öffentliche Teilnahme zu gewinnen – hier eine Geschichte jener unsäglich schicksäligen Ereignisse zu geben im Sinn habe, welche sich jüngst in seinen Mauern zugetragen. Niemand, der mich kennt, wird bezweifeln, daß die mir damit selbstauferlegte Pflicht nach besten Kräften erfüllt werden wird, – mit all der strengen Unparteilichkeit, all jener behutsamen Umsicht im Betracht der Tatsachen und emsigen Kollation von Autoritäten, von welchen Eigenschaften stets ausgezeichnet sein sollte, wer nach dem Titel eines Historikers trachtet.
Vermittels des vereinigten Beistandes von Medaillen, Manuskripten und Inschriften sehe ich mich im Stande, die Behauptung zu vertreten, daß der Flecken Wunnerwobliftitid seit seinem Anbeginn in ganz der nämlichen Lage und Beschaffenheit bestanden hat, welche er gegenwärtig noch bewahrt. Vom Zeitpunkt dieses seines Anbeginns jedoch vermag ich zu meiner Betrüb-

nis nur mit jener *species* unbestimmter Bestimmtheit zu sprechen, mit welcher die Mathematiker sich zu Zeiten in gewissen algebraischen Formeln zu behelfen gezwungen sind. Der Zeitpunkt, so darf ich, im Betracht seiner Entlegenheit in grauem Altertum, wohl sagen, kann nicht um weniger zurückliegen, als jeglicher nur irgend nachweisbare Zeitraum beträgt.

Was nun die Ableitung des Namens Wunnerwobliftitid anbelangt, so bekenne ich voller Schmerz, daß ich hierin gleicher Weise in der Irre gehe. – Unter einer Unzahl von Meinungen zu diesem heikeln Punkte, welche teils scharfsinnig, teils gelehrt – aber auch von hinreichend gegenteiligen Qualitäten, vermag ich nichts auszulesen, was für zufriedenstellend erachtet werden dürfte. Vielleicht wäre dem Einfall von Schnapsich, welcher mit der Deutung Krautenrübbes nahezu überein stimmt, behutsam der Vorzug zu geben. Er lautet: – «*Wunnerwobliftitid – Wunner, lege Dunner – Wobliftitid, quasi und Bliftids – Bliftids obsol: pro Blitze.*» Diese Ableitung wird, um die Wahrheit zu sagen, gar noch unterstützt von einigen Spuren des elektrischen Fluidums, welche unverkennbar an der Turmspitze des Ratshauses sichtbar sind. Ich darf es mir jedoch nicht herausnehmen, mich in einem Fall von solcher Bedeutung festzulegen, und muß daher alle diejenigen Leser, welche es nach weiterer Erkenntnis dürstet, auf die ‹*Oratiunculae de Rebus Praeter-Veteris*› von Ohnfugger verweisen. Siehe auch Bockschütz ‹*De Derivationibus*›, pag. 27 bis 5010 der Gothischen Folio-Ausg. (Handschrift in Rot-Schwarz; Blatthüter; keine Chiffre); – wozu gleichzeitig noch die eigenhändigen Marginalien von Blähewint mit den Sub-Kommentaren von Fressenprasser beizuziehen wären.

Ungeachtet der Dunkelheit, welche mithin den Zeitpunkt der Gründung von Wunnerwobliftitid und die
Ableitung seines Namens umgibt, kann, wie ich im
vorigen bereits ausführte, kein Zweifel sein, daß es
stets und immer so bestanden hat, wie wir es in dieser
Epoche vorfinden. Der älteste Mensch im Flecken vermag sich nicht des leisesten Unterschieds in der Erscheinung irgend nur eines seiner Teile zu entsinnen;
und tatsächlich wird bereits die bloße Andeutung einer
solchen Möglichkeit dortselbst für einen Schimpf betrachtet. Gelegen ist das Dorf in einem vollkommen
kreisrunden Tale von wohl einer Viertelmeile Umfang,
und es ist gänzlich von sanften Hügeln umgeben, deren
Kuppen man noch nie zu überschreiten wagte. Hierfür
wird der sehr gute Grund angegeben, man glaube nicht,
daß auf der andern Seite sich überhaupt nur irgend
etwas befinde.

Rund an den Rändern des Tals (das ganz und gar eben
ist und überall mit flachen Ziegeln gepflastert) zieht sich
eine fortlaufende Reihe von sechzig kleinen Häusern
hin. Da diese sämtlich die Rückseite den Hügeln zu-
kehren, müssen sie natürlich zum Mittelpunkt der
Ebene hinblicken, welcher just sechzig Ellen von der
Haustür einer jeden Wohnung liegt. Jedes Haus hat vor
sich einen kleinen Garten mit einem kreisrunden Pfade
darin, einer Sonnenuhr und vierundzwanzig Kappesköppen. Die Gebäude selbst sind einander so auf das
Haar ähnlich, daß man das eine schier nicht vom andern
unterscheiden kann. Durch das ohne Maßen ehrwürdig
hohe Alter bedingt, nimmt sich der architektonische
Stil ein wenig wunderlich aus, doch wirkt er aus diesem
Grunde nicht weniger überraschend malerisch. Die
Bauten sind alle aus hartgebrannten kleinen Ziegel-

steinen aufgeführt, roten, mit schwarzen Fugen, so daß
die Mauern wie ein Schachbrett im Großen aussehen.
Die Giebel sind nach vorn gewendet, und über den
Dachtraufen und über den Haupttüren gibt es Gesimse,
so groß wie das ganze übrige Haus. Die Fenster liegen
eng und tief, mit sehr winzigen Scheiben und einer
Menge Rahmenwerk. Auf dem Dache findet sich eine
riesige Masse Pfannen mit langen geschweiften Ohren.
Das Holzwerk ist durchweg von dunkler Schattierung
und trägt allerlei Schnitzereien, deren Muster freilich
nur höchst geringe Abwechslung bieten; denn seit undenklichen Zeiten schon haben die Holzschnitzer von
Wunnerwobliftitid nie mehr als zwei Gegenstände zu
schnitzen vermocht – eine Uhr und einen Kappeskopp.
Doch diese vollbringen sie überaus vorzüglich und
setzen sie, mit schier einziger Findigkeit, überall hin,
wo sie nur Raum für den Schnitzstichel finden.
Die Wohnungen ähneln sich innen grad ebenso wohl
als außen, und die Möbel folgen sämtlich dem selben
Vorbild. Die Böden bestehen aus viereckigen Ziegeln,
die Stühle und Tische – mit ihren dünnen, krumm ver-
schrobenen Beinchen und täppischen Hundefüßen –
aus schwärzlichem Holz. Die Kaminsimse sind weit
und hoch und tragen nicht nur allerlei Uhr- und Kappes-
koppschnitzereien über der Vorderfront, sondern hoch
oben in der Mitte gar eine richtige Uhr, die ein gewalti-
ges Ticken vollführt, und dazu auf jeder äußern Ecke –
gleichsam als Vorhut – einen Blumentopf, welcher einen
Kappeskopp enthält. Zwischen jedem Kappes und der
Uhr wiederum steht ein Porzellanmännlein, das einen
gewaltigen Bauch hat, mit einem großen runden Loch
darin, durch welches man das Zifferblatt einer kleinen
Uhr erblickt.

Die Feuerstellen sind groß und tief, mit krumm und grimmig dreinblickenden Feuerböcken. Dort knastert ohne Unterlaß ein lebhaftes Feuer, und über ihm hängt ein ungeheurer Topf voll Sauerkraut und Schweinefleisch, welchem die gute Hausfrau stetig die emsigste Aufmerksamkeit angedeihen läßt. Sie selber ist eine kleine fette alte Dame, mit blauen Augen und einem roten Gesicht, und trägt eine ungeheure Haube, einem Zuckerhut ähnlich, welche mit purpurnen und gelben Bändlein geschmückt ist. Ihr Kleid besteht aus apfelsinenfarbenem Baumwollstoff und ist hinten sehr voll, an der Taille aber sehr knapp – und knapp tatsächlich auch in anderer Hinsicht noch, da es nicht weiter als bis zur Mitte der Beine herabreicht. Diese sind von einiger Dicke, was auch von den Fesseln zu sagen wäre, doch trägt sie, dieselben zu verdecken, ein feines Paar grüner Strümpfe. Ihre Schuhe, aus nelkenrosa Leder, sind ein jeglicher mit einem Knäuel gelber Bänder befestigt, welche zur Gestalt eines Kappeskopps gebauscht sind. In der linken Hand hält sie eine kleine schwere Schwarzwälder Uhr; in der Rechten schwingt sie einen Schöpflöffel für das Sauerkraut und Schweinefleisch. Ihr zur Seite steht eine fette bunte Katze mit einer vergoldeten Spielzeuguhr am Schwanz, welche ‹die Jungens› dortselbst zum Spaß befestigt haben.

Die ‹Jungens› selber sind alle drei im Garten und mit dem Hüten des Schweins beschäftigt. Ein jeglicher von ihnen ist zwei Fuß hoch. Sie tragen dreieckige Hüte, purpurne Wamsjacken, die ihnen nieder bis auf die Schenkel reichen, Kniehosen aus Buckskin, rotwollene Strümpfe, schwere Schuhe mit großen Silberschnallen und lange Überröcke mit großen Perlmutterknöpfen. Auch trägt ein jeder eine Pfeife im Mund und eine kleine klobige Uhr in der rechten Hand. Sie tun einen Zug und einen Blick auf die Uhr – und dann einen Blick auf die Uhr und wieder einen Zug. Das Schwein, welches dicklich beleibt und träge, ist jetzt damit beschäftigt, die Blättlein aufzulesen, die von den Kappesköppen fallen, und dann und wann nach der vergoldeten Repetieruhr zu treten, welche die Schlingel auch an *seinem* Schwanze befestigt haben, damit es gleich also hübsch aussehe wie die Katze.

Rechts von der Haustüre sitzt, in einem hochlehnigen, ledergepolsterten Armstuhl, der krumme Beine hat und Hundefüßchen wie die Tische, der Hausvater selbst. – Er ist ein ungemein praller kleiner alter Herr, mit großen runden Augen und einem mächtigen Doppelkinn. Sein Anzug ähnelt dem der Jungens, und ich brauche ihn mithin wohl nicht weiter zu beschreiben. Der ganze Unterschied besteht darin, daß seine Pfeife einiges größer ist als die ihren und er mehr Dampf machen kann. – Wie sie hat auch er eine Uhr, doch trägt er dieselbe in seiner Tasche. Um die Wahrheit zu sagen, er hat auf einiges Wichtigere acht zu geben als bloß auf eine Taschenuhr, und was dies ist, will ich sogleich erklären. Er sitzt mit übergeschlagenen Knien da, macht eine sehr ernsthafte Miene und hält stets wenigstens eines seiner Augen nachdrücklich auf einen gewissen bemerkenswerten Gegenstand in der Mitte der Talebene gerichtet.

Dieser Gegenstand ist im Turm des Ratshauses befindlich. Die Räte der Stadt sind sämtlich sehr kleine, runde, ölige, intelligente Männer mit großen Tassenaugen und fetten Doppelkinnen, und sie tragen viel längere Röcke und viel größere Schuhschnallen als die gemeinen Bewohner von Wunnerwobliftitid. Seit meinem Aufenthalt in dem Flecken hatten sie bereits verschiedentliche besondere Sitzungen und nahmen dabei die folgenden drei bedeutenden Entschließungen an:

«Es ist falsch, den guten alten Gang der Dinge verändern zu wollen –»

«Nichts Erträgliches ist irgend anderswo unter der Sonne denn in Wunnerwobliftitid –»

«In Treue fest – so wolln wir zu unsern Uhren und Kappesköppen halten.»

Über dem Sitzungsraum des Rates erhebt sich der Turm, und in dem Turm befindet sich der Glockenstuhl, der wiederum seit undenklichen Zeiten den Stolz und das Wunder des Ortes birgt – die Große Uhr des Fleckens Wunnerwobliftitid. Und diese ist der Gegenstand, auf welchem die Augen der alten Herren beharrlich ruhen, die da in den ledergepolsterten Armsesseln sitzen.

Die Große Uhr hat sieben Zifferblätter – eines auf jeder der sieben Seiten des Turms – so daß sie sich von allen Enden bequem betrachten läßt. Ihre Zifferblätter sind groß und weiß, und ihre Zeiger schwer und schwarz. Es gibt eigens einen Mann im Glockenstuhl, dessen einzige Pflicht es ist, ihrer zu warten; doch diese Pflicht ist die glücklichste aller Pfründen, denn die Große Uhr von Wunnerwobliftitid hat, soweit man weiß, noch niemals irgend einer Wartung bedurft. – Noch bis vor kurzem wäre die bloße Annahme solchen Dinges für Ketzerei betrachtet worden. Seit den entlegensten Zeiten des Altertums, von welchen die Archive künden, sind die Stunden stets recht und regelrichtig von der Großen Glocke geschlagen worden. Und das nämliche war in der Tat auch bei all den andern Uhren im Flecken der Fall. Nie war ein Ort, da die Zeit getreuer eingehal-

ten wurde. Wenn der große Klöppel es für gekommen
erachtete, «Zwölf Uhr!» zu sagen, so öffnete sein ganzes gehorsames Gefolge die Kehlen wie in eins und respondierte wie ein richtiges Echo. Kurz, die guten Bürger widmeten ihrem Sauerkraut gewiß Liebe genug,
doch auf ihre Uhren waren sie förmlich stolz.

Leute, die sich des Besitzes einer Pfründe rühmen, stehen mehr oder weniger in Ansehen, und da der Glöckner von Wunnerwobliftitid die glücklichste aller Pfründen innehat, steht er auch in dem glücklichsten Ansehen, welches nur irgend auf der Welt ein Mensch ge-
nießt. Er ist der Hauptwürdenträger des Fleckens, und
sogar die Schweine blicken mit einem Empfinden der
Ehrerbietung zu ihm auf. Seine Rockschöße sind *sehr*
viel länger – seine Pfeife, seine Schuhschnallen, seine
Augen und sein Bauch *sehr* viel größer als die betreffenden Besitztümer jedes andern alten Herrn im Dorfe;
und was sein Kinn betrifft, so ist es nicht nur doppelt,
sondern schier dreifach gefaltet.

So habe ich denn die glücklichen Umstände von
Wunnerwobliftitid ausgemalt: ach, daß ein so freund-
lich sanftes Bild je einen solchen Wandel erfahren
mußte!

Lange schon war ein Sprichwort unter den weisesten
Einwohnern gegangen, daß «von über den Bergen
nichts Gutes kommen» könne, und wirklich schien es,
als wohne diesen Worten etwas vom Geist der Weis-
sagung inne. Es war am vorgestrigen Tage, und fünf
Minuten fehlten noch zum Mittag, als ein Gegenstand
von sehr wunderlichem Aussehen auf der Kuppe der
Hügelkette im Osten erschien. Ein solches Ereignis erweckte natürlich allenthalben Aufmerksamkeit, und
sämtliche kleinen alten Herren, die in ihren leder-

gepolsterten Armsesseln saßen, wandten eines ihrer Augen mit einem Ausdruck der Bestürzung dem Phänomene zu, während sie das andere unverwandt auf die Uhr im Turme gerichtet hielten.

Um die Zeit, da nur noch drei Minuten bis Mittag fehlten, erkannte man in dem fraglichen komischen Gegenstand einen sehr winzigen, fremdländisch aussehenden jungen Mann. Er stieg mit großer Geschwindigkeit die Hügel hernieder, so daß ihn bald jedermann recht wohl in Augenschein nehmen konnte. Wirklich, das war die geckenhafteste Person, die man je zu Wunnerwobliftitid erblickt hatte. Seine Züge waren von dunkler Schnupftabakfarbe, und er hatte eine lange Hakennase, Erbsenaugen, einen weiten Mund und ein erlesnes Gebiß, welch letzteres er begierig gern zur Schau zu stellen schien, denn er grinste in einem fort von Ohr zu Ohr. Vor lauter Schnurr- und Backenbart war von seinem restlichen Gesicht kaum etwas noch zu sehen. Sein Kopf war unbedeckt und sein Haar geschickt geschmackvoll auf *papillotes* gewickelt. Sein Anzug bestand aus einem engsitzenden schwarzen Rocke mit Schwalbenschwänzen (aus deren einer Tasche ein weißes Schnupftuch von außerordentlicher Länge flatterte), aus Kniehosen von schwarzem Kasimir, schwarzen Strümpfen und klumpig aussehenden Pumps mit riesigen Knäueln von Schuhbändern aus schwarzem Satin. Unter dem einen Arm trug er einen gewaltigen *chapeau-de-bras* und unter dem andern eine Fiedel, die fast fünf Mal so groß war als er selber. In seiner linken Hand befand sich eine goldene Schnupfdose, welcher er, als er den Hügel hinunterhüpfte, allerlei bunte Kapriolen schlagend, mit einer Miene größtmöglicher Selbstzufriedenheit beständige Prisen entnahm. Gott

steh uns bei! – das war ein Anblick für die ehrbarn
Bürger von Wunnerwobliftitid!

Offen gesagt – der Bursche hatte trotz seines Grinsens
eine gar dreiste und finster-schlimme Sorte Gesicht; und
da er nun geraden Wegs in das Dorf kurbettierte, erweckte die sonderbar klumpige Erscheinung seiner
Pumps keinen geringen Verdacht, und manch ein Bürger, der ihn an diesem Tag erblickte, hätte wohl einiges
darum gegeben, einmal unter das weiße Batist-Taschen-
tuch lugen zu können, das so aufreizend aus der Tasche
seines schwalbengeschwänzten Rockes hing. Doch was
in der Hauptsache einen rechtschaffnen Unmut verursachte, war, daß der schurkische Geck, indem er hier
einen Fandango tanzte und dorten ein Rad schlug,
nicht den entferntesten Sinn dafür zu haben schien, bei
seinen Schritten *das rechte Zeitmaß* einzuhalten.

Die guten Leute des Fleckens fanden jedoch kaum
Gelegenheit, ihre Augen zur Gänze offen zu bekommen,
als der Bube auch schon, just da noch eine halbe Minute
bis Mittag fehlte, mitten unter sie hineinplatzte, wie ich
wohl sagen darf; hier mit einem *chassez* und dort mit
einem *balancez;* und sich dann, nach einer *pirouette* und
einem *pas-de-zéphyr,* mit einem wirbelnden Luftsprung
hinauf in den Glockenturm des Ratshauses schwang, wo
der verdutzte Glöckner rauchend in einem Zustand der
Würde und Bestürzung saß. Doch der kleine Lümmel
bemächtigte sich alsbald seiner Nase; versetzte derselben
einen kräftigen Knuff und Puff; knallte ihm den großen
chapeau-de-bras auf den Kopf; trieb ihm denselben bis
über Augen und Mund hinab; und indem er sodann die
große Fiedel hob, schlug er mit ihr so lange und tönend
auf ihn ein, daß man, bei der Fettheit des Glöckners und
der Hohlheit der Fiedel, darauf hätte schwören mögen,

es schlage dort ein ganzes Regiment von Kontrabaß-Trommlern des Teufels Zapfenstreich im Glockenturm von Wunnerwobliftitid.

Zu welch verzweifeltem Akt der Rache dieser verruchte Angriff die Einwohnerschaft am Ende noch aufgerufen hätte, davon konnte keine Wissenschaft erlangt werden, wäre nicht der wichtige Umstand gewesen, daß es jetzt nur noch eine halbe Sekunde vor Mittag war. Die Glocke stand im Begriff zu schlagen, und es war eine Sache der absolutesten und vordringlichsten Notwendigkeit, daß jedermann jetzt sehr angelegentlich seine Uhr betrachtete. Es war jedoch ersichtlich, daß just in diesem Augenblick der Bursche im Glockenstuhl sich etwas mit der Uhr zu tun anschickte, was zu tun er keinerlei Geschick und Beruf besaß. Doch als es nun zu schlagen begann, hatte niemand mehr Zeit, auf seine Streiche acht zu geben, denn alle mußten jetzt die Schläge der Glocke zählen, sowie sie nur erklangen. «Eins!» sagte die Glocke.

«Eens!» echote jeder kleine alte Herr in jedem ledergepolsterten Armsessel von Wunnerwobliftitid – «Eens!» sagte insgleichen seine Uhr; «eens!» sagte die Uhr seiner Frau, und «eens!» sagten die Uhren der Jungens und die kleinen vergoldeten Repetieruhren an den Schwänzen von Katze und Schwein.

«Zwei!» fuhr die Große Glocke fort; und

«Twee!» wiederholten alle Wiederholer.

«Drei! Vier! Fünf! Sechs! Sieben! Acht! Neun! Zehn!» sagte die Glocke.

«Dreie! Viere! Fümfe! Sechse! Seewen! Achte! Neine! Ten!» antworteten die andern Uhren alle.

«Elf!» sagte die große.

«Eilfe!» stimmten all die kleinen Kerle bei.

GROTESKEN

«Zwölf!» sagte die Glocke.

«Twelfe!» erwiderten sie vollkommen zufrieden und ließen die Stimmen sinken.

«Twelfe, dat hebbet wi nu!» sagten all die kleinen alten Herren und steckten ihre Uhren ein. Doch die Große Glocke war noch nicht mit ihnen fertig.

«*Dreizehn!*» sagte sie.

«Deubel noch eens!» japsten da die kleinen alten Herren, indem sie ganz bleich wurden, ihre Pfeifen sinken ließen und alle rechten Beine von den linken Knien nahmen.

«Deubel noch eens!» stöhnten sie, «Dörten! Dörten!! – *Mein Gott,* dörten – dörten Uhr is dat!!»

Warum versuchen, die schreckliche Szene zu beschreiben, welche nun folgte? Ganz Wunnerwobliftitid geriet augenblicklich in einen Zustand beklagenswertesten Aufruhrs.

«Wat is bloß mit min' Bauch?» brüllten alle Jungens, – «ik heb doch sons' schon immer Kohldampf um die Zeit!»

«Wat is bloß mit min' Kraut?» schrien alle Frauen, «dat is doch sons' schon immer gar um die Zeit!»

«Wat is bloß mit min' Piep?» fluchten all die kleinen alten Herren, «Dunner un Blitz! die is doch sons' schon immer ausgeschmaucht um die Zeit!» – und sie stopften die Pfeifenköpfe in großer Wut wieder neu, und in ihre Armsessel zurücksinkend, pafften sie nun so rasch und wild, daß im Nu das ganze Tal von undurchdringlichem Qualm erfüllt war.

Inzwischen wurden die Kappesköppe alle ganz rot im Gesicht, und es schien, als habe der Leibhaftige selber von allem Besitz ergriffen, was die Gestalt einer Uhr hatte. Die Zeitmesser, die den Möbeln eingeschnitzt waren, gerieten wie verhext ins Tanzen, indessen jene auf den Kaminsimsen sich kaum halten konnten vor Tollheit und solch ein fortwährendes Dreizehn-Schlagen vollführten und derart mit den Pendeln hüpften und zappelten, daß es wahrhaft schaurig anzusehen war. – Doch schlimmer noch – weder die Katzen noch die Schweine konnten sich irgend länger noch mit dem Betragen der kleinen Repetieruhren an ihren Schwänzen abfinden und ahndeten es, indem sie im ganzen Ort Reißaus nahmen, scharrten und stießen, quiekten und kreischten, miauten und grunzten, den Leuten in die Gesichter sprangen und unter die Röcke fuhren und schier das greulichste Getöse und Getümmel anrichteten, das ein vernünftiger Mensch sich nur vorzustellen vermag. Und der schurkische kleine Taugenichts im Turm strengte sich offenbar noch auf das äußerste an, die Lage zu verschlimmern. – Hin und wieder mochte man den Buben durch den Qualm erkennen. Da hockte er im Glockenstuhle rittlings auf dem Glöckner, welcher flach auf dem Boden lag. In seinen Zähnen hielt der Elende den Glockenstrang, an dem er dauernd mit dem Kopfe ruckte und zuckte und somit einen solchen Lärm vollführte, daß mir noch jetzt die Ohren dröhnen, wenn ich daran denke. In seinem Schoße lag die große Fiedel, auf welcher er mit beiden Händen ohne jeden rechten Takt und Ton herumkratzte und sich dreist – der Laffe! – mit dem ‹Lieben Augustin› produzierte.

Da die Dinge so überaus erbärmlich lagen, verließ ich die Stätte voller Ekel und rufe nun alle Liebhaber korrekten Zeitmaßes und feinen Krauts um Hilfe an. Laßt uns vereint nach jenem Flecken ziehen und dort der Dinge Ordnung dadurch wieder herstellen, daß wir den kleinen Burschen von dem Turm vertreiben.

EIN VERBRAUCHTER MANN

ANEKDOTE AUS DEM LETZTEN BUGABU-
KICKAPUNISCHEN KRIEGE

Pleurez, pleurez, mes yeux, et fondez-vous en eau!
La moitié de ma vie a mis l'autre au tombeau.
Corneille, ‹Le Cid› III, 3

Ich vermag mich im Augenblick nicht zu erinnern, wann
oder wo ich zum erstenmal die Bekanntschaft jenes
wahrlich schneidigen Burschen machte – des Brigade-
Generals John A. B. C. Smith. *Daß* mich dem Herrn
jemand vorstellte, weiß ich noch sicher – gelegentlich
irgendeiner öffentlichen Versammlung, soviel ist gewiß
– in welcher es um höchlichst wichtige Dinge ging, ganz
zweifellos – an diesem oder auch jenem Orte, davon bin
ich überzeugt – dessen Name mir unbegreiflicher Weise
entfallen ist. Tatsächlich war die Vorstellung auf meiner
Seite mit hochgradig ängstlicher Verwirrung verbunden, welche es bewirkte, daß mir jeglicher bestimmte
Eindruck von Zeit und Ort entging. Meine Konstitution ist von nervöser Beschaffenheit – ein Familienübel,
welchem ich nicht abzuhelfen vermag. In Sonderheit
versetzt mich schon der leiseste Anschein eines Geheimnisses – eines jeglichen Umstandes, den ich nicht genau
begreifen kann – fast augenblicklich in einen beklagenswerten Zustand der Erregung.
Es war etwas irgendwie Merkwürdiges – ja, *Merkwürdiges;* so schwächlich dieser Ausdruck auch meine volle
Meinung wiedergibt – an der ganzen Individualität der
in Rede stehenden Persönlichkeit. Sie maß vielleicht
wohl sechs Fuß in der Höhe und war von ungemein gebietender Erscheinung. Ein *air distingué* durchdrang

den ganzen Mann; es sprach von hoher Bildung und
wies auf hohe Geburt. Im Betracht dieses Gegenstandes – des Generals persönlicher Erscheinung nämlich –
empfinde ich eine Art melancholischer Befriedigung dabei, ausführlich und genau zu sein. Sein Haupthaar hätte
einem Brutus Ehre gemacht; – nichts konnte reicher
fluten oder einen strahlenderen Glanz besitzen. Es war
von pechener Schwärze; – welche gleichfalls die Farbe
– oder eigentlich besser die Nicht-Farbe – seines unvergleichlichen Backenbartes war. Sie sehen, ich kann
von diesem letzteren nicht ohne Begeisterung reden; ja,
es ist wohl nicht zuviel gesagt, wenn ich behaupte, daß
derselbe den ansehnlichsten Backenbart unter der Sonne
darstellte. Jedenfalls umrahmte er – und überschattete
zu Zeiten teilweise – einen Mund, der ebenso nicht seinesgleichen hatte. Er barg das vollkommenste Ebenmaß
und das herrlichste Weiß aller nur erdenklichen Zähne.
Zwischen diesen ertönte bei jeder geziemenden Gelegenheit eine Stimme von überwältigender Klarheit, Melodik und Kraft. In Sachen der Augen war meine Bekanntschaft insgleichen erlesen ausgestattet. Jedes einzelne
von ihnen war gleich ein ganzes Paar der gewöhnlichen
Sehorgane wert. Sie waren von tiefem Nußbraun, ungemein groß und leuchtend; und stets und immer ließ
an ihnen jene interessante Schiefe sich bemerken, welche
dem Ausdrucke Prägnanz verleiht.
Die Brust des Generals war fraglos die prächtigste, die
ich nur je erblickte. Und ginge es um Ihr Leben –, Sie
hätten nicht einen Fehler in ihrem wundervollen Ebenmaß entdecken können. Diese ausgesprochene Rarität
wurde zu großem Vorteil noch von Schultern gekrönt,
welche auf den Zügen des marmornen Apollo schier ein
Erröten des Bewußtseins minderen Werts hätten hervor-

rufen können. Ich habe eine Leidenschaft für schöne Schultern und darf wohl sagen, daß ich niemalen zuvor noch welche von solcher Vollendung erschaute. Die Arme waren von bewundernswürdiger Bildung. Auch die untern Gliedmaßen zeigten sich nicht weniger stattlich. Tatsächlich stellten sie das *non plus ultra* guter Beine dar. Jeder Kenner in solchen Dingen gestand ihnen ihre Güte zu. Es war weder zu viel noch zu wenig Fleisch daran, – sie waren weder grob noch gebrechlich. Ich konnte mir keine anmutigere Schweifung vorstellen als die des *os femoris,* und an der Rückpartie der *fibula* fand sich eben jene angemessen zarte Wölbung, welche einer wohlgestalteten Wade zum Vorzug gerechnet wird. Ich wünschte zu Gott, mein junger und begabter Freund Chiponchipino, der Bildhauer, hätte nur die Beine des Brigade-Generals John A. B. C. Smith einmal sehen können!

Doch obgleich Männer von so absolut stattlicher Erscheinung nicht eben so leicht und häufig zu finden sind wie Gründe oder Brombeeren, vermochte ich mich nicht zu dem Glauben zu bringen, daß jenes *bemerkenswerte* Etwas, dessen ich eben Erwähnung tat, – daß jenes wunderliche Fluidum von *je ne sais quoi,* das meine neue Bekanntschaft umgab, – durchaus nun oder gar einzig in der schier blendenden Pracht seiner körperlichen Ausstattung begründet liegen müßte. Vielleicht möchte es eher noch seinem *Lebensstile* zuzuschreiben sein; – doch darf ich auch hierin nicht beanspruchen, im Recht zu sein. Es *war* eine Förmlichkeit, um nicht zu sagen Steifheit, in seinem Verhalten – ein Grad von gemessener und, wenn mir der Ausdruck erlaubt ist, von rechtwinkliger Präzision, die jede seiner Bewegungen begleitete und, bei einer geringeren Gestalt wahrgenommen,

allerdings wohl einigen Beigeschmack von Affektiertheit, Pomperei oder Gezwungenheit gehabt hätte, jedoch bei einem Herrn von so unbezweifelbarem Format
bereitwillig als Reserve, *hauteur* – im lobenswerten
Sinne –, kurz, als das ausgelegt wurde, was der Würde
gewaltiger Proportionen angemessen ist.

Der geschätzte Freund, der mich bei dem Generale einführte, flüsterte mir einige Worte zum nähern Verständnis des Mannes in das Ohr. Er war ein *merkwürdiger*
Mann – ein *sehr* merkwürdiger Mann – ja, wohl einer der
allermerkwürdigsten Männer des Zeitalters. Auch bei den
Damen stand er in besonderer Gunst – hauptsächlich auf
Rechnung des hohen Ruhms, den ihm sein Mut eingetragen.

«In *diesem* Punkte steht er unbestritten da – tatsächlich
ist er ein vollkommener Desperado – ein rechter Feuerfresser, da gibt es keinen Zweifel», sagte mein Freund,
indem er hier seine Stimme außerordentlich dämpfte und
mich durch das Geheimnisvolle seines Tons erschauern
ließ.

«Ein rechter Feuerfresser, da gibt es *keinen* Zweifel. Hat
das, wollte ich meinen, zu einiger Genüge in der letzten
ungeheuerlichen Sümpfeschlacht mit den Bugabu- und
Kickapu-Indianern gezeigt, weit unten im Süden.» (Hier
öffnete mein Freund beträchtlich die Augen.) «Grund-
gütiger Himmel – Blut und Donner, soviel man nur
will! – *Wunder* an Tapferkeit! – haben doch sicher von
ihm gehört? – Sie wissen, er ist der Mann – der Mensch –
der –»

«Menschenskind, das ist ja eine Überraschung! *Wie* geht
es Ihnen? – *sehr* nett, Sie zu sehen, tatsächlich!» unterbrach hier der General selbst, indem er meines Gefährten
Hand ergriff, als er näher trat, und sich steif, doch tief

verbeugte, als ich ihm vorgestellt wurde. Ich dachte damals (und denke noch jetzt so), daß ich niemals eine klarere noch kraftvollere Stimme gehört hätte, noch ein feineres Gebiß erblickt: doch *muß* ich sagen, daß es mir leid war, gerade in dem Augenblicke unterbrochen zu sein, da mein Interesse, in Folge des oberwähnten Geflüsters und der dabei gefallenen Andeutungen, für den Helden des Bugabu-Kickapunischen Krieges in hohem Maße geweckt war.

Gleichwohl zerstreute die köstlich lichtvolle Konversation des Brigade-Generals John A. B. C. Smith bald vollkommen meinen Verdruß. Da mein Freund uns unmittelbar verließ, hatten wir ein recht langes *tête-à-tête,* und ich war davon nicht nur höchst angetan, sondern gewann daraus auch *wirkliche* – Belehrung. Nie zuvor vernahm ich einen flüssigeren Redner oder einen Menschen von größerer Gemeinbildung. Mit schicklicher Bescheidenheit vermied er es jedoch, das Thema zu berühren, das mir gerade damals so eigentlich auf dem Herzen lag – ich meine die geheimnisvollen Umstände um den Bugabu-Krieg –, und auf meiner Seite verbot mir das, was ich als schönes Zartgefühl begreife, Fragen nach dem Gegenstande vorzubringen; obschon ich in Wahrheit recht sehr in Versuchung stand, es zu tun. Ich bemerkte aber auch, daß der brave Soldat Themen von philosophischem Interesse den Vorzug gab, und daß er besonderes Vergnügen daran nahm, sich zu dem rapiden Vormarsch der Erfindungen auf dem Gebiet der Mechanik zu äußern. Tatsächlich mochte ich ihn führen, wohin ich auch wollte, – es war dies doch der Punkt, auf welchen er unweigerlich zurückkam.

«Es gibt nichts, das dem überhaupt vergleichbar wäre», sagte er etwa; «wir sind ein wundervolles Volk und

leben in einer wundervollen Zeit. Fallschirme und Eisenbahnen – Fußangeln und Selbstschüsse! Unsere Dampf-
boote fahren auf allen Meeren, und der Nassau-Ballon
steht im Begriffe, regelmäßige Reisen (Fahrpreis einer
jeden Strecke nur zwanzig Pfund Sterling) zwischen
London und Timbuktu zu machen. Und wer mag den
ungeheuern Einfluß absehen – auf das gesellschaftliche
Leben – auf die Künste – auf Handel – und auf Literatur –, welcher das unmittelbare Ergebnis der großen
Prinzipien des Elektro-Magnetismus sein wird! Und das
ist noch nicht alles, seien Sie versichert! Dem Vormarsch
der Erfindung sind keine Grenzen gesetzt. Die wunder-
vollsten – die sinnreichsten – und lassen Sie mich hinzusetzen, Mr. – Mr. – Thompson, ich glaube, das war doch
Ihr Name – lassen Sie mich hinzusetzen, sagte ich, die
nützlichsten – die *allernützlichsten* mechanischen Einrich-
tungen schießen tagtäglich wie die Pilze aus dem Boden,
wenn ich mich einmal so ausdrücken darf, oder – etwas
figürlicher – springen wie – äh – Grashüpfer – wie Grashüpfer, Mr. Thompson, – um uns auf und äh – äh – äh –
um uns herum!»
Thompson ist nun gewiß mein Name nicht; doch bleibt
es wohl unnötig zu sagen, daß ich General Smith mit nur
noch stärkerem Interesse für den Mann verließ, mit be-
geisterter Meinung von seiner Unterhaltungsgabe und
mit einem tiefen Bewußtsein der unschätzbaren Privilegien, deren wir uns erfreuen dürfen, indem wir in diesem Zeitalter der mechanischen Erfindungen leben.
Meine Neugierde war jedoch durchaus nicht gänzlich
befriedigt, und ich entschied, unter meinen Bekanntschaften unmittelbar weitere Nachforschung anzustellen – einmal über den General selbst, sodann im besondern aber auch hinsichtlich der ungeheuerlichen Ereig-

nisse, *quorum pars magna fuit,* während des Bugabu-Kickapunischen Krieges.

Die erste Gelegenheit, welche sich bot und die *(horresco
referens)* zu ergreifen ich nicht im mindesten Bedenken
trug, ergab sich in der Kirche von Hochwürden Doktor
Drummummupp, woselbst ich mich eines Sonntags, just
zur Predigtzeit, nicht nur im Kirchenstuhle, sondern gar
noch an der Seite meiner geschätzten und gesprächigen
kleinen Freundin, Miß Tabea St., etabliert fand. Indem
ich dort Platz genommen, beglückwünschte ich mich,
und mit einiger Ursache, zu der recht schmeichelhaften
Lage der Dinge. Denn wußte nur irgendwer etwas über
Brigade-General John A. B. C. Smith zu berichten, so
war dies, ohne jeden Zweifel, Miß Tabea St. Wir tele-
graphierten uns ein paar wenige Signale zu und begannen dann, *sotto voce,* ein lebhaftes *tête-à-tête.*

«Smith!» sagte sie, in Erwiderung auf mein sehr ernstliches Forschen; «Smith! – wie, doch nicht General
John A. B. C.? Lieber Gott, ich dachte, Sie wären über
ihn im Bilde! Unser wundervoll erfindungsreiches Zeitalter! Gräßliche Sache das! – ein blutdürstiger Haufen
Schufte, diese Kickapus! – focht wie ein Held – Wunder
der Tapferkeit – unsterblicher Ruhm. Smith! – Brigade-
General John A. B. C.! – aber ja, Sie wissen doch, er ist
der Mann – der Mensch – der –»

«Der Mensch», brach hier Doktor Drummummupp
mit äußerst starker Stimme ein und mit einem Krach, der
nahezu die Kanzel über unsern Ohren zusammengeschla-
gen hätte; «der Mensch, vom Weibe geboren, lebet nur
kurze Zeit, ist voll Unruhe, geht auf wie eine Blume und
fällt ab!» Ich fuhr in die äußerste Ecke des Kirchenstuhls
zurück und erkannte aus den dräuenden Blicken des
Geistlichen, daß der ungestüme Zorn, welcher beinahe

der Kanzel verhängnisvoll geworden, von dem Geflüster zwischen der Dame und mir erweckt worden war. Da ließ sich nun nichts ausrichten; so fügte ich mich denn mit Anstand und lauschte, in allen Märtyrerqualen hochwürdigen Schweigens, dem Reste jener sehr famosen Rede.

Der nächste Abend fand mich als etwas verspäteten Besucher im Rantipole-Theater, wo ich sogleich sicher war, meiner Neugierde Befriedigung zu schaffen, indem ich lediglich die Loge der Damen Arabella und Miranda Cognoscenti betrat, jener unvergleichlichen Muster von Gesprächigkeit und Allwissenheit. Climax, der herrliche Tragöde, machte vor stark besuchtem Hause den Jago, und demzufolge erfuhr ich einige Schwierigkeit, meine Wünsche verständlich zu machen; besonders da unsere Loge sich gleich neben den Schiebekulissen befand und vollkommen über die Bühne hinragte.

«Smith?» sagte Miss Arabella, als sie schließlich den Inhalt meiner Frage verstanden; «Smith? – ach, doch nicht General John A.B.C.?»

«Smith?» forschte auch Miranda träumerisch, «helf mir Gott, erblickten Sie jemals eine schönere Gestalt?»

«Nie, Madame, doch sagen Sie mir bitte –»

«Oder solch unnachahmliche Anmut?»

«Niemals, auf mein Wort! – aber erzählen Sie mir doch –»

«Oder eine so gerechte Würdigung von Theater-Effekten?»

«Madame!»

«Oder ein delikateres Gefühl für die wahren Schönheiten Shakespeares? Ach bitte, sehn Sie sich doch nur dieses Bein an!» «Zum Teufel!» – und ich wandte mich wieder ihrer Schwester zu. «Smith?» sagte sie, «ach, doch nicht General John A. B. C.? Gräßliche Sache das, nicht wahr? – ganz große Schurken, diese Bugabus – grausam und so weiter – aber wir leben in einem wundervoll erfindungsreichen Zeitalter! – Smith! – oh ja! großer Mann! – vollkommener Desperado – unsterblicher Ruhm – Wunder an Tapferkeit! – *Nie von ihm gehört?!*» (Dies letztere ein schriller Schrei.) «Herr des Himmels! – aber er ist doch der Mann – der –»

«– – – Mandragora,
Noch alle Schlummersäfte der Natur
Verhelfen je dir zu dem süßen Schlaf,
Den du noch gestern hattest!»

brüllte hier Climax mir direkt ins Ohr und schüttelte dabei fortwährend die Faust vor meinem Gesicht, auf eine Art, welche ich nicht vertragen *konnte* und nicht ertragen *wollte*. Ich verließ die Damen Cognoscenti unverzüglich, begab mich geraden Weges hinter die Kulissen und verhalf dem elenden Schuft zu einer Tracht Prügel, von der ich zuversichtlich hoffe, daß er sich ihrer bis zum Tage seines Todes erinnern wird.

Auf der *Soirée* der reizenden Witwe, Mrs. Kathleen O'Trump, vertraute ich darauf, daß mir kein ähnliches Mißgeschick mehr widerfahren würde. So saß ich denn auch kaum mit meiner entzückenden Gastgeberin *vis-à-vis* am Kartentisch, als ich schon jene Fragen vortrug, deren Lösung für meinen Frieden so wesentlich geworden.

«Smith!» sagte meine Partnerin, «ach, doch nicht General John A. B. C.! Schauderhafte Affäre das, nicht wahr? – Karo, sagten Sie? – schreckliche Kerls, diese Bugabus! – Wir spielen *Whist,* wenn es Ihnen gefällig ist, Mr. Tattle – allerdings, dies ist das Zeitalter der Erfindungen, ja, ganz sicherlich *das* Zeitalter, dürfte man sa-

gen – *das* Zeitalter *par excellence* – sprechen Sie Französisch? – oh, ein ganzer Held – vollkommener Desperado
– *wirklich gar kein Herz,* Mr. Tattle? Das kann ich gar
nicht glauben! – unsterblicher Ruhm und dergleichen –
Wunder an Tapferkeit! *Nie von ihm gehört?!?!* – aber,
mein Gott, er ist doch der Mann – der –»

«Mann? – *Kapitän* Mann?» kreischte hier irgend ein
kleiner weiblicher Eindringling aus der hintersten Ecke
des Zimmers. «Reden Sie von Kapitän Mann und dem
Duell? – oh, das *muß* ich hören – sagen Sie doch – sprechen Sie weiter, Mrs. O'Trump! – fahren Sie doch fort!»
Und fort fuhr sie, die gute Mrs. O'Trump – und verbreitete sich über einen gewissen Kapitän Mann, welcher
entweder erschossen oder gehängt worden war oder
aber beides, erschossen und gehängt, hatte werden sollen. Ja! Mrs. O'Trump fuhr fort, und ich – ich fuhr davon. Es bestand keine Aussicht mehr, an diesem Abende
noch irgend weiteres über Brigade-General John A. B.
C. Smith zu hören.

Doch ich tröstete mich mit der Überlegung, daß die Flut-
welle des Mißglücks ja nicht ewig gegen mich anbran-
den würde, und so beschloß ich, abermals einen kühnen
Vorstoß zum Gewinne neuer Nachricht bei der Abend-
gesellschaft der zierlichen Mrs. Pirouette zu unternehmen, jenes bestrickenden kleinen Engels.

«Smith? – aber doch nicht General John A. B. C.? Grau-
sige Sache das, mit den Bugabus, was? – schreckliche
Kreaturen, diese Indianer! – aber die Spitzen nach aus-
wärts, mein Herr! Ich muß mich Ihrer ja richtig schämen – ein Mann von großem Mut, der arme Kerl! – aber
dies ist ein wundervolles Zeitalter für Erfindungen! –
Ach Gott, ich bin ja gänzlich außer Atem – der reinste
Desperado – Wunder der Tapferkeit – *nie gehört?!!* – das

kann ich gar nicht fassen – ich muß mich setzen und Sie aufklären – Smith! – das ist der Mann – der –»

«Man*fred,* sage ich Ihnen!» schrie hier Miss Bas-Bleu mit schriller Stimme, als ich Mrs. Pirouette zu einem Sitz geleitete. «Hat man dergleichen schon gehört? Es heißt Man*fred,* sage ich, und keineswegs Man*frieder.*» Hier winkte mir Miss Bas-Bleu in sehr rücksichtloser Weise zu; und ich war genötigt, *nolens volens* Mrs. P. zu verlassen, um einen Disput über den Titel eines gewissen poetischen Dramas von Lord Byron zu schlichten. Obschon ich mit großer Eilfertigkeit verkündete, der wahre Titel wäre Man*frieder* und bei weitem nicht etwa Man*fred,* war doch Mrs. Pirouette, als ich zurückkehrte, sie zu suchen, nicht mehr zu entdecken, und ich trat meinen Rückzug aus dem Hause voll sehr bittern Grolls auf die ganze Sippschaft der Bas-Bleus an.

Die Dinge hatten nunmehr einen wirklich ernsten Aspekt gewonnen, und ich beschloß, nun unverzüglich bei meinem besondern Freunde, Mr. Theodore Sinivate, vorzusprechen; wußte ich doch, daß ich bei ihm so etwas wie endgültige Auskünfte erlangen würde. «Smith?» sagte er, in seiner wohlbekannten Weise, die Silben zu dehnen; «Smi-i-i-ith? – ach, doch nicht General John A.B.C.? Wilder Fall das mit den Kickapu-u-us, wie? Was denn! meinen Sie etwa nicht? – vollkommener Despera-a-a-ado – auf Ehre, ein wahrer Jammer! – wundervoll erfindungsreiches Zeitalter! – Wu-u-under an Tapferkeit! Nebenbei, haben Sie schon mal von Kapitän Ma-a-a-ann gehört?»

«Kapitän Mann soll verd——t sein!» sagte ich, «fahren Sie doch gütigst fort mit Ihrer Geschichte.»

«Hm! – äh – gerne! – ist ganz *la même ch-o-o-ose,* wie wir in Frankreich sagen. Smith, wie? Brigade-General John

A. B. C.? Also hören Sie» – (hier fühlte er sich bemüßigt, recht umständlich den Finger an die Nase zu legen) – «hören Sie mal, Sie wollen mir doch nicht wirklich und wahrhaftig erzählen, Sie wüßten über diese Sache mit Smith nicht ebenso gut bescheid wie ich, he? Smith? John A. B. C.? Ach du lieber Gott, das ist doch der Mann – der Mensch – der –»

«*Mr.* Sinivate», sagte ich flehentlich, «*was* ist er –? der Mann mit der Maske?»

«Aber nei-i-i-in!» erwiderte er mit weiser Miene, «und auch nicht der Mann im Mo-o-o-ond.»

Diese Antwort nahm ich für eine ausgesprochen spitzige Beleidigung und verließ im Augenblick das Haus in hohem Zorne und mit dem festen Entschluß, meinen Freund, Mr. Sinivate, für sein ungebührliches Betragen und seine Ungezogenheit baldigst zur Verantwortung zu ziehen.

Inzwischen jedoch verspürte ich keinerlei Neigung, mich hinsichtlich der begehrten Auskünfte noch weiter foppen zu lassen. Nur eine einzige Zuflucht blieb mir noch. Ich mußte mich zur Quelle selbst begeben. Ich würde mich an den General selbst wenden und klipp und klar um eine Lösung dieses verruchten Geheimnisses nachsuchen. Hier zum mindesten sollte es dann kein Entweichen in irgendwelche Zweideutigkeiten geben. Ich würde klar sein, hartnäckig, ja rücksichtslos – kurz wie der gewürzte Witz – und knapp wie Tacitus oder Montesquieu.

Es war noch früh, als ich vorsprach, und der General noch mit der Morgentoilette beschäftigt; doch gab ich ein dringliches Geschäft vor und wurde mithin unverzüglich von einem alten Neger-Kammerdiener in sein Schlafgemach geführt. Als ich dasselbe betrat, blickte ich mich natürlich nach dem Inhaber um, bemerkte ihn jedoch nicht gleich. Es gab da nur ein umfangreiches und überaus wunderlich ausschauendes Bündel-Etwas, das dicht vor meinen Füßen auf dem Boden lag, und da ich nicht gerade allerbester Laune war, beförderte ich es mit einem Tritt mir aus dem Wege.

«Hem! Ä-hem! ein sehr ziviles Benehmen das, möchte ich meinen!» sagte da das Bündel, mit einer Stimme, so winzig und so komisch schwach in ihrem Mischgeräusch aus Quieken und aus Gurgeln, wie ich sie mein Lebtage noch nie vernommen.

«Ä-hem! wirklich ein bißchen sehr zivil, möchte ich bemerken.» Ich schrie vor Schrecken förmlich auf und wich jäh in den äußersten Winkel des Raumes zurück.

«Gerechter Gott! mein werter Freund», quietschte hier das Bündel von neuem, «was – was – was – ja also, was ist denn nur? Ich glaube gar, Sie kennen mich überhaupt nicht!»

Was sollte ich *dazu* sagen – was *konnte* ich dazu noch sagen? Ich stolperte zu einem Armsessel und harrte, mit stierem Blick und offenem Munde, der Lösung des Wunders.

«Das wäre wohl auch sonderbar, wenn Sie mich erkennen sollten, nicht wahr?» quiekte alsbald das unbegreifliche Wesen wieder, welches, wie ich nun bemerkte, auf dem Boden allerlei unerklärliche Bewegungen vollführte, recht wohl vergleichbar dem Anziehen eines Strumpfes. Doch wurde ich nur eines einzigen Beines ansichtig.

«Das *wäre* doch sonderbar, wenn Sie mich erkennen würden, nicht wahr? Pompeius, bring mir das Bein!» Hier reichte der Neger dem Bündel ein recht ansehnliches, bereits bekleidetes Korkbein, welches im Handumdrehen angeschraubt war; – und nun stand das Bündel aufrecht vor meinen Augen.

«Und ein blutiges Treffen *war* das schon», fuhr das Ding wie im Selbstgespräche fort; «aber man muß nicht mit den Bugabus und Kickapus kämpfen, wenn man mit nur einer Schramme davonkommen will. Pompeius, würdest du mir jetzt gütiger Weise den Arm dort reichen. Thomas» (wieder zu mir gewendet) «ist entschieden der beste Hersteller von Korkbeinen; doch sollten Sie je einen Arm wollen, mein werter Freund, so müssen Sie mir erlauben, Sie an Bishop zu empfehlen.» Hier schraubte Pompeius ihm einen Arm an.

«Da ist es ziemlich heiß hergegangen, darf man wohl sagen. Nun, du Hund, zieh mir doch meine Schultern und die Brust über! Pettitt macht die besten Schultern, aber eine richtige Heldenbrust – da müßten Sie zu Ducrow gehen.»

«Heldenbrust?!» rief ich aus.

«Pompeius, wirst du denn *nie* mit der Perücke kommen? Das Skalpieren ist eine ziemlich rauhe Prozedur; doch können Sie sich dann bei De L'Orme solch einen kapitalen Schopf besorgen.»

«Schopf?!»

«Her mit dir, Nigger, meine Zähne! Für ein Gebiß von dieser Güte wenden Sie sich am besten gleich an Parmly; hohe Preise, aber ausgezeichnete Arbeit. Ich habe da allerdings auch erlesene Exemplare verschluckt, als mir der große Bugabu seinen Flintenkolben ins Gesicht rammte.»

«Flintenkolben? – ins Gesicht gerammt?! – Gott schütze meine Augen!!!»

«Richtig, meine Augen – hier, Pompeius, du Taugenichts, schraube sie ein! Diese Kickapus sind ziemlich schnell mit dem Stecheisen bei der Hand; aber Dr. Williams – also das ist ein Mann, der nur verleumdet wird; Sie können sich gar nicht vorstellen, wie gut ich mit den Augen seiner Fabrikation zu sehen vermag.»

Ich begann nun sehr klar zu erkennen, daß der Gegenstand vor mir nichts mehr und nichts weniger war als meine neue Bekanntschaft, Brigade-General John A. B. C. Smith. Die Verrichtungen des Negers hatten, das muß ich bekennen, eine wahrlich auffällige Veränderung in der persönlichen Erscheinung des Mannes hervorgerufen. Die Stimme freilich machte mich nicht wenig irre; doch selbst dies scheinbare Geheimnis ward alsbald aufgeklärt.

«Pompeius, du schwarzer Schurke», quietschte der General, «ich glaube wirklich, du willst mich heute ohne meinen Gaumen ausgehen lassen!»

Hierauf näherte sich der Neger, unter allerlei gemurmelten Entschuldigungen, seinem Herrn, öffnete ihm mit der kundigen Miene eines Jockeys den Mund und brachte darin ein irgendwie doch recht sonderbar aussehendes Gerät an, und zwar so behende und geschickt, daß ich es kaum fassen konnte. Die Veränderung jedoch, die hierbei im gesamten Ausdruck von des Generals Gesichtszügen vor sich ging, war eine unverzügliche und erstaunliche. Als er nunmehr wieder sprach, hatte seine Stimme all jene reiche Melodik und Kraft wiedergewonnen, welche ich bei unserer ersten Begegnung daran bemerkt hatte.

«Gottverd——— die Vagabunden!» sagte er in so klarem Tone, daß ich ob der Veränderung schier zurückprallte. «Diese Strolche! Sie haben meinem Mund nicht nur das Dach eingeschlagen, sondern machten sich auch noch die Mühe, mir wenigstens sieben Achtel der Zunge abzuschneiden. Aber was wirklich gute Artikel dieser Gattung betrifft, so hat in ganz Amerika Bofanti nicht seinesgleichen. Ich kann Ihnen den Mann mit dem besten Gewissen empfehlen», (hier machte der General mir eine Verbeugung), «und versichere Sie, daß es mir das größte Vergnügen bereitet, es zu tun.» Ich bezeigte mich für seine Freundlichkeit nach besten Kräften erkenntlich und nahm nun augenblicklich Abschied von ihm, – hatte ich doch den wahren Stand der Dinge vollkommen jetzt verstanden, das Geheimnis, das mich so lange geplagt, zur Gänze jetzt begriffen. Es war ans Licht gebracht. Ein klarer Fall. Brigade-General John A. B. C. Smith war der Mann – der Mensch – der *verbraucht worden war*.

Hier meene Fisietenkarten (alle piekfeines Sateng-Papier), da schtehts druff, und ein jeder Schentelmann, dem wo es beliebt, der kann die intressanten Worte sehn: «Sir Pattrick O'Grandison, Barronett, 39 Southampton Row, Russell Square, Parrish o' Bloomsbury». Un sollten Ihn Lust ham, ma rauszudüfteln, wer dat is, diese Jipfel von Heeflichkoit un jute Ton in de janze geschnete Stadt Lonnden – nu, det bin ick allemal selber. Un det is ja nu ooch gaa keen Wunder nich (vaziehn Se also jütichst nich de allerwerteste Nase), weil die janzen sechs Wochen, seit ick mir als Schentelmann etabliert hab un hab dem alten Irreland Adjes jesacht un mir als Barronett bejnücht, seitdeme hat der Pattrick jelebt wie een heilijer Kaiser, mit Bildung un jute Manieren und alles dran. Hoho! da würden Se sich Ihn abber die Finger lecken, wenn Ihn ma n kleenen Blick uff Sir Pattrick O'Grandison, Barronett, werfen könnten, wie er sich jrad fein in Schale jeschmissen hat für dat Rennejäulchen oder in die Brisky steicht zu ner Fahrt in n Haid-Park. – Is abber die elejante jroße Fijur, wo ick mir zu ham schmeichle, weswejen sich die Damen schtantepehde in mir valieben. Ick bin ja schließlich ooch ne reschpecktable Erscheinung, mit meenen sechs Fuß Länge und in Strümfen noch drei Zoll mehr, un so ne wohljebaute Jestalt, die sehn Ihn so leicht nich wieder. Un det is ja nu wirklich n kleenet bischen mehr als wie die drei Fuß und etwas, die wo der kleene alte, hierorts zujereiste Franzmann uffzuweisen hat; der wohnt mir just jejenüber, un wat sajen Se, der Kerl is den janzen Tach über mit nix anderm amjange (na warte nur, Bursche), nach der hüb-

schen Wittwe Missis Tracle zu linsen un zu lucksen, die
wo just Tür an Türe mit mir wohnt (Jott möje ihr schüt-
zen) und eene janz schpezielle Froindin un Bekanntschaft von mir is. Wenn Se ma hinsehn wollen, – der
kleene Fatzke zieht ne ziemlich krumme Flappe heut, un
seine linke Hand, die trächt er in ner Schlinge; un det
hat beedes seine Jründe, jawoll, un wat det für Jründe
sind, dat will ick Ihn jetz ma erzählen.
Also die Wahrheit bei der janzen Sache is einfach je-
nuch; weil nämlich jleich am allerersten Tage, wo ick
von Connacht jekomm bin un hab meene reizende Erscheinung uffer Straße präsentiert, da kuckt die hübsche
Missis Tracle ma jrad ausm Fenster un is natürlich uff
eenen Schlach janz hin. Ick hab det nu jleich jemerkt, da
könn Se Jift druff nehmen. Ersmal hat se im Nu dat
Fenster uff, un denn reißt se die Kieker wat weeß ick
ausnander, un denn kricht se sich n kleenet joldenes
Fernrohr un klemmt es ans eene Ooge, un nu soll mir
doch jleich der Deixel holen, wenn dat Ding nich zu mir
jeredet hat, so deutlich als wie n Kieker man bloß reden
kann, un so hör ick denn jewissermaßen durch dat Fernrohr: «Oh! eenen allerscheensten juten Morjen, Sir
Pattrick O'Grandison, Barronett, Schätzchen; du bis
mir ja n janz famoser Schentelmann, bis du mir, un wat
ick selber bin un meene Mitjift, die stehn dir jederzeit n
janzen Tach zur Verfüjung, Herzchen, brauchst bloß
ma zu winken.» Nu bin ick nich der Mann, dem man
Mangel an Heeflichkoit nachsajen kennte; mach ick ihr
also eene Verbeujung, da wärn Sie jlatt von n Socken je-
wesen, wenn Se die jesehn hätten, un denn zieh ick den
Hut, aber mit Schwung, sahr ick Ihn, un denn, denn
zwinker ick ihr feste mit alle beede Oogen zu, so jut als
wie wenn ick saje: «Wahrhaftich, du bis mir abber n

süßes kleenes Ding, Missis Tracle, Schätzchen; und ick will doch jleich in eem Sumfe ersäuft wern, wenn ick nich Sir Pattrick O'Grandison, Barronett, bin un mir dir erobern werde, bevor daß n Jroßmaul aus Londonderry bloß mitm Ooge plinkern kann.»

Un denn am nächsten Morjen schon, jrad wie ick mit mir zu Rate jehe, ob es wohl besonders heeflich wäre, ma wat kleenes Jeschriebenes an die Wittwe zu schicken, so n lüttes Liebesbriefchen, da kommt doch der Diener mit eene janz elejante Fisietenkarte ruff un sacht, der Name da druff (denn ick selber hab dat Jedrucksel noch nie lesen könn, vonwejen daß ick doch linkshändich bin) also der Name da druff, der heeßt Mosjeh le Kongt Aujuste Nukuckmalan, Mätre-de-Dangse, un das janze verdibbelte Kauderjewelsche is der fatzkich lange Name von dem kleenen zujereisten Franzmann von jejenüber. Un justemang in dem Oogenblick kam der kleene Schuft doch selber daher un macht mir ne Prachtsverbeujung un sacht, er wär ma so frei, mir mit seinem Besuche zu beehren, un denn lecht er los un palavert wie n Wasserfall, un hol mich der Deixel, ick vasteh von dem janzen Zeuch man nischt wie immer bloß «pully wuh, wully wuh» un krich aus all dem Jeflunkere denn jrad noch mit, daß er – un det soll ihm abber vasalzen wern – janz unsterblich in meene Wittwe Missis Tracle valiebt wäre un daß ooch meene Missis Tracle een ausjesprochenes Fehbel für ihm hätte.

Wie ick det hör, jeht mir doch so ziemlich der Hut hoch, det kann ick Ihn abber flüstern, doch da fällt mir ein, daß ick ja Sir Pattrick O'Grandison, Barronett, bin un daß es nich jrad vornehm is, wenn eim der Ärjer übber die Heeflichkoit jeht, – schluck ich n also runter un ziehe ne loitselije Miene uff, un da wird der kleene Kerl doch janz umjänglich, un nach so einijer Zeit fracht er mir doch tatsächlich, ob ick nich mit ihm rübber jehn will zu der Wittwe, er wird mich der Dame in aller Form vorschtellen.

«Nu, schteht det so?» sach ick da zu mirselber, «da isses ausjemacht, Pattrick, daß du der jücklichste Mensch aufer janzen Erde bist. Na, da wolln wa doch ma sehn, in wem sich die Missis Tracle Hals über Kopp valiebt hat, in deine eijene süße Persönlichkoit oder in diesem Mosjeh Mätre-de-Dangse.»

Un schon machen wir uns uff de Socken, rübber nach der Wittwe, un dat eene kann ick Ihn sajen, det war ne Wucht von eem Appartemang. Der janze Fußboden een eenzijer Teppich, und in der eenen Ecke stand n Piahnopforte un ne Maultrommel un weeß der Deixel wat sons noch, und in der andern Ecke stand n Sofa, also det war ja schon dat reinste Kannapeh, un uff dem Sofa, wer sitz da mittenmang druff? Der süße kleene Engel Missis Tracle.

«Eenen allerscheensten juten Morjen», sach ick, «Missis Tracle», un denn mach ick ihr ne elejante Verbeujung, also da wär Ihn jlatt die Luft wechjeblieben.

«Wully wuh, pully wuh, dalegsdinieder», sacht der kleene zujereiste Franzmann, «un dat hier, Missis Tracle», sacht er, «dat ist sich seine hohe Wohljeborn, der Herr Sir Pattrick O'Grandison, Barronett, un is der voll un janz meen allerschpeziellster Freund un Bekannter, den wo ick iner Welt bloß habe.»

Un die Wittwe, die steht vom Sofa uff un macht den allerliebsten Knicks, den wo man je jesehn hat; un denn hockt sie sich hin wie n Engelchen; un denn, Mensch, hat man Töne, fläzt sich doch dieser kleene Knilch Mosjeh Mätre-de-Dangse tatsächlich jradwech jleich an ihre rechte Seite! Jottojott! ick denk schon, mir komm aufer Schtelle die Oogen ausm Koppe, so hab ick

die Wut jekricht! Abber denn sach ick mir nach ner
Weile: «Nu mal sachte», sach ick, «meen Herr Mosjeh
Mätre-de-Dangse, det kennt Ihn jrade so passen!» un
stracks hock ick mir uff die linke Seite von ihrer Jnaden,
um mit dem Schurken jleichzuziehn. Donnerschlach!
dat hätten Se sehn müssen, wie ick denn jetz mit beede
Oogen zusamm een doppelten Blitz abjeschossen hab,
ihr direcktemang ins Jesichte.

Abber der kleene olle Franzmann hat nich den jeringsten
Vadacht uff mir, un det war doch jlattwech zum Brüllen,
wie er nu der Dame den Hof macht. «Wully wuh», sacht
er, «pully wuh», sacht er, «dalegsdinieder», sacht er.

«Hat alles keen Zweck, Mosjeh Krapoh», denk ick; un
denn lech ick los un rede, wat dat Zeuch man hält, und
im Nu denn hab ick ihr vollkommen un jänzlich ein-
jewickelt, vermittelst eener elejanten Konversaziohn
übber die scheenen Sumpfjebiete von Connacht. Un mit
der Zeit denn schenkt sie mir een derart süßes Lecheln,
von eem Mundwinkel bis zum andern, dat mir doch janz
kannibalisch wohl wird un ick es riskier, ma uff die aller-
delikateste Art ihrn kleenen Finger zu erjreifen un ihr
dabei schtantepede ins Jesichte zu kieken.

Un nu schtelln Se sich dat süße Engelche ma vor: kaum
hat se jemerkt, ick bin druff aus, ihr die Flosse zu quät-
schen, hui, da is sie hoch un zieht se mir wech un va-
schteckt se hinterm Rücken, jrad wie wenn se sajen will:
«Na, na, Sir Pattrick O'Grandison, dat kannste abber
jetz nich jut machen, meen Schätzchen, is nämlich nich
foin, wo doch der kleene zujereiste Franzmann mit da-
beisitzt, Mosjeh Mätre-de-Dangse.»

Un da zwinker ick ihr jleich janz dicke zu, wie wenn ick
sajen will: «Laß man, laß man, Sir Pattrick weeß schon
alleene bescheid, wie man dat macht», un denn jeh ick

ran wie nischt, un Se hätten sich Ihn jlatt totjelacht, wenn Se dat jesehn hätten, wie klewwer ick meen rechten Arm zwischen die Rückenlehne von dem Sofa un den Rücken von ihrer reizenden Jnaden jeschteckt hab, un wat sajen Se nu, da find ick doch ooch schon n janz süßes kleenes Patschhändchen, was uff mir wartet, wie wenn es sajen will: «Nu, een allerscheensten juten Morjen, Sir Pattrick O'Grandison, Barronett.» Na, un da jeb ick ihr n janz kleenen allerwinzichsten Knuff, bloß ma zum Anfangen un so sanft wie es jeht, man kann ja mit so ner Dame nich jleich werweeßwie umschpringen, wat? Un kuck ma eener an, da krich ick ooch schon den allerdelikatesten un sanftesten Druck zurücke! «Donner un Doria, Sir Pattrick, meen Lieber», denk ick da so bei mirselber, «wer is wohl der hübscheste un glücklichste Sumpftrotter, wo je aus Connacht jekomm? Nu, det is allemal keen anderer als wie deiner Mutter Sohn!» Un damit drück ick eens kräftiger uff die Flosse, un siehmalan, da krich ick doch von der Dame eens ebenso kräftich zurück! Abber jetze, da hätten sich Ihn doch jlatt kaputtjelacht, wenn Se jesehn hätten, wie eenjebildet sich uff eemal der Mosjeh Mätre-de-Dangse uffjeführt hat! Dat war een Jeplabbere un Jeschmonzele und een Palehwuh, wat er jetz mit ihrer Jnaden anfing, sowat hat man uffer janzen Welt noch nich jesehn; un mir soll doch jleich der Deixel braten, wenn ick nich jar mit meene beeden Oogen ihm ertappt hab, wie er ihr jrad mit seim eenen Kieker zujezwinkert hat. Jottojott, wenn mich da nich janz katzjämmerlich die Wut jepackt hat, denn möcht ich doch ma wissen, was Wut is!

«Eens lassen Se mich Ihn ma sajen, Mosjeh Mätre-de-Dangse», sach ick, un ick sach dat so heeflich als wie nur was, «det is abber jaanich foin un tut Ihn nich jut anschtehn, neenee, uff so ne Tuhr da mit der Dame zu schmuhsen», un damit drück ick ihr zujleich eens weiter uff die Flosse, wie wenn ick sach, «Na, meen Joldschtück, is Sir Pattrick nu imschtande, dir zu beschützen oder nich?» un schon kommt n kleenes Drückerchen zurück zur Antwort. «Abber beschtimmt, Sir Pattrick», sacht det Drückerchen, so deutlich als wie so n Drückerchen dat je inner Welt jesacht hat, «abber beschtimmt, Sir Pattrick meen Schätzchen, du bis mir n richtich foiner Schentelmann, das bis du mir, jawoll, bei Jott», un damit sperrt sie ihre beeden allerliebsten Äujelchen uff, so weit, daß ich noch denk, se kullern ihr jlatt raus, un zuerst ma zieht se dem Mosjeh Krapoh ne janz wütich Flappe, un den lechelt sie mir selber janz himmelich an. «Na denn», sacht er, der Schurke, «Jottojott! un wully wuh, pully wuh», un denn zieht er die beeden Schultern hoch, bis von seim dämlichen Koppe fast übberhaupt nischt mehr zu sehn is, un klappt sein ausjefranztes Maul zu, un denn is aus dem windijen Schuft keen eenzijer Ton mehr rauszubringen.

Also det kannste mir glooben, meen Herzchen, da war Sir Patrick abber mächtich sauer, un det man umso mehr, als der Franzmann doch tatsächlich immer weitermachte, der Witwe zuzuzwinkern; un die Wittwe, die macht weiter un quätscht mir de Flosse, wie wenn sie sajen will: «Jetz abber druff, Sir Pattrick O'Grandison, meen Schätzchen, jibs ihm feste!» un so pladder ick denn los mit eem dicken Fluch un sach:

«Du kleener uffjeblasener Frosch von eener unterernährten Null, du!» – un wat meen Se, wat ihre Jnaden da macht? Springt se doch wie anjestochen vom Sofa uff un saust zur Türe raus, währnd daß icke den Kopp nach ihr rumdreh, komplett vabiestert un durchnander,

und ihr mit n Kiekern folje. Vastehn Se, ick hatte ja
Jründe, mir zu wundern, denn eintlich konnte die Jute
jaanich so eenfach wech sein; det wußt ick jenau, weil
hatt ick doch ihr Patschhändchen immer noch in meener
Flosse, ick hatt es nich etwa losjelassen. Un so sach ick:
«Is det nich n kleener falscher Irrtum, Euer Jnaden, dat
Ihn so mir nischt dir nischt rausrenn? Komm Se doch
zurücke, sein Se ma scheen brav, denn jeb ick Ihn ooch
dat Händchen wieder.» Abber raus is sie un runter wie n
jeölter Blitz, un so dreh ick mir denn zu dem kleenen
zujereisten Franzmann um. Jottojott! wat muß ick da
sehen! Wenn det nich die Pfote von dem kleenen Knilch
war, wat ick da in meener eijenen Hand hielt, dann –
war dat – – na Schwamm drübber.

Abber denn ha ick mir vielleicht n Ast jelacht, wie ich
ma so den kleenen Wicht betrachte, wie der merkt, daß
det jaanich die Wittwe war, neenee, der wo ihr Händchen er die janze Zeit übber jehalten hat, sondern Sir
Pattrick O'Grandison höchstpersönlich! Der Deixel
selber könnte keene längere Schnute ziehn! Un was Sir
Pattrick O'Grandison, Barronett, betrifft, so is der nich
der Mann, sich wejen som kleenen falschen Irrtum jroß
Jedanken zu machen. Ens will ick man bloß noch sajen
(un det is die reinste Wahrheit): vor daß ick dem Schuft
seine Flosse losließ (un det tat ick erst, nachdem daß uns
beede die Diener von ihrer Jnaden die Treppe runterje-
feuert hatten), hab ick ma son janz kleen bischen druff-
jedrückt, un zwar so zart un sanft, dat jleich dat scheen-
ste Himbeermus draus wurde.

«Wully wuh», sacht er, «pully wuh», sacht er – «Jottva-
dammtnochmal!»

Un sehn Se, det is der Jrund dafür, dat der kleene Franzmann die Hand inner Schlinge trächt.

DER GESCHÄFTSMANN

Methode ist die Seele des Geschäftes.
Altes Sprichwort

Ich bin Geschäftsmann. Ein methodischer Mensch.
Methode ist schließlich *die* Sache. Doch giebt es Niemanden, den ich herzlicher verachte als diese exzentrischen Narren, die von Methode schwatzen, ohne sich
darauf zu verstehen; indem sie sich streng zwar an ihren
Buchstaben halten und aber doch ihrem Geiste Gewalt
antun. Diese Kerls stellen dauernd die abwegigsten Sachen an, und zwar auf eine Weise, welche sie als ordentlich und systematisch bezeichnen. Nun liegt eben hier –
das will ich meinen – ein ausgesprochener Widersinn.
Wahre Methode bezieht allein das Gewöhnliche und
deutlich Einleuchtende ein und kann auf das *outré* nicht
angewendet werden. Welche entschiedne Vorstellung
ließe sich denn schon mit Ausdrücken verbinden wie
«ein methodischer Fatzke» oder «ein systematischer
Irrwisch»?
Meine Bemerkungen zu diesem Gegenstande möchten
wohl kaum so klar ausgefallen sein, wie sie es sind, wäre
mir nicht ein glücklicher Zufall widerfahren, als ich
noch ein sehr kleiner Junge war. Eine gutherzige alte
irische Amme (welche ich in meinem letzten Willen darob nicht vergessen werde) nahm mich eines Tages, da
ich einmal mehr Lärm vollführte, als notwendig war,
bei den Fersen hoch, und indem sie mich zu zwei oder
drei Malen herumschwenkte, ver----te sie mich als
«einen quengligen kleinen Gecken» und schlug sodann
mit meinem Kopfe auf den Bettpfosten los. Dies entschied, so glaube ich, mein Schicksal und legte den

Grundstein zu meinem Glücke. Eine Beule nämlich wuchs augenblicklich an meinem Vorderhaupt und entwickelte sich in der Folge zu einem so ansehnlichen Organ der *Ordnung,* wie man es nur bei schönstem Sommerwetter sehen wird. Daher denn auch der ausgesprochene Appetit auf System und Regelrechtigkeit, welcher mich zu dem ausgezeichneten Geschäftsmanne gemacht hat, der ich bin.

Wenn es irgend nur etwas auf Erden gibt, das ich hasse, so ist es ein Genie. Diese Genies sind allesamt abgefeimte Esel – und für diese Regel gibt es keinerlei Ausnahme. In Sonderheit kann man aus einem Genie keinen Geschäftsmann machen – so wenig als Geld aus einem Juden oder Muskatnüsse aus Piniolen. Diese Kreaturen lassen sich dauernd plötzlich auf irgend eine phantastische Beschäftigung ein oder eine lächerliche Spekulation, welche vollkommen im Widerspruch zur ‹Zwecklichkeit aller Dinge› steht, und betreiben keinerlei Geschäft, das man überhaupt als ein solches betrachten dürfte. Mithin lassen sich diese Charaktere unmittelbar an der Natur ihrer Tätigkeiten erkennen. Erblicken Sie nur je einen Mann, welcher sich als Kaufmann etabliert oder als Fabrikant; oder in einen Baumwolloder Tabakhandel einsteigt oder ein ähnlich exzentrisches Gewerbe; welcher Kurzwarenkrämer wird oder Seifensieder oder irgend sonst etwas von der Sorte; oder sich als Advokat ausgibt oder als Grobschmied oder als Arzt – oder was immer nur abwegig genug wäre –, so mögen Sie ihn getrost für ein Genie betrachten, und dann ist er, nach der Regeldetri, ein Esel.

Nun bin ja ich in keiner Beziehung ein Genie, sondern ein regelrechter Geschäftsmann. Mein Tage- wie mein Hauptbuch werden dies im Nu erweisen. Sie sind gar wohlgeführt, das muß ich selber sagen; und was die meinem Wesen eigene Akkuratesse und Pünktlichkeit betrifft, so bin ich schlechthin nicht zu schlagen. – Überdies sind meine Tätigkeiten stets darauf eingerichtet, in harmonischem Einklang mit den gemeinen Gewohnheiten meiner Nebenmenschen zu stehen. Nicht daß ich mich, was dies betrifft, auch nur im mindesten meinen überaus schwachsinnigen Eltern verpflichtet fühlte, welche zweifellos am Ende noch gar ein abgefeimtes Genie aus mir gemacht hätten, wäre nicht mein Schutzengel rechtzeitig zu meiner Errettung gekommen. In Biographien steht immer die Wahrheit, in Autobiographien gar der Wahrheiten lauterste, – doch darf ich kaum hoffen, Glauben zu finden, wenn ich – mit feierlichstem Nachdruck freilich – konstatiere, daß mein nichtswürdiger Vater mich, da ich eben fünfzehn geworden, in das Komtor eines Menschen steckte, welchen er als «einen angesehnen Handelsmann und Kommissionär, der tolle Geschäfte macht» bezeichnete. Ein toller Unsinn das! Nunja, die Folge dieses geistesschwachen Einfalls war denn auch, daß ich, nach zwei oder drei Tagen schon, zu meiner stumpfsinnigen Familie heimgeschickt werden mußte, und zwar in höchst fieberndem Zustande und mit den heftigsten und gefährlichsten Schmerzen in meinem Vorderhaupt, rings um mein Ordnungsorgan. Fast war es um mich geschehen – sechs Wochen lang mußte ich schier mit dem Tode ringen – die Ärzte gaben mich auf – und dergleichen mehr. Doch litt ich auch sehr, so war ich trotzdem im wesentlichen nur froh. Ich war dem Schicksal entgangen, «ein angesehner Handelsmann und Kommissionär, der tolle Geschäfte macht» zu werden, und fühlte Dankbarkeit für den Auswuchs, welcher das Mittel meiner Rettung gewesen, und für jenes gemütvolle Weib, das mir ursprünglich zu diesem Mittel verholfen.

Die meisten Knaben laufen mit zehn oder zwölf Jahren von Hause fort, aber ich wartete damit, bis ich sechzehn war. Ich weiß nicht, ob ich selbst dann schon gegangen wäre, hätte ich nicht zufällig meine alte Mutter darüber reden hören, man wolle mich meinen Weg im Lebensmittelhandel machen lassen. Im Lebensmittelhandel! – man denke! Alsobald entschloß ich mich, das Haus zu verlassen und mich einem *anständigen* Beruf zu widmen, ohne des längern mehr nach der Pfeife dieser exzentrischen alten Leute zu tanzen und Gefahr zu laufen, am Ende noch gar zu einem Genie gemacht zu werden. Gleich beim ersten Bemühn in diesem Plane winkte mir der angenehmste Erfolg, und als ich so ziemlich achtzehn war, machte ich ausgedehnte und einträgliche Geschäfte als Wandelreklame in der Bekleidungsbranche.

Einzig durch jenes unbeugsame Festhalten am System, welches meinen hervorragendsten Wesenszug bildet, war ich in den Stand gesetzt, die beschwerlichen Pflichten dieser Profession zu erfüllen. Peinlichste *Methodik* kennzeichnete meine Handlungen ebenso wohl als meine Berechnungen. In meinem Falle war es Methode – nicht Geld –, was den Mann machte: wenigstens alles das an ihm, was nicht der Schneider machte, welchem ich diente. Jeglichen Morgen um neun sprach ich bei dem genannten Individuum nach den Kleidungsstücken des Tages vor. Um zehn Uhr befand ich mich auf irgend einer eleganten Promenade oder an anderer Stätte öffentlichen Vergnügens. Die präzise Regelmäßigkeit, mit welcher ich meine ansehnliche Person nach allen

Richtungen drehte und wendete, um auf diese Art jeden Teil meines Anzuges erfolgreich ins rechte Licht zu rücken, gereichte mir bei allen Kennern in der Branche zur Bewunderung. Nie ging der Mittag vorüber, ohne daß ich einen Kunden zum Hause meiner Prinzipale brachte, der Herren Raff und Reibach, Schneidermeister. Ich sage dies mit Stolz, doch mit Tränen in den Augen – denn schnödesten Undank ließ mich diese Firma ernten. Die kleine Berechnung, derentwegen wir uns stritten und schließlich auseinandergingen, kann in keinem Punkte für übertrieben angesehen werden – von Herrschaften jedenfalls, welche wirklich in der Natur des Geschäfts bewandert sind. Dieserhalb vermittelt es mir jedoch das Gefühl nicht geringer stolzer Genugtuung, daß ich den Leser selber urteilen lassen kann. Meine Rechnung lautete folgendermaßen:

Peter Proffit, Wandelreklame
An die Herren Raff & Reibach, Schneidermeister, allhier.

10. Juli	Promenade, wie üblich; Kunden heimgeschafft	$ –.25
11. Juli	dto.	–.25
12. Juli	1 Lüge zweiter Klasse; verdorbnes schwarzes Tuch für dunkelgrün verkauft	–.25
13. Juli	1 Lüge erster Klasse; Extra-Ausführung und nach Maß; moulinierten Halbatlas als schwarzes Feintuch empfohlen	–.75
20. Juli	Papierhemdkragen oder Vorhemd gekauft, funkelnagelneu: um grauen Flausrock ansehnlicher herauszuputzen	–.02

15. Aug.	Doppelt wattierten Gehrock getragen (bei 106° R. im Schatten)	–.25
16. Aug.	Drei Stunden auf einem Beine gestanden, um neumodische Steghose vorzuführen; 12 ½ pro Bein und Stunde	–.37 ½
17. Aug.	Promenade, wie üblich; großen Kunden beigeschafft (fetter Mann)	–.50
18. Aug.	dto. (mittlere Größe)	–.25
19. Aug.	dto. (klein und schlechter Zahler)	–.06
		$ 2.95 ½

Der zumeist umstrittene Punkt in dieser Abrechnung war der Betrag von zwei Pennies für das Vorhemd. Mein Ehrenwort darauf, – es war dies wirklich *kein* unvernünftiger Preis für das Stück. Handelte es sich doch um eines der saubersten und adrettesten kleinen Vorhemdchen, welche ich je erblickte; und ich habe guten Grund zu glauben, daß es den Verkauf von drei Flausröcken bewirkte. Der ältere Partner der Firma jedoch wollte mir nur einen Penny der Auslage gelten lassen und machte sich anheischig zu beweisen, wie man doch ganze vier Stück von selbiger Konvenienz und selbem Maß aus einem Bogen Propatriapapier gewinnen könnte. Doch ist es unnötig zu sagen, daß ich in dieser Sache auf dem *prinzipiellen* Standpunkt beharrte. Geschäft ist Geschäft und sollte entsprechend geschäftlich abgemacht werden. Es lag doch keinerlei *System* darin, mich um einen Penny zu beschwindeln, – ein klarer Betrug um fünfzig Perzent – nichts von *Methode,* in welchem Betrachte immer. So verließ ich augenblicklich meine Stellung bei den Herren Raff und Reibach und verlegte mich auf das Verschandelungs-Geschäft –

von allen gewöhnlichen Beschäftigungen der lukrativsten, achtbarsten und unabhängigsten eine.

Meine strenge Redlichkeit und Sparsamkeit sowie meine rigorosen Geschäftsgewohnheiten kamen hier einmal mehr zum Zuge. Ich fand mich einen blühenden Handel treiben und wurde bald eine hervorragende Figur an der Börse. Die Wahrheit ist – ich verzettelte mich niemals in flausenhafte Oberflächlichkeiten, sondern schlenderte im guten alten vernünftigen Trott des Berufes dahin – eines Berufes, welchem ich mich zweifellos noch zur gegenwärtigen Stunde widmen würde, wäre nicht ein kleiner Unfall gewesen, der mir im Verfolg einer der gewöhnlichen Geschäftsoperationen widerfuhr. Wann immer nur ein reicher alter Filz oder ein üppig ausgestatteter Erbe oder eine bankerotte Gesellschaft auf den Gedanken verfällt, einen Palast zu errichten, so gibt es in der ganzen Welt nichts Schöneres, als ihnen dabei ein Bein zu stellen; das weiß ja jeder leidlich intelligente Mensch. Tatsächlich ist eben dieses die Basis des Verschandelungs-Geschäfts. Also, sobald ein Bau-Vorhaben seitens einer dieser Herrschaften gehörig in Gang gekommen ist, sichern wir Kaufmänner uns ein nettes Eckchen des fraglichen Bauplatzes oder ein vorzügliches Grundstückchen nebenan oder gegenüber. Hierauf fassen wir uns schlicht in Geduld, bis der Palast halb fertig ist, und dann bezahlen wir irgend einen stilvollen Architekten, uns einen zierlichen Lehmschuppen hinzuzusetzen, gleich hart an der Grenze, oder eine neuenglische oder holländische Pagode, oder einen Schweinestall, oder irgend eine feine kleine phantastische Scheune nach allerneuestem Eskimo-, Kickapu- oder Hottentottenstil. Selbstredend sind wir außer allem Stande, diese

Bauwerke unter einer Superdividende von fünfhundert Perzent abzureißen, gerechnet auf die Grundkosten von Platz und Putz und Plunder. *Können* wir anders? Ich stelle die Frage. Ich stelle sie an Geschäftsmänner. Es wäre irrational anzunehmen, wir könnten. Und doch gab es da eine schurkische Gesellschaft, welche mich ersuchte, eben dies zu tun, – eben diese irrationale Annahme zu erfüllen! Natürlich würdigte ich ihren absurden Vorschlag keiner Antwort; doch empfand ich es als Pflicht, noch in der selbigen Nacht hinzugehen und ihren gesamten Palast mit Lampenruß zu schwärzen. Für diese Tat steckten mich die unzurechnungsfähigen Lümmel alsbald in den Knast; und die Herren aus der Verschandelungs-Branche waren kurzsichtig genug, ihre Verbindungen mit mir zu lösen, als ich wieder herauskam.

Das Geschäft der tätlichen Beleidigung, zu welchem ich mich nunmehr – um meinen Unterhalt zu finden – entschließen mußte, war im Betracht der zarten Natur meiner Konstitution eigentlich wenig passend; doch begab ich mich auch darin guten Mutes an die Arbeit und fand meine Rechnung, hier wie schon zuvor, wiederum in jenen unnachgiebigen Gepflogenheiten methodischer Akkuratesse, welche mir von jener prächtigen alten Amme eingehämmert worden waren – wahrlich, ich müßte der niedrigste Mensch sein, wollte ich sie in meinem Testament nicht wohl bedenken. Indem ich, wie gesagt, das strikteste System in all meinen Händeln beobachtete und eine wohlgeordnete Buchführung unterhielt, war ich in den Stand gesetzt, mannigfache ernstliche Schwierigkeiten zu überwinden und mich am Ende recht leidlich in diesem Beruf zu etablieren. Die Wahrheit ist, daß nur wenige Individuen, in welcher Branche immer, ein schlaueres Geschäftchen machten denn ich. Am besten schreibe ich rasch einmal eine Seite oder so aus meinem Tagebuche ab; dies wird mir die Notwendigkeit ersparen, dauernd nur in mein eigenes Horn zu blasen – eine durchaus verächtliche Übung, welcher sich kein hochgesinnter Mensch schuldig machen wird. Nun, das Tagebuch ist ein Ding, das niemals lügt.

«1. Jan. – Neujahrstag. Schnauzer auf der Straße getroffen, total blau. NB: – klappt. Bartsch begegnet, kurz danach; stockbesoffen. NB: – wird auch anbeißen. Beide Herren ins Hauptbuch eingetragen und jedem ein laufendes Schuldkonto eröffnet.

«2. Jan. – Schnauzer an der Börse getroffen; ging auf ihn zu und trat ihm auf die Zehen. Er die Faust geballt und mich niedergeschlagen. Ausgezeichnet! – stand wieder auf. Paar geringfügige Schwierigkeiten mit Beutelschnitt, meinem Anwalte. Ich will eintausend Schadenersatz, aber er sagt, für so ein einfaches Niederschlagen kriegen wir aus denen nicht mehr als fünfhundert heraus. NB: – muß den Beutelschnitt loswerden – überhaupt kein *System*.

«3. Jan. – Ins Theater gegangen, um auf Bartsch zu lauern. Sah ihn in einer Seitenloge sitzen, zweiter Rang, zwischen einer fetten Dame und einer mageren. Glotzte die ganze Gesellschaft durch ein Opernglas an, bis ich die fette Dame erröten und mit B. flüstern sah. Ging dann hinüber in die Loge und brachte meine Nase in Reichweite seiner Hand. Wollte aber partout nicht dran ziehen – nichts zu machen. Nase geschneuzt und nochmals versucht – wieder nichts. Setzte mich dann hin und blinkerte der dürren Dame zu, als ich die hohe Genugtuung hatte, von ihm beim Genick gepackt, emporgehoben und hinunter ins Parterre geschmissen zu werden. Hals verrenkt und rechtes Bein vortrefflich zerschmettert. Begab mich in hoher Freude heim, trank eine Flasche Champagner und buchte den jungen Mann mit fünftausend. Beutelschnitt meint, es klappt.

«15. Febr. – Fall von Herrn Schnauzer durch Vergleich erledigt. Betrag – fünfzig Cents – ins Journal eingetragen; siehe dieses.

«16. Febr. – Gegen Bartsch, den Schurken, verloren; machte mir ein Geschenk von fünf Dollar. Prozeßkosten vier Dollar fünfundzwanzig. Nettogewinn – siehe Journal – fünfundsiebenzig Cents.»

Nun, damit hätten wir, innerhalb sehr kurzer Zeit, einen klaren Gewinst von nicht weniger als einem Dollar fünfundzwanzig Cents – und das einzig in den Fällen Schnauzer und Bartsch; und ich versichere dem Leser feierlich, daß diese Auszüge meinem Tagebuche aufs Geratewohl entnommen sind.

Es geht freilich ein altes Sprichwort, und ein wahres dazu, daß Geld nichts sei im Vergleich zur Gesundheit. So fand ich die Anforderungen des Berufes doch zu reichlich für meine zarte Körperbeschaffenheit; und da ich zuletzt gar entdeckte, daß unter dem dauernden Niederschlagen meine äußere Erscheinung recht sehr gelitten hatte, so daß ich gar nicht mehr wußte, was ich daraus machen sollte, und daß meine Freunde, trafen sie mich auf der Straße, überhaupt nicht mehr erkannten, daß ich Peter Proffit war, – wollte es mir als der ratsamste Ausweg erscheinen, den ich wählen könnte, die Branche meiner geschäftlichen Tätigkeit zu wechseln. Ich wandte meine Aufmerksamkeit daher dem Beruf des Dreckspritzens zu und wirkte einige Jahre lang in demselben.

Das Schlimmste an dieser Beschäftigung ist, daß zu viele Leute daran Geschmack finden, und die Konkurrenz ist in Folge dessen schier unmäßig. Jeder hergelaufene Ignorant, der findet, daß er nicht in genügender Menge Verstand besitzt, um seinen Weg als Wandelreklame zu machen oder als Verschandel-Fant oder als tätlicher Beleidiger, bildet sich natürlich ein, als Dreckspritzer könnte es ihm glücken. Aber nie wurde eine irrigere Meinung gefaßt als jene, daß es zum Dreckverspritzen keines Gehirns bedürfe. In Sonderheit ist in diesem Fache nichts ohne *Methode* auszurichten. Ich selber lag diesem Geschäft ja nur *en détail* ob, doch meine alten *systematischen* Gewohnheiten brachten mich rasch und ganz nach Wunsch voran. Zuerst einmal wählte ich mir mit großem Bedacht meine Straßenkreuzung aus, und niemals setzte ich fortan auf irgend nur einen andern Platz der Stadt einen Besen. Auch trug ich Sorge, stets eine nette kleine Pfütze bei der Hand zu haben, welche ich im Augenblick erreichen konnte. Mit diesen Mitteln wurde ich rasch als ein vertrauenswürdiger Mann bekannt; und damit ist, Sie können es mir glauben, im Geschäftsleben bereits die halbe Schlacht gewonnen. Niemand verfehlte je, *mir* einen Kupfer zuzuwerfen, und gelangte so über *meine* Kreuzung mit saubern Beinkleidern. Und da meine Geschäftsgepflogenheiten in diesem Betracht hinreichend verstanden wurden, begegnete ich nie einem Versuch, mich zu betrügen. Andern Falles hätte ich mir dergleichen auch nicht gefallen lassen. Da ich selber niemanden je betrog, litt ich es nun auch nicht, daß jemand gar aus mir dann einen Narren machte. Den betrügerischen Machenschaften der Banken konnte ich natürlich nicht Einhalt gebieten. Ihre Zahlungseinstellung brachte mich in enorme Verlegenheiten. Doch sind ja diese Institute keine Individuen, sondern Gesellschaften; und Gesellschaften haben, das ist nur zu wohl bekannt, weder Körper, die man treten, noch Seelen, welche man in die Verdammnis hinabwünschen könnte.

Ich machte in diesem Geschäft ein schönes Geld, als ich, in einem übeln Augenblick, Veranlassung fand, es mit der Kötersudelei zu vertauschen – einer irgendwie verwandten, doch keineswegs so angesehnen Profession. Mein Standort war gewißlich ausgezeichnet, da er zentral gelegen, und ich hatte gar prächtige Wichse und Bürsten. Auch war mein kleiner Hund von bester Mästung, ein Prachtstück, und aufs trefflichste abgerichtet. Er stand bereits längere Zeit im Geschäft und, das darf ich wohl sagen, verstand sich auf dasselbe. Im allgemeinen verlief die Sache folgender Maßen: – Pompeius saß, nachdem er sich recht ausgiebig im Schmutz gewälzt, voller Erwartung an der Ladentüre, bis er einen feinen Herrn bemerkte, welcher sich in glänzenden Stiefeln näherte. Ihm zu begegnen, setzte er sich alsbald in Bewegung und rieb seine Wolle zu ein oder zwei Malen an den langschäftigen Wellingtons. Darauf fluchte der Herr recht gründlich und blickte sich nach einem Stiefelputzer um. Als welcher sogleich ich ihm in das Auge fiel, samt Wichse und Bürsten. Im Handumdrehen war das Werk getan und ein Sixpence verdient. Dies machte sich eine Zeit lang recht gut; – und in der Tat war nicht ich der Geizhals, sondern mein Hund war es. Ein Drittel des Gewinstes gewährte ich ihm, doch hatte er sich übel beraten lassen, auf der Hälfte zu bestehen. Dazu konnte ich mich nicht bereit finden – so entzweiten wir uns und gingen auseinander.

Als nächstes versuchte ich eine Weile lang meine Hand im Spielen der Drehorgel, und ich darf sagen, daß ich auch darin recht wohl auf meine Kosten kam. Es ist das ein einfaches, redliches Geschäft, welches keine besondern Fähigkeiten erfordert. Man bekommt einen solchen Leierkasten um einen bloßen Pappenstiel, und um ihn angemessen zu präparieren, hat man lediglich das Getriebe zu öffnen und demselben mit einem Hammer drei oder vier wohlgezielte Schläge zu versetzen. Das veredelt den Ton des Dinges für Geschäftszwecke mehr, als man sich vorstellen kann. Ist es getan, so hat man lediglich dahinzuspazieren, den Leierkasten auf dem Rücken, bis man ausgelaugte Lohe auf der Straße erblickt und einen Türklopfer, der mit Buckskin umwickelt ist. Dann hält man an und leiert los, und dabei macht man ein Gesicht, als habe man die Absicht, noch bis zum Jüngsten Tage derart weiterzuleiern. Alsbald nun öffnet sich ein Fenster, und jemand wirft einen Sixpence heraus, verbunden mit der Aufforderung «Sei still und verschwinde» usw. Nun sehe ich gar wohl, daß manche Leierer es tatsächlich fertig gebracht haben, für diese Summe zu «verschwinden»; doch ich für meinen Teil fand die notwendige Kapitalauslage doch zu hoch, um mir das «Verschwinden» unter einem Schilling erlauben zu dürfen.

Bei dieser Betätigung machte ich einen guten Schnitt; doch war ich irgendwie nicht ganz zufrieden dabei und gab sie darum am Ende auf. Die Wahrheit ist, ich litt unter dem Nachteil, keinen Affen zu besitzen – und die amerikanischen Straßen sind doch *so* dreckig, und der demokratische Pöbel ist *so* zudringlich und wimmelt nur so von böswilligen verd-----ten kleinen Rangen! Ich war nun einige Monate lang ohne Beschäftigung, doch schließlich gelang es mir in Folge pausenlos strebender Bemühung, mir eine Stellung in der Schwindel-

Post zu beschaffen. Die hier obliegenden Pflichten sind durchaus einfach und insgesamt gar nicht einmal uneinträglich. Zum Beispiel: – sehr früh am Morgen hatte ich mein Bündel falscher Briefe herzustellen. Auf das Innenblatt eines jeden waren ein paar wenige Zeilen zu kritzeln – zu irgend einem Gegenstande, welcher mir als nur hinreichend mysteriös beikam – und sodann sämtliche Episteln mit Tom Dobson oder Bobby Tompkins oder ähnlich zu unterzeichnen. Wenn ich sie sodann alle zugeklebt und gesiegelt hatte sowie mit Schwindel-Postmarken versehen – von New Orleans, Bengalen, Botany Bay oder irgend einem andern Orte, welcher weit genug entlegen –, trat ich alsbald meinen täglichen Rundgang an, und zwar als wäre ich in sehr großer Eile. Stets sprach ich bei den großen Häusern vor, um die Briefe abzuliefern und das Strafporto zu kassieren. Niemand nimmt Anstand, für einen Brief zu zahlen – besonders gar für einen Doppelbrief – die Leute sind ja *solche* Narren! –, und es bereitete keinerlei Beschwer, um eine Ecke zu verschwinden, ehe man Zeit gefunden hatte, die Briefe zu öffnen. Das Schlimmste bei diesem Berufe war nur, daß ich so reichlich und so rasch zu laufen hatte – und so häufig meine Route zu verändern. Außerdem litt ich unter ernstlichen Gewissensbissen. Ich kann es nicht ertragen, unschuldige Individuen gröblich beschimpft zu hören – und die Art, wie die ganze Stadt alsbald Tom Dobson und Bobby Tompkins verfluchte, war wirklich schauerlich anzuhören. Voller Abscheu wusch ich diese Sache von meinen Händen.

Meine achte und letzte Spekulation erfolgte im Wege der Katzenzucht. Diese erwies sich mir als ein höchst angenehmes und einträgliches Geschäft, das zudem keinerlei Mühsal mit sich brachte. Das Land, man weiß

269

es wohl, ist ja von Katzen förmlich überflutet und ver-
heert – und ihre Zahl hat in letzter Zeit derart zugenom-
men, daß eine Petition um Linderung des Übels, von
zahlreichen und höchst achtbaren Persönlichkeiten
unterzeichnet, bei der letzten denkwürdigen Sitzung der
gesetzgebenden Versammlung vorgelegt wurde. Das
Repräsentantenhaus war, zu dieser Zeit, ganz ungewöhnlich wohl unterrichtet, und nachdem es viele
andere weise und heilsame Verordnungen erlassen,
krönte es dieselben allesamt noch mit dem Katzen-
Gesetz. In seiner ursprünglichen Form setzte dieses eine
Prämie für Katzen*köpfe* aus (vier Pence das Stück),
doch der Senat verstand es, den Hauptabsatz dahin zu
ändern, daß die ‹Köpfe› durch ‹Schwänze› ersetzt wurden. Diese Änderung war so offenbar wohlangebracht,
daß das ganze Haus *nem. con.* seine Zustimmung gab.
Sobald nun der Gouverneur das Gesetz unterzeichnet,
steckte ich mein gesamtes Vermögen in den Ankauf von
Maunzern und Miezen. Zuerst vermochte ich zu ihrem
Unterhalt lediglich Mäuse aufzubringen (welche billig
sind), doch erfüllten sie die Mahnung der Heiligen
Schrift in so herrlichem Maße, daß ich es schließlich für
das beste Verfahren erachtete, großzügig zu sein, und
sie Austern und Schildkröten schmausen ließ. Ihre
Schwänze bringen mir nun, zum gesetzlich festgesetzten
Preis, ein gutes Einkommen; denn ich habe einen Weg
entdeckt, auf welchem ich, mit der Hilfe von Makassar-
Öl, drei Ernten im Jahr erzielen kann. Auch entzückt
es mich zu finden, daß die Tiere sich recht bald an die
Sache gewöhnen und es am Ende gar begrüßen, ent-
ledigten Schwanzes einherzugehen. Ich betrachte mich
daher als einen gemachten Mann, und stehe derzeit
in Verhandlungen über einen Landsitz am Hudson.

WER KANN SICH RETTEN
VOR DES TEUFELS WETTEN?

EINE GESCHICHTE MIT MORAL

«*Con tal que las costumbres de un autor*», sagt Don Thomas
de las Torres in der Vorrede zu seinen ‹Verliebten Ge-
dichten›, «*sean puras y castas, importa muy poco que no sean
igualmente severas sus obras*» – was in schlichten Worten
besagen will: gesetzt, die Moral eines Autors ist persönlich nur recht rein und lauter, so tut die seiner Bücher
nichts zur Sache. Wir nehmen an, daß Don Thomas für
diese Behauptung jetzt im Fegefeuer sitzet. Und es wäre,
im Betracht poetischer Gerechtigkeit, ein durchaus
gescheiter Einfall, wollte man ihn dort einbehalten, bis
seine ‹Verliebten Gedichte› vergriffen sind oder endgültig aus Mangel an Lesern beiseite getan. *Sollte* doch,
wahrlich, jede Dichtung eine Moral haben; und, was
zum Falle mehr Beweis noch ist, es haben ja die Kunstrichter auch festgestellt, daß jede Dichtung wirklich
eine *hat!* Philipp Melanchthon schrieb, es ist einige Zeit
her, einen Kommentar zur ‹Batrachomyomachia› und
wies nach, des Dichters Gegenstand sei gewesen, Widerwillen gegen den Aufruhr zu erwecken. Pierre La Seine
geht einen Schritt weiter und zeigt auf, die Absicht habe
bestanden, jungen Männern Mäßigkeit im Essen und
Trinken nahezulegen. Insgleichen hat sich auch Jacobus
Hugo an der Überzeugung gütlich getan, daß Homer
mit Euenis auf den Johann Calvin habe anspielen wollen; mit Antinoos auf den Martin Luther; mit den Loto-
phagen auf ganz allgemein die Protestanten; und mit
den Harpyien auf die guten Holländer. Unsere moder-
neren Scholiasten sind gleicherweise scharfsinnig. Die
Herrschaften zeigen einen verborgenen Tiefensinn in

den ‹Antediluvians› auf, eine Parabel im ‹Powhatan›, ganz neue Aspekte im ‹Cock Robin› und transzendentale Philosophie im ‹Hop O' My Thumb›. Kurzum, es ist am Tage, daß kein Mensch sich zum Schreiben hinsetzen kann ohne die allertiefsinnigsten Pläne. Damit wird den Autoren im allgemeinen nun ja recht viel Mühsal erspart. Ein Romanschreiber beispielsweise braucht sich um seine Moral den Kopf nicht zu zerbrechen. Sie ist ja da – das heißt, sie muß ja irgendwo stecken – und die Dame Moral als auch die Herren Kunstrichter mögen sich nur selber um sie bekümmern. Wenn nur erst die rechte Zeit gekommen ist, wird alles, was der edle Mann beabsichtigte – und gleich auch alles, was er nicht beabsichtigte –, ans Licht gebracht werden, im ‹Dial› oder im ‹Down-Easter›, schönstens vereint mit all dem, was er eigentlich beabsichtigt haben sollte, und endlich dem, was er ganz offenbar zu beabsichtigen beabsichtigte: – so daß am Ende denn auch alles ganz herrlich hinausgeführt ist.

Es gibt mithin keinerlei gerechte Ursache zu der gegen mich von Seiten einiger gewisser Ignoramusen gerichteten Beschwerde, ich hätte nie eine moralische Geschichte – oder präziser: eine Geschichte mit Moral – geschrieben. Ach nein, sie sind nur noch nicht richtig künstlich genug zu Werke gegangen, die Herren Kunstrichter, um mich ans Licht zu bringen, meine Moralen gehörig zu *befördern:* – das ist das ganze Geheimnis. Später einmal wird sie das ‹Nordamerikanische Quarkdahlsblatt› ob ihres Stumpfsinns beschämen. Inzwischen offeriere ich – des Vollzuges harrend – und um den gegen mich geschleuderten Anklagen die Spitze zu nehmen – die nachstehende traurige Historie; – eine Geschichte, hinsichtlich deren unverkennbarer Moral

keinerlei Zweifel bestehen kann, da ein Jeder, der dieselbe zu ermitteln trachtet, in den Stand gesetzt ist, sie in
den großen Buchstaben zu lesen, welche den Titel der
Erzählung bilden. Es sollte mir Anerkennung werden
für diese Einrichtung – eine Einrichtung, weit weiser
wahrlich als die des La Fontaine oder anderer, welche die
Wirkung, auf deren Vermittlung sie es abgesehen, stets
bis zum letzten Augenblicke sparen, um sie erst dann
zu schlechter Letzt in ihre Fabeln listig einzufädeln.
Defuncti iniuria ne afficiantur war eines der Zwölf-Tafel-
Gesetze, und *De mortuis nil nisi bonum* ist ein treffliches
Gebot – und wäre der in Rede stehende Tote auch nur
ein Gefäßchen schalen Dünnbiers gewesen. Es ist daher
denn auch nicht meine Absicht, etwa meinen verblichenen Freund Toby Dammit schmähen zu wollen. Er war
ein rechter Schwerenöter, das ist wahr, und eines solchen Tod hat er erlitten; doch war er selber für seine
Laster nicht zu schelten. Sie erwuchsen aus einem persönlichen Defekte seiner Frau Mutter. Diese tat ihr
Bestes, ihn während seiner zarten Kindheit zu züchti-
gen – denn Pflichten waren, nach ihrem wohlgeregelten
Verstande, stets auch Vergnügungen, und kleine Kinder können ja, wie zähe Steaks oder die modernen griechischen Ölbäume, durch Schlagen nur gewinnen –
doch, arme Frau! sie hatte das Mißgeschick, linkshändig
zu sein, und ein Kind, von linker Hand mit Schlägen behandelt, wäre wohl besser doch ganz unbehandelt geblieben. Die Welt dreht sich von rechts nach links. Es
geht mithin nicht an, ein Kleinkind von links nach
rechts zu hauen. Wenn jeder Schlag in der gebührlichen
Richtung eine üble Neigung austreibt, so folgt doch
wohl daraus, daß jeder Hieb, entgegengesetzt verabreicht, sein gut Teil Bosheit hineintreibt. Ich war des

öftern in Person anwesend bei Toby's Züchtigungen, und selbst schon an der Weise, wie er sich zur Wehr setzte, konnte ich erkennen, daß er mit jeglichem Tage böser und verderbter ward. Zuletzt gar sah ich, durch die Tränen in meinen Augen, daß es hoffnungslos stand für den Schelm, und eines Tages, als sein Gesicht vermittels anhaltender Faustschläge eine solche Schwärze angenommen hatte, daß man ihn fälschlich hätte leicht für einen kleinen Afrikaner halten mögen, und keine andere Wirkung erreicht worden war, als daß er sich in abstoßendem Kampfe am Boden wand, vermochte ich's nicht länger zu ertragen, sondern fiel alsbald auf meine Knie nieder und weissagte, meine Stimme erhebend, seinen Untergang.

Tatsache ist, daß seine Frühreife im Laster erschreckend war. Im Alter von fünf Monaten bereits pflegte er in derart heftige Gemütszustände zu geraten, daß ihm die Sprache versagte. Mit sechs Monaten ward er einmal von mir ertappt, wie er ruchlos an einem Pack Spielkarten knabberte. Mit sieben Monaten hatte er es sich zur stehenden Gewohnheit gemacht, die weiblichen Kleinkinder zu haschen und zu küssen. Mit acht Monaten weigerte er sich rücksichtslos, dem Mäßigkeitsvereine seine Unterschrift zu geben. So wuchs er denn an Monaten wie an Missetaten, bis er, zu Ende des ersten Jahres, nicht nur darauf bestand, *mouſtaches* zu tragen, sondern auch die höchst unheilige Neigung gefaßt hatte, zu fluchen und sich zu verschwören und seine Behauptungen mit Wetten zu unterstützen.

Durch diese letztere, eines Gebildeten wahrlich unwürdige Gewohnheit ereilte ihn denn auch der Untergang, welchen ich ihm geweissagt hatte. Der üble Brauch war «mit seinem Wachsen gewachsen und mit seiner Stärke stark geworden», so daß er, als er auf die Mannesjahre zuging, kaum noch einen Satz zu äußern vermochte, ohne ihn mit einer Wettaufforderung zu spicken. Nicht daß er sich nun *wirklich* zu einem Einsatz verstand – oh nein. Ich will meinem Freund die Gerechtigkeit widerfahren lassen zu sagen, daß er sich eher noch aufs Eierlegen verstanden hätte. Die Sache war ihm eine bloße Formel – weiter nichts. Seine Kundgebungen waren mit keinerlei Bedeutung verbunden. Sie waren schlicht – wenn nicht überhaupt nur unschuldige Füllsel – so doch phantastische Phrasen, bestimmt, den Satz zu runden – weiter nichts. Wenn er sagte «Ich wette mit dir um dies und das», so dachte niemand je ernstlich daran, ihn beim Wort zu nehmen; aber dennoch konnte ich den Gedanken nicht von mir weisen, daß es meine Pflicht sei, ihn zum Schweigen zu bringen. Die Angewohnheit war eine unmoralische, und dies setzte ich ihm auseinander. Sie war auch pöbelhaft – dies bat ich ihn, mir zu glauben. Sie wurde von der Gesellschaft mißbilligt – damit sagte ich nichts denn die Wahrheit. Sie war durch Kongreßbeschluß verboten – hierbei hatte ich nicht die leiseste Absicht, eine Lüge auszusprechen. Ich machte ihm alle möglichen Vorhaltungen – doch umsonst. Ich wurde nachhaltiger – vergebens. Ich flehte – er lächelte. Ich flennte – er lachte. Ich predigte – er grinste nur höhnisch. Ich drohte – da fluchte und schwor er schon wieder. Ich versetzte ihm einen Tritt mit dem Fuße – er rief nach der Polizei. Ich zog ihn an der Nase – da schneuzte er dieselbe höchst unfein und erbot sich, dem Teufel seinen Kopf zu verwetten, daß ich es nicht wagen würde, das nämliche Experiment ein weiteresmal zu versuchen. Armut war ein anderes Laster, welches die besondere körperliche Mangelhaftigkeit von Dammits Mutter auf den Sohn vererbt hatte. Er war aufs abscheulichste arm; und dies muß zweifelsohne als Grund dafür gesehen werden, daß seine füllselmäßigen Wetten selten eine pekuniäre Wendung nahmen. Niemalen, auf mein Wort, vernahm ich von ihm eine Redefigur wie «Ich wette einen Dollar». Gewöhnlich ging seine Rede «Ich wette, was Sie wollen» oder «Was wetten Sie – ich halte» oder «Ich wette einen Dreck» oder eben, bezeichnender noch, «Ich verwette dem Teufel meinen Kopf». Die letztere Form schien ihm am besten zu behagen: – vielleicht weil sie das geringste Risiko in sich beschloß; denn Dammit war geradezu unmäßig sparsam und knauserig geworden. Hätte ihn jemand beim Wort genommen, so wäre, da sein Kopf nur klein, auch der Verlust nur ein kleiner gewesen. Doch sind dies meine eignen Überlegungen, und keineswegs bin ich sicher, ob ich sie ihm mit Fug auch unterstellen darf. Jedenfalls stieg die in Rede stehende Phrase täglich in seiner Gunst, ungeachtet der groben Unschicklichkeit, welche darin liegt, sein Gehirn wie Banknoten zu verwetten: – doch dies war ein Punkt, den zu begreifen meines Freundes verderbte Gemütsart nicht zulassen wollte. Am Ende stand er von allen andern Formen eines Einsatzes ab und widmete sich der Verwettung seines Kopfes mit einer so hartnäckigen und ausschließlichen Hingebung, daß es mir nicht minder mißfiel, als es mich überraschte. Ich empfinde stets einigen Unmut über Erscheinungen, für die ich keine Erklärung finden kann. Geheimnisse nötigen den Menschen zum Denken und schädigen mithin die Gesundheit. Die Wahrheit ist, es gab da etwas in dem *Gebaren,* mit welchem Mr. Dammit seinem anstößigen Wetterbieten Ausdruck verlieh, – etwas in der *Art* seiner Kundgebung, – welches zuerst durchaus interessierte, mir hernach jedoch Beschwerde bereitete, – etwas, das – in Ermanglung gegenwärtig eines entschiedneren Ausdrucks – *wunderlich* zu nennen mir gestattet sein möge; das jedoch Mr. Coleridge mystisch, Mr. Kant pantheistisch, Mr. Carlyle twistisch und Mr. Emerson hyperquizzitistisch genannt haben würde. Allmählich gefiel dasselbe mir ganz und gar nicht mehr. Mr. Dammits Seele befand sich in einem gefährlichen Zustand. Ich beschloß, meine ganze Beredsamkeit ins Spiel zu bringen, sie zu erretten. Ich gelobte, ihm so zu dienen, wie St. Patrick nach Mitteilung der irischen Chronik der Kröte diente, das heißt, «in ihm ein Bewußtsein für seine Lage zu wecken». Dieser Aufgabe widmete ich mich unverzüglich. Einmal mehr verlegte ich mich auf heilsame Ermahnungen. Einmal mehr noch sammelte ich meine Kräfte zu einem endlichen Versuch, ihm sein so schnödes Laster zu verweisen.

Als ich mit meiner Strafpredigt zu Ende gekommen, legte Mr. Dammit ein höchst zweifelhaftes Betragen an den Tag. Einige Augenblicke lang verblieb er schweigend, indem er mir nur forschend in das Gesicht blickte. Doch alsbald warf er den Kopf auf die eine Seite und hob die Brauen zu außerordentlicher Höhe. Dann breitete er seine Handflächen aus und zuckte die Achseln. Dann zwinkerte er mit dem rechten Auge. Dann wiederholte er dies Verfahren mit dem linken. Dann schloß er sie beide fest. Dann öffnete er sie wieder so überaus weit, daß ich mich ernstlich um die Folgen besorgte. Dann fand er sich, indem er seinen Daumen an die Nase legte, bemüßigt, mit den restlichen Fingern eine unbeschreibliche Bewegung zu vollführen. Zuletzt nun ließ er sich, die Arme in die Seiten gestemmt, zu einer Erwiderung herbei.

Ich vermag meinem Gedächtnis nur noch die Haupt-punkte seines Vortrags zu entnehmen. Er würde, so ließ er mich wissen, mir sehr verbunden sein, wollte ich gütiger Weise meinen Mund nunmehr geschlossen hal-ten. Er wünsche keinerlei Rat von meiner Seite. Er ver-achte meine Insinuationen. Er sei alt genug, selbst auf sich achtzugeben. Hielte ich ihn etwa immer noch für das Kleinkind Dammit? Wolle ich gar irgend nur etwas wider seinen Charakter sagen? Sei meine Absicht, ihn zu beleidigen? Ja, sei ich, rundheraus gefragt, ein barer Narr? Kurzum – ob wohl mein mütterliches Elternteil überhaupt meiner Abwesenheit vom häuslichen Herde gewahr geworden sei? Diese letztere Frage stelle er mir als einem wahrheitsliebenden Manne, und er mache sich verbindlich, sich an meine Antwort zu halten. So heische er denn nochmals ausdrückliche Auskunft, ob meine Mutter wisse, daß ich ausgegangen sei. Meine Verwirrung, so sagte er, verrate mich, und er sei willens, dem Teufel seinen Kopf zu verwetten, sie wisse *nichts!*

Mr. Dammit ließ mir keinen Raum zu einer Entgeg-nung. Indem er sich auf dem Absatz herumdrehte, ver-ließ er meine Gegenwart mit würdelosem Ungestüm. Doch war es gut für ihn, daß er dies tat. Meine Gefühle waren tief verwundet. Selbst mein Zorn war erregt wor-den. Denn dies eine Mal hätte ich gar wohl auf sein schmähliches Wett-Erbieten eingehen mögen. Ich würde für den Erzfeind Mr. Dammits kleinen Kopf ge-wonnen haben – denn die Sache ist die, – meine Mutter hatte sehr wohl Kenntnis von meiner nur zeitweiligen Entfernung vom elterlichen Hause.

Doch *Khoda schifa midehad* – der Himmel gibt Linderung – wie die Muselmänner sagen, wenn man ihnen auf die Zehen tritt. Es geschah im Verfolg meiner Pflichterfül-

lung, daß ich beleidigt worden, und so trug ich die
Schmähung wie ein Mann. Gleichwohl wollte es mir
nun doch scheinen, als hätte ich, im Falle dieses erbar-
mungswürdigen Individuums, alles getan, was füglich
von mir verlangt werden konnte, und ich beschloß, ihm
nicht länger mit meinem Ratschlag beschwerlich zu
fallen, sondern ihn sich selbst und seinem Gewissen zu
überantworten. Doch ob ich schon davon abstand, ihm
meine Beratung aufzudrängen, vermochte ich es doch
nicht über mich, seiner Gesellschaft gänzlich zu entsagen. Ja, ich ging so weit, einigen seiner minder sträf-
lichen Neigungen willfährig zu sein; und es gab Zeiten,
da ich mich seine boshaften Scherze preisen fand –
tränenden Auges freilich, wie es Feinschmeckern mit
dem Senfe geht: – so zutiefst schmerzte es mich, seine
üblen Reden zu vernehmen.

Eines schönen Tages, da wir Arm in Arm zusammen
spaziert waren, führte uns unser Weg in der Richtung
eines Flusses. Dort gab es eine Brücke, und wir beschlossen, sie zu überschreiten. Sie trug eine Bedachung, zum
Zweck des Schutzes vor dem Wetter, und der Bogen-
gang war, da nur mit wenigen Fenstern versehen, somit
höchst unbequemlich dunkel. Als wir den Durchgang
betraten, legte sich mir der Gegensatz zwischen dem
Funkeln draußen und dem Dunkel hier drinnen sogleich
schwer aufs Gemüte. Nicht so jedoch auf das des unglücklichen Dammit, der sich erbot, dem Teufel seinen
Kopf zu verwetten, daß ich hüftlahm sei. Er schien sich
ungewöhnlich guter Laune zu erfreuen. Eine schier maßlose Munterkeit war ihm eigen – der Art, daß in mir – ich
weiß nicht, wie – ein peinlicher Verdacht aufstieg.
Denn: es ist nicht unmöglich, daß ihn die Transzendenteln plagten! Ich bin jedoch in der Diagnose dieses

Leidens nicht wohl genug bewandert, um mit Entschiedenheit über diesen Punkt sprechen zu können, und unglücklicher Weise war keiner meiner Freunde vom ‹Dial› zugegen. Ich trage meinen Gedanken, dessen ungeachtet, um einer gewissen Sorte gröblicher Gaukeleien willen vor, welche meinen armen Freund zu bedrängen schienen und ihn dahin brachten, schier einen Hans-Narren aus sich zu machen. Nichts wollte ihm zu Paß kommen, als zu springen und sich zu schlängeln und zu drängeln, drunter und drüber, was ihm auch in den Weg kam, und dabei, einmal lispelnd, einmal laut, alle möglichen wunderlichen Worte, kleine und große, von sich zu geben, wobei er jedoch stets das ernsteste Gesicht von der Welt bewahrte. Ich vermochte zu keimen Entschluß zu kommen, ob ich ihm nun einen Fußtritt oder aber mein Mitleiden zuteil werden lassen sollte. Nachdem wir schließlich die Brücke annähernd ganz passiert hatten, gelangten wir an das Ende des Fußwegs, als sich unserm Weiterkommen ein Drehkreuz von einiger Höhe entgegenstellte. Durch dieses nahm ich gemächlich meinen Weg, indem ich es, wie üblich, herumdrehte. Doch diese Drehung wollte nicht in die, bereits genugsam verdrehte, Stimmung des Mr. Dammit passen. Bestand er doch darauf, das Kreuz zu überspringen, und sagte, er mache sich anheischig, darüber in der Luft noch einen Purzelbaum zu vollführen. Nun, dieses hielt ich, ganz gewissenhaft gesprochen, für recht unmöglich. Die besten Purzelbäume aller Stilarten wurden von meinem geehrten Freunde Mr. Carlyle geschlagen, und es wollte mir einfach nicht eingehen, daß Toby Dammit es ihm sollte gleichtun können. In wohlgesetzter Rede teilte ich ihm dieserhalb mit, daß eines Prahl-Hansens Stimme aus ihm spreche und er sein Wort gewißlich nicht werde einlösen können. Dies sollte ich hernach mit Grund bedauern; – denn nun erbot er sich sogleich, *dem Teufel seinen Kopf zu verwetten,* daß er es doch vermöchte.

Ich setzte eben zu einer Erwiderung an, um ihm, ungeachtet meines letzthin gefaßten Vorsatzes, erneute Einreden gegen sein sündiges Erbieten zu widmen, als ich, eng neben meinem Ellenbogen, ein leichtes Hüsteln vernahm, das recht wohl klang wie der seufzende Ausruf «Ä-hem!» Ich stutzte und sah mich voller Überraschung um. Mein Blick fiel schließlich in einen Winkel im Fachwerk der Brücke und auf die Gestalt eines lahmen alten Herrn von ehrwürdigem Äußern. Nichts konnte überhaupt hochwürdiger sein als seine ganze Erscheinung; denn er trug nicht nur einen Anzug, ganz aus Schwarz, sondern sein Hemd war vollkommen sauber und der Kragen sehr gefällig über eine weiße Krawatte geschlagen, während sein Haar vorn gescheitelt verlief wie bei einem Mädchen. Seine Hände waren gedankenvoll über dem Leibe gefaltet, und seine Augen mit Bedacht im Haupte himmelwärts verdreht.

Indem ich ihn nun angelegentlicher betrachtete, bemerkte ich, daß er über seinen Beinkleidern eine schwarze Schürze trug; und dies war eine Sache, die mir doch recht wunderlich vorkommen wollte. Ehe ich jedoch die Muße fand, eine Bemerkung zu einem so eigentümlichen Umstand zu machen, unterbrach er mich mit einem erneuten «Ä-hem!»

Auf diese Äußerung zu antworten, war ich nicht unmittelbar vorbereitet. Tatsache ist, daß Bemerkungen dieser lakonischen Natur platterdings so gut wie überhaupt nicht zu beantworten sind. Ich habe eine gewisse Vierteljahrszeitschrift gekannt, welcher vor dem ihr zu-

gerufenen Worte «Quatsch!» schier die Sprache versagte. Mithin schäme ich mich nicht zu sagen, daß ich mich zu Mr. Dammit nach Beistand umwandte.
«Dammit», sprach ich, «was ist mit Ihnen? hören Sie denn nicht? – der Herr hier sagt ‹ä-hem!›» Ich blickte mit einiger Strenge auf meinen Freund, während ich ihn solchermaßen anredete; denn, um die Wahrheit zu sagen, ich fühlte mich besonders irritiert, und wenn ein Mann in dieser Weise irritiert ist, so muß er die Stirne runzeln und recht unbändig dreinblicken, oder sein Gesicht läuft beträchtliche Gefahr, dem eines Schafes zu gleichen. «Dammit», äußerte ich – und es klang so ziemlich wie ein Fluch, obgleich nichts meinen Gedanken ferner lag, als etwa ihm Verdammnis anzuwünschen – «Dammit», sagte ich eindringlich – «der Herr hier sagt ‹ä-hem!›» Ich unternehme ja gar nicht den Versuch, meine Bemerkung nun als besonders markanten Tiefsinn zu verteidigen; ich hielt sie selber nicht dafür; doch habe ich die Erfahrung gemacht, daß die Wirkung unserer Reden sich durchaus nicht immer direkt proportional zu ihrer Bedeutsamkeit in unsern eignen Augen verhält; – hätte ich freilich Mr. D. mit einer Paixhans-Bombe kurz und klein gesprengt oder ihm mit den «Dichtern und Dichtungen Amerikas» den Schädel eingeschlagen – er hätte kaum wohl mehr die Fassung verlieren können denn nun, da ich ihn mit so schlichten Worten ansprach – «Dammit, was ist mit Ihnen? hören Sie denn nicht? – der Herr hier sagt ‹ä-hem!›»
«Sie täuschen mich auch nicht?» keuchte er schließlich, nachdem sein Gesicht mehr Farben gewechselt hatte als ein Pirat, eine nach der andern, wenn er von einem Kriegsschiff gejagt wird. «Sind Sie sicher, daß er *das* sagte? Nun, so weiß ich denn jedenfalls bescheid und

kann auch gleich ein beherztes Gesicht dazu machen.
Auf denn also – *ä-hem!* »

Auf dies hin schien der alte Herr recht angenehm berührt – Gott weiß allein, warum. Er verließ seinen
Standort im Winkel der Brücke, humpelte mit gleichwohl anmutiger Bewegung heran, faßte Dammit bei der
Hand, um dieselbe herzlich zu schütteln, indem er ihm
die ganze Zeit über mit einem Ausdruck der unver-
fälschtesten Huld, welche dem menschlichen Geiste nur
vorstellbar, in das Gesicht blickte.

«Ich bin ganz sicher, Sie werden gewinnen, Dammit»,
sagte er mit dem allerfreimütigsten Lächeln, «doch sind
wir verpflichtet, Sie wissen es, eine Probe zu machen,
der bloßen Form halber.»

«Ä-hem!» erwiderte mein Freund, indem er mit einem
tiefen Seufzer seinen Rock ablegte, sich ein Taschentuch
um die Hüfte wand und dadurch, daß er die Augen himmelwärts verdrehte und seine Mundwinkel herabhän-
gen ließ, eine schier unerklärliche Veränderung in seinen
Zügen hervorrief – «ä-hem!» Und «Ä-hem!» sagte er
nach einer Pause abermals; und kein anderes Wort als
dieses «ä-hem!» vernahm ich je danach dann noch aus
seinem Munde. «Sieh an», so dachte ich, ohne diesem
freilich einen vernehmlichen Ausdruck zu leihen – «dies
ist ja eine ganz bemerkenswerte Schweigsamkeit auf
Seiten Toby Dammits, und ohne Zweifel stehen wir vor
einer Folge seiner Redseligkeit bei einem früheren Anlaß. Ein Extrem bedingt das andere. Ich frage mich nur,
ob er wohl die vielen unbeantworteten Punkte des Ver-
hörs vergessen hat, welches er mit mir am Tage, da ich
ihm meine letzte Strafpredigt hielt, so geläufig an-
stellte? Jedenfalls – von den Transzendenteln ist er jetzt
kuriert.»

«Ä-hem!» erwiderte hier Toby, ganz als hätte er meine Gedanken gelesen, und dabei blickte er drein wie ein sehr altes dösendes Schaf.

Der alte Herr ergriff ihn nun beim Arme und geleitete ihn tiefer in den Schatten der Brücke – einige wenige Schritte vom Drehkreuz zurück.

«Mein guter Junge», sagte er, «es soll mir eine Gewissenssache sein, Ihnen so viel Anlauf zu gestatten. Warten Sie hier, bis ich meinen Platz bei dem Kreuze eingenommen habe, damit ich sehen kann, ob Sie auch mit Anstand, und vortrefflich, hinüberkommen und keine Schwingung des Purzelbaumes auslassen. Der bloßen Form halber, verstehen Sie. Ich werde dann rufen ‹eins, zwei, drei und los!› Und bei dem Worte ‹los!› springen Sie.»

Hierauf nahm er seine Stellung am Kreuze ein, verhielt einen Augenblick, wie in tiefes Nachdenken versunken, *sah dann auf* und, so dachte ich, lächelte ganz leicht; dann band er sich die Schürze fester, warf noch einen langen Blick auf Dammit und rief schließlich, wie vereinbart, die Worte –

Eins – zwei – drei – und los!

Pünktlich bei dem Worte ‹los!› setzte mein armer Freund sich in Galopp. Der Stiel des Drehwerks ragte nicht sonderlich hoch hinaus, wie der von Mr. Lord – doch stand er auch nicht ganz so niedrig, wie der von Mr. Lords Rezensenten – – so nahm ich denn, im Ganzen, doch für sicher an, daß Dammit darüber wegkommen werde. Und wenn es ihm nun nicht gelingen wollte? – ah, das war die Frage – was geschah, wenn es ihm nicht gelang? «Welches Recht», so sprach ich, «hat eigentlich dieser alte Herr, einen anderen Herrn zum Springen zu bewegen? Der kleine alte Kindsund-

Kabbelkopp! – wer *ist* er denn, daß er es wagen dürfte!
Würde er *mich* zum Sprunge auffordern, ich würde's
nicht tun, das ist völlig klar, und *mir* ist's gleich, wer
Teufel-was er wäre!» Die Brücke, das sagte ich bereits,
hatte eine bogenförmige Wölbung und war, in einer
ganz lächerlichen Weise, überdacht, und die ganze Zeit
gab es darunter ein höchst unangenehmes Echo – ein
Echo, wie ich es noch nie zuvor so sonderbar gefunden
hatte als jetzt, da ich die vier letzten Worte meiner
Rede äußerte.

Doch was ich sagte, was ich dachte oder hörte, nahm
kaum nur einen Augenblick in Anspruch. In weniger
denn fünf Sekunden nach dem Start hatte mein armer
Toby den Sprung getan. Ich sah ihn höchst behende
rennen und gewaltig vom Boden der Brücke abspringen,
wobei er, als er hoch gekommen, aufs beachtlichste die
Beine schwang. Ich sah ihn hoch in der Luft; der Purzelbaum kam bewundernswürdig grad über der Spitze des
Drehkreuzes zustande; und natürlich schien es mir nun
ein ungewöhnlicher Sonderfall zu sein, daß er seinen
Sprung nicht fortsetzte. Aber das alles war die Sache
eines Augenblicks, und ehe ich noch Muße zu tiefgründigen Überlegungen fand, kam Mr. Dammit wieder
nieder und flach auf seinen Rücken zu liegen, auf der
selben Seite, von welcher er absprang. Im gleichen
Augenblick sah ich den alten Herrn in äußerster Eile
davonhüpfen, indem er in seiner Schürze etwas, das aus
der Dunkelheit des Bogens grad über dem Drehkreuz
schwer hineingefallen, geschicklich aufgefangen und
hineingewickelt hatte. Über all diesem war ich sehr
erstaunt; doch blieb mir nun kein Raum zu weiterer
Erwägung, denn Mr. Dammit lag ganz sonderbar still,
und ich schloß daraus, daß seine tiefsten Empfindungen

verletzt sein müßten und er meines Beistandes dringend bedürftig sei. Ich eilte hin zu ihm und fand nun allerdings, daß er etwas erlitten hatte, was man wohl eine ernstliche Verletzung nennen darf. Die Wahrheit nämlich ist, er war seines Kopfes verlustig gegangen, und trotz aller emsigen Suche vermochte ich denselben nirgends aufzufinden. So beschloß ich denn, den Armen heimzuschaffen und nach den Homöopathen zu senden. Doch unterweil durchfuhr mich ein Gedanke, und ich stieß ein nebenstehendes Fenster der Brücke auf, als mir schon wie ein Blitz die ganze traurige Wahrheit aufging. In Höhe von wohl fünf Fuß über dem Drehkreuz ragte, zur Stützung des Gewölbs, quer über dem Fußpfade ein flacher Eisenbalken hin, dessen Breite waagerecht lag und der zu einer ganzen Reihe gehörte, welche diente, das Gefüge in seiner gesamten Ausdehnung zu festigen. Ganz offenbar schien mit der Kante dieser Strebe der Hals meines unglücklichen Freundes präzise in Berührung gekommen zu sein.

Er überlebte seinen schrecklichen Verlust nicht lange. Die Homöopathen konnten ihm gar nicht wenig genug Arznei verabreichen, und das Wenige, das sie hergaben, zögerte er auch noch zu nehmen. So wurde es am Ende schlimmer noch mit ihm, und schließlich verstarb er gar, allen aufrührerischen Lebenden zur heilsamen Belehrung. Ich betaute sein Grab mit meinen Tränen, brachte in seinem Familien-Wappenschilde einen Schrägbalken an und schickte, bezüglich der allgemeinen Auslagen zu seiner Beerdigung, meine sehr maßvolle Rechnung den Transzendentalisten ein. Die Schurken verweigerten jedoch die Bezahlung; so ließ ich Mr. Dammit unverzüglich wieder ausgraben und verkaufte ihn als Hundefraß.

«Du hartherziger, barbarischer, eigensinniger, mür-
rischer, grämlicher, muffiger, dämlicher alter Häcksel-
kopp!» sprach ich in Gedanken eines Nachmittags zu
meinem Großonkel Rumgudgeon – und schüttelte im
Geist die Faust gegen ihn.

Im Geist nur. Denn tatsächlich bestand dann eine ganz
kleine Diskrepanz zwischen dem, was ich wirklich
sagte, und dem, was zu sagen ich den Mut nicht hatte,
– zwischen dem, was ich tat, und dem, was zu tun mich
doch ziemlich gelüstete.

Als ich die Tür zum Wohnzimmer öffnete, saß der alte
Dickwanst da, die Füße auf dem Kaminsims und einen
Humpen Portwein in der Pfote, und plagte sich weid-
lich, der Aufforderung des Liedes nachzukommen –

Remplis ton verre vide!
Vide ton verre plein!

«Mein teurer Onkel», hob ich an, indem ich die Türe
behutsam schloß und mich ihm mit dem allersanftesten
Lächeln näherte, «Sie sind stets so *sehr* gütig und aufmerksam und haben Ihr Wohlwollen auf so vielerlei –
so *überaus* mannigfaltige Weise bewiesen – daß – daß ich
das Empfinden habe, Ihnen den gewissen kleinen Punkt
lediglich noch einmal andeuten zu müssen, um sogleich
alsdann in den Genuß Ihrer vollen Einwilligung zu gelangen.»

«Hm!» sagte er, «guter Junge! fahre fort!»

«Ich bin sicher, mein teuerster Onkel (du verwünsch-
ter alter Schuft!), daß Sie nicht wirklich im Ernste die
Absicht hegen, sich meiner Verbindung mit Kate zu

widersetzen. Es ist dies bloß ein Scherz von Ihnen, ich weiß – ha! ha! ha! – welch köstlicher Spaßvogel Sie doch zu Zeiten sind!»

«Ha! ha! ha!» sagte er, «dich soll doch gleich –! jawohl!»

«Gewiß – natürlich! Ich *wußte* doch, Sie machten nur Scherz. Nun, Onkel, Kate und ich haben zur Stunde nur den einen Wunsch, Sie möchten uns gütigerweise Ihren Rat zukommen lassen – bezüglich des Zeitpunkts – Sie verstehen, Onkel – kurz gesagt, wir wüßten gern, wann es Ihnen selber am besten konvenieren würde, daß die Hochzeit – äh – ja, stattfände – wenn Sie verstehen – – –»

«Was soll sie finden, du Schuft? – was meinst du damit? Warte doch erstmal, ob sie überhaupt sucht!»

«Ha! ha! ha! – he! he! he! – hi! hi! hi! – ho! ho! ho! – hu! hu! hu! – oh, das ist gut! – oh, das ist famos! – nein, *so* ein Witz! Aber im Augenblick, Onkel, verstehn Sie, wollen wir ja gar nichts weiter, als daß Sie uns den genauen Zeitpunkt bezeichnen.»

«Ah! – den genauen Zeitpunkt?»

«Ja, Onkel – das heißt, wenn Sie sich freundlicherweise dazu verstehen könnten.»

«Würde es dir nicht Genüge tun, Bobby, wenn ich es einfach dem Zufall überließe – wenn ich zum Beispiel sagte, irgendwann innerhalb eines Jahres oder so? – *oder* mußt du's nun unbedingt ganz genau wissen?»

«Wenn Sie so gütig sein wollten, Onkel – bitte genau.»

«Na schön, also dann, Bobby, mein Junge – du bist ein schlauer Bursche, nicht wahr? – da du nun unbedingt den genauen Zeitpunkt wissen *mußt,* will ich – nun, will ich dir dies eine Mal den Gefallen tun.»

«Teuerster Onkel!»

«Still, mein Herr!» – meine Stimme übertönend – «ich

will dir dies eine Mal den Gefallen tun. Du sollst meine Einwilligung haben – und die Zechinen dazu, die dürfen wir ja nicht vergessen, was? – laß mal sehen! wann woll'n wir denn sagen? Heute ist Sonntag – stimmt doch, oder? Nun, schön, also du sollst verheiratet sein, sobald – gib acht jetzt, *genau dann – wenn drei Sonntage zusammen auf eine Woche fallen!* Hast du gehört, mein Herr? Was gaffst du mich so an? Ich sage, du sollst Kate und ihre Zechinen bekommen, wenn drei Sonntage zusammen auf eine Woche fallen – aber nicht eher, du junger Taugenichts – keinen Tag eher, und wenn's mein Tod wäre. Du kennst mich – *ich bin ein Mann von Wort* – und nun verschwinde!» Hier leerte er seinen Humpen Portwein, indessen ich voller Verzweiflung aus dem Raume stürzte.

Mein Großonkel Rumgudgeon war ein «*fine old English gentleman*», doch anders als der im Liede hatte er seine schwachen Punkte. Er war ein kleines, fettes, aufgeblasenes, launisches, halbkreisförmiges Etwas mit einer roten Nase, einem dicken Schädel, einer gespickten Börse und einer hohen Meinung von seiner eigenen Wichtigkeit. Mit dem besten Herzen von der Welt, brachte er's doch durch eine alles beherrschende *Widerspruchssucht* fertig, bei allen, die ihn nur oberflächlich kannten, in den Ruf eines knickrigen Nörglers zu kommen. Gleich vielen ausgezeichneten Menschen schien er von einem regelrechten *Quälgeist* besessen, dessen Eskapaden man leicht, auf einen zufälligen Blick hin, als Übelwollen mißdeuten konnte. Auf jegliches Ansinnen antwortete er erst einmal mit einem entschiedenen «Nein!»; doch am Ende – das allerdings meist lange, lange auf sich warten ließ – gab es eigentlich nur verschwindend wenige Bitten, die er endgültig abgeschlagen hätte. Gegen alle Attacken auf seinen Beutel setzte er sich auf höchst derbe Weise zur Wehr; doch der Betrag, den man ihm schließlich abpreßte, stand allgemein in direktem Verhältnis zur Dauer der Belagerung und zur Verstocktheit seines Widerstands. Zu wohltätigen Zwecken gab niemand großzügiger und zugleich mit größerem Widerwillen. Für die schönen Künste, und in Sonderheit die *belles lettres,* hegte er eine gründliche Verachtung. Die hatte ihm Casimir Périer eingeblasen, dessen unverschämte kleine Frage-Phrase «*A quoi un poète est-il bon?*» er in sehr drolliger Aussprache als ein *non plus ultra* logischen Witzes zu zitieren pflegte. So hatte auch meine eigne Neigung zu den Musen sein ganzes Mißvergnügen erregt. Eines Tages, als ich ihn um eine neue Horaz-Ausgabe bat, versicherte er mir, die Übersetzung von «*Poeta nascitur non fit*» laute einfach «Poeten sind naseweise Nichtsnutze» – eine Bemerkung, welche ich sehr übelnahm. Seine Abneigung gegen «die Humaniora» war ebenfalls in letzter Zeit stark angewachsen, und zwar durch eine zufällige und jäh eingetretene Begeisterung für etwas, das er als Naturwissenschaft ansah. Er war nämlich auf der Straße von jemandem angesprochen worden, der ihn fälschlich für keinen Geringeren denn den Doktor Dubble L. Dee hielt, den Professor für Quacksalber-Physik. Dies zündete in ihm wie ein Funke; und eben zur Zeit dieser Geschichte – denn eine Geschichte wird schließlich noch daraus – war mein Großonkel Rumgudgeon ansprechbar und friedfertig nur auf Punkte hin, die zufällig mit den Kapriolen des von ihm gerade gerittenen Steckenpferdes in Einklang standen. Im übrigen lachte er mit Armen und Beinen, und seine politischen Ansichten waren halsstarrig und von praktischer

Unkompliziertheit. Mit Horsley war er der Ansicht, daß «fürs Volk die Gesetze zu nichts anderem da sind als zum Gehorchen.»

Ich hatte mein Leben lang bei dem alten Herrn gelebt. Sterbend hatten meine Eltern mich ihm vermacht – ein wahrlich reiches Legat. Ich glaube, der alte Schurke liebte mich wie sein eigenes Kind – fast oder gar ganz so wie seine geliebte Kate; doch letzten Endes war's ein Hundeleben, das er mich führen ließ. Vom ersten bis zum fünften Lebensjahre bestand meine Erziehung aus Prügel, die er mir mit schöner Regelmäßigkeit verabreichte. Von fünf bis fünfzehn drohte er mir stündlich mit der Besserungsanstalt. Von fünfzehn bis zwanzig verging nicht ein Tag, an dem er mir nicht in Aussicht stellte, mich aus seinem Testamente zu streichen. Ich war ein rechter Tunichtgut, das ist ja wahr – doch gehörte das nun einmal zu meinem Naturell – und ich war's aus redlichster Überzeugung. In Kate jedoch besaß ich eine Freundin, die mit mir durch dick und dünn ging, und das wußte ich. Sie war ein gutes Mädchen und ließ mich in überaus süßen Worten wissen, daß ich sie jederzeit haben könne (mitsamt ‹Zechinen› und allem), wenn es mir nur gelänge, meinem Großonkel Rumgudgeon die notwendige Einwilligung abzuluchsen. Armes Ding! – sie war kaum fünfzehn, und ohne seine Zustimmung ließ sich an ihr kleines in Staatspapieren angelegtes Vermögen nicht eher herankommen, als bis fünf unabsehbare Sommer «ihre träge Länge vorübergeschleppt» hatten. Was sollte man tun? Mit fünfzehn, oder selbst mit einundzwanzig (denn *ich* hatte jetzt meine fünfte Olympiade bereits hinter mich gebracht) erscheinen einem fünf Wartejahre gut und gern so lang wie fünfhundert. Vergeblich hatten wir dem alten Herrn mit unablässigen Bitten zugesetzt. Hier lag eine *pièce de résistance* vor (wie die Herren Ude und Carème sagen würden), die seiner verdrehten Laune auf das Haar entsprach. Selbst Hiob wäre schließlich aus der Haut gefahren, hätte er mit ansehen müssen, wie der alte Mäusefänger mit uns armen bejammernswerten Mäuslein umsprang. Im Herzen ersehnte er dabei nichts brennender denn unsere Verbindung. Längst schon hatte er sich hierzu entschlossen. Ja, er hätte noch zehntausend Pfund aus seiner eigenen Tasche dreingegeben (Kate hatte *ihr eigenes* Vermögen), wäre ihm nur irgendetwas Entschuldigungs-Ähnliches eingefallen, das ihm erlaubte, unseren so natürlichen Wünschen zu willfahren. Aber dann waren wir so unklug gewesen, das Thema *von uns aus* aufs Tapet zu bringen. Sich unter solchen Umständen *nicht* zu widersetzen, ging einfach – so versteh' ich's – über seine Kräfte. Ich sagte bereits, daß er seine schwachen Punkte hatte; doch wenn ich davon spreche, so darf man das nicht so verstehen, als bezöge ich mich damit auf seine Widerborstigkeit: denn *die* war durchaus eine seiner Stärken – «*assurément ce n'était pas son faible*». Wenn ich seine Schwäche erwähne, so spiele ich vielmehr auf einen bizarren Altweiber-Aberglauben an, in dem er befangen war. Er hielt es nämlich ganz groß mit Träumen, Vorahnungen und -zeichen, und was dergleichen Geschwätz mehr ist. Dazu kam eine ganz unmäßige Kleinlichkeit *in puncto* Ehrensachen, und ohne Zweifel war er, auf seine eigne Weise freilich, ein Mann von Wort. Tatsächlich war dies eines seiner Steckenpferde. Den *Geist* seiner Gelübde in den Wind zu schlagen, machte ihm nicht die mindesten Skrupel, doch der *Buchstabe* war eine unverletzliche Fessel. Diese letztere Eigentümlichkeit in seinem Wesen war es nun, aus welcher Kate's Gewitztheit eines schönen Tages, nicht lange nach unserer Unterredung im Speisezimmer, einen ganz und gar unerwarteten Vorteil für uns zu gewinnen verstand; – und nachdem ich nun nach der Mode-Weise aller modernen Barden und Redner die ganze Zeit, die mir zu Gebote steht, und nahezu auch allen Raum, den ich zur Verfügung habe, mit den *prolegomena* vertan habe, will ich in wenigen Worten zusammenfassen, was den eigentlichen Kern der ganzen Geschichte ausmacht.

Wie es die Schicksalsschwestern wollten, gab es unter den zur See fahrenden Bekannten meiner Verlobten zwei Herren, die soeben den Fuß an Englands Gestade gesetzt hatten, nachdem ein jeder von ihnen ein ganzes Jahr lang auf Auslandsreisen gewesen war. In Gesellschaft dieser Herren statteten meine Cousine und ich nach vorangegangener Abrede Onkel Rumgudgeon einen Besuch ab, und zwar am Nachmittag des zehnten Oktober, einem Sonntag, – grad drei Wochen nach jener denkwürdigen Entscheidung, die unsern Hoffnungen so grausam den Garaus gemacht hatte. Eine halbe Stunde lang etwa verlief die Konversation in den gewöhnlichen Bahnen; schließlich aber brachten wir es ganz ungezwungen doch zuwege, ihr die folgende Wendung zu geben:

Kapitän Pratt: «Nun, ich bin ein ganzes Jahr fort gewesen. – Grad ein volles Jahr heute, bei meinem Leben – lassen Sie mich sehen! ja! – heute ist der zehnte Oktober. Sie erinnern sich doch, Mr. Rumgudgeon, – heute genau vor einem Jahr kam ich bei Ihnen vorbei, um mich zu verabschieden. Und nebenbei – es sieht doch wirklich schon wie eine richtige Koinzidenz aus, nicht wahr – daß unser Freund hier, Kapitän Smitherton, ebenfalls genau ein Jahr lang abwesend war – auf den Tag genau ein Jahr?»

Smitherton: «Jawohl! das stimmt aufs Haar. Sie werden sich entsinnen, Mr. Rumgudgeon, daß ich mit Kapitän Pratt genau an diesem Tag vor einem Jahr bei Ihnen vorsprach, um meine Abschiedsvisite zu machen.»

Onkel: «Ja, ja, ja – ich entsinne mich sehr wohl – das ist ja wirklich ganz sonderbar! Sie beide genau ein Jahr fort. Eine sehr seltene Koinzidenz, wahrlich! Just das, was Doktor Dubble L. Dee ein außerordentliches Zusammentreffen von Ereignissen nennen würde. Doktor Dub – – –»

Kate (ihm ins Wort fallend): «Gewiß, Papa, es ist wirklich recht sonderbar; aber hinzu kommt noch, daß Kapitän Pratt und Kapitän Smitherton ja gar nicht zusammen dieselbe Route fuhren, und das macht einen Unterschied, wie du weißt.»

Onkel: «Was denn – ich weiß gar nichts dergleichen, du vorlauter Schreihals! Was gibt's denn da zu wissen? Ich meine, es macht die Sache bloß noch merkwürdiger. Doktor Dubble L. Dee – –»

Kate: «Aber Papa, Kapitän Pratt fuhr um Kap Horn, und Kapitän Smitherton umsegelte das Kap der Guten Hoffnung.»

Onkel: «Gewiß doch! – der eine fuhr nach Osten und der andere nach Westen, du Wildfang, und beide sind sie um die ganze Welt gekommen. Übrigens ist Doktor Dubble L. Dee – – –»

Ich (rasch einfallend): «Kapitän Pratt, Sie müssen morgen zu uns kommen und den Abend bei uns verbringen – Sie und Smitherton – Sie können uns dann alles von Ihrer Reise erzählen, wir spielen noch eine Partie Whist, und – – –»

Pratt: «Whist, mein Lieber? – Sie vergessen sich. Morgen ist Sonntag. Vielleicht an einem andern Abend – – –»

Kate: «Aber nein, pfui! – Ganz so schlecht ist Robert ja nun doch nicht. *Heute* ist Sonntag.»

Onkel: «Gewiß – gewiß!»

Pratt: «Ich bitte Sie beide um Verzeihung – aber ich kann mich doch nicht derart irren! Ich weiß genau, daß morgen Sonntag ist, denn – – –»

Smitherton (sehr überrascht): «Was reden Sie da nur alle? War denn nicht gestern Sonntag? Das möchte ich doch wirklich gerne wissen.»

Alle: «Gestern? Aber nein – da sind Sie im Irrtum!»

Onkel: «Heute ist Sonntag, sage ich – habe ich etwa nicht recht?»

Pratt: «Oh nein! – morgen ist Sonntag.»

Smitherton: «Sie sind allesamt verrückt – jeder einzelne von Ihnen. So sicher ich weiß, daß ich hier auf diesem Stuhle sitze, so felsenfest weiß ich auch, daß gestern Sonntag war.»

Kate (heftig aufspringend): «Ich hab es – ich hab die Erklärung für alles! Papa, jetzt kommt die Strafe für – für – du weißt schon, was. Laßt mir Ruhe, und ich will alles in einer Minute aufklären. Tatsächlich ist das Ganze eine höchst einfache Sache. Kapitän Smitherton sagt, gestern sei Sonntag gewesen: so war's auch; er hat recht. Vetter Bobby, Onkel und ich stellen fest, daß heute Sonntag ist: so ist's; wir haben auch recht. Kapitän Pratt schließlich behauptet, erst morgen wäre Sonntag: gewiß; auch er hat recht. Tatsache ist, wir haben alle recht, und so sind *drei Sonntage zusammen auf eine Woche gefallen*.»

Smitherton (nach einer Pause): «Also mein lieber Pratt, da hat uns Kate aber ganz schön erwischt. Was für Narren wir doch beide sind! Mr. Rumgudgeon, die Sache steht so: Die Erde hat, Sie wissen's, vierundzwanzig-tausend Meilen Umfang. Nun wirbelt dieser Erdglobus um seine eigene Achse; er kreist – er dreht sich also in genau vierundzwanzig Stunden um eben diese vierund-zwanzigtausend Meilen von Westen nach Osten. Ver-stehen Sie, Mr. Rumgudgeon?»

Onkel: «Das schon – gewiß – Doktor Dubble – – –»

Smitherton (seine Stimme übertönend): «Schön, Sir; die Drehung erfolgt also mit einer Geschwindigkeit von tausend Meilen in der Stunde. Nun nehmen wir einmal an, ich segele von der hiesigen Position aus tausend Meilen nach Osten. Natürlich komme ich damit dem Sonnenaufgang hier in London um grad eine Stunde zuvor. Ich sehe die Sonne eine Stunde eher aufgehen als Sie. Bewege ich mich nun in der nämlichen Richtung weitere tausend Meilen, so habe ich den Sonnenaufgang zwei Stunden vorher, – nochmals tausend, und es sind schon drei Stunden, und so geht es immer weiter, bis ich den Globus vollständig umrundet habe und wieder an diesem Fleck angelangt bin: dann habe ich vierund-zwanzigtausend Meilen nach Osten zurückgelegt und bin dem Londoner Sonnenaufgang um nicht weniger als vierundzwanzig Stunden voraus; das heißt, ich habe vor Ihrer Zeit *einen ganzen Tag Vorsprung*. Verstanden, eh?»

Onkel: «Aber Dubble L. Dee – – –»

Smitherton (mit sehr lauter Stimme): «Kapitän Pratt hin-gegen war, segelte er von dieser Position aus tausend Meilen westwärts, eine Stunde, und segelte er vierund-zwanzigtausend Meilen westwärts, vierundzwanzig Stunden oder einen ganzen Tag *hinter* der Londoner Zeit zurück. Und so war denn bei mir schon gestern

Sonntag – Sie aber feiern ihn heute – und für Pratt wird es erst morgen soweit sein. Woraus sich ergibt, Mr. Rumgudgeon, daß wir *alle recht* haben; denn es läßt sich keinerlei philosophischer Grund angeben, weshalb die Auffassung eines von uns vor der des andern Vorrang haben sollte.»

Onkel: «Meiner Seel'! – na, Kate – na, Bobby? – ich muß schon sagen, dies ist wirklich so etwas wie eine Strafe für mich, ganz wie ihr's gesagt habt. Aber ich bin ein Mann von Wort – *das merkt euch!* Wenn's dir recht ist, Junge, so sollst du sie denn haben (Zechinen und alles). Reingefallen, wahrhaftig! Drei Sonntage hintereinander! Ich will doch einmal gehn und sehen, was Dubble L. Dee *dazu* sagt.»

DIDDELN

Hei, diddeldiddel,
die Katz' und die Fiddel...

Seit die Welt besteht, hat es zwei Jeremiasse gegeben.
Der eine schrieb eine Jeremiade über den Wucher und
wurde Jeremy Bentham genannt. Er ist von Mr. John
Neal ausgiebig bewundert worden und war ein großer
Mann in kleinem Stil. Der andre war ein großer Mann in
großem Stil – ja, ich möchte tatsächlich sagen, im denkbar
allergrößten Stil –, bezog von ihm doch die wichtigste
der Exakten Wissenschaften ihren Namen: so daß noch
heute ein ‹Jeremy Diddler› jeder heißt, der es darin zu
etwas gebracht hat.

Das Wörtchen ‹Diddeln› – man sagt auch ‹dingsen›
dafür oder gar ‹dingsendingsen› – soll uns nicht lange
Rätsel aufgeben: es handelt sich dabei um nicht mehr
und nicht weniger als um ‹das Schwindeln›. Doch da
stocken wir schon; denn das Faktum, die Sache, das
Schwindeln an sich ist doch einigermaßen schwierig zu
definieren. Wir mögen aber zu einer leidlich bestimmten
Vorstellung von der in Rede stehenden Tätigkeit gelangen, wenn wir – nun, nicht die Sache, das Schwindeln
selbst – sondern den Menschen definieren: als das Lebewesen, das schwindelt. Wäre Plato auf diesen Einfall gekommen, so hätte er sich die böse Blamage mit dem ge-
rupften Huhn ersparen können.

Dem Philosophen ward nämlich einmal mit der gar nicht
so abwegigen Frage zugesetzt, warum ein gerupftes

Hühnchen, das doch ganz offensichtlich ein ‹zweibei-
niges Wesen ohne Federn› sei, denn nicht – nach seiner
eignen Definition – ein Mensch wäre. Mit solchen Quer-
fragen soll man mir aber nicht kommen. Der Mensch ist
‹das schwindelnde Tier›, und es gibt *kein* schwindelndes
Lebewesen außer dem Menschen. Um mir das zu widerlegen, müßte man mir schon gleich einen ganzen Stall
voll gerupfter Hühner anbringen.

Was nun das Wesentliche, das Nasenloch, das Grundprinzip des Diddelns oder Schwindelns bildet, ist in der
Tat nur jener Klasse Geschöpfe eigentümlich, die Röcke
und Beinkleider tragen. Die Krähe stiehlt; der Fuchs ist
ein Täuscher; das Wiesel überlistet; der Mensch aber
schwindelt. Das Schwindeln ist geradezu sein Schicksal.
«Der Mensch ist zum Trauern geschaffen», sagt der
Dichter. Aber nicht doch: – zum Schwindeln ist er gemacht. Das Schwindeln ist sein Lebenszweck und -ziel.
Und eben darum ja sagen wir, wenn einer uns beschwin-
delt hat, er habe's ‹geschafft›.

Recht betrachtet, ist das Schwindeln ein Compositum,
dessen Ingredientien heißen: Präzision, Zweckdenken,
Ausdauer, Findigkeit, Verwegenheit, *nonchalance*, Originalität, Unverfrorenheit und *Grinsen*.

Präzision: Der Schwindler ist penibel. Seine Operationen vollziehen sich in stets überschaubarem Rahmen.
Sein Geschäft ist ein ausgesprochener Kleinhandel:
Ware nur gegen Bar oder bestätigte Wechsel auf Sicht.
Sollte er je in Versuchung kommen, in großem Stil zu
spekulieren, so verliert er augenblicklich seine eigentümlichen Züge und wird das, was wir einen ‹Financier›
nennen. Dies letztere Wort gibt die Schwindel-Idee in
jeder Hinsicht wieder; nur die Größenordnung stimmt
nicht mehr. Ein Schwindler läßt sich so als ein Bankier

in petto betrachten – eine ‹Finanzoperation› als ein Schwindel im Brobdingnag-Format. Das eine verhält sich zum andern wie Humor zu ‹Flaccus› – wie ein Mastodon zur Maus – wie der Schweif eines Kometen zum Ringelschwänzchen eines Schweins.

Zweckdenken: Der Schwindler wird vom Eigennutz geleitet. Er verschmäht es, nur um des bloßen Schwindelns willen zu schwindeln. Er hat ein Ziel vor Augen: – seine Tasche – und Ihre. Er lauert dauernd auf die große Chance. Ihn kümmert nur die Nummer Eins, er selbst. Sie sind die Nummer Zwei und müssen schon für sich alleine sorgen.

Ausdauer: Der Schwindler ist zähe. Er läßt sich nicht so leicht entmutigen. Und wenn sämtliche Stricke reißen, er verliert die Ruhe nicht. Standhaft verfolgt er sein Ziel, und

Ut canis a corio nunquam absterrebitur uncto,

so läßt er auch niemals von seinem Wilde.

Findigkeit: Der Schwindler hat ausgesprochen ingeniöse Einfälle. Er besitzt einen großangelegten konstruktiven Sinn. Raffinierte Pläne sind seine Stärke. Mit Listen und Schlichen sucht er seinen Weg. Wäre er nicht Alexander, so würde er Diogenes sein. Wäre er nicht ein Schwindler, so würde er Patent-Rattenfallen herstellen oder Forellen angeln.

Verwegenheit: Der Schwindler ist ein Draufgänger. Er ist ein kühner Mann. Er überzieht selbst Afrika mit Krieg. Er nimmt jede Festung im Sturm. Er würde nicht die Dolche der Frey-Herren fürchten. Mit etwas mehr Klugheit hätte Dick Turpin einen guten Schwindler abgegeben; mit etwas weniger Flunkerei auch Daniel O'Connell; mit einem oder zwei Pfund mehr Gehirn hätte es selbst Karl der Zwölfte schaffen können.

Nonchalance: Der Schwindler gibt sich völlig lässig. Er hat keine Nerven, hat überhaupt nie welche gehabt. Nie läßt er sich zu etwas hinreißen. Wer ihn aus dem Häuschen geraten sehen will, muß ihn schon eigenhändig zur Tür hinauswerfen. Er ist kühl – kühl wie eine Gurke. Er ist gelassen – «gelassen wie ein Lächeln von Lady Bury». Er ist die Ruhe selbst und gibt sich gänzlich zwanglos – so zwanglos wie ein alter Handschuh oder wie die jungen Mädchen im antiken Bajä.

Originalität: Der Schwindler ist originell – das macht er sich zur Gewissenssache. Seine Gedanken sind sein Eigen. Er fände es schandbar, die von anderen zu verwenden. Ein abgenutzter Kniff ist ihm ein Greuel. Ich bin sicher, er würde eine Geldbörse zurückgeben, müßte er entdecken, daß er sie durch einen unoriginellen Schwindel an sich gebracht habe.

Unverfrorenheit: Der Schwindler ist ein dreister Hund. Ein Renommist und Schwadroneur. Er stemmt die Arme in die Seiten. Er stopft die Hände in die Hosentaschen. Er grient dir spöttisch ins Gesicht. Er tritt dir auf die Hühneraugen. Er frißt dir das Essen weg, er säuft deinen Wein, er pumpt dich an, er zieht dich an der Nase, er tritt deinen Hund und küßt deine Frau.

Grinsen: Der *echte* Schwindler bringt alles mit einem Grinsen zum Abschluß. Aber das sieht niemand als er selber. Er grinst, wenn sein Tagewerk getan ist – wenn die ihm zubestimmten Arbeiten bewältigt sind – zur Nacht, in einem eigenen Kabinett – und ganz und gar zu seiner eignen privaten Unterhaltung. Er geht heim. Er verriegelt die Türe. Er legt die Kleider ab. Er bläst die Kerze aus. Er steigt ins Bett. Plaziert den Kopf aufs Kissen. Und dann erst, wenn das alles getan ist, *grinst* der Schwindler. Das ist keine Hypothese. Es versteht sich

ganz von selbst. Ich urteile *a priori:* – ohne ein solches
Grinsen wäre der Schwindel kein Schwindel.

Der Ursprung des Schwindelns oder Diddelns ist in der
Kindheitszeit der menschlichen Rasse zu suchen. Adam
war vielleicht der erste Schwindler. Jedenfalls können
wir die Wissenschaft weit zurück ins graue Altertum verfolgen. Die Neueren jedoch haben es darin zu einer Vollendung gebracht, mit der unsere dickschädeligen Ur-
ahnen nie auch nur im Traum gerechnet hätten. Ohne
mich denn lange bei den ‹alten Sprüchworten› aufzuhalten, will ich mich lieber auf die knappe Wiedergabe
einiger mehr ‹moderner Beispiele› beschränken.

Ein sehr guter Schwindel ist dieser. Eine Hausfrau zum
Beispiel, der es an einem Sofa mangelt, sucht verschiedene Möbellager auf und wird dabei gesehen. Schließlich kommt sie zu einem, das eine ausgezeichnete Auswahl zu bieten hat. Ein höfliches und redegewandtes Individuum spricht sie an der Türe an und läd sie ein, doch
näherzutreten. Sie sieht sich um und findet bald ein Sofa,
das ihren Vorstellungen wohlentspricht, und als sie nach
dem Preis fragt, ist sie überrascht und erfreut, eine Summe genannt zu hören, die um wenigstens zwanzig Prozent niedriger liegt, als sie erwartet hat. Sie eilt, den Kauf
perfekt zu machen, erhält Rechnung und Quittung, hin-
terläßt ihre Adresse, bittet, daß man ihr den erworbenen
Gegenstand so rasch als möglich zusende, und entfernt
sich unter reichlichen Verbeugungen seitens des Laden-
besitzers. Der Abend naht, und kein Sofa ist da. Der
nächste Tag verstreicht, und noch immer läßt sich nichts
sehen. Ein Diener wird ausgeschickt, sich nach dem
Grund der Verzögerung zu erkundigen. Und da wird der
ganze Handel einfach bestritten. Es ist gar kein Sofa verkauft worden – und Geld empfing man nicht – das hat

ein Schwindler, der zu eben diesem Zweck einmal rasch
den Ladeninhaber spielte.

Unsere Möbellager sind ja so gut wie vollständig unbewacht und bieten sich für einen Trick dieser Art geradezu an. Besucher treten ein, besichtigen die Bestände und
entfernen sich wieder – unbemerkt und ungesehen.
Sollte einer ja einmal kaufen wollen oder den Preis eines
Artikels zu erfragen wünschen, so ist eine Glocke zur
Hand, und dies betrachtet man für völlig ausreichend.

Gar nicht übel ist auch der folgende Schwindel. Ein gut-
gekleidetes Individuum betritt einen Laden, tätigt einen
Kauf im Wert von einem Dollar, entdeckt zu seinem
Verdrusse, daß seine Brieftasche zu Hause in einem andern Rock stecken geblieben sein muß, und sagt denn zu
dem Ladeninhaber –

«Mein lieber Herr, das macht nichts! – Sie haben vielleicht die Freundlichkeit, ja? und senden mir das Paket
nach Hause? Doch warten Sie! Ich glaube tatsächlich, ich
habe selbst *dort* kein kleineres Geld als eine Fünf-Dollar-
Note. Also, da könnten Sie vielleicht gleich vier Dollar
Wechselgeld mit dem Paket schicken, verstehn Sie?»

«Sehr wohl, mein Herr», erwidert der Ladeninhaber,
der sogleich eine hohe Meinung von der Redlichkeit seines Kunden gewinnt. «Ich kenne Burschen», sagt er zu
sich selbst, «die hätten sich die Ware einfach unter den
Arm geklemmt und wären mit dem Versprechen verschwunden, den Dollar zu bezahlen, wenn sie am Nachmittag wieder vorbeikämen.»

Ein Laufjunge wird nun mit Paket und Wechselgeld los-
geschickt. Auf dem Wege aber begegnet ihm ganz zufällig der Käufer und ruft aus:

«Ah! ich sehe, da ist ja mein Paket – ich dachte, du hättest
es schon längst bei mir zu Hause abgegeben. Nun, so

laufe nur! Meine Frau, Mrs. Trotter, wird dir die fünf
Dollar geben – ich ließ entsprechende Weisung zurück.
Das Wechselgeld könntest du aber eigentlich gleich *mir*
geben – ich werde auf der Post etwas Silber brauchen.
Sehr gut! Eins, zwei – na, ist das auch ein guter Viertel-
dollar? – drei, vier – stimmt genau! Sag nur Mrs. Trotter, daß du mich getroffen hast; jetzt aber lauf – und
bummle mir nicht unterwegs.»
Der Junge bummelt gewiß nicht im mindesten – aber er
braucht doch sehr lange, bis er von seinem Botengang
zurück ist – denn nirgends hat sich eine Dame mit dem
Namen Mrs. Trotter finden lassen. Er tröstet sich jedoch
damit, daß er nicht so töricht gewesen ist, die Ware dazu-
lassen, ohne das Geld empfangen zu haben, und als er
dann mit selbstzufriedener Miene den Laden wieder betritt, fühlt er sich indigniert und empfindlich verletzt,
als sein Herr ihn fragt, was denn aus dem Wechselgelde
geworden sei.
Ein wirklich ganz einfacher Schwindel ist der folgende.
Dem Kapitän eines Schiffes, das eben unter Segel gehen
will, wird von einer amtlich dreinblickenden Person
eine ungewöhnlich maßvolle Rechnung über städtische
Gebühren präsentiert. Froh, so billig davonzukommen,
und verwirrt von hunderterlei Pflichten, die alle zugleich
auf ihn einstürmen, begleicht er die Forderung auf der
Stelle. Leider wird ihm jedoch kaum fünfzehn Minuten
später eine neuerliche und gar nicht so mäßige Rechnung
überreicht – von einem Manne, der es bald offenbar
macht, daß der erste Geldeinnehmer ein Schwindler war
und die ursprüngliche Einnahme ein Schwindel.
Und hier ist gleich noch eine etwa ähnliche Sache. Ein
Dampfer macht gerade vom Pier los. Da bemerkt man
einen Reisenden, der, den Koffer in der Hand, in höch-

ster Eile auf die Anlegestelle zustürzt. Ganz plötzlich
hält er inne, bückt sich und hebt in sehr aufgeregter Weise etwas vom Boden auf. Es ist eine Brieftasche, und –
«Hat irgendein Herr seine Brieftasche verloren?» ruft
er aus. Nun kann zwar niemand behaupten, er vermisse
die seine; doch immerhin tritt große Erregung ein, als
sich der Geldinhalt nun als wertvoll erweist. Der Dampfer darf indes nicht aufgehalten werden.

«Zeit und Gezeiten richten sich nicht nach den Menschen», sagt der Kapitän.

«Um Gottes willen, so warten Sie doch nur noch ein
paar Minuten», erwidert der Finder der Tasche – «der
rechtmäßige Eigentümer muß ja jeden Augenblick erscheinen.»

«Kann nicht warten!» bestimmt der Mann kategorisch;
«kommen Sie herüber, hören Sie denn nicht?»

«Was soll ich denn bloß machen?» fragt der Finder nun
in großer Bedrängnis. «Ich stehe im Begriff, das Land
auf einige Jahre zu verlassen, und kann doch nicht mit
gutem Gewissen einfach diese große Summe in meinem
Besitz behalten. Ich bitte um Verzeihung, mein Herr»,
(hier wendet er sich an einen Gentleman, der an Land
steht), «aber Sie sehen mir wie ein ehrlicher Mann aus.
Wollen Sie mir den Gefallen erweisen und diese Brieftasche in Verwahrung nehmen – ich *weiß*, ich kann Ihnen
vertrauen – und eine Anzeige aufgeben? Die Noten, so
sehn Sie, machen eine sehr beträchtliche Summe aus.
Ohne Zweifel wird der Eigentümer darauf bestehen, Sie
für Ihre Mühewaltung zu entschädigen – – –»

«*Mich?* – aber nicht doch, *Sie!* – *Sie* waren es doch, der
die Tasche fand!»

«Nun, wenn Sie es unbedingt so wollen – dann will ich
mir eben eine kleine Belohnung herausnehmen – nur da-

mit Sie keine Skrupel haben. Lassen Sie mich sehen – oh, das sind ja alles lauter Hunderter-Noten – du liebe Zeit! ein ganzer Hunderter wäre viel zu viel, das darf ich nicht nehmen – fünfzig müßten auf jeden Fall genügen – – –»

«Schluß jetzt!» ruft der Kapitän. «Kommen Sie herüber!»

«Aber nun kann ich leider gar nicht herausgeben auf einen Hunderter, und am Ende sollten doch lieber *Sie* – – –»

«Ablegen» ruft der Kapitän.

«Macht nichts!» schreit der Gentleman an Land, der unterdes seine eigene Brieftasche durchstöbert hat – «das macht doch gar nichts! Ich werde das schon in Ordnung bringen – hier ist ein Fünfziger der Bank von Nordamerika – werfen Sie mir die Tasche herüber!»

Und der übergewissenhafte Finder nimmt den Fünfziger mit deutlicher Erleichterung entgegen und wirft dem Herrn, wie der's gewünscht, die Brieftasche zu; – und qualmend und zischend tritt der Dampfer seine Reise an. Aber schon eine halbe Stunde nach seiner Abfahrt stellt sich der ‹große Betrag› als eine ausgesprochene ‹Vorspiegelung falscher Tatsachen› heraus und die ganze Sache als kapitaler Schwindel.

Recht kühn ist auch das folgende Schwindelmanöver. Eine religiöse Versammlung oder etwas Ähnliches soll an einem bestimmten Ort im Freien abgehalten werden, zu dem man nur über eine Brücke gelangen kann. Ein Schwindler nun postiert sich auf der Brücke und setzt höflich alle Passanten von dem neuen Landesgesetz in Kenntnis, das einen Zoll für die Benutzung festgesetzt habe; und zwar seien für jeden Fußgänger ein Cent, für Esel und Pferde zwei und so weiter und so weiter zu entrichten. Manche murren wohl, doch alle fügen sich, und als der Schwindler sich dann heimwärts begibt, ist er um einige fünfzig oder sechzig Dollar reicher – die freilich sauer verdient sind, denn von einer großen Menschenmenge Zoll einnehmen, ist eine überaus anstrengende Sache.

Ein artiger Schwindel ist dieser. Ein Freund ist im Besitz einer Wechselverschreibung des Schwindlers, die ordnungsgemäß auf den gewöhnlichen rotgedruckten Formularen ausgefüllt und unterschrieben ist. Nun kauft sich der Schwindler ein oder zwei Dutzend dieser Vordrucke, und jeden Tag stippt er eines davon in seine Suppe, läßt seinen Hund danach springen und gibt es ihm schließlich als *bonne bouche*. Wird nun der Wechsel fällig, so spricht der Schwindler in Begleitung seines Hundes bei dem Freunde vor und bringt dort die Rede auf die Schuldverschreibung. Der Freund holt diese aus seinem *escritoire* hervor und hat schon die Hand ausgestreckt, sie dem Schwindler zu überreichen, als dessen Hund mit einem jähen Satz danach springt und sie ohne Umschweife verschlingt. Der Schwindler selbst ist nicht nur überrascht, sondern verärgert, ja empört über das unvernünftige Betragen seines Hundes und bringt seine vollkommene Bereitschaft zum Ausdruck, seine Schulden sofort zu begleichen, wenn der Beweis dafür wieder ans Tageslicht kommen sollte.

Ein Schwindel kleinen Stils ist der folgende. Eine Dame wird auf der Straße von einem Komplizen des Schwindlers beleidigt. Der Schwindler selbst eilt nun zu ihrem Beistande herzu, und nachdem er seinem Freunde eine saftige Tracht Prügel verabreicht hat, besteht er darauf, die Dame bis zu ihrer Haustüre zu begleiten. Dort macht er ihr, die Hand auf dem Herzen, eine Verbeugung und verabschiedet sich in der höflichsten Weise. Sie dringt nun in ihn, als ihren Erretter, doch mit einzutreten und sich ihrem großen Bruder und dem Herrn Papa vorstellen zu lassen. Doch mit einem Seufzen muß er leider ablehnen. «Gibt es denn keine Möglichkeit», murmelt sie da, «die mir erlaubte, Ihnen meine Dankbarkeit zu bezeugen, mein Herr?»

«Nun, ja, gnä' Frau, das schon. Wenn Sie die Güte haben wollten, mir ein paar Schillinge zu leihen?»

Im ersten Schreck des Augenblicks möchte die Dame am liebsten auf der Stelle in Ohnmacht sinken. Dann aber überlegt sie es sich; sie öffnet ihre Börse und läßt das Bargeld springen. Nun ist dies, wie ich bereits sagte, ein Schwindel kleinen Stils – denn die gesamte eine Hälfte der geborgten Summe ist ja an den Ehrenmann zu zahlen, der die Mühe hatte, die Beleidigung in Szene zu setzen, und obendrein noch stillhalten mußte und sich verprügeln lassen.

In ebenfalls eher kleinem, doch immer noch wissenschaftlichem Rahmen hält sich der folgende Schwindel. Der Schwindler begibt sich an die Theke einer Wirtschaft und verlangt ein paar Rollen gesponnenen Tabaks. Sie werden ihm ausgehändigt, und nachdem er einen flüchtigen Blick darauf geworfen hat, sagt er:

«Dieser Tabak gefällt mir nicht besonders. Hier, nehmen Sie ihn zurück und geben Sie mir stattdessen ein Glas Brandy mit Wasser.» Der Brandy mit Wasser wird ihm hingestellt; er trinkt ihn aus und geht dann gemächlich zur Türe. Doch die Stimme des Wirts hält ihn auf: «Ich glaube, mein Herr, Sie haben vergessen, Ihren Brandy mit Wasser zu bezahlen!»

«Meinen Brandy mit Wasser zu bezahlen? – aber was denn, ich habe Ihnen doch den Tabak für den Brandy gegeben! Was wollen Sie denn nun noch?»

«Aber mein Herr, wenn Sie erlauben, ich erinnere mich nicht, daß Sie für den Tabak gezahlt hätten.»

«Was wollen Sie damit sagen, Sie Schurke?! – Habe ich Ihnen denn etwa den Tabak nicht zurückgegeben? Ist *das* da nicht Ihr Tabak, der dort liegt? Bilden Sie sich etwa ein, ich bezahle für etwas, das ich gar nicht genommen habe?»

«Aber, mein lieber Herr», antwortet der Gastwirt, nun ziemlich ratlos, was er sagen soll, «aber – – –»

«Kein Aber, mein Herr», unterbricht ihn der Schwindler, scheinbar aufs höchste ergrimmt; und als er nun das Weite sucht, wirft er recht krachend die Türe hinter sich ins Schloß – «Lassen Sie mich mit Ihrem Aber in Ruhe, mein Herr, und mit Ihren billigen Tricks, Reisende auszunehmen.»

Hier folgt ein weiterer sehr gerissener Schwindel, der sich nicht zuletzt durch seine Einfachheit empfiehlt. Wenn in einer großen Stadt eine Geldbörse oder Brieftasche wirklich verloren wurde, läßt der Verlierer in *einer* der Tageszeitungen eine Anzeige mit ausführlicher Beschreibung erscheinen. Worauf nun unser Schwindler die *Tatsachen* dieser Anzeige kopiert und dabei nur die Überschrift, die allgemeine Ausdrucksweise und die *Adresse* verändert. Das Original zum Beispiel ist lang und weitschweifig, es trägt die Überschrift ‹Brieftasche verloren!› und ersucht, den Schatz, falls er gefunden werde, in der Tom Street Nr. 1 abzugeben. Die Kopie ist kurz und bündig, trägt als Überschrift nur das eine Wort ‹Verloren› und bezeichnet die Dick Street Nr. 2 oder die Harry Street Nr. 3 als den Ort, wo man den Eigentümer antreffen könne. Darüberhinaus wird aber sie in wenigstens fünf oder sechs Tageszeitungen veröffentlicht, während sie dem Original nur darin nachsteht, daß sie ein paar wenige Stunden später erscheint. Sollte sie zufällig von dem Manne, der seine Börse wirklich verlor, gelesen werden, so würde er wohl kaum auf den Verdacht kommen, die Sache habe irgendeinen Bezug zu seinem eigenen Mißgeschick. Aber natürlich liegen die Chancen nun fünf oder sechs zu eins, daß der Finder sich zu der vom Schwindler angegebenen Adresse begibt – statt zu der, welche der rechtmäßige Besitzer nannte. Der Schwindler zahlt die Belohnung, steckt den Schatz in die Tasche und bricht alsbald seine Zelte ab.

Ganz ähnlich liegt auch dieser Schwindel. Eine distinguierte Dame hat irgendwo auf der Straße einen Diamantring von sehr ungewöhnlichem Werte verloren. Ihn wiederzugewinnen, bietet sie einige vierzig oder fünfzig Dollar Belohnung; in ihrer Anzeige gibt sie eine überaus genaue Beschreibung des Edelsteins und seiner Fassung und erklärt, daß man, würde er in der und der Avenue Nummer so und so wieder abgegeben, die Belohnung sogleich ausfolgen werde, ohne auch nur eine einzige Frage zu stellen. Als nun ein oder zwei Tage später die Dame einmal von Hause abwesend ist, hört man ein Läuten vor der Tür von Nummer so und so in der und der Avenue; ein Diener erscheint; die Dame des Hauses wird gewünscht, doch ist sie leiderleider ausgegangen, auf welche überraschende Mitteilung hin der Besucher sein überaus bitteres Bedauern ausdrückt. Sein Geschäft ist von Wichtigkeit und betrifft die Dame persönlich. Tatsächlich hatte er das Glück, ihren Diamantring zu finden. Aber vielleicht wäre es doch am besten, wenn er ein andermal wieder vorspräche. «Aber keineswegs!» sagt der Diener; und «Keineswegs!» sagen auch die Schwester der Dame und die Schwägerin der Dame, die sogleich herbeigeholt worden sind. Unter

mancherlei aufgeregtem Kreischen wird der Ring identifiziert, die Belohnung ausgezahlt und der Finder beinahe zur Tür hinausgeworfen. Dann kehrt die Dame zurück und bringt nun doch einige Mißzufriedenheit mit
Schwester und Schwägerin zum Ausdruck, denn ganz
zufällig haben die beiden vierzig oder fünfzig Dollar für
ein *fac-simile* ihres Diamantrings bezahlt – ein *fac-simile*,
das aus echtem Talmi und unzweifelhafter Glaspaste besteht.

Doch wie in Wirklichkeit das Schwindeln oder Diddeln
nie ein Ende hat, so würde auch dieser Essay keines finden, sollte ich auch nur auf die Hälfte der Variationen
und Modulationen andeutungsweise eingehen, deren
diese Wissenschaft fähig ist. Ich muß meinen Aufsatz
gewaltsam zum Schlusse bringen und kann dies nicht
besser tun als damit, daß ich summarisch von einem sehr
bescheidenen, aber vollkommen durchdachten Schwindel berichte, zu dessen Bühne vor gar nicht langer Zeit
unsere eigene Stadt wurde und der hernach in andern,
noch einfältigeren Städten der Union mit Erfolg wiederholt worden ist. Ein Herr in mittlerem Alter kommt aus
unbekannter Gegend in die Stadt. Er ist bemerkenswert
pedantisch, vorsichtig, gesetzt und umsichtig in seinem
Auftreten. Seine Kleidung ist peinlich sauber, doch einfach, prunklos bescheiden. Er trägt eine weiße Krawatte,
eine weitsitzende Jacke, bei welcher der Schneider auf
nichts als nur Bequemlichkeit gesehen hat, dicksohlige,
behaglich aussehende Schuhe und steglose Pantalons.
Sein ganzer Eindruck ist tatsächlich der eines wohlhabenden, nüchternen, methodischen und respektablen
‹Geschäftsmannes› *par excellence* – eines von jener Sorte
Menschen mit gutem weichen Kern in rauher Schale,
wie sie uns die hochfamosen Komödien permanent an-

bieten – Burschen, bei denen jedes Wort so gut wie bares Geld ist und die dafür bekannt sind, daß sie mit der einen Hand Guineen für wohltätige Zwecke ausgeben, während sie mit der andern, sobald es allein ums Geschäft geht, noch den kleinsten Bruchteil eines Hellers erbarmungslos eintreiben.

Der Herr verursacht allerlei Wirbel, bis endlich ein Logierhaus es ihm recht machen kann. Er kann keine Kinder leiden. Er ist Ruhe gewohnt. Seine Gepflogenheiten sind methodisch – und am liebsten würde er bei einer privaten und achtbaren kleinen Familie von gottesfürchtiger Gesinnung einziehen. Die Bedingungen spielen jedoch gar keine Rolle – nur muß er darauf bestehen, seine Rechnung am Ersten eines jeden Monats zu begleichen (wir haben zur Zeit grad den Zweiten), und er bittet seine Wirtin, als er schließlich eine gefunden hat, die seinen Wünschen entspricht, doch ja auf keinen Fall seine Instruktionen zu diesem Punkte zu vergessen – sondern Rechnung *und* Quittung präzise um 10 Uhr am *ersten* Tage eines jeden Monats hereinzureichen und beides unter gar keinen Umständen etwa bis zum zweiten liegen zu lassen.

Sind diese Vereinbarungen getroffen, so mietet unser Geschäftemann sich ein Büro in einem angesehenen eher als eleganten Viertel der Stadt. Denn nichts gibt es, das er mehr verachtet als den bloßen Schein. «Wo viel Rummel gemacht wird», sagt er, «da steckt selten etwas wirklich Solides dahinter» – eine Bemerkung, bei der es seine Wirtin derart bis auf den Grund ihrer Seele durchschauert, daß sie auf der Stelle einen Bleistift nimmt und sie in ihre große Familienbibel einträgt – auf den breiten Rand bei den Sprüchen Salomonis.

Der nächste Schritt besteht darin, nach etwa der folgenden Weise in den wichtigsten Geschäfts-Groschenblättern der Stadt zu inserieren – die ‹Pfennigblätter› werden als nicht ‹respektabel› gemieden – und auch weil sie für alle Anzeigen Vorauskasse verlangen. Unserm Geschäftemann ist es eine Ehrensache, nie eine Arbeit zu bezahlen, bevor sie getan ist.

GESUCHT! – Die Unterzeichneten, welche im Begriffe stehen, in dieser Stadt eine ausgedehnte geschäftliche Tätigkeit zu entfalten, bedürfen der Dienste von drei oder vier intelligenten und sachverständigen Sekretären, denen ein großzügiges Gehalt winkt. Erwartet werden die allerbesten Referenzen, wobei weniger auf geschäftliche Befähigung als vielmehr auf Integrität geachtet wird. Da allerdings die vorgesehenen Aufgaben hohe Verantwortlichkeit einschließen und große Geldsummen notwendigerweise durch die Hände solcher Angestellten gehen müssen, erachtet man es für angeraten, von jedem beschäftigten Sekretär eine Hinterlegung von fünfzig Dollar zu verlangen. Es braucht sich daher niemand zu melden, der nicht bereit ist, diese Summe im Besitz der Unterzeichneten zu belassen, und der nicht seine moralische Integrität durch in jeder Weise zufriedenstellende Zeugnisse belegen kann. Jungen Herren mit gottesfürchtiger Gesinnung wird der Vorzug gegeben. Bewerber wollen zwischen 10 und 11 Uhr vormittags und 4 und 5 Uhr nachmittags vorstellig werden bei den Herren
Bogs, Hogs, Logs, Frogs & Co.
Dog Street Nr. 110.

Bis zum Einunddreißigsten des Monats hat diese Anzeige einige fünfzehn oder zwanzig junge Herren von gottesfürchtiger Gesinnung beim Büro der Herren Bogs, Hogs, Logs, Frogs & Companie vorsprechen lassen. Doch unser Geschäftemann hat nicht die mindeste Eile, mit auch nur einem von ihnen einen Vertrag abzuschließen – wird sich doch kein Geschäftemann jemals überstürzen –, und erst nachdem ein jeder der jungen Herren *in puncto* gottesfürchtiger Gesinnung auf das strengste katechisiert worden ist, werden seine Dienste engagiert und ihm die fünfzig Dollar quittiert, die zur angemessenen Sicherstellung der ehrenwerten Firma Bogs, Hogs, Logs, Frogs & Companie dienen. Am Morgen des ersten Tages im nächsten Monat präsentiert die Wirtin *nicht*, wie sie versprochen, pünktlich ihre Rechnung – ein Stücklein Nachlässigkeit, für welches sie das komfortable Oberhaupt des auf ‹ogs› endenden Hauses ohne Zweifel streng ausgescholten haben würde, hätte er sich bewegen lassen, noch einen Tag länger oder zwei zu diesem Zwecke in der Stadt zu bleiben.

Wie das so ist, haben die Konstabler von dieser Geschichte viel Kummer gehabt; sie rannten her und rannten hin, und am Ende konnten sie doch nichts weiter tun, als unseren Geschäftsmann höchst emphatisch für ein ‹Henneknie› zu erklären – was manche Leute dahingehend deuten, sie wollten damit zum Ausdruck bringen, er sei tatsächlich ‹n. e. i.› – worunter wiederum vermutlich der sehr klassische Satz «*non est inventus*» verstanden werden darf. Inzwischen sind die jungen Herren allesamt nicht mehr ganz so gottesfürchtig gesinnt wie zuvor, indessen die Wirtin sich für einen Schilling das allerbeste Radiergummi kauft und sorgfältig damit den Bleistifteintrag tilgt, den irgendein Narr in ihre große Familienbibel gemacht hat – auf dem breiten Rand der Sprüche Salomonis.

Vor vielen Jahren war's die Mode, die Idee einer ‹Liebe auf den ersten Blick› zu verspötteln; doch wer nachdenkt, und schon gar wer tief empfindet, hat stets verfochten, daß es sie gebe. Moderne Entdeckungen auf dem Gebiete dessen, was ethischer Magnetismus oder Magneto-Ästhetik heißen mag, machen es in der Tat wahrscheinlich, daß die natürlichsten und folglich wahrsten und intensivsten menschlichen Gemütsbewegungen jene seien, welche im Herzen wie von einem überspringenden Funken elektrischer Sympathie entzündet werden, – kurz, daß die glänzendsten und dauerndsten psychischen Bande von einem einzigen Augen-Blick geknüpft werden. Das Bekenntnis, das ich hier abzulegen gedenke, wird den bereits fast unzähligen Beispielen für die Wahrheit der Behauptung ein weiteres hinzufügen.

Meine Geschichte verlangt, daß ich ein bißchen in die Minutien gehe. Ich bin ein noch sehr junger Mann – nicht einmal ganze zweiundzwanzig Jahre alt. Mein gegenwärtiger Name ist sehr gewöhnlich und ziemlich plebejisch – Simpson. Ich sage ‹mein gegenwärtiger›; denn es ist noch gar nicht lange her, daß ich ihn trage – erst im letzten Jahre legte ich mir diesen Nachnamen gesetzlich zu, um eine große Erbschaft anzutreten, die mir von einem entfernten Verwandten, Adolphus Simpson, Esq., hinterlassen ward. Verknüpft mit dem Vermächtnisse war die Bedingung, daß ich des Erblassers Namen mit zu übernehmen hätte – den Familien-, nicht den Taufnamen; mein Taufname ist Napoleon Bonaparte – oder genauer: so lautet mein erster und mein mittlerer Rufname.

Ich nahm das ‹Simpson› mit einigem Widerstreben an,

denn für meinen wirklichen Vatersnamen, Froissart, hegte ich einen sehr verzeihlichen Stolz – glaubte ich doch, ich könnte einem Nachfahren des unsterblichen Autors der ‹Chroniken› auf die Spur kommen. Wo wir, nebenbei, grad beim Thema ‹Namen› sind, darf ich wohl, die einiger meiner unmittelbaren Vorfahren betreffend, eine einzigartige Koinzidenz des Klanges erwähnen. Mein Vater war ein Monsieur Froissart in Paris. Seine Frau – meine Mutter, die er als Fünfzehnjährige ehelichte – war eine Mademoiselle Croissart, älteste Tochter des Bankiers Croissart; und dessen Frau wiederum – erst sechzehnjährig, als sie heiratete – war die älteste Tochter eines gewissen Victor Voissart. Monsieur Voissart hatte sich einzigartigerweise mit einer Dame ganz ähnlichen Namens vermählt – einer Mademoiselle Moissart. Auch sie trat noch im rechten Kindesalter in die Ehe; und gleichfalls war ihre Mutter, Madame Moissart, nur grad erst vierzehn, als sie zum Altar geführt wurde. Dies frühe Heiraten ist in Frankreich so üblich. Hier jedoch bilden Moissart, Voissart, Croissart und Froissart eine direkte absteigende Linie. Mein eigener Name wurde dann freilich Simpson, wie gesagt, und zwar durch Gesetzesakt und unter solchem Widerstreben meinerseits, daß ich eine Zeitlang tatsächlich schwankte, ob ich das Vermächtnis mit der daran geknüpften unnützen und ärgerlichen Klausel überhaupt annehmen sollte.

Was persönliche Vorzüge betrifft, so fehlt es mir daran in keiner Weise. Im Gegenteil, ich glaube, daß ich gar keine üble Figur mache und das besitze, was neun Zehntel der Welt ein hübsches Gesicht nennen würden. Meine Größe beträgt fünf Fuß elf. Mein Haar ist schwarz und lockig. Meine Nase besitzt leidliche Wohlgestalt. Meine Augen sind groß und grau; und wenn es ihnen tatsächlich auch in sehr genierlichem Grade an Sehkraft gebricht, so dürfte doch ihre Erscheinung keinerlei solches Gebresten vermuten lassen. Die Sichtschwäche selbst ist mir allerdings stets sehr lästig gefallen, und ich habe kein Heilmittel unversucht gelassen – ausgenommen das, Gläser zu tragen. Da ich jugendlich bin und gut aussehe, habe ich natürlich eine Abneigung dagegen und es stets entschieden abgelehnt, mich ihrer zu bedienen. Tatsächlich wüßte ich nichts, was das Gesicht eines jungen Menschen derart entstellt oder einem jeden seiner Züge ein solches *air* von tumber Bravheit aufprägt, wenn nicht gar von Scheinheilig- und Ältlichkeit. Eine Lorgnette andererseits verleiht einen ausgesprochen geckenhaften und affektierten Anstrich. Bislang habe ich denn, so gut es eben gehen mochte, ohne derlei Beistand auszukommen gesucht. Doch schon zuviel von diesen rein persönlichen Details, die schließlich von geringem Belange sind. Ich will mich damit bescheiden, rasch noch anzufügen, daß mein Temperament sanguinisch ist, leicht entflammbar, glühend, enthusiastisch, – und daß ich mein Leben lang ein enragierter Frauenverehrer gewesen bin.

Eines Abends im letzten Winter betrat ich, in Gesellschaft eines Freundes, Mr. Talbot, eine Loge im P---Theater. Man gab eine Oper, und das Programm versprach eine sehr rare Attraktion, so daß das Haus brechend voll war. Wir erschienen jedoch rechtzeitig genug, um die Vordersitze zu belegen, die man für uns reserviert hatte und zu denen wir uns unter einiger Beschwerlichkeit mit den Ellbogen unsern Weg bahnten. Zwei Stunden lang widmete mein Gefährte, ein fanatischer Musikliebhaber, seine ungeteilte Aufmerksamkeit der Bühne; derweilen ich mich damit vergnügte, die Zuhörerschaft zu beobachten, die vorwiegend aus der *élite* der Stadt bestand. Nachdem ich mich in diesem Punkte zufriedengestellt, wollte ich meine Augen eben der *prima donna* zuwenden, als sie von einer Gestalt in einer der Privat-Logen angezogen und gefesselt wurden, die meiner Aufmerksamkeit bislang entgangen waren.

Und lebte ich tausend Jahre, – nie werd' ich die heftige Gefühlsaufwallung vergessen, mit der ich zu dieser Gestalt hinüberschaute. Es war die eines weiblichen Wesens – des herrlichsten, das ich je sah. Das Gesicht war so weit der Bühne zugewendet, daß es mir einige Minuten lang nicht gegeben war, den vollen Anblick zu erhaschen, – doch die Form war *göttlich;* kein anderes Wort vermöchte seine herrliche Proportion hinlänglich auszudrücken – und selbst der Ausdruck ‹göttlich› will mir jetzt, da ich ihn niederschreibe, lachhaft schwach erscheinen.

Die Magie fraulich-lieblicher Formen – der Zauber weiblicher Reize – war stets eine Macht, der zu widerstehen ich unmöglich gefunden hatte; doch hier war Liebreiz personifiziert, inkarniert, – das *beau idéal* meiner wildesten und verzücktesten Visionen. Die Gestalt, welche der Logen-Bau fast vollständig zu sehen erlaubte, war etwas über mittelgroß und näherte sich den majestätischen Maßen, ohne diese aber wirklich zu erreichen. Ihre vollkommene Fülle und *tournure* waren hinreißend. Das Haupt, mir nur von hinten sichtbar, wetteiferte in seinem Umriß mit dem der griechischen Psyche, und eher noch betont zur Schau gestellt denn verhüllt ward es von einer eleganten Haube aus *gaze aérienne,* die mich an den *ventus textilis* des Apuleius denken ließ. Der linke Arm hing über die Balustrade und machte mit seinem erlesenen Ebenmaß jeglichen Nerv in mir erbeben. Oben wurde er von einem jener locker-offenen Ärmel drapiert, wie sie jetzt in Mode sind. Dieser reichte nur wenig über den Ellbogen hinab. Darunter trug sie einen Unterärmel aus hauchfeinem, dicht anliegendem Material, der in einer Krause aus reicher Spitze endete: die fiel entzückend zierlich über den Handrücken und ließ einzig die delikaten Finger frei, an deren einem ein – das sah ich gleich – außerordentlich wertvoller Diamantring funkelte. Die admirable Rünge des Handgelenks ward höchst graziös von einem Armbande hervorgehoben, das es umschloß und ebenfalls von einer prächtigen *aigrette* aus Juwelen geschmückt und zusammengehalten ward, – es kündete, in nicht mißzuverstehenden Worten, zugleich den Reichtum und den wählerisch-verwöhnten Geschmack seiner Trägerin.

Ich starrte wohl wenigstens eine halbe Stunde zu dieser königlichen Erscheinung hinüber, wie wenn ich mit einem Male zu Stein geworden wäre; und derweil empfand ich voll die Kraft und Wahrheit alles dessen, was je über ‹Liebe auf den ersten Blick› gesagt oder gesungen. Meine Empfindungen waren grundverschieden von allen, die ich bisher – selbst in Gegenwart der gefeiertsten Muster weiblicher Lieblichkeit – erfahren hatte. Eine unerklärliche und – wie ich wohl in Erwägung ziehen muß – *magnetische* Sympathie von Seele zu Seele schien nicht nur mein Schauen, sondern meine ganzen Denk- und Fühlenskräfte auf den bewundernswürdigen Gegenstand vor mir zu heften. Ich sah – ich fühlte – ich wußte, daß ich zutiefst, wahnsinnig, unwiderruflich liebte – und dies gar noch, ehe ich überhaupt das Antlitz der geliebten Person gesehen. So heftig war in der

Tat die Leidenschaft, die mich verzehrte, daß ich wirklich glaubte, sie würde nur – wenn überhaupt – geringe Minderung erfahren haben, hätten sich die noch ungeschauten Züge als von nur gewöhnlichem Charakter erwiesen; so anomal ist die Natur der einzig wahren Liebe – der Liebe auf den ersten Blick – und so wenig ist sie in Wirklichkeit abhängig von den äußern Bedingungen, welche sie nur zu schaffen und zu kontrollieren scheinen.

Während ich noch wie eingehüllt war von Bewunderung für diese liebreizende Erscheinung, veranlaßte sie eine jähe Unruhe im Publikum, mir ihren Kopf halb zuzuwenden, so daß ich ihr Antlitz in vollem Profil erblickte. Seine Schönheit ging noch weit über meine vorahnenden Erwartungen – und doch war etwas daran, das mich enttäuschte, ohne daß ich exakt hätte sagen können, was es war. Ich sagte, es ‹enttäuschte› mich, doch ist dies nicht eigentlich das rechte Wort. Meine Empfindungen waren in eins beruhigt und aufgewühlt. Sie hatten weniger von Heftigkeit und mehr von stiller Begeisterung an sich – enthusiastische Ruhe. Dieser Gefühlszustand rührte vielleicht von dem madonnengleichen und matronenhaften *air* des Gesichts; und doch erkannte ich sogleich, daß er nicht hiervon allein hatte aufkommen können. Es gab da noch etwas Anderes – irgendein Geheimnis, das ich nicht zu entdecken vermochte – irgendeinen Ausdruck auf ihren Zügen, der mich leicht verstörte, indessen er meine Teilnahme überaus erhöhte. Tatsächlich befand ich mich just in jener Gemütsverfassung, in der ein leichterregbarer junger Mann zu allen möglichen Extravaganzen fähig ist. Wäre die Dame allein gewesen, ich hätte ganz zweifellos ihre Loge betreten und sie um jeden Preis angesprochen;

doch glücklicherweise befand sie sich in doppelter Gesellschaft – eines Herrn und einer auffallend schönen
Frau, die allem Anschein nach ein paar Jahre jünger war
denn sie selber.

Ich wälzte wohl tausend Pläne in meinem Hirn, wie
ich's, hernach, zuwege bringen könnte, der älteren
Dame vorgestellt zu werden, oder jedenfalls doch für
den Augenblick ihre Schönheit bestimmter zu Gesicht
bekommen möchte. Wohl hätte ich mir einen Platz genommen, der näher dem ihren gelegen, doch machte dies
das vollbesetzte Theater unmöglich; und die strengen
Vorschriften des Mode-Brauchs hatten neuerdings, in
einem Fall wie diesem, kategorisch die Benutzung des
Opernglases verboten, selbst wenn ich so glücklich gewesen wäre, eines bei mir zu haben – aber das war nicht
der Fall – und so saß ich denn verzweifelt da.

Schließlich besann ich mich, meinen Gefährten anzu-
gehen.

«Talbot», sagte ich, «*Sie* haben doch ein Opernglas.
Geben Sie es mir.»

«Ein Opernglas? – aber nein! – was, meinen Sie, sollte
ich wohl mit einem Opernglase anfangen!» Und ungeduldig wandte er sich wieder der Bühne zu.

«Aber, Talbot», fuhr ich fort und zog an seiner Schulter, «hören Sie mir doch einmal zu, ja? Also – sehen Sie
die Proszeniumsloge? – dort? – nein, die nächste. –
Erblickten Sie je ein Weib von solchem Liebreiz?»

«Sie ist sehr schön, kein Zweifel», sagte er.

«Ich frage mich, wer sie sein mag!»

«Was denn – also das ist ja himmlisch – Sie wissen wirklich nicht, wer sie ist? ‹Wer sie nicht kennt, ist selber
unbekannt.› Sie ist die gefeierte Madame Lalande – die
Schönheit des Tages *par excellence* – und Gesprächs-

gegenstand der ganzen Stadt. Unermeßlich reich auch
– Witwe – und eine großartige Partie – ist grad von Paris
angekommen.»

«Sie kennen sie?»

«Ja – ich habe die Ehre.»

«Wollen Sie mich bei ihr einführen?»

«Aber gewiß – mit dem größten Vergnügen; wann soll
es sein?»

«Morgen, um eins; ich treffe Sie bei B-----'s.»

«Sehr schön; und nun halten Sie aber den Mund, wenn's
geht.»

Was dies letztere betrifft, so mußte ich mich wohl oder
übel Talbots Weisung fügen; denn gegen jede weitere
Frage oder Andeutung stellte er sich störrisch taub und
beschäftigte sich für den Rest des Abends ausschließlich
mit dem, was auf der Bühne vor sich ging.

Inzwischen wandte ich kein Auge von Madame Lalande, und schließlich widerfuhr mir das Glück, einen
vollen Blick von vorn auf ihr Gesicht zu gewinnen. Es
war von berückender Lieblichkeit; dies hatte mein
Herz mir natürlich schon vorher gesagt, ganz abgesehen
davon, daß Talbot mir in diesem Punkte volle Gewißheit gegeben hatte, – doch nach wie vor verstörte mich
jenes ungreifliche Etwas. Ich deutete's mir schließlich
so, daß meine Sinne von einem gewissen Fluidum des
Ernstes, der Trauertrübe oder – noch genauer – der
Abgespanntheit beeindruckt seien, das dem Gesichte
etwas von seiner Jugend und Frische nahm, nur um es
freilich mit seraphischer Zartheit und Majestät auszu-
statten und damit in meinem enthusiastischen und
romantischen Temperament eine zehnfache Teilnahme
zu wecken.

Derweilen sich so meine Augen weideten, merkte ich's

schließlich, zu meiner redlichen Bestürzung, an einem fast unmerklichen Stutzen, daß die Dame plötzlich meines intensen Starrens gewahr geworden. Noch war ich von Grunde auf fasziniert und konnte den Blick nicht abwenden, und wäre's auch nur für einen Augenblick gewesen. Sie kehrte das Gesicht zur Seite, und wieder sah ich einzig die gemeißelte Kontur ihres Hinterhaupts. Nach einigen Minuten brachte sie, ganz wie von Neugier getrieben, zu sehn, ob denn mein Blick noch immer an ihr hinge, schrittweis' das Angesicht erneut herum und begegnete erneut meinem brennenden Starren. Ihre großen dunkeln Augen senkten sich im Moment, und eine tiefe Röte deckte ihre Wange. Doch wer beschreibt mein Erstaunen, als ich bemerkte, daß sie bei diesem zweiten Male nicht nur den Kopf nicht abwendete, sondern wahrhaftig von ihrem Gürtel eine Doppel-Lorgnette nahm – sie hob – sie adjustierte – und mich sodann hindurch betrachtete, nachhaltig, kalten Bluts, Minuten lang.

Wäre ein Blitzzack zu meinen Füßen eingeschlagen, ich hätte darob kaum gründlicher bestürzt sein können – doch nur bestürzt, nicht etwa gar beleidigt oder, sei's auch im leisesten Grade, davon abgestoßen; obschon solch kühne Handlung bei jeder andern Frau beleidigend oder abstoßend hätte wirken müssen. Doch das Ganze geschah mit so viel Gleichmut – so viel *nonchalance* – so viel gelaßner Ruhe – kurz, mit solch offenbarem *air* von höchster Bildung –, daß nichts von bloßer Ungezogenheit erkennbar war und sich in mir als einziges Empfinden Bewunderung und Überraschung regten.

Ich nahm's nun wahr, daß sie, beim ersten Heben der Lorgnette, anscheinend mit einer momentanen Musterung meiner Person zufrieden gewesen war und das

Instrument sinken ließ, als sie, wie von einem zweiten Gedanken durchzuckt, es wieder ansetzte und so fortfuhr, mich mit beharrter Aufmerksamkeit zu mustern, und zwar erneut Minuten lang – zu allermindest fünf Minuten lang, dess' bin ich sicher.

Dies in einem amerikanischen Theater so sonderliche Verhalten erregte die breiteste Obacht und ließ im Auditorium eine unbestimmte Bewegung aufkommen, oder ein Flüstersummen, das mich, momentlang, mit Verwirrung füllte, doch auf die Züge von Madame Lalande keinerlei sichtbare Wirkung übte.

Nachdem sie ihre Neugier – wenn's das war – befriedigt, senkte sie das Glas und widmete ihr Augenmerk gelassen wiederum der Bühne; ihr Profil dabei wie vorher hin zu mir gewendet. Ich fuhr fort, sie unablässig zu beobachten, obschon ich mir der Unmanierlichkeit solchen Tuns durchaus bewußt war. Jetzt sah ich das Haupt langsam und leicht seine Stellung verändern; und bald schon ward ich überzeugt, daß die Dame, indessen sie sich den Anschein gab, zur Bühne hin zu blicken, in Wahrheit mich aufs angelegentlichste betrachtete. Es ist überflüssig zu erwähnen, welche Wirkung dies Verhalten, auf Seiten einer so faszinierenden Frau, auf meinen erreglichen Sinn übte.

Nachdem sie mich wohl eine Viertelstunde lang forschend gemustert, wendete sich der liebliche Gegenstand meiner Leidenschaft an den Herrn, der sie begleitete, und während sie noch sprach, ersah ich's mit Bestimmtheit an den Blicken Beider, daß ihre Unterhaltung sich auf mich bezog.

Als sie beendigt, wandte sich Madame Lalande erneut der Bühne zu, und für einige Minuten schien sie nun ganz in die Darbietungen versunken. Als diese Zeit jedoch vorüber war, packte mich doch ein äußerstes Maß von Erregung, da ich sie nun zum zweiten Male die Lorgnette auseinanderklappen sah, die ihr am Gürtel hing: wie vorher richtete sie voll das Glas auf mich, und ohngeacht' des neuerlichen Flüsters im Publikum, maß-musterte sie mich von Kopf bis Fuß mit jener selben wunderbaren Gemütsgelassenheit, die mir die Seele vorher so verzückt und so verworren hatte.

Dies außerordentliche Verhalten, das mich in ein förmliches Fieber der Erregung warf – ja in ein absolutes Liebes-Delirium –, diente mir eher zur Ermutigung, denn daß es mir den Ansporn dämpfte. Im wahnwitzigen Gestüme meiner Verehrung vergaß ich alles um mich her und sah nur noch die majestätische Lieblichkeit der Vision, die meinem Stier-Blick gegenüber stand. Als ich einmal die Zuhörerschaft vollauf mit der Oper beschäftigt glaubte, ergriff ich die Gunst der Gelegenheit, richtete fest mein Auge auf die Blicke von Madame Lalande und machte ihr momentlang eine leichte, doch unmißverständliche Verbeugung.

Sie errötete aufs Tiefste – dann wandte sie die Augen ab – dann schaute sie sich langsam und mit Vorsicht um, offenbar um zu sehen, ob meine übereilte Tat bemerkt worden sei – dann beugte sie sich zu dem Herrn hinüber, der an ihrer Seite saß.

Ich empfand nunmehr brennend die Ungehörigkeit, die ich begangen hatte, und erwartete nichts weniger als ein augenblickliches, mich bloßstellendes Aufsehen; derweilen eine Vision von Pistolen, anderntags auf mich gerichtet, mir rasch und unbehaglich durchs Gehirn flutete. Ich fand jedoch höchste und unmittelbare Erleichterung, als ich sah, wie die Dame lediglich wortlos jenem Herrn einen Theaterzettel reichte; doch mag der

Leser sich einen schwachen Begriff von meinem Erstaunen machen – von meiner zutiefsten *Bestürzung* – von meiner wahnwitzigen Herzens- und Seelenverwirrnis –, da sie nun, im Augenblick danach, sich wiederum verstohlen rund umschaute und voll und fest ihr leuchtend' Auge auf dem meinen ruhen ließ, um dann mit schwachem Lächeln eine blitzende Reihe von perlengleichen Zähnen zu enthüllen und zweimal offen und bestimmt und ganz unzweifelhaft zustimmend das Haupt zu neigen.

Natürlich ist es nutzlos, sich bei meiner Freude aufzuhalten – bei meinem Entzücken – bei meiner schrankenlosen Herzens-Ekstase. Wenn je ein Mensch vor übermaßenem Glück wahnsinnig war, so ich in diesem Augenblick. Ich liebte. Ich liebte zum *ersten* Male – so empfand ich's. Es war erhabenste, war unbeschreibliche Liebe. Es war ‹Liebe auf den ersten Blick›; und auf den ersten Blick insgleichen war sie erkannt, gewürdigt *und erwidert* worden.

Ja, erwidert. Wie und warum sollt' ich daran nur einen Augenblick zweifeln? Wie anders sollt' ich es mir auslegen – dies Verhalten einer so entzückenden Dame – die zudem so wohlhabend – so augenscheinlich besterzogen – von so hoher Bildung – so hoher gesellschaftlicher Stellung – und in jeder Hinsicht so vollkommen respektabel war, wie's mein Gefühl mir von Madame Lalande versicherte? Ja, sie liebte mich – sie erwiderte die Begeisterung meiner Liebe mit einer Begeisterung, die ebenso blind – ebenso unnachgiebig – unberechnend – hingegeben – ja schier schrankenlos war wie die meine! Diese köstlichen Phantasien und Gedankenwiderspiele wurden nun jedoch vom Fall des Zwischenaktsvorhangs unterbrochen. Die Zuhörerschaft erhob sich; und

das übliche Getümmel setzte unmittelbar ein. Indem ich
Talbot auf dem Fleck verließ, unternahm ich jede Anstrengung, mir einen Weg in größere Nähe von Madame
Lalande zu bahnen. Doch nachdem mir das die drän-
gende Menge vereitelt, gab ich schließlich die Jagd auf
und lenkte meine Schritte heimwärts; wobei mich in
meiner Enttäuschung, nicht einmal den Saum ihres
Kleides berührt haben zu können, die Überlegung
tröstete, daß ich am nächsten Morgen ja von Talbot in
aller Form bei ihr eingeführt werden sollte.

Dieser Morgen kam denn endlich auch heran; das
heißt – am Ende einer langen und quälerischen Nacht
des Ungeduldens dämmerte ein Tag herauf; und dann
noch krochen die Stunden bis ein Uhr schier wie im
Schneckengang dahin, ödweilig und unzählbar. Doch
selbst Stambul, so heißt es, hat ein Ende, und so lief
auch diese lange Frist denn endlich ab. Die Uhr schlug.
Als das letzte Echo verklungen war, trat ich bei B-----'s
ein und erkundigte mich nach Talbot.

«Fort!» sagte der Bediente – Talbot's eigener.

«Fort?» wiederholte ich, indem ich ein halbes Dutzend
Schritte zurückstolperte – «hör mal zu, mein schlauer
Bursch, das ist ein Ding der Unmöglichkeit; damit
kommst du mir nicht durch. Mr. Talbot ist sehr wohl
zu Hause. Also – was ist los?»

«Nichts, Sir; nur daß Mr. Talbot nicht da ist. Das ist
alles. Er ritt gleich nach dem Frühstück hinüber nach
S---- und hinterließ die Nachricht, daß er nicht vor
einer Woche wieder in der Stadt sein werde.»

Ich stand wie versteinert vor Schrecken und Wut. Ich
mühte mich zu antworten, doch meine Zunge versagte
mir den Dienst. Schließlich drehte ich mich auf dem Ab-
satze um, graubleich vor Grimm, und wünschte inner-

327

lich die ganze Sippschaft der Talbots in die tiefsten Tiefen des Erebos. Es lag auf der Hand, daß mein rücksichtsvoller Freund, *il fanatico,* seine Verabredung mit mir vollkommen vergessen hatte – sie vergessen hatte, kaum daß sie getroffen war. Zu keiner Zeit war er besonders gewissenhaft ein Mann von Wort. Da ließ sich nun nichts ändern; ich unterdrückte also meinen Ärger, so gut es gehen wollte, schlenderte verdrossen die Straße dahin und plagte einen jeden männlichen Bekannten, den ich traf, mit unnützen Erkundigungen nach Madame Lalande. Gehört hatten, so fand ich, schon alle von ihr – viele kannten sie von Ansehen – doch weilte sie erst ein paar Wochen in der Stadt, und daher gab es nur Wenige, die sich ihrer persönlichen Bekanntschaft rühmen konnten. Diese Wenigen aber waren immer noch verhältnismäßig Fremde für sie, und so konnten – oder wollten – sie sich nicht die Freiheit nehmen, mich auf dem Wege einer formellen Morgenvisite bei ihr einzuführen. Indessen ich so noch in Verzweiflung stand und mich mit einem Trio von Freunden über das eine, alles absorbierende Thema meines Herzens unterhielt, traf es sich, daß dieses Thema leibhaftig des Weges kam.

«Sowahr ich lebe, dort ist sie!» rief einer.

«Fabelhafte Schönheit!» begeisterte sich ein zweiter.

«Ein Engel auf Erden!» stieß ein dritter hervor.

Ich blickte auf; und in einer offenen Kutsche, die langsam die Straße herab auf uns zu kam, saß die bezaubernde Vision aus der Oper, begleitet von der jüngeren Dame, die mit ihr die Loge geteilt hatte.

«Ihre Gefährtin hat sich auch bemerkenswert gut gehalten», sagte der eine aus meinem Trio, der zuerst gesprochen hatte.

328

«Phänomenal», sagte der zweite; «immer noch brillant beisammen; tja, die Kunst tut Wunder. Mein Wort darauf, sie sieht sogar noch besser aus als vor fünf Jahren in Paris. Eine schöne Frau immer noch; – meinen Sie nicht auch, Froissart? – Simpson, wollte ich sagen.» «Immer *noch*?» fragte ich, «warum sollte sie's denn nicht sein? Doch mit ihrer Freundin verglichen ist sie wie ein Binsenlicht gegen den Abendstern – ein Glühwürmchen gegen den Antares.»

«Ha! ha! ha! – also Simpson, Sie haben ein erstaunliches Fingerspitzengefühl für Entdeckungen – originelle, meine ich.» Und hier trennten wir uns, derweil einer aus dem Trio anfing, einen übermütigen *vaudeville* zu summen, von dem ich einzig die Zeilen verstand –

Ninon, Ninon, Ninon à bas –
A bas Ninon de l'Enclos!

Während dieser kleinen Szene jedoch hatte mir eines höchstlich zum Trost gereicht, obgleich es die Leidenschaft nur nährte, von der ich verzehrt ward. Als die Kutsche von Madame Lalande an unserer Gruppe vorüberrollte, hatte ich gemerkt, daß meine Angebetete mich erkannte; ja mehr noch als dies – sie hatte mich, ganz eindeutig zum Zeichen ihres Wiedererkennens, mit einem Lächeln beglückt, wie es seraphischer sich gar nicht denken läßt.

Was eine Einführung bei ihr betraf, so war ich gezwungen, alle Hoffnung darauf fahren zu lassen, bis es Talbot gefällig sein würde, vom Lande zurückzukehren. In der Zwischenzeit suchte ich unermüdlich sämtliche reputabeln öffentlichen Vergnügungsstätten auf; und schließlich widerfuhr mir in dem Theater, da ich sie zum ersten Male gesehen, die höchste Seligkeit, sie zu treffen und erneut mit ihr Blicke tauschen zu können. Doch traf sich dies nicht eher, als zwei Wochen verstrichen waren. Jeden Tag inzwischen hatte ich nach Talbot in seinem *hôtel* gefragt, und jeden Tag war ich in einen förmlichen Krampf von Grimm verfallen beim ewiggleichen ‹Noch nicht heimgekommen› seines Bedienten.

An jenem fraglichen Abende befand ich mich daher in einem Zustand, der vom Wahnsinn nur noch wenig entfernt war. Madame Lalande, so hatte man mir gesagt, war Pariserin – war kürzlich erst von Paris hier eingetroffen – – konnte sie nicht ganz plötzlich zurückkehren? – zurückkehren, noch ehe Talbot wieder da war, – und konnte sie nicht so auf immer mir verloren sein? Der Gedanke war zu schrecklich, um ihn zu ertragen. Da mein Zukunftsglück zur Entscheidung stand, entschloß ich mich, mit männlicher Dezision zu handeln. Kurz gesagt – als das Stück abbrach, folgte ich der Dame bis zu ihrer Wohnung, notierte mir die Adresse und sandte ihr am nächsten Morgen einen ausführlichen und vollendet sorgsam abgefaßten Brief, in dem ich ihr mein ganzes Herz ausschüttete.

Ich redete kühn, frei – kurz, ich sprach mit Leidenschaft. Ich verhehlte nichts – nicht einmal meine Schwäche. Ich spielte auf die romantischen Umstände unserer ersten Begegnung an – ja selbst auf die Blicke, welche zwischen uns hin und her gegangen. Ich ging so weit auszusprechen, daß mein Gefühl mich ihrer Gegenliebe versichere; derweil ich diese Liebesversicherung und die Heftigkeit meiner eignen Verehrung als zwei Entschuldigungen für mein ansonsten unverzeihliches Betragen anführte. Zum dritten sprach ich von meiner

Angst, sie könnte die Stadt verlassen, noch ehe mir Gelegenheit würde, formell ihr vorgestellt zu werden. Ich schloß die wildest-enthusiastischste Epistel, die nur je geschrieben, mit einer offenen Darlegung meiner weltlichen Umstände – meines üppigen Reichtums – und mit dem Antrag meines Herzens und meiner Hand.

In peinigendem Warten harrte ich der Antwort. Nachdem eine Zeit verstrichen, die mich ein Jahrhundert dünkte, kam sie.

Ja, *sie kam tatsächlich*. So romantisch dies alles auch erscheinen mag, – ich empfing wirklich einen Brief von Madame Lalande – der schönen, der reichen, der abgöttisch verehrten Madame Lalande. Ihre Augen – ihre herrlichen Augen hatten ihr edles Herz nicht getrogen. Wie eine echte Französin, die sie war, hatte sie dem freimütigen Befehl ihres Geistes gehorcht – den erhabenen Trieben ihrer Natur – und allen konventionellen Prüderien der Welt Trotz geboten. Sie hatte meiner Anträge *nicht* gespottet. Sie hatte *nicht* im Schweigen Zuflucht gesucht. Sie hatte meinen Brief *nicht* ungeöffnet zurückgehen lassen. Sie hatte mir sogar Antwort gesandt, geschrieben von ihren eigenen köstlichen Fingern. Der Brief lautete folgendermaßen:

«Monsieur Simpson wird mich verzeihen, für daß ich nicht schreiben kann die schöne Spreche von sein Land so wohl als möchte. Es ist nur kurz, daß ich bin angekommen, und 'abe noch nicht Gelegenheit, ihr zu – l'étudier.

Was mit den Entschuldigung für die manières, so will nur sagen, daß hélas! – Monsieur Simpson 'aben nur zu gutt geraten. Muß ich sagen mehr? Hélas! – 'ab ich nicht schon zuviel gesagen?

Eugénie Lalande.»

Dies edel-beseelte Billet küßte ich wohl millionen Male, und ohne Zweifel trieb's mich noch zu tausend andern Extravaganzen, die meinem Gedächtnis entkommen sind. Und immer noch wollte Talbot *partout* nicht zurückkehren. Ach! hätte er sich nur den leisesten Begriff von der Seelenpein machen können, die seine Abwesenheit seinem Freunde bereitete, – hätte ihn nicht seine mitfühlende Natur auf der Stelle zu meiner Erleichterung herbeifliegen lassen? Doch immer noch kam er nicht. Ich schrieb. Er antwortete. Dringend Geschäftliches halte ihn ab – doch werde er in Kürze wiederkehren. Er bat mich, doch nicht ungeduldig zu sein – meine Hitzigkeit zu mäßigen – lindernder Lektüre zu pflegen – nichts Stärkeres zu trinken denn Rheinwein – und bei den Tröstungen der Philosophie Beistand zu suchen. Der Narr! – wenn er denn selber nun nicht kommen konnte, warum – bei allem, was Vernunft hat – konnte er mir dann aber nicht ein Empfehlungsschreiben beischließen? Ich schrieb ihm erneut und flehte ihn an, mir doch sogleich eines zu übersenden. Mein Brief ward von *jenem* Bedienten retourniert (der Schurke hatte sich unterweil zu seinem Herrn aufs Land begeben) und trug auf der Rückseite den folgenden Bleistiftvermerk: «Hat S---- gestern verlassen, Ziel unbekannt – sagte nicht, wohin – oder wann zurück – ich hielt es darum für das beste, Ihren Brief rückzusenden; kannte Ihre Handschrift – wußte, daß eilig – wie mehr oder minder stets bei Ihnen.

Ergebenst,   Stubbs.»

Es ist wohl überflüssig, extra zu vermerken, daß ich nach diesen Zeilen sowohl dem Herrn als seinem Diener sämtliche höllischen Gottheiten auf den Hals wünschte:

– doch es brachte nichts ein, sich aufzuregen, und schon gar nicht fand ich irgend Trost im Klagen.

Doch immer blieb mir noch das Mittel meiner angeborenen Verwegenheit. Bislang hatte sie mich wohlbedient, und nunmehr entschloß ich mich, sie mir auch bis zum Ende helfen zu lassen. Außerdem – welchen Akt der bloßen Formlosigkeit konnte ich nach den Briefen, die wir gewechselt hatten, eigentlich – in Grenzen – noch begehen, den Madame Lalande als ungehörig hätte betrachten müssen? Seit der Affäre mit dem Brief hatte ich pfleglich ihr Haus beobachtet und so entdeckt, daß es zur Dämmerungsstunde ihre Gewohnheit war, auf einem unter ihren Fenstern liegenden Platze zu promenieren, begleitet einzig von einem Diener in Livree. Hier, inmitten des üppigen und schattigen Hains, in der grauen Dämmernis eines duftigen Mittsommer-Abends, ergriff ich meine Gelegenheit und sprach sie an.

Um den begleitenden Diener desto besser zu täuschen, gab ich mir das sichere Gehaben eines alten und vertrauten Bekannten. Mit echt Pariserischer Geistesgegenwart griff sie den Einfall alsogleich auf und streckte mir, mich zu begrüßen, die bestrickend-entzückendsten Händchen hin. Der Diener zog sich augenblicklich in den Hintergrund zurück, und nun sprachen wir, die Herzen bis zum Überfließen voll, lange und rückhaltlos von unserer Liebe.

Da Madame Lalande das Englische noch weniger geläufig sprach, als sie es schrieb, erfolgte unsere Konversation notwendigerweise auf Französisch. In dieser wohlklingenden Sprache, die für die Leidenschaft ganz wie geschaffen ist, ließ ich der stürmischen Begeisterung meiner Natur freien Lauf und erflehte mit aller Beredsamkeit, der ich gebieten konnte, ihre Einwilligung zu einer sofortigen Eheschließung.

Über diese Ungeduld lächelte sie. Sie brachte die alte Geschichte vom Dekorum vor – jenem Popanz, der so Viele von der Seligkeit abhält, bis die Gelegenheit zum Seligsein für immer vorüber ist. Ich hätte höchst unklugerweise unter meinen Freunden bekannt gemacht, so bemerkte sie, daß ich ihre, Madame Lalande's, Bekanntschaft suchte – woraus hervorginge: daß ich sie nicht besäße – woraus wiederum hervorginge: daß es keine Möglichkeit gebe, das Datum unseres ersten Kennenlernens zu verheimlichen. Und dann wies sie, mit einem Erröten, darauf hin, wie so überaus jung doch diese unsere Bekanntschaft wäre. Eine sofortige Heirat würde unpassend sein – wäre unschicklich – wäre *outré*. All dies brachte sie mit einer bezaubernden *naïveté* vor, welche mich entzückte, doch auch zugleich betrübte und überzeugte. Sie ging sogar so weit, mich lachend der Übereilung zu zeihen – der Kopflosigkeit. Sie bat mich, doch zu bedenken, daß ich nicht einmal wirklich wüßte, wer sie sei – was ihre Aussichten wären, ihre Verbindungen, ihre Stellung in der Gesellschaft. Sie bettelte, doch mit einem Seufzen, ich möchte meinen Antrag noch einmal genau erwägen, und nannte meine Liebe eine Verblendung – ein Irrlicht – eine Phantasterei oder eine Grille des Augenblicks, eine grundlose und unbeständige Schöpfung eher der Einbildungskraft denn des Herzens. Diese Dinge äußerte sie, als die Schatten des milden Zwielichts sich dunkel und immer dunkler um uns verdichteten – und dann stieß sie mit einem sanften Druck ihrer elfenhaften Hand in einem einzigen süßen Augenblick das ganze Gebäude ihrer Argumente wieder um, das sie aufgerichtet hatte.

Ich erwiderte ihr, wie ich's eben nur vermochte – wie's nur ein wahrhaft Liebender vermag. Ich sprach mit längerer Beharrlichkeit von meiner Verehrung, meiner Leidenschaft – von ihrer außerordentlichen Schönheit und meiner eigenen begeisterten Bewunderung. Zum Schluß verweilte ich, mit zwingendem Drängen, bei den Fährnissen, die den Weg der Liebe umlauern – jenen Weg echter Liebe, der noch niemals glatt und eben verlief, – und zeigte daraus auf, wie augenfällig riskant es wäre, diesen Weg unnötig lang werden zu lassen.

Dies letztere Argument schien schließlich die starre Strenge ihres Entschlusses zu erweichen. Sie gab nach; doch sei da noch ein Hindernis, so sagte sie, das ich nach ihrem Empfinden gewißlich nicht gebührend in Erwägung gezogen hätte. Es sei ein wenig delikat für eine Frau, diesen Punkt vorzubringen, zumal noch so; sie sehe indes, sie müsse ihn erwähnen und ein Opfer ihrer Gefühle bringen; doch sei für mich kein Opfer ihr zu groß. Sie spiele auf das Thema ‹Alter› an. Sei mir denn klar – sei mir auch gänzlich deutlich, was für ein Unterschied da zwischen uns bestehe? Daß das Alter des Ehemannes das seiner Frau um ein paar Jahre – ja selbst um fünfzehn oder zwanzig – übertreffe, gelte in der Welt für zulässig und in der Tat gar ganz als in der Ordnung: doch hätte sie sich stets mit dem Glauben getragen, daß die Jahre der Frau *niemals* über die des Mannes hinausgehen sollten. Eine Diskrepanz von so unnatürlicher Art führe ach! nur allzu häufig zu einem Dasein voll Unglück. Nun sei ihr deutlich, daß mein Alter nicht über zweiundzwanzig Jahre reiche; doch sei dagegen *mir* vielleicht denn doch entgangen, daß die Jahre meiner Eugénie um recht Erkleckliches über diese Zahl hinausgingen.

Aus all diesem sprach ein Seelenadel – eine edle Redlichkeit – die mich beglückte – die mich verzückte – die
mich auf ewig an sie kettete. Kaum vermochte ich dem
exzessiven Freudenrausch zu gebieten, der über mich
kam.

«Meine holdeste Eugénie», rief ich, «was liegt an all
dem, was Sie hier vorbringen! Ihre Jahre übertreffen in
einigem Maße die meinen. Nun gut; doch was tut's!
Die Sitten der Welt bestehen aus so vielen konventionellen Torheiten. Wo ist für Liebende wie uns ein Unterschied zwischen einem Jahr und einer Stunde? Ich
bin zweiundzwanzig, sagen Sie; zugegeben: tatsächlich
mögen Sie mich ebenso wohl auch dreiundzwanzig
nennen. Nun können Sie selber, meine teuerste Eugénie, doch kaum mehr Jahre zählen als – können kaum
älter sein als – ich meine, kaum älter als – als – als – als –»
Hier hielt ich einen Augenblick inne, in der Erwartung,
Madame Lalande werde mich unterbrechen, indem sie
ihr wahres Alter ergänzte. Doch eine Französin ist selten direkt und hat auf eine heikle Frage stets irgendeine
kleine praktische Erwiderung eigener Art parat. Im gegenwärtigen Fall ließ Eugénie, die ein paar Augenblicke
lang zuvor anscheinend nach irgendetwas in ihrem Busen gesucht hatte, schließlich ein Miniaturbild ins Gras
fallen, das ich sogleich aufhob und ihr hinreichte.
«Behalten Sie es!» sagte sie mit einem schier hinreißen-
den Lächeln. «Behalten Sie es um meinetwillen – um
der willen, die es nur allzu schmeichelhaft vorstellt.
Außerdem mögen Sie vielleicht auf der Rückseite des
bescheidenen Schmuckes jene Auskunft finden, welche
Sie sich zu wünschen scheinen. Es wird jetzt wahrhaftig
ziemlich dunkel – doch können Sie's ja morgen in aller
Muße untersuchen. Inzwischen sollen Sie mich heute

abend heimbegleiten. Meine Freunde wollen eine kleine musikalische *levée* halten. Ich kann Ihnen da auch etwas guten Gesang versprechen. Wir Franzosen sind nicht annähernd so zimperlich wie Sie hier in Amerika, und ich werde keine Schwierigkeit haben, Sie als einen guten alten Bekannten mit einzuschmuggeln.»

Bei diesen Worten nahm sie meinen Arm, und ich geleitete sie heim. Ihre Wohnung war hochelegant und, glaube ich, nach gutem Geschmack eingerichtet. Über dies letztere darf ich mir freilich ein Urteil kaum erlauben; denn als wir ankamen, war es schon dunkel; und in amerikanischen Häusern der besseren Klasse treten Lichter während der Sommerhitze selten zu dieser, der annehmlichsten Tageszeit in Erscheinung. Etwa eine Stunde nach meinem Eintreffen, das ist sicher, wurde eine einzige abgeschirmte Solarlampe im Hauptsalon entzündet; und dieses Appartement, so konnte ich denn sehen, war mit ungewöhnlich gutem Geschmack, ja prunkhaft ausgestattet; doch zwei andere Räume der Suite, in denen die Gesellschaft sich in der Hauptsache zusammenfand, blieben während des ganzen Abends in sehr angenehmem Schattendunkel. Es ist das eine wohlerdachte Sitte, denn sie läßt den Gästen wenigstens die Wahl zwischen Licht und Schatten, und unsere Freunde jenseits des Wassers haben sie denn auch sogleich mit bestem Grunde übernommen.

Der so verbrachte Abend war fraglos der wonnigste meines Lebens. Madame Lalande hatte die musikalischen Talente ihrer Freunde nicht übertrieben; und ein Gesang, wie ich ihn hier hörte, war mir noch nie so trefflich in einem privaten Zirkel zu Gehör gekommen, wenn ich von Wien einmal absehe. Der Instrumentalisten waren viele, und alle besaßen überragende Begabung. Die Vokalisten waren vorzüglich Damen, und keine von ihnen bot eine weniger denn gute Leistung. Als schließlich mit Nachdruck nach ‹Madame Lalande› gerufen wurde, erhob sie sich sogleich ohne alles Zieren oder Bedenken von der *chaise longue,* auf welcher sie an meiner Seite gesessen, und begab sich, begleitet von einem oder zwei Herren und ihrer Freundin aus der Oper, zu dem Pianoforte im Hauptsalon. Ich hätte sie wohl selbst hinbegleitet, doch hielt ich's, unter den Umständen meiner Einführung im Hause, dann doch für besser, unbemerkt zu bleiben, wo ich war. So ward ich des Genusses beraubt, sie singen zu sehen; zu hören vermochte ich sie allerdings.

Der Eindruck, den sie auf die Gesellschaft hervorbrachte, schien förmlich elektrisch – doch die Wirkung auf mich selbst war gar noch mehr. Ich weiß sie nicht angemessen zu beschreiben. Zum Teil rührte sie zweifellos von dem Liebesempfinden her, von dem ich durchdrungen war; doch in der Hauptsache von meinem überzeugten Wissen um die extreme Empfindsamkeit der Sängerin. Schon jenseits des Bereichs der Kunst liegt es, Arie oder Rezitativ einen leidenschaftlicheren *Ausdruck* zu geben, denn ihrer war. Ihr Vortrag der Romanze aus dem Otello – die Schattierung, mit der sie die Worte ‹Sul mio sasso› aus den Capuleti wiedergab – das klingt noch jetzt in meinem Gedächtnisse nach. Ihre tiefe Lage war ein absolutes Mirakel. Ihre Stimme umfaßte drei volle Oktaven und reichte vom Kontraalt-D bis zum hohen D des Soprans, und obschon sie hinreichend mächtig war, den San Carlos zu füllen, führte sie doch jede Knifflickkeit der Gesangskomposition mit der differenziertesten Treue aus – auf- und niedersteigende Skalen, Kadenzen oder *fioriture*. Im Finale der

Sonnambula brachte die Sängerin einen überaus merkwürdigen Effekt bei den Worten hervor:

Ah! non giunge uman pensiero
Al contento ond'io son' piena.

Sie modifizierte da, in Nachahmung der Malibran, die
Originalphrase Bellinis, und zwar ließ sie ihre Stimme
bis zum Tenor-G niedersteigen, um sodann, in jähem
Übergang, das hohe G anzuschlagen – und also einen
Sprung über ein Intervall von zwei Oktaven zu tun.
Nach dieser stimmlichen Wunderleistung erhob sie sich
vom Pianoforte und kehrte auf ihren Platz an meiner
Seite zurück, wo ich ihr, in Ausdrücken der tiefsten
Begeisterung, mein Entzücken über ihren Vortrag aus-
sprach. Von meiner Überraschung erwähnte ich nichts,
und doch war ich ganz ungeheuchelt überrascht; denn
eine gewisse Kraftlosigkeit oder vielmehr eine gewisse
zittrige Unentschlossenheit, die ihrer Stimme in der gewöhnlichen Konversation eigen war, hatte mich wirklich nicht ahnen lassen, daß sie sich ihrer Aufgabe als
Sängerin mit besonderm Talent entledigen werde.
Unsere Unterhaltung nun war lang, ernst, ununter-
brochen und völlig rückhaltlos. Sie ließ mich mancherlei aus meinen früheren Lebensabschnitten berichten
und lauschte jedem Wort meiner Erzählung mit atemloser Aufmerksamkeit. Nichts verschwieg ich ihrer
vertrauensvollen Liebeszuneigung – fühlte ich doch,
daß ich ein Recht hatte, ihr nichts zu verschweigen. Er-
mutigt von der Offenheit, mit der sie den delikaten
Punkt ihres Alters behandelt hatte, ging ich mit voll-
kommenem Freimut nicht nur ausführlich auf viele
meiner kleineren Fehler ein, sondern legte ein volles

Bekenntnis jener innerlichen, ja gar jener körperlichen
Schwächen ab, deren Enthüllung ein viel höheres Maß
an Mut erfordert und darum ein desto sicherer Liebes-
beweis ist. Ich berührte die Unbesonnenheiten meiner
College-Jahre – meine Extravaganzen – meine Zeche-
reien – meine Schulden – meine Liebeleien. Ich ging sogar so weit, von einem leicht hektischen Husten zu
sprechen, der mich eine Zeitlang einmal geplagt hatte,
– von einem chronischen Rheumatismus – von den
stechenden Schmerzen einer ererbten Gicht – und zum
Schluß von der widrigen und lästigen, doch bislang
sorgsam gehüteten Schwäche meiner Augen.

«Was diesen letzteren Punkt betrifft», sagte Madame
Lalande lachend, «so war es gewißlich unbesonnen von
Ihnen, ihn zu bekennen; denn ohne dieses Bekenntnis,
das möchte ich doch für ausgemacht nehmen, hätte
wohl Niemand Sie dieses Verbrechens geziehen.
Nebenbei bemerkt», fuhr sie fort, «erinnern Sie sich
noch –» und hier, bildete ich mir ein, ward deutlich ein
Erröten auf ihrer Wange sichtbar – bei aller Dunkelheit
des Appartements – «erinnern Sie sich vielleicht, *mon
cher ami,* noch dieser kleinen Augenhilfe, die nun an meinem Halse hängt?»

Bei diesen Worten drehte sie in ihren Fingern eben jene
Doppel-Lorgnette, welche mich in der Oper so in Verwirrung gebracht hatte.

«Aber ja – ach! und ob ich mich erinnere!» rief ich aus,
indem ich leidenschaftlich die zartfeine Hand drückte,
die mir das Glas zur nähern Ansicht hinhielt. Es bildete
ein kompliziertes und prächtiges Spielzeug, reich zise-
liert und voller Filigran, und es glitzerten daran Juwelen, deren hohen Wert ich selbst bei dem so mangel-
haften Licht gar nicht übersehen konnte.

«*Eh bien! mon ami*», – und mich überraschte denn doch ein gewisses *empressement* in ihrem Verhalten, als sie nun fortfuhr – «*eh bien! mon ami,* Sie haben ernstlich eine Gunst von mir erbeten, welche Sie so gütig waren als unschätzbar zu bezeichnen. Sie baten mich auf morgen um meine Hand. Sollte ich diesem Antrage – und, so darf ich hinzufügen, der Stimme meines eigenen Herzens – Gehör schenken, – wäre es da unbillig von mir, wenn ich an Sie eine kleine – eine sehr kleine Gegenbitte richtete?»

«Sprechen Sie!» rief ich mit einem Ungestüm, das fast die Obacht der Gesellschaft auf uns gezogen hätte, und einzig deren Gegenwart hielt mich ab, mich meiner Angebeteten stürmisch zu Füßen zu stürzen. «Sprechen Sie, meine Geliebte, meine Eugénie, mein Eigen! – nennen Sie mir Ihre Bitte! – doch, ach! sie ist ja schon gewährt, noch ehe sie ausgesprochen.»

«Nun denn – Sie sollen, *mon ami*», sagte sie, «um der Eugénie willen, die Sie lieben, jene kleine Schwäche überwinden, die Sie zuletzt eingestanden, – diese mehr innerliche, denn körperliche Schwäche – die so wenig, lassen Sie mich's Ihnen versichern, zum Adel Ihrer wahren Natur paßt – so unvereinbar ist mit der Redlichkeit Ihres Charakters – und die Sie, wenn Sie ihr nicht künftig Schranken setzen, gewißlich früher oder später in sehr widrige Verlegenheiten bringen wird. Um meinetwillen sollen Sie diese Eitelkeit überwinden, welche Sie, das geben Sie selber ja zu, zum stillschweigenden oder indirekten Verleugnen Ihrer Sehschwäche verleitet. Denn diese Schwäche bestreiten Sie virtuell, wenn Sie es ablehnen, sich der gebräuchlichen Mittel zu ihrer Linderung zu bedienen. So werden Sie mich wohl verstehen, wenn ich die Bitte an Sie richte, doch eine *Brille zu tragen:* – ah, still! – Sie haben ja bereits Ihr Einverständnis erklärt, sie zu tragen, *um meinetwillen.* Nehmen Sie denn das kleine Spielzeug, das ich hier in meiner Hand halte und das, obschon bewundernswürdig als Seh-Hilfe, als Schmuckstück wirklich von nicht gar so immensem Werte ist. Sie sehen, daß es durch eine geringfügige Veränderung – so – oder so – in Form einer Brille vor die Augen gesetzt oder in der Westentasche als Lorgnette getragen werden kann. Doch haben Sie bereits ja zugestimmt, sich in der erstern Weise, und gewohnheitsmäßig, seiner zu bedienen – *um meinetwillen.*» Dieses Ansinnen – muß ich's bekennen? – verwirrte mich in nicht geringem Grade. Doch die Bedingung, mit der es verknüpft war, ließ ein Zögern natürlich gar nicht in Frage kommen.

«Es gilt!» rief ich mit all der Begeisterung, die ich im Augenblick nur aufzubringen vermochte. «Es gilt – mit höchster Freude will ich's gelten lassen. Um Ihretwillen opfere ich jede Empfindlichkeit. Heute abend noch trage ich dies teuere Augenglas – als Lorgnette und auf meinem Herzen; doch beim ersten Dämmerschein des Morgens, der mir das Vergnügen bringt, Sie mein Weib zu nennen, will ich's mir auf die – auf die Nase setzen – und es fortan dort stetig tragen, in der zwar weniger romantischen und weniger modischen, doch dafür gewiß höchst zweckdienlichen Weise, die Sie wünschen.»

Unsere Unterhaltung wandte sich nun den Einzelheiten unseres Arrangements für den nächsten Morgen zu. Talbot, so erfuhr ich von meiner Verlobten, war soeben wieder in der Stadt eingetroffen. Ihn sollte ich sogleich aufsuchen und eine Kutsche besorgen. Die *soirée* würde kaum vor zwei Uhr zu Ende gehen; und um diese

Stunde sollte das Gefährt dann vor der Haustür sein;
im Durcheinander, das beim Aufbruch der Gesellschaft
entstehen würde, könnte Madame L. leicht unbemerkt
einsteigen. Wir sollten dann beim Hause eines Geistlichen vorsprechen, der dienstbereit sein würde; dort
getraut werden, Talbot entlassen, und zu einer kurzen
Reise in den Osten aufbrechen; – die Modewelt mochte
derweil zu Hause bleiben und sich über der Sache Kopf
und Zunge zerbrechen, soviel sie nur wollte.

Nachdem wir dies alles geplant, empfahl ich mich sogleich und begab mich auf die Suche nach Talbot,
konnte jedoch unterwegs nicht widerstehen und trat
in einen Gasthof, um die Miniatur zu inspizieren; und
das tat ich mit der wirksamen Hilfe der Lorgnette. Die
Gesichtsbildung war über alle Maßen lieblich! Diese
großen leuchtenden Augen! – diese stolze griechische
Nase! – diese dunkeln üppigen Locken! – «Ah!» rief
ich mir aufjauchzend selber zu, «ein wahrlich sprechen-
des Bildnis meiner Geliebten!» Ich wendete es um und
entdeckte die Worte – ‹Eugénie Lalande – im Alter von
siebenundzwanzig Jahren und sieben Monaten›.

Ich fand Talbot zu Hause und ging sogleich daran, ihn
mit meinem Glücksgeschick bekannt zu machen. Er
bezeigte äußerstes Erstaunen, natürlich, doch beglückwünschte er mich auf das herzlichste und trug mir jede
Unterstützung an, die in seiner Macht stünde. Um es
kurz zu machen: wir führten unser Arrangement bis auf
den Buchstaben aus; und um zwei Uhr morgens, grad
zehn Minuten nach der Trauungszeremonie, fand ich
mich mit Madame Lalande – mit Mrs. Simpson, sollte
ich sagen – in einer geschlossenen Kutsche, und mit
großer Geschwindigkeit fuhren wir aus der Stadt, in
nordöstlicher Richtung.

Da wir die ganze Nacht über auf sein mußten, sollten
wir, so hatte's uns Talbot bestimmt, eine erste Rast in
C---- machen, einem etwa zwanzig Meilen von der
Stadt gelegenen Dorfe, dort ein kleines Frühstück einnehmen und uns etwas ausruhen, ehe es auf unserer
Route weiter ging. Genau um vier Uhr fuhr denn auch
die Kutsche beim Hauptgasthof vor. Ich half meinem
angebeteten Weibe hinaus und bestellte sogleich den
Imbiß. Inzwischen wurden wir in ein kleines Gast-
zimmer gewiesen und setzten uns dort nieder.
Es war jetzt fast, wenn nicht schon gänzlich, Tag; und
als ich hingerissen auf den Engel an meiner Seite blickte,
schoß mir ganz plötzlich der sonderbare Gedanke durch
den Kopf, daß ich mich in diesem Augenblick wahrhaftig zum allererstenmal seit meinem Bekanntwerden
mit der gefeierten Lieblichkeit von Madame Lalande
einer nähern Besichtigung dieser Lieblichkeit bei
Tageslicht erfreuen konnte.
«Und nun, *mon ami*», sagte sie, indem sie meine Hand
nahm und so diesen Gedankengang unterbrach, «und
nun, *mon cher ami,* da wir unlöslich eins sind – da ich
deinen leidenschaftlichen Bitten Gehör geschenkt und
meinen Teil unserer Verabredung erfüllt habe, darf ich
wohl annehmen, daß du nicht vergaßest, wie auch du
eine kleine Gunst zu erweisen hast –, denn gewiß doch
willst du das kleine Versprechen halten, das du gabst.
Ah! laß mich sehen! Laß mich nachdenken! Ja; ganz
leicht entsinne ich mich des vollen Wortlauts jenes
teueren Versprechens, das du Eugénien letzten Abend
gabst. Höre! Du sagtest folgendes: ‹Es gilt – mit höchster Freude will ich's gelten lassen. Um Ihretwillen
opfere ich jede Empfindlichkeit. Heut abend noch trage
ich dies teuere Augenglas – als Lorgnette und auf

meinem Herzen; doch beim ersten Dämmerschein des
Morgens, der mir das Vorrecht bringt, Sie mein Weib
zu nennen, will ich's mir auf die – auf die Nase setzen –
und es fortan dort stetig tragen, in der zwar weniger
romantischen und weniger modischen, doch dafür gewiß höchst zweckdienlichen Weise, die Sie wünschen.›
Das waren die genauen Worte, mein geliebter Gatte,
nicht wahr?»

«Das waren sie», sagte ich; «du hast ein ausgezeichnetes Gedächtnis; und ganz gewiß doch, meine ent-
zückende Eugénie, besteht auf meiner Seite keinerlei
Neigung, der Erfüllung des geringen Versprechens, das
sie enthalten, auszuweichen. Sieh her! Nun? Sie steht
mir sogar – einigermaßen – nicht wahr?» Und hier
setzte ich die Gläser, nachdem ich sie in gewöhnliche
Brillenform gebracht, bedächtig an die ihnen zukom-
mende Stelle; indessen Madame Simpson ihre Haube
zurechtrückte, die Arme verschränkte und sich kerzen-
gerade in ihrem Stuhl aufrichtete, zu einer etwas steifen
und gekünstelten und in der Tat nicht eben sehr würde-
vollen Haltung.

«Allgütiger Himmel!» rief ich da aus, im gleichen Augenblick fast, da der Brillenrand meine Nase berührte –
«Oh du allgütiger Himmel! – was – was mag nur mit
dieser Brille sein?» und indem ich sie rasch abnahm,
putzte ich die Gläser mit einem seidenen Taschentuch,
um sie sodann wieder aufzusetzen.

Doch wenn im ersten Augenblick etwas geschehen war,
das mir Überraschung brachte, so wuchs im zweiten
diese Überraschung zum Staunen; und dieses Staunen
fuhr mir denn doch in die Glieder – wie ein Schreck –
ja ich darf sagen, wie ein Schock. Was, im Namen alles
Gräßlichen, hatte dies zu bedeuten? Konnte ich meinen

Augen trauen? – *konnte* ich? – das war die Frage. War das – war das – war das *rouge*? Und waren dies – und waren dies – waren dies *Runzeln* auf dem Gesicht von Eugénie Lalande? Und oh! Jupiter und all ihr Götter und Göttinnen, klein und groß! – was – was – *was* war aus ihren Zähnen geworden? Heftig schleuderte ich die Brille zu Boden, sprang auf die Füße und stand aufrecht mitten im Raum vor Mrs. Simpson, die Arme in die Seiten gestemmt, die Zähne fletschend, und schäumend vor Grimm – doch zu gleicher Zeit schier sprachlos vor Schrecken und vor Wut.

Nun habe ich bereits gesagt, daß Madame Eugénie Lalande – oder vielmehr Simpson – die englische Sprache mündlich noch weniger beherrschte als schriftlich; und aus diesem Grund vermied sie es denn auch sehr richtiger Weise stets, sie bei gewöhnlichen Anlässen zu sprechen. Doch Wut treibt eine Dame zum Äußersten; und im vorliegenden Fall trieb sie Mrs. Simpson zum wirklich Alleräußersten, nämlich zu dem Versuch, in einer Sprache Konversation zu machen, die ihr nur höchst ungenügend zu Gebote stand.

«Nun, Monsieur», so sagte sie, nachdem sie mich einige Augenblicke lang mit offenbar großer Verwunderung gemustert hatte – «nun, Monsieur! – und was denn? – was is los? 'aben Sie etwa den Tanz von Sankt Veit? Wenn misch nischt magen, was denn kaufen die Katz' in Sack?»

«Du Elende!» erwiderte ich und holte tief Luft – «du – du – du garstige alte Hexe!»

«Exe? – alte? – isch bin doch überhaup' nisch so serr alt! isch nisch mehr alt, nisch ein' Tag, wie zweiundachtzick.»

«Zweiundachtzig!» stieß ich hervor und taumelte gegen die Wand – «zweiundachtzigmal hunderttausend Paviane! Auf der Miniatur stand doch siebenundzwanzig Jahre und sieben Monate!»

«Abber gewiß – das is so! – is serr wahr! abber der Bildnis is gemacht vor die fümmunfümzick Jahr. Wie isch mein zweites Ehemann ge'eirat', Monsieur Lalande, da 'ab den Bildnis gelassen machen vor mein' Tochter von mein' erstes Ehemann, Monsieur Moissart!»

«Moissart?» rief ich.

«Ja, Moissart», sagte sie, indem sie meine Aussprache nachäffte, die – um die Wahrheit zu sagen – nicht die allerbeste war; «und was denn? was weißen denn *Sie* von den Moissart?»

«Nichts, du alte Vogelscheuche! – ich weiß überhaupt nichts von ihm; nur hatte ich einmal einen Vorfahren, der so hieß.»

«So 'ieß? Und was sagen Sie zu das Name? Is ein serr gutes Name; is wie Voissart – is auch serr gutes Name. Mein' Tochter, Mademoiselle Moissart, die 'at ge'eirat' Monsieur Voissart; und die Name sind beides serr respecktable Name.»

«Moissart?» rief ich aus, «und Voissart? was ist das – was meinst du damit?»

«Was damit meine? – Isch meine Moissart und Voissart; und wegen das, da mein' isch auch mit Croissart und Froissart, wenn es mich paßt. Mein' Tochter ihr' Tochter, Mademoiselle Voissart, die 'eirat' Monsieur Croissart, und denn wieder 'eirat' mein' Tochters Tochtertochter, die 'eirat' Monsieur Froissart; und nun sagen bestimmt, das is keine serr respecktable Name.»

«Froissart!» sagte ich, und mir wurde langsam schwach, «nun – aber du sagtest doch nicht Moissart, Voissart, Croissart und Froissart?»

«Gewißlich doch», erwiderte sie, indem sie sich voll in ihrem Stuhl zurücklehnte und ihre unteren Gliedmaßen zu großer Länge ausstreckte; «ja, Moissart, Voissart, Croissart und Froissart. Abber Monsieur Froissart, das war, was Sie eine riesige Tölpel nennen – eine rechte Dummkopf als wie Sie, Monsieur – weil 'at er *la belle France* verlassen, um nach diese stupide *Amérique* zu gehen – und wie er 'ier 'inkommen is, 'at er ein serr stupides, ein *serr, serr* stupides Sohn gekrickt, so 'ab isch ge'ören, 'ab abber noch nie das *plaisir,* mit ihm zu treffen – isch nisch und auch nisch mein' Begleitung, die Madame Stephanie Lalande. Er 'eißen Napoleon Bonaparte Froissart, und nun sagen bestimmt, das is auch keine serr respecktabele Name.»

Entweder die Länge oder die Natur dieser Rede brachte es mit sich, daß Mrs. Simpson in wahrhaft außerordentliche Hitze geriet: und als sie schließlich, mit großer Mühe nur, zu Ende gekommen war, sprang sie wie besessen aus ihrem Stuhle auf und ließ dabei ein ganzes Universum von Corsettagen zu Boden fallen. Einmal auf die Füße gekommen, knirschte sie mit dem Zahnfleisch, schwenkte die Arme, rollte die Ärmel auf, schüttelte mir die Faust ins Gesicht und beschloß ihre Darbietung damit, daß sie sich die Haube vom Kopfe riß und mit ihr eine riesige Perücke vom wertvollsten und allerschönsten schwarzen Haar; das alles schmiß sie heulend auf den Boden, um sodann darauf herumzutrampeln und in absoluter Ekstase und Agonie von Wut einen Fandango darauf zu tanzen.

Inzwischen sank ich entsetzt in den Stuhl, welchen sie freigemacht hatte. «Moissart und Voissart!» wiederholte ich gedankenvoll, als sie einen ihrer Luftsprünge machte, «und Croissart und Froissart!» als sie eben

einen weiteren vollführte – «Moissart, Voissart, Croissart und Napoleon Bonaparte Froissart! – oh du unsägliche alte Schlange, das bin *ich* – das bin *ich* – hörst du? –
ich bin das» – hier stieg meine Stimme zu einem schrillen
Kreischen an – «*iiich* bin das! *Ich* bin Napoleon Bonaparte Froissart! und wenn ich nicht meine eigene Ururgroßmutter geheiratet habe, so will ich auf ewig verdammt sein!»

Madame Eugénie Lalande, *quasi* Simpson – früher
Moissart – war, in aller Nüchternheit betrachtet, tatsächlich meine Ururgroßmutter. In ihrer Jugend war
sie eine Schönheit gewesen, und selbst mit zweiundachtzig noch besaß sie die majestätische Größe, die
plastische Kopfform, die zartscharfen Augen und die
griechische Nase ihrer Mädchenzeit. Mit der zusätzlichen Hilfe von Perlweiß, Rouge, falschem Haar, falschen Zähnen und falscher *tournure,* wie auch der ge-
schicktesten Modisten von Paris, brachte sie es zuwege,
unter den *beautés un peu passées* der französischen Metropole einen beachtlichen Platz zu behaupten. In dieser
Hinsicht durfte man tatsächlich sagen, daß sie der berühmten Ninon de l'Enclos nur wenig nachstand.

Sie war unermeßlich reich, und als sie zum zweitenmal
kinderlos zur Witwe wurde, besann sie sich meiner
Existenz in Amerika, und in der Absicht, mich zum
Erben zu machen, stattete sie den Vereinigten Staaten
einen Besuch ab, in Begleitung einer entfernten und
überaus lieblichen Verwandten ihres zweiten Ehegatten
– einer Madame Stephanie Lalande.

In der Oper wurde meiner Ururgroßmutter Aufmerksamkeit von meinem unverwandten Herüberstarren gefesselt; und als sie mich daraufhin durch ihre Lorgnette
musterte, ward sie von einer gewissen Familienähnlich-

keit mit sich selber betroffen. Nachdem so ihr Interesse einmal erwacht war und sie wußte, daß der gesuchte Erbe tatsächlich in der Stadt weilte, stellte sie ihrerseits Erkundigungen nach mir an. Der Herr, der sie begleitete, kannte mich persönlich und erzählte ihr, wer ich wäre. Die so gewonnene Auskunft veranlaßte sie, mich erneut aufs angelegentlichste zu betrachten; und dies Verhalten war es, das mich dann derart ermutigte, daß ich mich in der bereits beschriebenen absurden Weise aufführte. Sie erwiderte meine Verbeugung, doch unter dem Eindruck, ich hätte durch irgendeinen sonderbaren Zufall ihre Identität entdeckt. Als ich, von meiner Sehschwäche und den Künsten der Toilette getäuscht über Alter und Reize der fremden Dame, so enthusiastisch von Talbot zu wissen begehrte, wer sie sei, zweifelte er natürlich keinen Augenblick, daß ich die jüngere Schönheit meinte, und unterrichtete mich entsprechend, vollkommen der Wahrheit gemäß, sie wäre ‹die gefeierte Witwe, Madame Lalande›.

Auf der Straße begegnete meine Ururgroßmutter am nächsten Morgen Talbot, einer alten Pariser Bekanntschaft; und die Unterhaltung kam ganz natürlich auch auf mich. Meine Sehschwäche wurde dann erklärt; denn die war stadtbekannt, wovon freilich ich nicht das mindeste ahnte; und meine gute alte Verwandte entdeckte, sehr zu ihrem Kummer, daß sie sich getäuscht hatte, als sie annahm, ich sei ihrer Identität gewahr geworden, und daß ich bloß einen Narren aus mir gemacht hatte, indem ich im Theater einer unbekannten alten Frau ganz offen meine Liebesleidenschaft bezeigte. Um mich für diese Unbedachtsamkeit zu strafen, heckte sie mit Talbot ein Komplott aus. Er ging mir absichtlich aus dem Wege, um zu vermeiden, mich einführen zu müssen. Meine Straßenerkundigungen nach ‹der lieblichen Witwe Madame Lalande› wurden natürlich auf die jüngere Dame bezogen; und so ist die Unterhaltung mit den drei Herren, die ich traf, kurz nachdem ich Talbots *hôtel* verlassen, leicht erklärlich, ebenso wie ihre Anspielung auf Ninon de l'Enclos. Ich hatte keinerlei Gelegenheit, Madame Lalande bei Tageslicht aus der Nähe zu sehen, und bei ihrer musikalischen *soirée* verhinderte mich meine alberne Eitelkeitsschwäche, die den Beistand von Augengläsern verschmähte, wirksam daran, ihr Alter zu entdecken. Als dann ‹Madame Lalande› zum Singen aufgefordert wurde, war die jüngere Dame gemeint; und sie war es, die sich erhob, dem Ruf Folge zu leisten; lediglich um die Täuschung zu fördern, stand meine Ururgroßmutter im gleichen Augenblick mit auf und geleitete sie hinüber in den Hauptsalon zum Pianoforte. Hätte ich mich entschlossen, sie meinerseits dorthin zu begleiten, so hätte sie, das war ihr Plan, mir nahegelegt, aus Schicklichkeit zu bleiben, wo ich war; doch meine eigene Verständigkeit machte dies unnötig. Die Gesänge, die ich so sehr bewunderte und die meinen Eindruck von der Jugend meiner Geliebten so bestärkten, wurden von Madame Stephanie Lalande vorgetragen. Die Lorgnette ward mir angeboten, um dem Schwindel noch einen Verweis beizugesellen – dem Epigramm des Betrugs noch eine spitze Pointe. Die Überreichung bot Gelegenheit, mir für meine Affektiertheit die beabsichtigte Lektion zu erteilen, und sie fiel denn ja auch besonders erbaulich aus. Fast überflüssig ist es anzufügen, daß die Gläser des Instruments von der alten Dame, die es zuvor getragen, gegen ein Paar ausgetauscht worden waren, das meinen Jahren besser entsprach. Tatsächlich paßten sie mir haargenau.

Der Geistliche, der lediglich zum Schein den fatalen Knoten knüpfte, war ein durchtriebener Kumpan von Talbot und gar kein Priester. Doch dafür war er ein ausgezeichneter ‹Kutscher›; und nachdem er sich seiner Soutane entledigt hatte, um einen Überzieher anzulegen, lenkte er die Mietkutsche, die das ‹glückliche Paar› aus der Stadt führte. Talbot nahm an seiner Seite Platz. Die beiden Schurken steckten also ‹bis zum Hals› in der Sache, und durch ein halboffenes Fenster des hinteren Gastzimmers belustigten sich die Kerls dann auch noch grinsend am *dénouement* des Dramas. Ich glaube, ich bin genötigt, sie beide zu fordern.

Nichtsdestoweniger bin ich *nicht* der Mann meiner Ururgroßmutter; und das ist ein Gedanke, der mir unendliche Erleichterung verschafft; – doch *bin* ich der Mann von Madame Lalande – von Madame Stephanie Lalande – denn abgesehen davon, daß mich meine gute alte Verwandte zu ihrem Alleinerben macht, wenn sie stirbt – falls es dazu überhaupt je kommt –, hat sie sich die Mühe genommen, aus uns ein Paar zu machen. Alles in allem, mit *billets doux* ist es bei mir für immer vorbei, und niemals sieht man mich mehr ohne *Brille*.

DER ENGEL DES SONDERBAREN

EINE EXTRAVAGANZ

Es war an einem frostigen November-Nachmittag. Ich hatte just ein ungewöhnlich herzhaftes Mahl zu mir genommen, bei dem die dyspeptische *truffe* keine unwesentliche Rolle spielte, und saß nun allein im Speisezimmer, die Füße auf dem Kamingitter und unter meinen Ellbogen einen kleinen Tisch, den ich näher zum Feuer gerückt hatte und auf dem nun diverse Flaschen meiner harrten, als Ersatz einer Nachspeise: Wein, Liqueur und Schnaps. Am Morgen hatte ich verschiedentlicher Lektüre gepflogen: Glover's ‹Leonidas›, Wilkie's ‹Epigoniade›, Lamartine's ‹Pilgerreise›, Barlow's ‹Columbiade›, Tuckerman's ‹Sizilien› und Griswold's ‹Denkwürdigkeiten›; ich bin daher durchaus bereit zu gestehen, daß ich mich ein bißchen dösig fühlte. Ich strengte mich an, mit Hilfe einer hochmögenden Dosis Lafitte wieder auf die Beine zu kommen, und als dies alles nichts fruchten wollte, griff ich voller Verzweiflung nach einem herumliegenden Zeitungsblatt. Nachdem ich mit Gründlichkeit die Spalten ‹Zu vermieten› und ‹Entlaufene Hunde› studiert und anschließend noch die beiden Spalten ‹ Entflohene Ehefrauen und Dienstboten›, nahm ich mit Todesverachtung den redaktionellen Teil in Angriff, las ihn von Anfang bis Ende, ohne auch nur eine Silbe zu verstehen, sah gefaßt der Möglichkeit ins Auge, es könnte sich um Chinesisch handeln, und las ihn also noch einmal, von Anfang bis zum Ende, doch mit keinerlei befriedigenderm Resultate. Schon stand ich im Begriff,
dies Folio von vier Seiten, glücklich' Werk,
das selbst die Kritiker nicht kritisieren,

voller Ekel von mir zu schleudern, als meine Aufmerksamkeit vom Anblick der folgenden Zeilen ein wenig gehoben wurde:

«Die Wege zum Tode sind vielfältig und wunderlich. Ein Londoner Blatt berichtet vom Ableben eines Menschen, das aus recht einzigartiger Ursache erfolgte. Er beschäftigte sich eben mit ‹Pfeilblasen›, einem Spiel, welches darin besteht, daß man eine lange, mit etwas Kammgarn umsponnene Nadel durch ein Blechröhrchen nach einer Zielscheibe bläst. Nun steckte er aber die Nadel in das verkehrte Ende des Rohrs, und indem er heftig Luft holte, um den Bolzen mit aller Kraft hinauszustoßen, fuhr ihm derselbe in die Kehle. Er geriet in die Lunge und führte nach wenigen Tagen zum Tode des Mannes.»

Als ich dies überlesen, bemächtigte sich meiner große Wut, ohne daß ich eigentlich genau wußte, warum. «Diese Meldung», rief ich aus, «ist eine abscheuliche Fälschung – eine ganz armselige Zeitungsente – Abschaum der Phantasie eines jämmerlichen Zeilenschinders – eines nichtswürdigen Artikelschmierers aus Cockney-Land! Diese Kerls kennen die überspannte Leichtgläubigkeit des Zeitalters und setzen ihr ganzes bißchen Witz darein, sich alle möglichen Unwahrscheinlichkeiten aus den Fingern zu saugen – sonderbare Vorkommnisse, wie sie's nennen; doch für einen wägenden Geist (wie den meinen», setzte ich, in Parenthese, hinzu, indem ich, ganz unbewußt, den Zeigefinger an die Nase legte), «für einen kritischen Verstand, wie er mir selber eignet, liegt es sogleich am Tage, daß das wundersame Überhandnehmen all dieser ‹Sonderbaren Vorkommnisse› in letzter Zeit bei weitem das Allersonderbarste daran ist. Ich für meinen Teil habe die Absicht, von nun an grundsätzlich nichts mehr zu glauben, was irgend nur ‹Einzigartiges› an sich hat.»

«Ja, Heilichäs naa, wos bis' du doch für a Depp!» entgegnete mir da eine der merkwürdigsten Stimmen, die ich je vernahm. Zuerst hielt ich sie schlicht für ein Ohrensausen – der Art, wie es Einem zuweilen widerfährt, wenn man zu tief ins Glas geblickt hat, – doch beim zweiten Gedanken schon wollte sie mir eher jenem Geräusche ähneln, das von einem leeren Fasse ausgeht, wenn man mit einem Knüttel daran schlägt; und in der Tat hätte ich mich mit dieser Erklärung wohl beschieden, wäre nicht die Artikulation der Silben und Worte gewesen. Nun bin ich keineswegs von nervöser Natur, und die sehr wenigen Gläser Lafitte, die ich zu mir genommen, gereichten zudem meinem Mute eher zur Stärkung, so daß ich keinerlei Zittrigkeit spürte, sondern lediglich gelassen den Blick erhob und mich mit Sorgfalt im Raume nach dem Eindringling umsah. Doch war ich's nicht im Stande, auch nur das mindeste zu entdecken.

«Hoh!» ließ sich da die Stimme erneut vernehmen, als ich in meiner Inspektion fortfuhr, «du mußt ja säuisch bäsuffn sei, deß d' mich net sichst, wu ich doch doo gleich neber dir höck'.»

Hierauf entschloß ich mich, einen geraden Blick in Richtung meiner Nase zu tun, und siehe da, grad vor mir, dort am Tische, saß eine Persönlichkeit, wie sie wohl noch nie beschrieben wurde, wennschon sie unbeschreiblich durchaus nicht ist. Ihr Leib war ein Wein-Butt oder ein Rum-Puncheon oder irgend etwas der Art und bot einen förmlich Falstaffischen Anblick. An ihrem Unterleibe waren zwei Herings-Fäßchen angesetzt, die sämtlichen Zwecken der Beine zu genügen

schienen. Als Arme baumelten am obern Teil des Leib-
gehäuses zwei leidlich lange Flaschen, die Hälse aus-
wärts gerichtet als Hände. Was schließlich den Kopf
betraf, von dem das Monstrum beherrscht ward, so erblickte ich einzig eine jener hessischen Feldflaschen,
welche großen Schnupftabakdosen, mit einem Loch in
der Mitte des Deckels, ähnlich sehen. Diese Feldflasche
(mit einem Trichter obendrauf, der wie eine Reiter-
mütze fesch-schlampig über die Augen gezogen war)
saß mit der Randkante auf dem fässernen Leib, das Loch
mir zugekehrt; und durch dieses Loch, das runzelig und
verkniffen wirkte wie der Mund einer sehr pedantischen
alten Jungfer, entsendete das Geschöpf jene brummeln-
den und grummelnden Geräusche, mit welchen es
offenbar die Absicht faßlicher Mitteilung verband.

«Ich hobs ja gsocht», so wiederholte es, «du mußt
säuisch bäsuffn sei, deß d' doohöckst und mich net
sitzen sichst; und ich soch der, du mußt noch närrischer
sei als a Gaas, deß d' net glabst, wos im Druck gädruckt
is. Is alläs die reina Wohrheit – des issäs – jeds Wort dä-
von is wohr.»

«Wer sind Sie, bitte?» gab ich voller Würde zurück,
wenngleich doch einigermaßen verdutzt; «wie sind Sie
hierher gekommen? und was ist, wenn's beliebt, der
Sinn Ihrer Rede?»

«Wie ich doo herkumma bin», erwiderte die Gestalt,
«des geht dich an Dreck oo; und wos der Sinn vo
meinä Red' is, so red' ich, wos und wie mer's paßt; und
wer ich bin – des issäs ja grod, weswegn ich herkumma
bin, deß de's nochät selber sichst.»

«Sie sind ein betrunkener Vagabund», sagte ich, «und
ich werde läuten und meinen Diener anweisen, Sie auf
die Straße zu setzen.»

«He! he! he!» rief der Bursche, «hu! hu! hu! – des brings’ du long net fertich!»

«Nicht fertig?» fragte ich, «wie meinen Sie das? – was soll ich nicht fertig bringen können?»

«Läut’ halt amol», erwiderte er, indem sein kleiner garstiger Mund sich an einem Grinsen versuchte.

Auf dieses hin unterzog ich mich der Anstrengung, auf meine Beine zu kommen, um meiner Drohung die Tat folgen zu lassen; doch der Rüpel langte ganz einfach gemächlich über den Tisch und versetzte mir mit einem seiner Flaschenhälse einen derartigen Taps vor die Stirn, daß ich sogleich wieder in meinen Armstuhl zurückbefördert ward, von dem ich mich zur Hälfte schon erhoben. Ich war ausgesprochen verblüfft und, für einen Augenblick, so ziemlich ratlos, was ich tun sollte. Inzwischen setzte der Eindringling sein Gewäsche fort.

«Do sichst es», so sagte er, «stillhöckn is des besta; und etzet kost äs aa wissn, wer ich bin. Schau mich oo! Schau her! Ich bin dä Engl von’n Sonderbarn.»

«Und selber wahrlich sonderbar genug», wagte ich zu erwidern; «bislang war ich stets von der Ansicht befangen, ein Engel hätte Flügel.»

«Flügl?» schrie er da, gar höchstlich aufgebracht, «wos soll ich’n bloß mit Flügl? Jessäs naa, ja glabst’n du, ich bin a Gögerla?»

«Nein – oh nein!» entgegnete ich sehr bestürzt, «ein – ein Huhn sind Sie nicht – gewiß nicht.»

«No olso, nochät höck still und bänimm dich, sons’ krichs’ d’ nuch aana nei der Goschen. Die Göger, die hom Flügl, und die Euln hot Flügl, und dä Kobold hot Flügl, und dä Oberteufl hot aa Flügl. Die Engl ober hom kaa Flügl, und ich bin dä Engl von’n Sonderbarn.»

«Und gegenwärtig führen Sie welche Geschäfte zu mir –?»

«Gschäfter!» stieß das Ding hervor, «wos bist fei für a blöder Hunt, deß d' an Schentlmänn und Engl noch sein' Gschäftn frochst!»

Diese Sprache überstieg doch so ziemlich das Maß dessen, was ich vertragen konnte, selbst vonseiten eines Engels; so faßte ich mir denn ein Herz, ergriff ein Salzfaß, das innerhalb meiner Reichweite stand, und schleuderte es nach des Eindringlings Haupt. Doch entweder wußte er auszuweichen, oder ich hatte nicht akkurat gezielt; jedenfalls erreichte ich nichts, als daß die Kristallscheibe zu Bruch ging, die das Zifferblatt der Uhr auf dem Kaminsims bedeckte. Was den Engel betrifft, so tat er seine Meinung von meinem Angriff dadurch kund, daß er mir zu zwei oder drei weiteren Malen hart wie zuvor gegen die Stirne stieß. Dies ließ mich augenblicklich demütig werden, und fast schäme ich mich zu bekennen, daß mir – sei's vor Schmerz oder Verdruß – ein paar Tränen in die Augen traten.

«Ja Sackrament nuch amol», sagte da der Engel des Sonderbaren, von meinem Elend offensichtlich sehr besänftigt; «Heilichäs, der Moo is entweder ganzägor bäsuffn oder sehr bätrübt. Du mußt net so a starks Zeuch saufn – du mußt halt a Wasser nei dein' Wein tun. Geh zu, trink des doo, sei halt braav – und grein' nimmer!»

Hierauf füllte der Engel des Sonderbaren meinen Humpen (der etwa noch zu einem Drittel Portwein enthielt) mit einer farblosen Flüssigkeit nach, die einer seiner Handflaschen entfloß. Ich bemerkte, daß diese Flaschen Etiketten um die Hälse trugen und daß auf diesen Etiketten geschrieben stand: ‹Kirschenwasser›.

Die rücksichtsvolle Freundlichkeit des Engels stimmte mich in nicht geringem Maße weich; und mit dem Beistand des Wassers, mit welchem er meinen Portwein mehr denn einmal verdünnte, gewann ich am Ende genügend Gleichmut wieder, um seinem sehr außergewöhnlichen Diskurs zu lauschen. Ich will keinen Anspruch erheben, alles wiedergeben zu können, was er mir erzählte, doch erntete ich aus seiner Rede die Erkenntnis, daß er der Genius sei, welcher über die *contretemps* der Menschheit gesetzt und dessen Geschäft es war, all jene *sonderbaren Vorkommnisse* zu Wege zu bringen, welche den Skeptiker immer wieder verblüffen. Ein oder zwei Mal wurde er, als ich so kühn war, meine vollkommene Ungläubigkeit hinsichtlich seiner Prätensionen zum Ausdruck zu bringen, tatsächlich sehr ärgerlich, so daß ich es schließlich für die weisere Taktik erachtete, überhaupt nichts mehr zu sagen und ihn ganz nach Gusto fortfahren zu lassen. Dies tat er denn auch reichlich, des längern und des breitern, indessen ich mich nur in meinem Stuhl zurücklehnte, die Augen geschlossen, und mich damit vergnügte, Rosinen zu kauen und die Stengelchen im Zimmer umherzuschnipsen. Doch bald legte der Engel plötzlich dies Betragen meinerseits als ein Zeichen von Mißachtung aus. Er sprang in schrecklichem Ungestüm auf, riß sich den Trichter über die Augen nieder, stieß einen ellenlangen Fluch hervor, äußerte sodann eine Drohung, welche ich nicht ganz genau verstand, machte mir schließlich eine Verbeugung und empfahl sich, indem er mir, mit den Worten des Erzbischofs im Gil-Blas, «*beaucoup de bonheur et un peu plus de bon sens*» wünschte.

Dieser Abgang verschaffte mir denn doch Erleichterung. Die sehr wenigen Gläser Lafitte, die ich zu mir genommen, hatten mich etwas schläfrig gestimmt, und ich verspürte die Neigung, ein Nickerchen von einigen fünfzehn oder zwanzig Minuten zu machen, wie es nach dem Essen meine Gewohnheit ist. Um sechs hatte ich eine Verabredung von Wichtigkeit, welche pünktlich einzuhalten ganz unerläßlich war. Die Versicherungspolice meines Wohnhauses war am Tag zuvor abgelaufen; und da einige Strittigkeiten aufgekommen, hatten wir vereinbart, daß ich um sechs die Direktoren-Kommission der Gesellschaft aufsuchen sollte, um die Bedingungen einer Erneuerung auszuhandeln. Als ich nun einen kurzen Blick nach der Uhr auf dem Kaminsims warf (denn ich fühlte mich zu schläfrig, um meine Taschenuhr hervorzuziehen), hatte ich das Vergnügen festzustellen, daß mir noch ganze fünfundzwanzig Minuten frei blieben. Es war halb sechs; zum Versicherungs-Bureau konnte ich gut und gern in fünf Minuten gelangen; und meine gewöhnlichen nachmahlzeitlichen Siestas hatten erfahrenermaßen nie die Dauer von fünfundzwanzig Minuten überschritten. Ich fühlte mich daher leidlich sicher und gab mich abermals dem Schlummer hin.

Nachdem ich diesen zu meiner Zufriedenheit beendet, blickte ich erneut nach dem Zeitmesser hin und war nun doch fast geneigt, an die Möglichkeit sonderbarer Vorkommnisse zu glauben, mußte ich doch feststellen, daß ich, statt meiner gewöhnlichen fünfzehn oder zwanzig Minuten, nur deren drei mit Dösen verbracht hatte; denn noch fehlten siebenundzwanzig an der verabredeten Stunde. Ich legte mich also wieder auf das Ohr und erwachte schließlich ein zweites Mal, als es, zu meiner ausgesprochenen Bestürzung, immer noch drei Minuten nach halb sechs war. Nun sprang ich auf, die

Uhr zu untersuchen, und fand, daß sie ihren Lauf eingestellt hatte. Meine Taschenuhr unterrichtete mich,
daß es bereits halb acht war; und da ich somit zwei
Stunden geschlafen hatte, war es für die Verabredung
natürlich zu spät geworden. «Das macht nichts»,
sagte ich; «morgen früh kann ich ja im Bureau vorsprechen und mich entschuldigen; inzwischen will ich
doch sehn, was mit der Uhr sein mag.» Ich untersuchte
sie und entdeckte, daß einer der Rosinenstengel, die ich,
während der Engel des Sonderbaren mir seinen Vortrag
hielt, im Zimmer umhergeschnipst hatte, durch die
zersplitterte Kristallscheibe geflogen war, sich – wunderlich genug – im Schlüsselloch niedergelassen und,
indem er mit dem einen Ende ein wenig hervorsah, den
Lauf des Minutenzeigers aufgehalten hatte.

«Ah!» rief ich da, «ich sehe, wie es steht. Diese Sache
spricht für sich selber. Ein ganz natürlicher Unfall, wie
er nun einmal hin und wieder vorkommt!»

Ich schenkte der Sache keine weitere Beachtung und
begab mich zur gewöhnlichen Stunde zu Bett. Hier nun
sank ich, nachdem ich eine Kerze auf ein Lesepult zu
Häupten des Bettes gestellt und einen Versuch unternommen hatte, ein paar Seiten der ‹Allgegenwart der
Gottheit› durchzulesen, unglücklicher Weise in weniger denn zwanzig Sekunden in Schlaf, indessen das
Licht brennen blieb, wie es brannte.

Meine Träume wurden schier schreckenerregend von
Visionen des Engels des Sonderbaren verstört. Mir
däuchte, er stünde am Fußende der Lagerstatt, schlüge
die Vorhänge zur Seite und drohte mir, mit dem löchern
hohlen, abscheulichen Dröhngetöne eines Rum-Fasses,
die bitterste Rache für die Mißachtung an, mit welcher
ich ihn behandelt hatte. Er beschloß seinen bombasti-

schen Wortschwall, indem er seine Trichter-Mütze
herabriß, mir die Röhre in den Schlund stieß und mich
mit einem Ozean von Kirschenwasser überschwemmte,
welches sich, in schier endloser Flut, aus einer der ihm
als Arme dienenden, langhalsigen Flaschen ergoß.
Meine Seelenqual wurde schließlich unerträglich, und
ich erwachte just rechtzeitig, um noch eben zu bemerken, daß eine Ratte mit der brennenden Kerze vom
Lesepult davonrannte, doch nicht mehr zeitig genug,
sie zu verhindern, damit durch ein Loch zu entkommen.
Sehr bald schon stieg mir ein scharfer, stickiger Geruch
in die Nüstern: im Haus, so erkannte ich deutlich, war
Feuer ausgebrochen. In wenigen Minuten fuhr der
Flammenschein mit Macht hervor, und innerhalb un-
glaublich kurzer Zeit war das ganze Gebäude in eine
Lohe eingehüllt. Jede Möglichkeit, aus meinem Zimmer zu entweichen, es sei denn durchs Fenster, war abgeschnitten. Die Menge jedoch, die sich eingefunden
hatte, besorgte geschwind eine lange Leiter und legte
sie an. Mit ihrer Hilfe stieg ich eilig nieder und befand
mich scheinbar schon in Sicherheit, als ein riesiges
Schwein, an dessen tonnigem Leibe und tatsächlich
ganzem *air* und Physiognomie ein Etwas war, das mich
an den Engel des Sonderbaren erinnerte, – als dieses
Schwein, so sagte ich, das bis jetzt ganz friedlich im
Schlamm geschlummert hatte, sich urplötzlich in den
Kopf setzte, daß seine linke Schulter dringend der
Kratzung bedürfe, und nun keinen passendern Reib-
Pfosten finden konnte als den, welchen der Fuß der Lei-
ter darstellte. Im Augenblick ward ich herabgestürzt
und hatte das Unglück, mir den Arm zu brechen.
Dieser Unfall, verbunden mit dem Verlust meiner Ver-
sicherung und dem noch ernsteren Verlust meines Haars,

das mir zur Gänze vom Feuer weggesengt worden war,
machte mich für ernste Stimmungen empfänglich, so
daß ich mich schließlich entschloß, ein Weib zu nehmen.
Es gab da eine reiche Witwe, untröstlich über dem Verlust ihres siebenten Ehegesponses, und ihrer wunden
Seele bot ich den Balsam meiner Schwüre. Und wider-
strebend schenkte sie meinen Bitten Gehör. Ich kniete
in Dankbarkeit und Anbetung zu ihren Füßen nieder.
Sie errötete und neigte ihre üppigen Locken zu näherer
Berührung über die, mit welchen mich Grandjean einstweilen ausgestattet hatte. Ich weiß nicht, wie es zuging,
daß sie sich verwickelten; doch taten sie's jedenfalls.
Ich erhob mich mit kahl glänzendem Schädel, perücken-
los; sie voller Widerwille und Wut, halb unter fremdem
falschen Haar begraben. So endeten meine Hoffnungen
auf die Witwe durch einen Unfall, wie er sich gewißlich
nicht hatte voraussehen lassen, den jedoch die natürliche
Folge der Ereignisse mit sich gebracht.

Ohne jedoch zu verzweifeln, unternahm ich nunmehr
die Belagerung eines weniger unversöhnlichen Herzens. Und wieder waren die Parzen mir für kurze Zeit
geneigt; doch kam mir dann erneut ein geringfügiger
Zufall dazwischen. Als ich einmal die mir Anverlobte
auf einer Straße traf, auf welcher die *élite* der Stadt sich
drängte, eilte ich eben, sie mit einer meiner wohl- ja best-
überlegten Verbeugungen zu begrüßen, – da ließ mich
ein winziger Fremdkörper, welcher mir in den Augen-
winkel geriet, für den Moment vollkommen erblinden.
Ehe ich noch mein Sehvermögen wiedergewinnen
konnte, war die Dame meines Herzens verschwunden –
irreparabel beleidigt über mein grußloses Vorüber-
gehen, das sie als eine vorbedachte Ungezogenheit von
mir zu betrachten sich nicht nehmen ließ. Während ich

noch dastand, ganz verwirrt ob der Plötzlichkeit dieses übeln Zufalls (welcher immerhin ja einem Jeden unter der Sonne hätte widerfahren können) und nach wie vor meiner Sehkraft nicht mächtig, ward ich ganz plötzlich vom Engel des Sonderbaren angesprochen, der mir seine Hilfe antrug, und zwar mit einer Höflichkeit, welche zu erwarten ich keinerlei Grund hatte. Er untersuchte mein gestörtes Auge mit großer Zartheit und Geschicklichkeit, teilte mir mit, ich hätte einen guten Tropfen darin, und (was immer er mit dem ⟨Tropfen⟩ meinen mochte) entfernte ihn und verschaffte mir Erleichterung.

Ich fand nun, es sei an der Zeit zu sterben (da das Schicksal es derart darauf angelegt hatte, mich zu verfolgen), und nahm mithin denn meinen Weg zum nächsten Flusse. Nachdem ich mich hier meiner Kleider entledigt (denn es gibt keinen Grund, weshalb wir nicht sterben könnten, wie wir geboren wurden), stürzte ich mich kopfüber in die Strömung; einziger Zeuge meines Geschicks war eine einzelne Krähe, welche sich hatte verführen lassen, von brandy-gesättigtem Mais zu essen, und so von ihren Gefährten weggewankt war. Kaum war ich nun in das Wasser getaucht, so setzte es sich dieser Vogel in den Kopf, mit dem unentbehrlichsten Stück meiner Gewandung davonzufliegen. Indem ich daher fürs erste meine Selbstmordabsichten hintansetzte, schlüpfte ich einfach mit meinen untern Extremitäten in die Ärmel meines Rokkes und machte mich mit all der Flinkheit, die der Fall erforderte und seine Umstände zulassen wollten, an die Verfolgung der Verbrecherin. Doch des Geschickes Mächte wollten mir immer noch nicht wohl. Eben rannte ich in voller Geschwindigkeit dahin, die Nase

in die Luft gestreckt und Blick und Sinn auf nichts gerichtet denn die Diebin meiner Habe, da bemerkte ich
plötzlich, daß meine Füße nicht mehr auf *terra firma*
ruhten; Tatsache ist, ich geriet über einen Abgrund und
wäre unweigerlich hinabgestürzt und in Stücke zer-
schellt, hätte ich nicht zum guten Glück noch das Ende
eines langen Leitseils ergreifen können, das von einem
vorüberziehenden Ballon herniederhing.

Kaum hatte ich meine Besinnung leidlich genug wiedergewonnen, um die schlimme Klemme voll zu fassen, in
der ich steckte – oder vielmehr hing, da strengte ich auch
schon alle Kraft meiner Lungen an, besagte Klemme
dem Aeronauten über mir zur Kenntnis zu bringen.
Doch lange Zeit mühte ich mich vergebens. Entweder
konnte der Narr mich nicht bemerken, oder er wollte
nicht, der Schurke. Unterweil erhob sich der Apparat
rapide in die Höhe, indessen meine Kräfte, womöglich
noch rapider, abnahmen. Schon war ich nahe daran,
mich resigniert in mein Schicksal zu finden und gemächlich ins Meer hinabzustürzen, als meine Lebensgeister jäh von neuem belebt wurden, indem ich nämlich
von oben eine hohle Stimme vernahm, welche gemüt-
lich müßig eine Opernarie zu summen schien. Ich sah
auf und erkannte den Engel des Sonderbaren. Er lehnte
mit verschränkten Armen über dem Rand des Ballon-
korbs; und mit einer Pfeife im Mund, aus welcher er in
aller Muße paffte, schien er sich in bestem Einvernehmen
mit sich und der Welt zu befinden. Ich war zu erschöpft,
um zu sprechen; so sah ich ihn denn nur mit einem
flehentlichen Blicke an.

Einige Minuten lang sagte er nichts, obschon er mir
voll in das Gesicht blickte. Schließlich schob er sorgfältig seine Meerschaumpfeife vom rechten in den lin-

ken Mundwinkel und geruhte alsdann, das Wort an mich zu richten.

«Ja wer bist'n du?» fragte er, «und wos zän Teufl meggst'n du do?»

Auf dieses Stücklein Unverschämtheit, Grausamkeit und Heuchelei vermochte ich nur dadurch zu antworten, daß ich ein einziges Wort hervorstieß: «Hilfe!»

«Hiiil-fää?» echote der Lümmel – «naa, des host der so gädocht! Do is die Flaschn – hilf der när selbär und fohr nei der Höll'!»

Mit diesen Worten ließ er eine schwere Flasche Kirschenwasser fallen, welche mir, da sie präzise mitten auf meinen Scheitel traf, das Gefühl vermittelte, der Schädel wäre mir kurz und klein geschlagen. Unter dem Eindruck dieser Vorstellung stand ich eben im Begriff, meinen Halt fahren zu lassen und mit Anstand meinen Geist aufzugeben, als ein Schrei des Engels mir Einhalt tat.

«Halt amol!» so sagte er; «etzt derrenn dich fei net! Willst du vleicht noch die ander Flaschn – oder bist etz wieder klaar und gscheit worden?»

Ich beeilte mich, hierauf zwei Mal den Kopf zu bewegen – einmal verneinend, zum Zeichen, daß ich es vorziehen würde, gegenwärtig der anderen Flasche zu entraten, – und zum zweiten bejahend, um damit auszudrücken, daß ich in der Tat nüchtern geworden und zu schierer Vernunft gekommen sei. Hierdurch besänftigte ich den Engel ein wenig.

«Und du glabst etz», so forschte er, «glabst etz endlich oo der Möglichkeit von'n Sonderbarn?»

Wiederum nickte ich mit dem Kopfe Zustimmung.

«Und du glabst aa oo *mich*, den Engl von'n Sonderbarn?»

Ich nickte erneut.

«Und gibst äs zu, deß d' a blöder Saufkopf bist und närrisch nuch aa?»

Auch darauf antwortete ich mit einem Nicken.

«No long halt mit deinä rechtn Hand nei deinä linkn Hosntaschn – zän Zeichn, daß d' dich den Engl von'n Sonderbarn ganzägor unterwerfn tust!»

Diese Weisung zu erfüllen, fand ich – aus naheliegenden Gründen – unmöglich. Erstens war mein linker Arm beim Fall von der Leiter gebrochen, und hätte ich denn meinen Halt mit der rechten Hand fahren lassen, so wäre ich gleich ganz und gar abgefahren. Zweitens standen mir meine Hosen erst wieder zur Verfügung, wenn wir die Krähe beim Schlafittchen hatten. Ich war daher – zu meinem größten Bedauern – genötigt, verneinend den Kopf zu schütteln – in der Absicht, dem Engel solchermaßen bekannt zu geben, daß ich es, im gegenwärtigen Augenblick, nicht für tunlich hielte, seinem ansonsten gewiß sehr vernünftigen Ansinnen zu entsprechen! Doch kaum hatte ich mein Kopfschütteln beendet, da – – –

«Nochät fohr halt nei der Höll'!» brüllte der Engel des Sonderbaren.

Indem er diese Worte prononcierte, zog er ein scharfes Messer über das Leitseil, an welchem ich hing, und da wir eben zufälliger Weise über meinem eignen Hause waren (das während meiner Irrfahrten recht ansehnlich wieder aufgebaut worden), traf es sich, daß ich kopf-über im weiten Kamin niedertrudelte und mitten auf dem häuslichen Herde im Speisezimmer landete.

Als ich wieder zu mir kam (denn der Sturz hatte mich doch reichlich benommen), fand ich, daß es etwa vier Uhr morgens war. Ich lag ausgestreckt da, wo ich aus

dem Ballon niedergefallen war. Mein Kopf räkelte sich
in der Asche eines erloschenen Feuers, indessen meine
Füße auf dem Wrack eines umgestürzten kleinen Ti-
sches ruhten und inmitten der Fragmente eines vermischten Desserts, darunter eine Zeitung, diverse zer-
brochene Gläser und zerschellte Flaschen, sowie ein
leerer Henkelkrug Schiedamer Kirschenwasser. So
rächte sich der Engel des Sonderbaren.

DAS LITTERARISCHE LEBEN
DES HERRN THINGUM BOB,
HOCHWOHLGEBOREN,

FRÜHERN HERAUSGEBERS DES ‹GRUNZERUMFUMMEL›.
VON IHM SELBST.

Ich komme allmählich in die Jahre, und da mir bekannt ist, daß Shakespeare und Mr. Emmons verstorben sind, ist die Möglichkeit nicht von der Hand zu weisen, daß wohl auch ich dereinstmals sterben werde. Es ist mir daher beigefallen, daß ich mich nun eigentlich vom Felde der Literatur zurückziehen und auf meinen Lorbeeren ausruhen könnte. Doch habe ich den Ehrgeiz, die Niederlegung meines literarischen Szepters der Nachwelt durch ein bedeutendes Vermächtnis anzuzeigen; und vielleicht kann ich nichts Besseres für sie tun, als ihr Nachricht von meiner frühern Laufbahn zu geben. In der Tat ist mein Name so lange und nachhaltig vor dem öffentlichen Auge gewesen, daß ich nicht nur gewillt bin, das völlig Natürliche des Interesses anzuerkennen, das er allenthalben erregt hat, sondern mich auch gern bereit finde, die extreme Neugierde, welche er einflößte, zu befriedigen. Tatsächlich ist es ja nicht mehr denn nur eine Pflicht dessen, der Größe errang, bei seinem Aufstieg Marksteine hinter sich zu lassen, welche andern den Weg zur Größe weisen möchten. Die Absicht der vorliegenden Abhandlung (die ‹ Memoranda zur Beförderung der Amerikanischen Literatur › zu nennen mir vorschwebte) ist daher, genauen Bericht von jenen bedeutsamen, wenn auch noch schwachen und schwanken ersten Schritten zu geben, mit denen ich schließlich den hohen Pfad zum Gipfel menschlichen Ruhmes gewann.

Von eines Menschen *sehr* verflossenen Vorfahren des
breitern zu reden, ist überflüssig. Mein Vater, Thomas
Bob, Hochwohlgeboren, stand lange Jahre auf der
Höhe seiner Profession, welche die eines Barbiers war,
in der Stadt Geckenhausen. Sein Salon war der Treff-
punkt aller ersten Kreise am Ort und in Sonderheit des
Redaktionsverbandes, – einer Körperschaft, welche
überall um sich herum die größte Ehrfurcht und Scheu
einflößt. Was mich selbst betrifft, so betrachtete ich ihre
Mitglieder schier als Götter und trank mit Begier die
reiche Weisheit und allen Witz in mich hinein, welche
Gaben unaufhörlich im Verlaufe dessen, was man füglich ‹Einseifen› nennt, von ihren erlauchten Lippen
troffen. Mein erster Augenblick ausgesprochener Inspi-
ration muß auf jenen ewig-denkwürdigen Zeitpunkt
datiert werden, da der Leiter der ‹Dasselfliege›, in den
Pausen des soeben erwähnten hochwichtigen Prozesses,
mit lauter Stimme vor dem Konklave unserer Lehr-
jungen ein unnachahmliches Gedicht zu Ehren des
‹Einzig Echten Bob'schen Öles› rezitierte (so genannt
nach seinem begabten Erfinder, meinem Vater), für
welchen Erguß der Herausgeber der besagten ‹Fliege›
von der Firma Thomas Bob & Cie., Barbiersalon, Be-
darfsartikel aller Art, mit königlicher Freigiebigkeit
belohnt ward.

Der Genius der dem ‹Bob'schen Öl› gewidmeten Stanzen hauchte mir zuerst, so sagte ich, den göttlichen *affla-
tus* ein. Augenblicklich entschloß ich mich, ein großer
Mann zu werden und damit zu beginnen, indem ich ein
großer Dichter wurde. Jenen gleichen Abend noch fiel
ich zu den Füßen meines Vaters auf die Knie nieder.

«Vater», so sprach ich, «vergeben Sie mir! – doch ich
habe eine Seele, die steht mir nach Höherem denn nach

Seifenschaum. Es ist mein heiliger Vorsatz, den Laden dranzugeben. Gern würde ich Herausgeber – gern würde ich Dichter – ich würde gern Stanzen über das ‹Bob'sche Öl› erdichten. Vergeben Sie mir und leihen Sie mir Ihren Beistand auf dem Weg zur Größe!»

«Mein teurer Thingum», erwiderte mein Vater, (ich hatte in der Taufe diesen Vornamen nach dem eines wohlhabenden Verwandten empfangen) – «mein teurer Thingum», sagte er, indem er mich an den Ohren vom Boden emporzog – «Thingum, mein Junge, du bist ein Prachtsmensch und, hinsichtlich des Besitzes einer Seele, das schiere Ebenbild deines Vaters. Auch hast du einen ungeheuern Kopf, und wahrlich, er muß eine große Menge Gehirn enthalten. Lange schon sah ich dies, und deshalb hatte ich Gedanken, einen Advokaten aus dir zu machen. Doch ist dies Geschäft recht unanständig geworden, und das eines Politikers macht sich nicht bezahlt. Im Ganzen ist dein Urteil also weise; – das Gewerbe eines Herausgebers ist das beste: – und wenn du zu gleicher Zeit auch noch Dichter sein kannst – wie es die meisten Herausgeber nebenbei sind –, ja, dann wirst du zwei Fliegen mit einer Klappe schlagen. Um dich im Anfang der Dinge zu ermutigen, will ich dir eine Dachstube gewähren; dazu Feder, Tinte und Papier; ein Reimlexikon; und ein Exemplar der ‹Dasselfliege›. Ich nehme an, mehr wirst du kaum verlangen.»

«Ich wäre ein undankbarer Schurke, täte ich's», erwiderte ich mit Begeisterung. «Ihre Generosität ist eine grenzenlose. Ich werde sie Ihnen dadurch vergelten, daß ich Sie zum Vater eines Genies mache.»

So endete meine Unterredung mit dem besten der Menschen, und unmittelbar nachdem ich ihn verlassen, widmete ich mich mit Eifer meinen dichterischen Bemühungen; denn auf diese hauptsächlich gründeten sich meine Hoffnungen, dermaleinst zum Redakteursessel aufzusteigen.

Bei meinen ersten schöpferischen Versuchen mußte ich freilich feststellen, daß mir die Stanzen über das ‹Bob'sche Öl› nur eher hinderlich waren. Ihr Glanz blendete mich mehr, als daß er mich erleuchtete. Die Betrachtung ihrer Vorzüglichkeit gereichte mir natürlich zur Entmutigung, verglich ich sie mit meinen eignen Frühgeburten; so mühte ich mich lange Zeit vergebens. Schließlich kam meinem Kopfe eine jener köstlich schöpferischen Ideen ein, welche eben zuweilen das Hirn eines genialen Menschen durchdringen. Sie bestand im Folgenden – oder wurde vielmehr folgender Maßen ins Werk gesetzt. Aus dem Plunder eines alten Bücherstandes, in einem sehr entlegnen Winkel der Stadt, holte ich mir verschiedene altertümliche und völlig unbekannte oder vergessene Bände zusammen. Der Händler ließ sie mir für einen Pappenstiel. Aus einem davon, welcher die Übersetzung von eines gewissen Dantes ‹Inferno› zum Inhalt hatte, kopierte ich mir auf bemerkenswert geschickte und saubere Weise einen langen Abschnitt über einen Mann Namens Ugolino, der einen ganzen Pack Bälger besaß. Aus einem andern, welcher eine gute Menge alter Stücke enthielt, verfaßt von einer Person, deren Namen ich vergessen, extrahierte ich auf die selbe Weise und mit der selben Sorgfalt ein Schock Verszeilen über «Engel» und «herumstehende Boten Gottes» und einen «Kobold» und dergleichen mehr. Aus einem dritten, welcher das Dichtwerk irgend eines blinden Menschen war, eines Griechen oder eines Choctaw – ich kann mir nicht die

Mühe machen, jede Kleinigkeit genau zu merken –, nahm ich etwa fünfzig Verse, die mit dem wüsten Zorn eines gewissen Paläologen «Achilles» oder ähnlich begannen. Aus einem vierten, welcher – wie ich mich erinnere – ebenfalls das Werk eines Blinden war, wählte ich eine Seite oder zwei, auf denen dauernd von «Heil» und «heilgem Licht» die Rede ging; und wenn es auch einem Blinden nun wirklich kaum ansteht, über Fragen der Beleuchtung zu schreiben, so waren die Verse doch in ihrer Art recht ordentlich.

Nachdem ich diese Dichtwerke säuberlich abgeschrieben hatte, zeichnete ich ein jedes von ihnen mit ‹Oppodeldoc› (einem schön tönenden Namen), und indem ich wiederum jedes sorgsam in einen gesonderten Umschlag steckte, versandte ich sie, mit dem Ersuchen um schleunigen Abdruck und prompte Bezahlung, an die vier vornehmsten Zeitschriften. Das Ergebnis dieses wohlerwognen Plans jedoch (dessen Gelingen mir im spätern Leben viel Ungemach erspart hätte) diente mir zu der Überzeugung, daß manche Herausgeber sich nicht prellen lassen, und versetzte meinen eben zart keimenden Hoffnungen (wie man in der Stadt der Transzendentalisten sagt) den *coup-de-grâce* (wie man in Frankreich sagt).

Die Sache ist die, daß jede, aber auch jede einzelne der in Rede stehenden Zeitschriften Herrn ‹Oppodeldoc› im ‹Monatlichen Briefkasten› einen vollkommenen Verriß widmete. Das ‹Quarkdahlsblatt› ließ ihm seine Abreibung in der folgenden Weise zuteil werden:

«‹Oppodeldoc› (wer immer das ist) hat uns eine lange *tirade* über einen Wahnsinnigen eingesandt, welchen er ‹Ugolino› nennt – einen Mann mit einer großen Menge

373

GROTESKEN

Kinder, die man allesamt gründlich hätte verhauen und
unter Entzug des Nachtmahls ins Bett stecken sollen.
Die Sache ist ganz unmäßig zahm – um nicht zu sagen
flach. ‹Oppodeldoc› (wer immer das ist) gebricht es
an jeglicher Phantasie – und Phantasie ist, unsrer bescheidenen Meinung nach, nicht nur die Seele der
POESIE, sondern schier ihr Herz. ‹Oppodeldoc› (wer
immer das ist) besitzt die Kühnheit, für sein Gequaddel
‹schleunigen Abdruck und prompte Bezahlung› von
uns zu heischen. Wir drucken weder, noch kaufen wir
gar irgend Zeug der Sorte. Kein Zweifel kann freilich
sein, daß er mit all dem Gewäsche, das er noch zusam-
menkritzeln kann, beim ‹Specktakel›, beim ‹Bäuerischen Courier› oder beim ‹Grunzerumfummel› reißenden Absatz finden würde.»

All dieses, das wird man zugestehen müssen, war für
‹Oppodeldoc› ausgesprochen hart – doch der unfreund-
lichste Hieb bestand darin, das Wort POESIE in Klein-
Versalien zu setzen. In jenen sechs hervorstechenden
Buchstaben – welch eine Welt von Bitternis liegt nicht
darin beschlossen!
Doch mit gleicher Härte ward ‹Oppodeldoc› vom
‹Specktakel› gepönt, welcher sich also vernehmen ließ:

«Wir haben eine höchst ungewöhnliche und unverschämte Mitteilung von einem Menschen empfangen,
welcher sich (sei er, wer er wolle) mit ‹Oppodeldoc›
unterzeichnet – auf diese Weise die Größe des berühmten römischen Kaisers gleichen Namens entweihend.
In der Anlage zum Briefe des ‹Oppodeldoc› (sei er, wer
er wolle) finden wir allerhand Verszeilen von höchst
abscheulicher und sinnloser Schwülstigkeit, betreffend

‹Engel und Boten Gottes›, welche ihm beistehen sollen, – einer Schwülstigkeit, wie sie wohl nicht einmal
ein Wahnsinniger, ausgenommen einen Nat Lee oder
eben einen ‹Oppodeldoc›, ähnlich zu Wege bringen
könnte. Und für diesen Kehricht, für welchen wohl
eher die Müllabfuhr zuständig wäre, sollen wir, so wird
bescheiden von uns verlangt, ‹prompt zahlen›. Nein,
mein Herr – dieses nicht! Wir zahlen für nichts von dieser Sorte. Wenden Sie sich doch an das ‹Quarkdahlsblatt›, den ‹Bäuerischen Courier› oder den ‹Grunzerumfummel›. Diese Blätter werden zweifellos jeglichen litterarischen Auswurf akzeptieren, welchen Sie
ihnen zustellen, und – ebenso zweifellos – Ihnen Zahlung dafür versprechen.»

Dies war für den armen ‹Oppodeldoc› ausgesprochen
bitter; doch trifft, in diesem Fall, das Schwergewicht
der Satire ja eher das ‹Quarkdahlsblatt›, den ‹Bäuerischen Courier› und den ‹Grunzerumfummel›, welche
Blätter kurz und bündig als ‹*Blätter*› bezeichnet werden
– und das auch noch gesperrt –, eine Sache, die denselben
tief in das Herz geschnitten haben muß.
Kaum weniger grausam war der ‹Bäuerische Courier›,
welcher sich folgendermaßen ausließ:

«Ein Individuum, das sich der Benamsung ‹Oppodeldoc› erfreut (zu welch niedern Zwecken müssen doch
oft die Namen unserer illustren Toten herhalten!), hat
uns einige fünfzig oder sechzig Verse beigeschlossen,
beginnend nach folgender *façon*:

Singe den Zorn, o Göttin, des Peleiaden Achilleus,
Ihn, der entbrannt, &c., &c., &c., &c.

‹Oppodeldoc› (wer dies auch sei) werde hiemit ergebenst in Kenntnis gesetzt, daß es in unseren Hallen
keinen Setzerlehrling gibt, bei welchem es nicht zur
täglichen Gewohnheit gehörte, bessere Versformen
zu gestalten. Jene des ‹Oppodeldoc› lassen sich nicht
skandieren. ‹Oppodeldoc› sollte zu zählen lernen.
Doch wie er auf die Idee verfallen sein mag, wir (man
denke! ausgerechnet wir!) würden unsere Spalten mit
seinem unsäglichen Unsinn schänden, geht gänzlich über
alles Begreifen. Ist doch das läppische Geplapper kaum
gut genug für das ‹Quarkdahlsblatt›, den ‹Specktakel›,
den ‹Grunzerumfummel› – für Organe also, welche ja
nicht einmal davor zurückschrecken, ‹Mutter Gänsins
Melodien› als Original-Lyrik zu veröffentlichen. Und
‹Oppodeldoc› (wer dies auch sei) hat gar noch die
Dreistigkeit, Bezahlung für sein Gefasel zu verlangen.
Weiß ‹Oppodeldoc› (wer dies auch sei) denn nicht –
erkennt er nicht, daß wir das Zeug auch dann nicht
bringen würden, wenn man uns dafür bezahlte?»

Als ich dies sorgsam durchlesen, spürte ich, wie ich
kleiner und immer kleiner wurde, und als ich zu dem
Punkte kam, an welchem der Herausgeber das Gedicht
als ‹Verse› verhöhnte, war wenig mehr denn eine Unze
von mir übrig. Was ‹Oppodeldoc› betrifft, so fühlte ich
allmählich schieres Mitleid mit dem armen Burschen
in mir aufsteigen. Doch der ‹Grunzerumfummel› bezeigte womöglich weniger Erbarmen noch als der
‹Bäuerische Courier›. Es war der ‹Grunzerumfummel›,
welcher äußerte:

«Ein elender Poetaster, der mit ‹Oppodeldoc› zeichnet,
ist irr genug, sich einzubilden, bei uns sowohl Abdruck

wie auch Bezahlung für einen Mischmasch von un-
zusammenhängendem und ungrammatikalischem Bom-
bast zu finden, welcher uns von ihm zugefertigt wurde
und mit der folgenden, höchst intelligibeln Zeile
anhebt:

‹Heil heilig Licht! Des Himmels erſter Sproß›

Wir sagen: ‹höchst intelligibel›. ‹Oppodeldoc› (wer
immer das ist) wird vielleicht die Güte haben, uns zu
erklären, wieso das ‹heilige Licht› ausgerechnet ‹heil›
sein soll; – könnte es auch ein beschädigtes geben? Insgleichen wolle er uns aufklären, wieso das besagte ‹heile
Licht› zugleich ‹heilig› (was immer das ist) und ein
‹Sproß› sein mag – welch letzterer Ausdruck (wenn wir
nur halbe Kenner sind) vorzüglich wohl auf Kleinst-
kinder von rund sechs Wochen Alter angewendet wird.
(Oder sollte, in poetischer Verkürzung, die ‹erste
Sprosse der Himmelsleiter› (was immer das ist) gemeint
sein? Der Sinn könnte schier kein dunklerer dadurch
werden.) Doch es ist abgeschmackt, sich über solchen
Unfug des breitern auszulassen, – obschon ‹Oppodeldoc› (wer immer das ist) die beispiellose Unverschämtheit besitzt zu mutmaßen, wir würden seinen tollen
Dunst nicht nur abdrucken, sondern vollends auch
noch dafür bezahlen!
Nun, das ist stark – das ist schon mehr als stark –, und
nicht übel hätten wir Lust, den jungen Schreiberling
dadurch zu strafen, daß wir seinen Erguß wirklich in
den Druck gäben, verbatim et litteratim, ganz wie er ihn
geschrieben hat. Keine strengere Strafe könnten wir
über ihn verhängen, und wahrlich, wir würden sie
verhängen, wäre nicht die Rücksicht auf die Langeweile,

welche wir unseren Lesern damit bereiten würden. Möge doch ‹Oppodeldoc› (wer immer das ist) jegliches künftige Dichtprodukt ähnlichen Charakters dem ‹Quarkdahlsblatte›, dem ‹Bäuerischen Courier› oder dem ‹Specktakel› einsenden. Sie werden es abdrucken. Sie drucken jeden Monat solches Zeug. Mag es ihnen denn zukommen. WIR lassen uns nicht ungestraft beschimpfen.»

Dies gab mir den Rest; und was das ‹Quarkdahlsblatt›, den ‹Bäuerischen Courier› und den ‹Specktakel› anbetrifft, so konnte ich nie begreifen, wie sie es überlebten. *Sie* in der kleinstmöglichen Kolonel zu setzen (*das* war die eigentliche Tücke – die wie unter der Hand mit durchblicken ließ, wie niedrig – wie geringfügig sie seien), während das WIR in gigantischen Majuskeln dastand und auf sie herabsah! – oh, es war *zu* bitter! – es war Wermut – es war Galle! Wäre ich an Stelle einer dieser Zeitschriften gestanden, ich hätte nicht gerastet noch geruht, bis ich den ‹Grunzerumfummel› vor Gericht gebracht. Schon das ‹Gesetz zur Verhütung-von Grausamkeiten gegenüber Tieren› hätte gewiß eine genügende Handhabe geboten. Und was ‹Oppodeldoc› betraf, (wer immer das war), so hatte ich um diese Zeit alle Geduld mit dem Burschen verloren und hegte fürder keine Sympathie mehr für ihn. Er war ein Tropf, ganz zweifellos (wer immer er war), und er empfing kaum einen Fußtritt mehr, als er verdiente. Das Resultat meines versuchsweisen Unternehmens mit den alten Büchern pflanzte mir die Erkenntnis ein, daß erstens Ehrlich am längsten währe, und daß es zweitens, wenn ich nicht besser schreiben konnte als Mr. Dante und die beiden blinden Herren und der ganze restliche alte

Klump, doch jedenfalls eine schwierige Sache sein würde, schlechter zu schreiben. Ich faßte mir deshalb ein Herz und entschloß mich, von nun an ‹ausschließlich Original-Arbeiten› (wie es immer vorn auf den Zeitschriften heißt) herzustellen, mochte es auch an Studien und Qualen kosten, was es wollte. Erneut nun führte ich mir die glänzenden Stanzen über das ‹Bob'sche Öl› als Modell vor Augen, geschaffen vom Herausgeber der ‹Dasselfliege›, und beschloß, eine Ode über das selbe erhabne Thema zu ersinnen – in feurigem Wettbewerb mit dem, was längst vergangen schon und vorbei.

Mit dem ersten Verse hatte ich keinerlei wesentliche Schwierigkeit. Er entströmte mir folgendermaßen:

Dem Öl der Firma Bob zum höchsten Lobe...

Nachdem ich mich jedoch auf das sorgfältigste unter allen legitimen Reimen auf ‹Bob› sowohl als auf ‹Lobe› umgesehen hatte, wollte mir der Fortgang der Dichtung schier unmöglich werden. In diesem Dilemma nahm ich zu väterlichem Beistand meine Zuflucht; und nach einigen Stunden reiflicher Gedankenarbeit schufen mein Vater und ich gemeinsam das folgende Gedicht:

Dem Öl der Firma Bob zum höchsten Lobe
schreibt diese Ode

        Ihr   *(gezeichnet)* SNOPP.

Gewiß, die Schöpfung war von nicht sehr großer Länge – doch ich «habe noch zu lernen», wie es im ‹Edinburgh Review› heißt, daß die bloße Ausdehnung eines literarischen Werkes überhaupt etwas mit seinem Wert

zu schaffen habe. Was das Vierteljahrsgeschriftel über
«*sustained effort*» anbetrifft, so ist der Sinn schon gar
nicht einzusehen. Im Ganzen war ich daher durchaus
zufrieden mit dem Erfolge meiner Jungfernfahrt ins
Land der Größe, und nun verblieb mir nur die Frage
der Verfügung zu bedenken, welche ich darüber treffen
sollte. Mein Vater riet mir an, das Werk der ‹Dasselfliege› einzusenden – doch gab es zwei Gründe, welche
mich bestimmten, davon Abstand zu nehmen. Einmal
scheute ich die Eifersucht des Herausgebers – und zum
andern hatte ich ermittelt, daß derselbe für Originalbei-
träge grundsätzlich keine Zahlung leistete. Deshalb
wies ich den Artikel, nach gebührlicher Überlegung, den
würdigeren Spalten des ‹Bäuerischen Couriers› zu und
erwartete beklommen, doch mit Ergebung den Aus-
gang. Schon in der allernächsten Nummer hatte ich die
stolze Genugtuung, mein Dichtwerk in voller Länge als
Leitartikel abgedruckt zu sehen, voran – in Klammern –
die nachstehenden, sehr bezeichnenden Worte:

(«Wir möchten die Aufmerksamkeit unserer Leser auf
die beifolgenden bewunderungswürdigen Stanzen über
das ‹Bob'sche Öl› lenken. Über ihre Pracht, ihr Pathos
brauchen wir kein Wort zu verlieren: – unmöglich, sie
mit tränenlosem Auge zu lesen. Alle diejenigen, welche
seinerzeit von einer traurigen Dosis Worte zum selben
erhabnen Gegenstande aus dem Gänsekiel des Herausgebers der ‹Dasselfliege› angeekelt wurden, werden gut
daran tun, die beiden Gedichte zu vergleichen.
P.S. Wir werden von Verlangen verzehrt, das Geheimnis zu lüften, welches über dem ganz offenbar pseudo-
nymen ‹Snopp› waltet. Dürfen wir auf ein persönliches
Interview hoffen?»)

All dieses war kaum mehr denn recht und billig, doch war es, ich bekenn' es, einiges mehr doch, als ich erwartet hatte: – ich gestehe dies, es sei bemerkt, zur immerwährenden Schande meines Landes und der Menschheit. Gleichwohl verlor ich keine Zeit, bei dem Herausgeber des ‹Bäuerischen Couriers› vorzusprechen, und ein günstiger Zufall ließ mich den genannten Herrn zu Hause antreffen. Er begrüßte mich mit Gebärden des tiefsten Respektes, leicht vermischt mit väterlicher und gönnerhafter Bewunderung, welche ohne Zweifel die ungemeine Jugend und Unerfahrenheit meiner Erscheinung in ihm weckte. Indem er mich bat, Platz zu nehmen, ging er sofort auf den Gegenstand meines Gedichtes ein; – doch immer wird Bescheidenheit mir verbieten, die tausend schmeichelhaften Komplimente zu wiederholen, mit denen er mich schier verschwenderisch bedachte. Die Lobpreisungen des Herrn Holzhaupt (so war des Herausgebers Name) entflossen jedoch keineswegs nur peinlich blindem Schwärmen. Er analysierte meine Dichtung mit viel Freiheit und großer Geschicklichkeit – wobei er auch nicht zögerte, auf ein paar wenige unbedeutende Schwächen zu weisen – ein Umstand, welcher ihn in meiner Wertschätzung nur um so höher steigen ließ. Natürlich kam dann auch die ‹Dasselfliege› aufs *tapis,* und niemals hoffe ich einer so bohrenden Kritik oder einem so vernichtenden Tadel unterworfen zu werden, wie sie von Herrn Holzhaupt auf jenen unglückseligen Erguß gewendet wurden. Ich hatte den Herausgeber der ‹Dasselfliege› nie anders denn für ein Übermenschliches anzusehen gepflogen; doch dieserhalb belehrte mich Herr Holzhaupt bald nun eines Bessern. Er rückte den literarischen sowohl als den menschlichen Charakter des Fliegers (so bezeichnete

Herr H. satirisch seinen Rivalen) in das rechte Licht.
Er, der Flieger, war sehr wenig besser, als er sein sollte.
Infame Sachen hatte er geschrieben. Er war ein Zeilenschinder und ein Reißer dummer Possen. Er war ein
förmlicher Schurke. Er hatte eine Tragödie angefertigt,
welche das ganze Land vor Lachlust fast ersticken ließ,
und eine Farce, die das Universum in Tränenfluten zu
ertränken drohte. Und obendrein noch hatte er die
Schamlosigkeit besessen, auf ihn (Herrn Holzhaupt)
eine – wie er meinte, tödliche – Schmähschrift zu verfassen, und die Tollkühnheit, ihn darin einen Esel zu
titulieren. Sollte ich irgend nur je den Wunsch haben,
meine Meinung über den Herrn Flieger zum Ausdruck
zu bringen, so stünden die Spalten des ‹Bäuerischen
Couriers›, dessen versicherte mich Herr Holzhaupt, zu
meiner uneingeschränkten Verfügung. Da es nun ganz
sicher sei, daß ich auf Grund meines Versuches, ein
Konkurrenz-Gedicht auf das ‹Bob'sche Öl› zu schaffen, in der ‹Dasselfliege› würde angegriffen werden,
wolle inzwischen er (Herr Holzhaupt) es übernehmen,
meinen privaten und persönlichen Interessen die entschiedenste Fürsorge zu weihen. Würde sodann nicht
bald schon ein gemachter Mann aus mir, – an ihm (Herrn
Holzhaupt) sollte es nicht liegen.
Da Herr Holzhaupt nunmehr eine Pause in seinem Vor-
trage (dessen letztern Teil zu begreifen ich mich nicht
imstande fand) hatte eintreten lassen, wagte ich einen
kleinen Hinweis auf die Vergütung, welche für meine
Dichtung erwarten zu dürfen ich belehrt worden war,
und zwar durch eine Ankündigung auf dem Umschlag
des ‹Bäuerischen Couriers›, die erklärte, daß er (der
‹Bäuerische Courier›) darauf bestehe, die Erlaubnis zu
erhalten, für alle angenommenen Beiträge exorbitante

Preise zu zahlen; – er werfe, so hieß es, sehr häufig für ein einziges kurzes Gedicht mehr Geld aus, als die gesamten Jahresauswürfe des ‹Quarkdahlsblattes›, des ‹Specktakels› und des ‹Grunzerumfummel› zusammen betrügen.

Als ich das Wort ‹Vergütung› erwähnte, öffnete Herr Holzhaupt zuerst seine Augen und dann seinen Mund in überaus bemerkenswertem Maße, indem er seine persönliche Erscheinung veranlaßte, Ähnlichkeit mit einer höchstlich erregten ältlichen Ente beim Akt des Quakens anzunehmen; – und in diesem Zustand verharrte er (dann und wann, wie in verzweifelter Ratlosigkeit, die Hände dicht an seine Stirne pressend), bis ich mit dem, was ich zu sagen hatte, fast zu Ende war.

Beim Beschlusse meiner Rede sank er zurück in seinen Sitz, ganz als sei er völlig überwältigt, ließ seine Arme leblos an den Seiten niederfallen, und hielt jedoch dabei den Mund noch unerbittlich nach Entenart geöffnet. Während ich noch in sprachlosem Erstaunen ob eines so Besorgnis erregenden Betragens verharrte, sprang er mit einem Male auf die Füße und stürzte dem Klingelzuge zu; doch als er diesen eben erreichte, schien er seinen Vorsatz geändert zu haben, welcher dieses auch sein mochte, denn er tauchte unter den Tisch und kehrte unmittelbar darauf mit einer Keule wieder. Diese zu erheben, stand er gerade im Begriffe (zu welchem Zweck, vermag ich beim besten Willen nicht zu erraten), als ganz plötzlich ein huldreiches Lächeln auf seine Züge trat und er in milder Gelassenheit zurück in seinen Sessel sank.

«Herr Bob», so sprach er alsdann (denn ich hatte ihm meine Karte hinaufgeschickt, ehe ich selber zu ihm emporstieg), «Herr Bob, Sie sind ein junger Mann noch, darf ich annehmen – ein *sehr* junger Mann?»

Ich bejahte, indem ich die Bemerkung tat, daß ich mein drittes Lustrum noch nicht vollendet hätte.

«Ah!» erwiderte er, «sehr gut! Ich sehe, wie die Dinge liegen – nein, sagen Sie kein Wort mehr! Was nun diese Sache mit der – mit der Entschädigung berührt, so ist, was Sie bemerken, durchaus nur recht und billig: ja in der Tat, das ist es in schier ungemeinem Maße. Doch – also – ja, der *erste* Beitrag – der *erste,* sage ich – ihn niemals zu bezahlen, ist bei unsrer Zeitschrift ehernes Gesetz – verstehn Sie mich, eh? Ja – die Wahrheit ist – gewöhnlich sind ja *wir* in solchem Falle die *Empfänger.*» (Herr Holzhaupt lächelte mild, als er das letzte Wort mit Nachdruck sprach.) «Meistenteils nämlich werden *wir* bezahlt für den Abdruck eines Erstversuches – vorzüglich bei Lyrik. Und zum andern, Herr Bob, gehört es zu den unverbrüchlichen Prinzipien der Zeitschrift, niemals das auszuwerfen, was wir in Frankreich *argent comptant* nennen: – Sie können mir doch folgen? Ich zweifle nicht daran. Ein Vierteljahr oder auch zwei nach der Veröffentlichung des Artikels – oder auch ein Jahr danach oder zwei – nehmen wir keinerlei Anstand, einen Wechsel auf neun Monate auszugeben: – vorausgesetzt immer, es lassen sich unsere Verhältnisse so arrangieren, daß in sechsen unsre Firma mit Sicherheit ‹kracht›. Ich darf wohl hoffen, Herr Bob, daß Sie diese meine Ausführungen als zufriedenstellende betrachten.» Hier schloß Herr Holzhaupt seine Rede, und Tränen standen ihm in den Augen.

In tiefster Seele bekümmert, einem so ausgezeichneten und empfindsamen Manne – wenn auch unschuldig – Schmerz verursacht zu haben, eilte ich, mich zu entschuldigen und ihn wieder zu beruhigen, indem ich ihm meine vollkommene Übereinstimmung mit seinen

Äußerungen ebenso ausdrückte wie meine völlige Würdigung des Delikaten seiner Lage. Nachdem ich dies
alles in artiger Rede vorgetragen, empfahl ich mich.

Recht kurz darauf, an einem schönen Morgen, «erwachte ich und fand mich berühmt». Am besten wird
das Ausmaß meines Rufes sich wohl an Hand der Zeitungsmeinungen des Tags ermessen lassen. Diese Meinungen, so wird man sehen, kamen in kritischen Notizen über die Nummer des ‹Bäuerischen Couriers› zum
Ausdruck, in welcher mein Gedicht enthalten war, und
sind vollkommen zufriedenstellend, schlüssig und klar
– mit Ausnahme vielleicht der hieroglyphischen Zeichen
«Sept. 15 – I t.», welche sämtlichen Kritiken angefügt
waren.

Die ‹Eule›, ein Journal von gründlichem Scharfsinn
und wohlbekannt ob des bedachtsamen Ernstes ihrer
literarischen Entscheidungen – die ‹Eule›, so hob ich
an, äußerte sich wie folgt:

«Der ‹Bäuerische Courier›! Die Oktobernummer dieses herrlichen Magazines übertrifft alles Vorangegangene und bietet jeglicher Konkurrenz Trotz. In der
Schönheit seines Druckes und Papiers – in der Zahl und
Vortrefflichkeit seiner Stahlstiche – wie auch im literarischen Werte seiner Beiträge – nimmt sich der ‹Bäuerische Courier› neben seinen trägen Rivalen aus wie
Hyperion neben einem Satyr. Das ‹Quarkdahlsblatt›,
der ‹Specktakel› und der ‹Grunzerumfummel› exzellieren, das ist wahr, in Prahlerei, doch in allen andern
Punkten gebt uns den ‹Bäuerischen Courier›! Wie
dieses berühmte Journal seine offenbar enormen Auslagen zu tragen vermag, geht über unser Begreifen. Gewiß, es hat eine Verbreitung von 100000, und die Zahl

seiner regelmäßigen Bezieher ist während des letzten Monats um ein Viertel gewachsen; doch andererseits sind die Summen, welche es laufend für Beiträge auswirft, schier unfaßbar. Es erreicht uns die Nachricht, daß Herr Schlauesel nicht weniger als dreiundsiebenzigeinhalb Cents für seine unnachahmliche Arbeit über ‹Das Kunstwerg› empfing. Mit Herrn HOLZHAUPT als Herausgeber und Namen wie SNOPP und Schlauesel auf der Liste der Mitarbeiter ist ein Wort wie ‹Mißerfolg› für den ‹Bäuerischen Courier› förmlich undenkbar. Geben Sie noch heute Ihre Bestellung auf. *Sept. 15 – I t.*»

Ich muß sagen, daß ich doch sehr angetan war von dieser hochgesinnten Notiz eines Blattes vom Ruf der ‹Eule›. Meinen Namen – das heißt meinen *nom-de-guerre* – dem des großen Schlauesel voran zu plazieren, war ein Kompliment, das mich um so glücklicher stimmte, als ich es verdient zu haben fühlte.

Als nächstes wurde meine Aufmerksamkeit von den folgenden Abschnitten in der ‹Kröte› gefesselt – einem Druckwerk, rühmlichst bekannt für seine aufrechte Haltung und Unabhängigkeit – für seine gänzliche Freiheit von Speichelleckerei und Willfährigkeit gegenüber diner-spendenden Förderern:

«Das Oktoberheft des ‹Bäuerischen Couriers› liegt vor allen gegenwärtigen Zeitschriften weit in Führung und übertrifft sie, selbstverständlich, grenzenlos in Hinsicht seiner blendenden Ausstattung wie auch seines reichen literarischen Gehaltes. Das ‹Quarkdahlsblatt›, der ‹Specktakel› und der ‹Grunzerumfummel› exzellieren, das geben wir zu, in Prahlerei, doch in allen andern

Punkten gebt uns den ‹Bäuerischen Courier›! Wie dieses berühmte Magazin seine offenbar enormen Auslagen zu tragen vermag, geht über unser Begreifen. Gewiß, es hat eine Verbreitung von 200 000, und die Zahl seiner regelmäßigen Bezieher ist während der letzten vierzehn Tage um ein Drittel gewachsen, doch andererseits sind die Summen, die es monatlich für Beiträge auswirft, von schier schwindelnder Höhe. Erfahren wir doch, daß Herr Mummelmuller nicht weniger als fünfzig Cents für seinen kürzlichen ‹Gesang der Männer im Backofen› erhielt.

Unter den Original-Beiträgern der vorliegenden Nummer bemerken wir (außer dem hervorragenden Herausgeber, Herrn HOLZHAUPT) Männer wie SNOPP, Schlauesel und Mummelmuller. Abgesehen vom redaktionellen Teile ist nichtsdestoweniger der wertvollste Beitrag, so denken wir, ein poetisches Kleinod über das ‹Bob'sche Öl› aus der Feder von ‹Snopp› – doch wollen unsere Leser, auf Grund des Titels dieses unvergleichlichen *bijou,* nicht vermuten, dasselbe habe irgend nur eine Ähnlichkeit mit einem Geschreibsel über den nämlichen Gegenstand von einem gewissen verächtlichen Individuum, dessen Name unmöglich vor zarten Ohren genannt werden kann. Das vorliegende Gedicht ‹Auf das Bob'sche Öl› hat bezüglich des Eigners des offenbaren Pseudonyms ‹Snopp› allenthalben Unruhe und Neugierde erweckt – eine Neugierde, welche zu befriedigen glücklicherweise in unserer Macht steht. ‹Snopp› ist der *nom-de-plume* des Herrn Thingum Bob, Mitbürgers unsrer Stadt, – eines Verwandten des großen Herrn Thingum (nach welchem er benannt wurde), eines Mannes zudem, welcher den edelsten Familien des Staates verbunden ist. Sein Vater, Hochwohlgeboren

Thomas Bob, ist ein wohlhabender Kaufmann zu Geckenhausen. *Sept. 15 – I t.*»

Diese so freigiebig gespendete Zustimmung rührte mir an das Herz – und das nur um so mehr, als sie einer so ausgesprochen – so sprichwörtlich reinen Quelle entstammte wie der ‹Kröte›. Das Wort ‹Geschreibsel›, angewendet auf das ‹Bob'sche Öl› des Fliegers, erachtete ich für einzigartig beißend und durchaus angemessen. Die Ausdrücke ‹Kleinod› und *‹bijou›* freilich, in Bezug auf mein Gedicht gebraucht, wollten mir irgendwie doch noch zu schwächlich vorkommen. Sie schienen mir von unzureichender Kräftigkeit zu sein. Sie waren nicht hinlänglich *prononcés* (wie wir in Frankreich sagen).

Ich hatte kaum die Lektüre der ‹Kröte› beendigt, als mir ein Freund ein Exemplar des ‹Maulwurfs› in die Hände legte, eines Tageblattes, welches sich hoher Reputation ob seiner scharfsichtigen Betrachtungsweise im Allgemeinen und, im Besondern, ob des offenen, ehrlichen, lebensnahen Stils seiner Leitartikel erfreut. Der ‹Maulwurf› ließ sich über den ‹Bäuerischen Courier› wie folgt vernehmen:

«Soeben erhalten wir die Oktober-Ausgabe des ‹Bäuerischen Couriers›, und wir müssen sagen, daß wir noch niemals eine einzelne Nummer irgend einer Zeitschrift lasen, welche uns ein so erhabnes Glück bescherte. Wir sprechen dies mit ganzer Überlegung aus. Das ‹Quarkdahlsblatt›, der ‹Specktakel› und der ‹Grunzerumfummel› müssen sehr auf ihre Lorbeern Acht geben. Diese Druckwerke übertreffen zweifellos alles an Lautstärke und Anmaßlichkeit ihrer Behaup-

tungen, doch in allen andern Punkten gebt uns den
‹Bäuerischen Courier›! Wie dieses berühmte Magazin
seine offenbar enormen Auslagen zu tragen vermag,
geht über unser Verständnis. Gewiß, es hat eine Verbreitung von 300000, und die Zahl seiner regelmäßigen
Bezieher ist während der letzten Woche um die Hälfte
gewachsen, doch ist selbst dann die Summe, die es
monatlich für Beiträge auswirft, staunenswert gewaltig. Wissen wir doch aus sicherer Quelle, daß Herr Fettich nicht weniger als zweiundsechzigeinhalb Cents für
seine kürzliche Novelette ‹Der Wischlappen› erhielt.
Die Beiträger der vor uns liegenden Nummer sind Herr
HOLZHAUPT (der vorzügliche Herausgeber), SNOPP,
Mummelmuller, Fettich und andere; doch nach den
unnachahmlichen Schöpfungen des Herausgebers selbst
geben wir einem diamantgleichen Ergusse aus der Feder
eines aufstrebenden Dichters den Vorzug, welcher unter der Signatur ‹Snopp› schreibt – ein *nom-de-guerre,*
der – so sagen wir voraus – dereinst wohl noch den
Glanz von ‹Boz› verdunkeln wird. ‹SNOPP›, so erfahren wir, ist ein Herr THINGUM BOB, einziger Erbe eines
wohlbegüterten Kaufmannes dieser Stadt, Hochwohlgeboren Thomas Bob, und ein naher Verwandter des
vorzüglich bekannten Herrn Thingum. Titel von
Herrn B's bewundernswertem Gedichte ist das ‹Bob'-
sche Öl› – ein irgendwie unglücklicher Name, nebenbei,
da ein gewisser jämmerlicher Vagabund, der mit der
Groschenpresse im Zusammenhange steht, der Stadt
bereits mit einem beträchtlichen Schwall Gefasel zum
selben Gegenstande Ekel erweckte. Doch wird keine
Gefahr bestehen, diese beiden Arbeiten miteinander zu
verwechseln. *Sept 15 – I t.*»

Die generöse Zustimmung eines so klarsichtigen Jour-
nales wie des ‹Maulwurfs› durchdrang meine Seele mit
Entzücken. Einzig der Einwand kam mir bei, es hätte
anstatt des «jämmerlichen Vagabunden» doch wohl ein
«*abscheulicher und* jämmerlicher *Schurke, Wicht und* Vagabund» sich besser ausgenommen. Es hätte durchaus
anmutiger geklungen, denke ich. Auch besaß das Bei-
wort ‹diamantgleich›, das wird man mir zugeben, kaum
genügende Intensität, um auszudrücken, was der
‹Maulwurf› doch offensichtlich über die Brillanz des
‹Bob'schen Öles› *dachte.*
Am nämlichen Nachmittage, da ich diese Notizen in der
‹Eule›, der ‹Kröte› und im ‹Maulwurf› erblickte, kam
mir zufällig ein Exemplar der ‹Bachmücke› zu Gesicht,
einer Zeitschrift – sprichwörtlich schon für das extreme
Maß ihrer Einsichten. Und es war die ‹Bachmücke›,
welche sich folgenderweise äußerte:

«Der ‹Bäuerische Courier›!! Dieses glänzende Magazin
liegt mit seiner Oktober-Ausgabe bereits dem Publikum
vor. Die Frage nach dem Vorrange ist damit für immer
erledigt, und hiernach wäre es platterdings eine Albern-
heit, wollten das ‹Quarkdahlsblatt›, der ‹Specktakel›
oder der ‹Grunzerumfummel› noch krampfhaft sich
daran versuchen, hieneben zu bestehen. Diese Journale
mögen den ‹Bäuerischen Courier› in Sachen öffentlichen Radaues recht wohl übertreffen, doch in allen andern Punkten gebt uns denselben! Wie dieses berühmte
Magazin seine offenbar enormen Auslagen zu tragen
vermag, geht weit über alle Faßlichkeit. Gewiß, es hat
eine Verbreitung von genau einer halben Million, und
die Zahl seiner regelmäßigen Bezieher ist während der
letzten paar Tage um fünfundsiebzig Perzent gewach-

sen; doch sind auch dann die Summen, die es monatlich
für Beiträge auswirft, förmlich über aller Beschreibung;
wir erhalten Kenntnis von der Tatsache, daß Mademoiselle Spickabissel für ihre kürzliche wertvolle Revolu-
tions-Geschichte, ‹Das York-Townische Heu-Pferd
und die Grillen von Bunker-Hill› betitelt, nicht weniger
als siebenundachtzigeinhalb Cents empfing.

Die weitaus befähigtsten Arbeiten in der vorliegenden
Nummer sind natürlich die vom Herausgeber beige-
tragenen (dem hervorragenden Herrn HOLZHAUPT),
doch finden wir zahlreiche glänzende Artikel von Namen wie SNOPP; Mademoiselle Spickabissel; Schlauesel;
Frau Flunkerunke; Mummelmuller; Frau Stänker-
stichel und – *last not least* – Fettich. Wohl mag die Welt
herausgefordert werden, ein weiteres Mal eine solche
Schar von Gestirnen des Geistes hervorzubringen.

Das mit ‹SNOPP› unterzeichnete Gedicht erweckt, so
finden wir, allenthalben Lob und verdient womöglich,
das müssen wir uneingeschränkt zugeben, noch weit
mehr Beifall, als es schon erhielt. ‹Das Bob'sche Öl› ist
der Titel dieses Meisterwerkes der Beredsamkeit und
Kunst. Ein oder zwei unserer Leser haben vielleicht
noch eine s e h r schwache, wenn auch hinreichend mit
Ekel verbundne Erinnerung an ein Gedicht (?) ähnlichen Titels, verübt von einem elenden Zeilenschinder,
Bettelbuben und Halsabschneider, welcher, so glauben
wir, als Fußabtreter bei einem der obszönen Druck-
blätter in der Umgebung der Stadt Verwendung fand;
sie bitten wir, die beiden Werke um des Himmels willen
ja nicht zu verwechseln. Der Autor dieses ‹Bob'schen
Öles› ist, wie wir hören, THINGUM BOB, Hochwohlgeboren, ein Herr von hohem Genie und ein Gelehrter.
‹Snopp› ist lediglich ein *nom-de-guerre. Sept. 15 – I t.*»

Kaum vermochte ich meinem Unmut zu gebieten, während ich den Schluß dieser Schmähschrift überlas. Es war mir klar, daß die Ja-Nein-Manier – um nicht zu sagen: die Sanftheit – die hartnäckige Nachsicht, mit welcher die ‹Bachmücke› von jenem Schwein, dem Herausgeber der ‹Dasselfliege›, sprach, – es war mir sonnenklar, sagte ich, daß diese Sanftmut der Rede von nichts Anderem herrühren konnte als von einer Parteilichkeit für den Flieger – welchen auf meine Kosten zu neuer Reputation zu erheben die offenbare Absicht der ‹Bachmücke› war. In der Tat, schon mit nur einem Auge vermag es Jedermann zu sehen, daß – wäre der ‹Mücke› wirkliches Anliegen gewesen, was sie vorzutäuschen wünschte – sie (die ‹Mücke›) sich in weit direktern, schärfern und insgesamt angemessenern Ausdrückungen hätte ergehen können. Die Worte ‹Zeilenschinder›, ‹Bettelbube›, ‹Fußabtreter› und ‹Halsabschneider› waren offensichtlich mit Absicht so ausdruckslos und mehrdeutig gehalten, daß sie, angewendet auf den Urheber der allerschlechtesten Stanzen, welche je von einem Angehörigen der menschlichen Rasse verfertigt, am Ende eigentlich so gut wie nichts besagten. Wir wissen doch wohl alle, was «mit schwachem Lob verdammen» heißt, – und wer vermöchte andererseits den geheimen, hinterlistigen Zweck der ‹Mücke› nicht zu durchschauen – nämlich den, mit schwachem Tadel zu verherrlichen?

Was der ‹Mücke› über den Flieger zu sagen beliebte, war indessen meine Sache nicht. Was freilich sie dann über mich selbst vermerkte, war ein ander Ding. Nach der nobeln Weise, in welcher die ‹Eule›, die ‹Kröte› und der ‹Maulwurf› sich über meine Fähigkeiten ausgelassen hatten, war es doch ein reichlich starkes Stück,

redete so ein schnippisches Ding wie die ‹Bachmücke›
nur einfach kühl von einem «Herrn von hohem Genie»
und einem «Gelehrten». ‹Hohes Genie› – was heißt das
schon! Ich entschloß mich augenblicklich, entweder
eine schriftliche Entschuldigung von der ‹Bachmücke›
zu verlangen oder aber sie zu fordern. Von diesem Vorhaben erfüllt, sah ich mich nach einem Freunde um,
welchen ich mit einer Botschaft an ihre mückische
Selbstherrlichkeit betrauen konnte, und da mir der
Herausgeber des ‹Bäuerischen Couriers› so sichtbarlich
Zeichen seiner Hochachtung gegeben, beschloß ich
schließlich, bei baldigster Gelegenheit um seinen Beistand nachzusuchen.

Niemals habe ich mir später in zufriedenstellender
Weise eine Erklärung für das sehr *eigenartige* Mienen-
spiel und Betragen zu geben vermocht, mit welchem
Herr Holzhaupt mir zuhörte, da ich ihm mein Anliegen
entfaltete. Wieder absolvierte er die ganze Szene mit
dem Klingelzug und der Keule, um selbst die Ente dann
nicht auszulassen. Einmal gar glaubte ich, er schicke
sich wirklich an zu quaken. Doch legte sich der Anfall
schließlich wie beim erstenmal, und er begann, seinem
Verhalten und seinen Äußerungen die Gestalt der Vernunft zu geben. Mein Kartell zu tragen, lehnte er jedoch
ab, und in der Tat redete er mir überhaupt aus, es abzusenden; doch war er uneigennützig genug, mir einzu-
räumen, daß die ‹Bachmücke› schändlich im Unrecht
sei – ganz besonders in Betreff der Epitheta «Genie»
und «Gelehrter».

Gegen Ende dieser Unterredung mit Herrn Holzhaupt,
welcher wirklich ein väterliches Interesse an meiner
Wohlfahrt zu nehmen schien, gab derselbe mir die Anregung, ich möge doch mein Geld auf ehrliche Weise

verdienen und zugleich meine Reputation befördern,
indem ich für den ‹Bäuerischen Courier› den Thomas
Hawk spiele.

Ich bat Herrn Holzhaupt, mir doch zu künden, wer Herr
Thomas Hawk sei und wie ich denselben seiner Erwartung nach zu spielen hätte. Hier begab es sich ein weiteresmal, daß Herr Holzhaupt ‹große Augen machte›
(wie wir in Deutschland sagen), doch indem er sich
schließlich von dem Erstaunen, welches ihn gründlich
befallen, wieder erholte, versicherte er mich, daß er die
Worte ‹Thomas Hawk› gebrauche, um die vulgäre
Form – nämlich Tommy – zu vermeiden, welche recht
platt sei, – daß der wahre Begriff indessen Tommy Hawk
laute – oder Tomahawk – und daß er sich mit dem Ausdruck «den Tomahawk spielen» auf das Skalpieren,
Einschüchtern und sonstige Erledigen der Herde armer
Autorenteufel bezogen habe.

Ich versicherte meinen Gönner sogleich, daß ich, wäre
dies alles, mich der Aufgabe, den Thomas Hawk zu
spielen, vollkommen gewachsen fühlte. Hierauf
wünschte Herr Holzhaupt, ich möchte denn auf der
Stelle doch einmal den Herausgeber der ‹Dasselfliege›
erledigen, und zwar in dem wildesten Stile, zu welchem
mein Vermögen sich würde verstehen können, und
gleichsam als eine erste Kraftprobe. Dies tat ich nun
ohne Verzug, und zwar in einer Rezension des ursprünglichen ‹Bob'schen Öles›, welche sechsund-
dreißig Seiten des ‹Bäuerischen Couriers› einnahm. Ich
fand dabei, daß den Thomas Hawk zu spielen eine weit
weniger mühselige Beschäftigung war als das Dichten
selber; denn ich ging die Sache mit *Syſtem* an, und so fiel
es mir leicht, sie gründlich und gut zu Wege zu bringen.
Mein Verfahren war das folgende. Ich ersteigerte (sehr

billig) Exemplare von ‹Lord Broughams Reden›, ‹Cob-
betts Gestammelten Werken›, dem ‹Neuen Lehrbuche
des Roth-Welschen›, der ‹Kunst des Anschnauzens›,
‹Prentice's Dreckigsten Witzen› (Folio-Ausgabe) und
‹Lewis G. Clarke über die Sprache›. Diese Werke zer-
kleinerte ich mit einem Striegel und sonderte, indem ich
die Schnitzel in ein Sieb warf, sorgfältig alles aus, was
für anständig hätte gelten mögen (ein gar winzig Häuf-
lein nur): worauf die harten Phrasen zurückblieben;
dieselben tat ich nun in einen großen blechernen, mit
länglichen Löchern versehenen Pfefferstreuer, so daß
stets ein ganzer Satz ohne wesentliche Beschwer hin-
durchgelangen konnte. Dann war die Mischung zum
Gebrauche fertig. Ward ich nun aufgerufen, Thomas
Hawk zu spielen, so salbte ich einen Bogen Propatria-
Papier mit dem Weißen eines Ganter-Eies; sodann
zerschnitzelte ich das Ding, das es zu rezensieren galt,
wie ich zuvor die Bücher zerschnitzelt hatte, – nur mit
noch größerer Sorgfalt, damit ich ein jegliches Wort einzeln bekam, – warf die auf solche Art gewonnenen
Schnitzel zusammen mit den andern, schraubte den
Deckel auf die Pfefferbüchse, schüttelte diese und stäub-
te die Mischung auf das in der genannten Weise be-
feuchtete Papier; wo sie kleben blieb. Der Effekt war
herrlich zu schauen. Ja, er war schier berückend. Tatsächlich sind die Rezensionen, welche ich mit diesem
einfachen Hilfsmittel zustande brachte, nie hernach auch
nur annähernd erreicht worden; sie waren geradezu ein
Weltwunder. Zu Anfang war ich noch, zumal ja meine
Unerfahrenheit einige Verschüchterung bedingte, ein
wenig verwirrt im Angesichte einer gewissen Ungereimtheit – eines Fluidums von *bizarrerie* (wie wir in
Frankreich sagen), welches von dem fertigen Werk als

Ganzem ausging. Die Sätze und Satzteile waren nicht alle ganz *fit* (wie wir im Angelsächsischen sagen). Viele Begriffe lagen ziemlich schief. Einige gar standen ausgesprochen Kopf; und keiner war darunter, welcher nicht irgendwie doch durch die letztgenannte Art Unfall, trat derselbe ein, hinsichtlich seines Effektes einige Einbuße erlitten hätte: – mit Ausnahme freilich der Artikel des Herrn Lewis G. Clarke, welche so durchaus rüstig und solide waren, daß es den Anschein hatte, sie könnten gar von keiner noch so sonderbaren Lage aus der Fassung gebracht werden; vielmehr blickten sie unveränderlich fröhlich und zufrieden drein, ob sie nun auf dem Kopfe oder auf den Hacken standen.

Was aus dem Herausgeber der ‹Dasselfliege› nach der Publikation meiner Kritik seines ‹Bob'schen Öles› wurde, ist irgendwie schwierig auszumachen. Der plausibelste Schluß ist noch, daß ihn die eignen Tränen ertränkten. Nun, jedenfalls verscholl er augenblicklich vom Angesicht der Erde, und nie ist seither einem Menschen auch nur ein Hauch seines Geistes erschienen.

Nachdem diese Angelegenheit nun gründlich erledigt und das Wüten der Furien besänftigt war, stieg ich gar höchstlich in Herrn Holzhaupts Gunst. Er zog mich in sein Vertrauen, gab mir eine bleibende Beschäftigung als Thomas Hawk beim ‹Bäuerischen Courier›, und da er mir fürs erste noch kein Salär gewähren konnte, erlaubte er mir, nach jeglichem Belieben von seinem Rat zu profitieren.

«Mein teurer Thingum», so sprach er eines Tages nach dem Mittagessen zu mir, «ich achte Ihre Fähigkeiten und liebe Sie als einen Sohn. Sie sollen mein Erbe sein. Sterbe ich dereinst, so will ich Ihnen den ‹Bäuerischen Courier› vermachen. Machen aber will ich inzwischen

einen ganzen Mann aus Ihnen – jawohl, das will und
werde ich tun – vorausgesetzt, Sie folgen meinem Rate.
Zuerst einmal müssen Sie von dem alten Keiler und
Langweiler loskommen.»

«Keiler?» erwiderte ich fragend – «äh – Eber – meinen
Sie? Ein Schwein? – *aper?* (wie wir Lateiner sagen) –
wer – und wo?»

«Ihr Vater», sagte er.

«Richtig», entgegnete ich, – «ein Schwein.»

«Sie haben Ihr Glück zu machen, Thingum», fuhr Herr
Holzhaupt in seiner Rede fort, «und dabei hängt Ihnen
der Alte nur wie ein Mühlenstein am Halse. Wir müssen
ihn ein für alle Mal abschneiden.» (Hier zog ich mein
Messer heraus.) «Wir müssen ihn abschneiden», fuhr
Herr Holzhaupt fort, «und zwar mit Entschiedenheit
und für immer. Er paßt nicht zu Ihnen – ja, er stört. Bei
reiflicher Erwägung würde ich sagen, Sie sollten ihm
am besten einen Tritt geben oder ihn mit einem Stocke
schlagen oder ihn in ähnlicher Weise entfernen.»

«Was meinen Sie», regte ich bescheiden an, «sollte ich
ihm vielleicht zuerst einmal einen Tritt geben, ihn sodann mit dem Stocke schlagen und zum Beschlusse an
der Nase zupfen?»

Herr Holzhaupt blickte mich einige Augenblicke lang
sinnend an und versetzte dann:

«Ich denke, Herr Bob, daß dieser Ihr Vorschlag die
Sache leidlich wohl lösen würde – ja, bedenkt man es
recht, sogar vorzüglich – das heißt, wenn es sich machen
läßt – – denn Barbiere sind äußerst schwer zu schneiden,
und wenn ich mir das Ganze überlege, so wäre es vielleicht ratsam, daß Sie – wenn Sie das erwähnte Verfahren
an Thomas Bob vollzogen haben – ihm auch noch mit
den Fäusten recht sorgfältig und gründlich beide Augen

397

bläuen, um ihm die Möglichkeit zu benehmen, Sie je
wieder bei eleganten Promenaden zu erblicken. Haben
Sie diese Prozedur dann ausgeführt, so wüßte ich ehrlich nicht, was weiters Sie noch tun könnten. Eventuell
– nun, vielleicht empfähle es sich noch, ihn zu ein oder
zwei Malen in der Gosse zu wälzen und anschließend in
polizeiliche Verwahrung zu geben. Am andern Morgen
können Sie dann jederzeit auf dem Reviere vorsprechen
und einen tätlichen Angriff beschwören.»
Ich war sehr angetan von dem freundlichen Mitgefühle
mir persönlich gegenüber, welches aus diesem ausgezeichneten Rat des Herrn Holzhaupt sprach, und
säumte nicht, mir denselben augenblicklich zu Nutz
und Frommen dienen zu lassen. Das Ergebnis war, daß
ich den alten Langweiler los wurde und mich ein wenig
unabhängig und *gentleman-like* (wie ich wohl sagen darf)
zu fühlen begann. Der Mangel an Geld freilich war für
einige Wochen eine Quelle mancher Unbequemlichkeit; doch indem ich rüstig meine beiden Augen gebrauchte und beobachtete, was alles just vor meiner
Nasenspitze vor sich ging, erkannte ich schließlich, wie
die Sache zu deichseln wäre. Ich sage ‹Sache› – wohl-
gemerkt – denn man erzählt mir, das lateinische Wort
hierfür sei *rem*. Da wir übrigens gerade von Latein
reden – kann mir jemand die Bedeutung von *quocunque*
sagen – oder auch was *modo* heißt?
Mein Plan war ausgesprochen einfach. Ich erwarb, für
ein Spottgeld, ein Sechzehntel der ‹Schnappschildkröte›: – das war schon alles. Die Sache war *gemacht,*
und das Geld floß in meine Taschen. Es gab hernach
noch ein paar geringfügige Maßnahmen zu treffen, gewiß; doch diese bildeten keinen eigentlichen Bestand-
teil des Planes selbst. Sie waren eher eine Konsequenz –

ein Ergebnis. Zum Beispiel kaufte ich mir Feder, Tinte und Papier und setzte dieselben rasend in Betrieb. Hatte ich dann einen Zeitungsartikel vollendet, so gab ich ihm etwa den Titel «Blabarababba, vom *Autor des* ‹BOB'SCHEN ÖLES›» und addressierte ihn an den ‹Grunzerumfummel›. Nachdem dieses Journal ihn jedoch im ‹Monatlichen Briefkasten› als «bares Geschwätz» bezeichnet hatte, änderte ich den Titel in «Simmsalabimm, von THINGUM BOB, Hochwohlgeboren, Autor der Ode auf das ‹Bob'sche Öl› *und* Herausgeber der ‹Schnappschildkröte›». Mit dieser Verbesserung sandte ich ihn dann wiederum an den ‹Grunzerumfummel› und veröffentlichte, während ich der Antwort entgegenharrte, täglich in der ‹Schildkröte› sechs Kolumnen lang einen Text, welchen man als philosophische und analytische Untersuchung der Verdienste des ‹Grunzerumfummel› einerseits wie auch des persönlichen Charakters des Herausgebers des ‹Grunzerumfummel› andererseits bezeichnen kann. Am Ende der Woche entdeckte dann der ‹Grunzerumfummel›, daß er, auf Grund eines ganz unerklärlichen Versehens, «einen schier schwachsinnigen Artikel mit der Überschrift ‹Blabarababba›, verfaßt von einem unbekannten Ignoramus, mit einem Juwel von förmlich blendendem Glanze, das ähnlich betitel gewesen, verwechselt habe – letzteres das Werk von Thingum Bob, Hochwohlgeboren, dem gefeierten Autor des ‹Bob'schen Öles›». Der ‹Grunzerumfummel› «bedauerte dieses sehr natürliche Versehen» zutiefst und stellte darüberhinaus einen Abdruck des *echten* ‹Simmsalabimm› für die allernächste Nummer des Magazines in Aussicht.

Tatsache ist, ich *glaubte* – ich glaubte *wirklich* – ich glaubte seinerzeit – glaubte *damals* – und habe keine Ur-

399

sache, *jetzt* anders zu denken –, daß der ‹Grunzerumfummel› sich den beschriebnen Irrtum wirklich unterlaufen ließ. Bei den allerbesten Absichten in der Welt
wüßte ich nichts und niemanden, dem so viele wunderliche Irrtümer unterlaufen wären wie dem ‹Grunzerumfummel›. Von jenem Tage an faßte ich eine Vorliebe für
denselben, und das Ergebnis war: sehr bald gewann ich
Einsicht in die Tiefen seiner literarischen Verdienste
und stand nicht an, mich darüber des breitern in der
‹Schildkröte› auszulassen, wann immer nur eine pas-
sende Gelegenheit sich bot. Und man darf es als eine
sehr sonderbare Koinzidenz betrachten – als eines jener
ausgesprochen *bemerkenswerten* Zusammentreffen, welche den Menschen sehr ernst und nachdenklich stimmen –, daß gerade ein ebensolcher totaler Meinungs-
umschwung – ein so vollständiges *bouleversement* (wie
wir auf Französisch sagen) – eine so durchgreifende
topsiturviness (wenn ich einmal einen ziemlich kräftigen
Ausdruck der Choctaws gebrauchen darf), wie sie hier
erfolgt war, *pro* und *con,* zwischen mir selber auf der
einen und dem ‹Grunzerumfummel› auf der andern
Seite, sich tatsächlich, eine kurze Weile danach – und
unter genau ähnlichen Umständen, zwischen mir und
dem ‹Specktakel› und (ein weiteres Mal gleicherweise)
zwischen mir und dem ‹Quarkdahlsblatte› zutrug.
So kam es denn, daß ich, durch einen wahren Genie-
streich, schließlich meine Triumphe damit krönte, daß
ich «Geld in meinen Beutel tat», und wahrlich mit Fug
und Recht mag es heißen, daß hier jene glänzende und
ereignisreiche Laufbahn begann, welche mich berühmt
machte und mich heute in den Stand setzt, mit Chateau-
briand zu sagen: «Ich habe Geschichte gemacht» –
«*J'ai fait l'histoire*».

Und in der Tat, das *habe* ich. Seit jener leuchtenden Epoche, die ich hier beschrieb, gehört mein Wirken – mein Werk – der Menschheit. Es ist der Welt vertraut. So mag es auch durchaus unnötig sein, im einzelnen zu berichten, wie ich, in steilem Höhenfluge, mich zum Erben des ‹Bäuerischen Couriers› aufschwang – wie ich dieses Journal mit dem ‹Quarkdahlsblatte› verschmolz – wie mir im weitern der Ankauf des ‹Specktakels› glückte, wodurch ich die drei Zeitschriften vereinigte – und wie ich schließlich einen günstigen Handel mit dem einzig verbliebenen Rivalen abschloß und die gesamte Literatur des Landes in einem prächtigen Magazine vereinte, überall bekannt als der

«Bäuerische Courier,
Quarkdahlsblatt, Specktakel und
GRUNZERUMFUMMEL».

Ja; ich habe Geschichte gemacht. Mein Ruhm ist allverbreitet. Er reicht bis zu den Enden der Erde. Nicht ein gemeines Zeitungsblatt nimmt man zur Hand, ohne darin zumindest irgend eine Anspielung auf den unsterblichen THINGUM BOB zu finden. Mr. Thingum Bob vertrat die Ansicht – Mr. Thingum Bob erklärte – Mr. Thingum Bob betonte. Doch bin ich leutselig und bescheiden geblieben, und sollte ich einst sterben, so wird es mit demütigem Herzen geschehen. Denn was ist es letztlich? – dieses unbeschreibliche Etwas, welches die Menschen ‹Genie› zu nennen sich nicht nehmen lassen werden? Ich halte es mit Buffon – mit Hogarth – es ist zuletzt nur *Fleiß*.
Nehmen Sie *mich* zum Beispiele! – wie ich rang – wie sauer ich mich plagte – wie ich schrieb! Ihr Götter,

schrieb ich *nicht?* Nicht kannte ich das Wort ‹Muße›.
Bei Tage hockte ich vor meinem Pult, und bei der Nacht
studierte ich im bleichen Schein des Lämpchens, bis das
Öl zur Neige ging. Ach, hätten Sie mich einmal nur
gesehen – ja, wahrlich, hätten Sie! Ich neigte mich rechts.
Ich beugte mich links. Ich sank nach vorn. Ich schwankte nach hinten. Ich saß gar *tête baissée* (wie's im Kickapu
heißt), indem ich mein Haupt dicht auf das alabasterne
Weiß des Bogens senkte. Und was auch kam, ich –
schrieb. Ob Freud, ob Leid, ich – *schrieb.* In Hunger und
in Durst, ich – *schrieb.* Bei guter Zeitung und bei schlechter Zeitung, ich – *schrieb.* Ob Sonnenschein, ob Monden-
schein, ich – *schrieb. Was* ich da schrieb, ist nicht zu
sagen nötig. Der *Stil!* – das war die Sache. Ich nahm ihn
mir von Fettich – flutsch! – witsch! – futsch! – und gebe
Ihnen nun dafür ein Beispiel...

Ich will nun den Ödipus spielen für das Rätsel von Schwetzersburg. Ich will Ihnen – denn ich allein vermag's – das Geheimnis der Maschinerie aufklären, die das Wunder von Schwetzersburg bewirkte – das eine, das echte, das anerkannte, das unbestrittene, das unbestreitbare Wunder, das dem Unglauben unter den Schwetzersbürgern ein entschiedenes Ende setzte und alle Sinnlich-Gesinnten, die zuvor noch skeptisch zu sein gewagt hatten, zum rechten Glauben der Großmütter bekehrte.

Dies Ereignis – und es sollte mir doch sehr leid tun, erörterte ich's im Tone unpassender Leichtfertigkeit – trug sich im Sommer des Jahres 18–– zu. Mr. Barnabas Shuttleworthy – einer der wohlhabendsten und angesehensten Bürger des Fleckens – wurde seit mehreren Tagen vermißt, und die Umstände ließen den Verdacht aufkommen, es könnte ihm etwas Übles zugestoßen sein. Mr. Shuttleworthy war, sehr früh an einem Samstagmorgen, zu Pferde von Schwetzersburg mit der ausdrücklichen Absicht aufgebrochen, nach *** zu reiten, einer etwa fünfzehn Meilen entfernten Stadt, um noch am Abend des selbigen Tages zurückzukehren. Zwei Stunden nach seiner Abreise jedoch kehrte sein Pferd allein zurück, ohne ihn und ohne die Satteltaschen, die man dem Tier beim Aufbruch auf den Rücken geschnallt hatte. Es war zudem verwundet und mit Kot bedeckt. Diese Umstände lösten natürlich viel Unruhe unter den Freunden des Vermißten aus; und als dieser am Sonntag morgen immer noch nicht wieder aufgetaucht war, erhob sich der ganze Flecken *en masse* und zog los, nach seinem Leichnam zu suchen.

Der Vorderste dabei, der diese Suche mit größter Energie ins Werk setzte, war der Busenfreund von Mr. Shuttleworthy – ein Mr. Charles Goodfellow oder, wie er allgemein genannt wurde, ‹Charley Goodfellow› oder ‹Old Charley Goodfellow›. Ob es sich nun um eine wundersame Koinzidenz handelt, oder ob gar der Name selber eine unmerkliche Wirkung auf den Charakter besitzt, habe ich nie noch mit Sicherheit erfahren können; doch fraglos ist es ein Faktum, daß es noch nie einen Menschen mit dem Namen Charles gegeben hat, der nicht ein offener, männlicher, ehrlicher, gutmütiger und aufrichtiger Patron war, mit einer volltönend klaren Stimme, die zu hören einem wohltat, und Augen, die einem stets grad in das Gesichte blickten, ganz als wollten sie sagen: ‹Ich hab’ ein reines Gewissen, fürchte Niemanden und bin gänzlich darüber erhaben, eine gemeine Tat zu tun.› Und so hören denn auch unfehlbar alle herzigen, heitern Statisten bei der Bühne auf den Namen Charles.

Obschon nun ‹Old Charley Goodfellow› noch nicht länger als sechs Monate oder so ungefähr in Schwetzersburg weilte und Niemand das Geringste von ihm wußte, ehe er sich in der Nachbarschaft angesiedelt, war es ihm doch nicht im mindesten schwergefallen, die Bekanntschaft sämtlicher angesehenen Leute im Flecken zu machen. Nicht Einer war unter den Männern, der nicht zu jeder Zeit sein bloßes Wort für tausend genommen hätte; und was die Weiblichkeit betrifft, so ist gleich gar nicht zu sagen, was sie ihm nicht alles zu Gefallen getan hätte. Und das kam nur daher, daß er auf den Namen Charles getauft war und, konsequenterweise, jenes freimütige Gesicht besaß, das schon sprichwörtlich der ‹allerbeste Empfehlungsbrief› ist.

Ich habe bereits gesagt, daß Mr. Shuttleworthy einer der angesehensten Männer in Schwetzersburg war, und zweifelsfrei war er der wohlhabendste, während ‹Old Charley Goodfellow› mit ihm auf so vertrautem Fuße stand, wie wenn er sein eigener Bruder gewesen wäre. Die beiden alten Herren wohnten unmittelbar benachbart, und obwohl Mr. Shuttleworthy nur selten, wenn überhaupt, den ‹alten Charley Goodfellow› besuchte und niemals, soweit bekannt, eine Mahlzeit in seinem Hause einnahm, so verhinderte dies die Beiden doch nicht, eine überaus intime Freundschaft zu pflegen, wie ich eben bemerkte; denn nie ließ ‹Old Charley› einen Tag vorüber, ohne zu drei oder vier Malen bei seinem Nachbarn einzutreten, um nachzusehen, wie es ihm so ginge, und sehr oft blieb er dann zum Frühstück oder zum Tee und fast immer zum Mittagessen; und was für Massen Wein bei so einer Sitzung dann von den beiden Kumpanen vertilgt wurden, das wäre wirklich schwer genau zu bestimmen. ‹Old Charleys› Lieblingstropfen war *Chateau Margaux,* und Mr. Shuttleworthy tat's ganz offenbar von Herzen wohl, ihn dem alten Knaben durch die Kehle rinnen zu sehen, eine Viertelgallone nach der andern; so daß er denn eines Tages, als der Wein ihnen schon etwas zu Kopfe gestiegen war, wo ihm – in ganz natürlicher Konsequenz – der Verstand entsprechend Platz gemacht hatte, seinem Kumpan auf den Rücken klopfte und sprach: «Ich sag' dir's, wie's ist, Old Charley, du bist – bei allen Göttern! – der netteste alte Knabe, der mir nur je mein Lebtag über'n Weg gekommen ist; und weil du das Weinchen nun gar so gern nach der Façon suffelst, so will ich doch gleich verdammicht sein, wenn ich dir nicht eine große Kiste Chateau Margaux schenken muß! Hol' mich der Henker», –

(Mr. Shuttleworthy hatte die arge Gewohnheit des Fluchens, obwohl er selten über Ausdrückungen hinausging wie ‹Hol' mich der Henker› oder ‹Herr-Jottnochmal› oder ‹Potz Element›) – «Hol' mich der Henker», sagte er, «wenn ich nicht heute nachmittag noch eine Bestellung auf eine Doppelkiste vom Besten, was man kriegen kann, zur Stadt schicke, und die werd' ich dir schenken, jawohl! – du brauchst kein Wort jetzt zu sagen – ich schenk' sie dir, sag' ich, und damit basta; paß nur auf – eines schönen Tages, wenn du am wenigsten damit rechnest, kommt sie dir ins Haus!» Ich erwähne diese kleine Freigebigkeit Mr. Shuttleworthy's nur, um Ihnen darzutun, welch ein inniges Verständnis zwischen den beiden Freunden herrschte.

Nun, als man an dem fraglichen Sonntagmorgen zu der klaren Überzeugung kam, daß Mr. Shuttleworthy etwas Übles zugestoßen sein müsse, sah ich niemanden so gründlich davon getroffen wie ‹Old Charley Goodfellow›. Als er zum erstenmal hörte, das Pferd sei ohne seinen Herrn heimgekommen und ohne seines Herrn Satteltaschen, und es sei ganz blutig von einem Pistolenschusse, der dem armen Tiere glatt durch die Brust gegangen wäre, ohne es gänzlich zu töten, – als er dies alles hörte, erbleichte er, als wäre der Vermißte sein eigner teurer Bruder oder Vater gewesen, und zitterte und erschauerte am ganzen Leibe wie vom Schüttelfrost gepackt.

Zuerst war er viel zu sehr von Kummer überwältigt, um überhaupt etwas zu unternehmen oder einen Plan zu fassen, nach dem gehandelt werden konnte; und so plagte er sich langezeit damit ab, Mr. Shuttleworthy's andern Freunden auszureden, großes Getöse um die Sache zu machen; denn er hielt es für das Beste, ein

Weilchen abzuwarten – so eine Woche oder zwei – und zu sehen, ob irgendetwas passieren würde oder Mr. Shuttleworthy auf natürliche Weise wieder zum Vorschein kommen und erklären möchte, aus welchen Gründen er sein Pferd vorausgeschickt habe. Ich denke, Sie haben diesen Hang zum Zaudern oder Aufschieben schon oft bei Menschen bemerkt, die ein schlimmer Kummer niederdrückt. Ihre Geisteskräfte scheinen wie betäubt, so daß sie einen Graus vor allem haben, was irgendwie Aktivität verlangt, und in aller Welt nichts lieber tun als gemächlich im Bette liegen und ‹ihren Kummer hätscheln›, wie's die alten Damen ausdrücken – das heißt, über ihren Schmerz dahingrübeln.

Die Leute von Schwetzersburg hatten tatsächlich eine so hohe Meinung von der Weisheit und dem Taktgefühl des ‹alten Charley›, daß sie zum größern Teil geneigt waren, ihm beizustimmen und kein großes Getöse um die Sache zu machen, ‹bis irgendetwas passiert wäre›, wie der ehrenwerte alte Herr es ausdrückte; und ich glaube, dabei hätte man es schließlich allgemein belassen, wäre nicht Mr. Shuttleworthy's Neffe auf so sehr verdächtige Weise dazwischengekommen, ein junger Mann von recht liederlichen Manieren und auch sonst ziemlich schlechtem Charakter. Dieser Neffe, er hieß Pennifeather, wollte in puncto ‹gemächlich im Bette liegen› keine Vernunft annehmen, sondern bestand darauf, unmittelbare Nachforschungen nach dem ‹Leichnam des Ermordeten› anzustellen. Dies war der Ausdruck, den er gebrauchte; und Mr. Goodfellow bemerkte dazu mit Schärfe, es wäre das doch ‹ein recht *eigenartiger* Ausdruck, um nicht mehr zu sagen›. Diese Bemerkung des ‹alten Charley› hatte insgleichen beträchtliche Wirkung auf die Menge; und Einer von der

Partei stellte, so hörte man, sehr nachdrücklich die Frage, ‹wie es wohl käme, daß der junge Mr. Pennifeather so innig vertraut mit den Umständen wäre, die mit seines reichen Onkels Verschwinden in Zusammenhang stünden, daß er sich berechtigt fühle, ganz unzweideutig und bestimmt von einem «Ermordeten» zu reden›. Hierauf gab's ein bißchen Zank und Kabbelei zwischen verschiedenen Leuten und besonders zwischen ‹Old Charley› und Mr. Pennifeather – obwohl dergleichen nun wirklich nichts sonderlich Neues war, denn schon seit drei oder vier Monaten hatte nur wenig Zuneigung zwischen den Parteien bestanden, und einmal war es gar so weit gekommen, daß Mr. Pennifeather tatsächlich seines Onkels Freund zu Boden geschlagen hatte – um irgendeiner angeblich unmäßigen Freiheit willen, die sich der Letztere in des Onkels Hause, zu dessen Bewohnern der Neffe zählte, herausgenommen hatte. Bei dieser Gelegenheit soll sich ‹Old Charley› mit exemplarischer Sanftmut und christlicher Milde benommen haben. Er stand nach dem Schlage wieder auf, ordnete seine Kleider und unternahm nicht den allermindesten Versuch, dem Anderen mit Gleichem zu vergelten, – sondern murmelte nur ein paar Worte vor sich hin, des Inhalts, er werde ‹bei der ersten Gelegenheit summarisch Rache nehmen›, – ein nur natürlicher und sehr gerechter Ausbruch des Zorns, der jedoch nichts zu besagen hatte und zweifellos ebenso rasch wieder vergessen war, wie er sich Luft gemacht hatte.

Wie immer es aber mit diesen Sachen stand (die gar nichts mit dem nunmehr umstrittenen Punkte zu tun hatten) – ganz sicher ist jedenfalls, daß die Leute von Schwetzersburg schließlich, und zwar vornehmlich durch die Überredungen Mr. Pennifeathers, zu dem

Entschluß kamen, sich über das angrenzende Land zu zerstreuen und nach dem verschwundenen Mr. Shuttleworthy zu suchen. Ich sagte, sie kamen zuerst einmal zu diesem Entschluß. Nachdem dann endgültig entschieden war, daß eine Suche unternommen werden sollte, verstand es sich fast von selbst, daß die Suchenden sich zur gründlicheren Erforschung der ringsum liegenden Regionen zerstreuen – das heißt, in Gruppen aufteilen – sollten. Vergessen habe ich jedoch, mit welchem findigen Gedankengange ‹Old Charley› es schließlich vollbrachte, die Gemeinde zu überzeugen, es wäre doch dies der unbesonnenste Plan, nach dem man nur vorgehen könnte. Aber zu überzeugen vermochte er sie jedenfalls – allesamt mit Ausnahme von Mr. Pennifeather; und am Ende wurde verabredet, daß eine Suche, und zwar mit Sorgfalt und aller Gründlichkeit, von den Bürgern *en masse* unternommen und ‹Old Charley› dabei höchstselbst den Anführer machen sollte.

Was das betraf, so hätte man keinen besseren Pionier haben können als den ‹alten Charley›, von dem Jedermann wußte, daß er das Auge eines Luchses besaß; doch obschon er sie in alle möglichen abgelegenen Löcher und Winkel führte, auf Wegen, von deren Existenz in der Nachbarschaft Niemand auch nur eine Ahnung hatte, und obgleich die Suche nahezu eine Woche lang pausenlos bei Tag und Nacht betrieben ward, konnte doch keine Spur von Mr. Shuttleworthy ausgemittelt werden. Wenn ich ‹keine Spur› sage, so darf man das freilich nicht buchstäblich nehmen; denn ‹Spuren› waren gewiß in einigem Maße vorhanden. Die des armen Gentleman hatten sich an den (unverwechselbaren) Hufeindrücken seines Pferdes bis zu einer Stelle verfolgen lassen, die etwa drei Meilen öst-

lich des Fleckens an der zur Stadt führenden Hauptstraße lag. Hier bog die Fährte in einen Seitenpfad ab,
der durch ein Stück Waldgelände lief, um dann wieder
auf die Hauptstraße zu münden und so etwa eine halbe
Meile der regulären Entfernung abzuschneiden. Indem
sie nun den Hufspuren dieses Weges folgte, gelangte die
Gesellschaft schließlich an einen Teich, ein stehendes
Gewässer, rechts vom Pfad halb im Gestrüpp verborgen,
und jenseits dieses Pfuhls war nicht das mindeste von
einer Spur mehr zu erblicken. Freilich mußte, so zeigte
es sich, hier ein Kampf irgendwelcher Art stattgefunden
haben, und es schien, als sei ein großer und schwerer
Körper, viel größer noch und schwerer als der eines
Menschen, vom Weg herüber nach dem Teich ge-
schleift worden. Dieser letztere ward zweimal sorgfältig
durchdreggt; doch fand man nichts; und schon wollte
die Gesellschaft daran verzweifeln, noch zu einem Resultat zu kommen, und ihrer Wege ziehen, als die Vorsehung Mr. Goodfellow den Gedanken eingab, wie
nützlich es doch wäre, würde man das Wasser einmal
ganz und gar ablassen. Bei Beifall ward diese Idee auf-
gegriffen, und zahlreiche hohe Komplimente ehrten den
scharfsinnigen Denker ‹Old Charley›. Da viele der Bürger gleich Spaten mitgebracht hatten, in der Annahme,
sie möchten vielleicht aufgefordert werden, eine Leiche
auszugraben, war der Abfluß leicht und rasch geschaffen; und kaum ließ sich der Grund erblicken, so entdeckte man mitten im noch verbliebenen Schlamm eine
schwarze Weste aus Seidensamt, die nahezu Jeder der
Anwesenden augenblicklich als das Eigentum von Mr.
Pennifeather erkannte. Diese Weste war stark zerrissen
und mit Blut befleckt, und in der Gesellschaft befanden
sich mehrere Personen, die sich mit Bestimmtheit er-

innerten, sie sei von ihrem Besitzer just an jenem Morgen getragen worden, da Mr. Shuttleworthy nach der Stadt aufbrach; indessen wieder Andere bereit waren, auf Wunsch mit ihrem Eide zu bezeugen, daß Mr. Pennifeather das fragliche Kleidungsstück hernach an jenem denkwürdigen Tage keinen Augenblick mehr getragen habe; und Niemand ließ sich finden, der ausgesagt hätte, es überhaupt noch irgendwann nach Mr. Shuttleworthy's Verschwinden an der Person des Mr. Pennifeather gesehen zu haben.

Die Sache sah für Mr. Pennifeather nun doch recht ernstlich aus, und man konnte – als eine unzweifelhafte Bekräftigung des gegen ihn aufgereizten Verdachts – bemerken, wie er überaus bleich ward und auf die Frage, was er denn für sich vorzubringen habe, gleich gänzlich unfähig war, auch nur ein Wort zu äußern. Hierauf zogen sich die wenigen Freunde, die ihm bei seinem ausschweifenden Wandel noch verblieben waren, alsbald bis auf den letzten Mann von ihm zurück und schrien gar noch eifernder als seine alten und erklärten Feinde nach seiner augenblicklichen Arretierung. Doch auf der andern Seite erstrahlte die Großherzigkeit des Mr. Goodfellow durch Kontrast in umso brillanterem Glanze. Er hielt eine warme und dringlich beredsame Verteidigung Mr. Pennifeathers, in welcher er mehr denn einmal darauf hinspielte, wie doch er selber in seines Herzens Lauterkeit dem wilden jungen Herrn – ‹dem Erben des würdigen Mr. Shuttleworthy› – die schmähliche Behandlung verziehen habe, die er (der junge Herr), ganz zweifelsohne in der Hitze jäher Leidenschaft, für angebracht gehalten, ihm (Mr. Goodfellow) angedeihen zu lassen. Er (Mr. Goodfellow) habe ihm denn auch, so führte er aus, von Herzensgrunde vergeben; und was nun ihn (Mr. Goodfellow) betreffe, der weit davon entfernt sei, den sich aus den Umständen ergebenden Verdacht auf die Spitze zu treiben, wie es, das sage er voller Bedauern, tatsächlich ja gegen Mr. Pennifeather geschehen sei, – er (Mr. Goodfellow) werde keine Anstrengung scheuen, soweit es nur in seinen Kräften stünde, er werde die ganze geringe Beredsamkeit aufwenden, die in seinem Besitze sei, um – um – um die schlimmsten Züge dieser wirklich überaus bestürzenden Obliegenheit zu – zu – zu mildern, soweit er es nur immer mit seinem Gewissen vereinbaren könne.

In dieser schönen Weise fuhr Mr. Goodfellow eine gute halbe Stunde lang fort, zur höhern Ehre seines Kopfes wie seines Herzens; doch Menschen von so warmer Herzlichkeit haben selten Geschick in ihren Bemerkungen – sie verrennen sich in alle möglichen Mißgriffe, *contre-temps* und *mal-à-propos*-ismen – alles im hitzigen Ungestüm ihres Eifers, einen Freund zu retten – und richten dessen Sache damit nur, oft in der freundlichsten Absicht von der Welt, unendlich viel mehr Schaden an, denn daß sie ihr förderlich sind.

Zu solchem Ende kam's denn auch bei aller Beredsamkeit des ‹alten Charley› im vorliegenden Falle; denn obschon er sich redlich zum Frommen des Verdächtigen plagte, geschah's doch irgendwie, so oder so, daß jede Silbe, die er von sich gab (und deren unmittelbarer Zweck doch ganz gewiß nicht, es sei denn unbewußt, darauf gerichtet war, den Sprecher in der guten Meinung seines Auditoriums zu erheben), die Wirkung hatte, den bereits an dem Manne, dessen Sache er führte, haftenden Verdacht noch zu vertiefen und gegen ihn die Volkswut zu entfesseln.

Einer der unverantwortlichsten Fehler, die der Redner beging, war die Bemerkung, der Verdächtige sei ‹der Erbe des würdigen alten Herrn, Mr. Shuttleworthy›. Denn daran hatten die Leute bis dahin wirklich überhaupt noch nicht gedacht. Es war ihnen lediglich in Erinnerung, daß der Onkel (der außer seinem Neffen keinen lebenden Anverwandten besaß) ein oder zwei Jahre zuvor gewisse Drohungen mit Enterbung geäußert hatte, und darum hatten sie diese Enterbung stets als eine abgemachte Sache betrachtet – so redlich dachten die Schwetzersbürger: ein Völkchen ohne Falsch. Doch des ‹alten Charley› Bemerkung veranlaßte sie nun alsogleich, über diesem Punkte nachzusinnen, und führte ihnen die Möglichkeit vor Augen, es könnten diese Drohungen am Ende gar nichts mehr als eben bloß Drohungen gewesen sein. Und stracks erhob sich hierauf die naheliegende Frage des *Cui bono?* – eine Frage, die gar noch mehr als die Weste dazu angetan war, dem jungen Mann das scheußliche Verbrechen anzuheften. Und damit ich nicht mißverstanden werde, erlauben Sie mir, einen Moment abzuschweifen, um rasch doch die Bemerkung zu machen, daß der so überaus knappe und einfache lateinische Ausdruck, den ich gebrauchte, beständig falsch übersetzt und mißdeutet wird. *Cui bono?* – das heißt in all unsern famosen Romanen und auch sonstwo – in denen von Mrs. Gore zum Beispiel (der ‹Cecil›-Autorin), einer Dame, die in sämtlichen Zungen zitiert, vom Chaldäischen bis zum Tschikasa, und zu ihrer Gelehrsamkeit ‹je nach Bedarf› und nach systematischem Verfahren bei Mr. Beckford Hilfe findet, – in *all* unsern famosen Romanen, sagte ich, von Bulwer und Dickens bis zu Ainsworth und andern Speculamini, heißen die beiden kleinen lateinischen

Worte *cui bono?* hartnäckig ‹zu welchem Zweck?› oder
(als wäre's dasselbe wie *quo bono*) ‹zu welchem Nutzen?›
Ihre wahre Bedeutung ist nichtsdestoweniger ‹zu
wessen Vorteil?› *Cui* – wem; *bono* – dient's zum Gewinne? Das ist ein reiner Rechts-Satz – und genau in
Fällen anwendbar wie dem, der hier zur Debatte steht:
wo nämlich die Frage, mit welcher Wahrscheinlichkeit
Jemand als Täter einer Tat in Frage komme, davon ab-
hängt, wieweit dem Betreffenden ein Gewinn aus dem
Begehen der Tat zufließe. Im vorliegenden Falle nun
betraf die Frage *cui bono?* ganz entschieden Mr. Pennifeather. Sein Onkel hatte ihm, nachdem er erst ein
Testament zu seinen Gunsten aufgesetzt, mit der Enterbung gedroht. Aber er hatte die Drohung nicht wirklich wahrgemacht; das ursprüngliche Testament, so
zeigte sich, war nicht geändert worden. *Wäre* es umge-
stoßen worden, so käme als einzig denkbares Mord-
motiv auf Seiten des Verdächtigen ordinäre Rachsucht
in Betracht; und selbst dieser hätte die Hoffnung ent-
gegengewirkt, vielleicht doch wieder noch vom Onkel
in Gnaden aufgenommen zu werden. Da aber das Testament ungeändert blieb, indessen die Drohung, es zu
ändern, weiterhin über dem Haupt des Neffen hing,
zeigt sich sogleich der stärkstmögliche Beweggrund
für die Bluttat; und zu diesem Schluß gelangten denn
auch, sehr scharfsinnig, die würdigen Bürger des
Schwetzer-Dorfes.

Entsprechend wurde Mr. Pennifeather vom Fleck weg
verhaftet, und die Menge machte sich, nach einigem
weiteren Suchen, auf den Heimweg, den Beschuldigten
bei sich in Gewahrsam. Auf dem Wege jedoch trat ein
weiterer Umstand ein, geeignet, den gefaßten Verdacht
zu bestärken. Mr. Goodfellow, den der Eifer trieb,

stets der Gesellschaft ein weniges voraus zu sein, lief plötzlich, so sah man, ein paar Schritte vor, bückte sich und hob dann augenscheinlich einen kleinen Gegenstand aus dem Grase auf. Nachdem er ihn hastig untersucht, bemerkte man insgleichen, daß er einen halben Versuch machte, ihn in seiner Rocktasche zu verbergen; doch ward diese Handlung erspäht, wie ich schon sagte, und folglich verhindert, und da stellte sich denn der aufgehobene Gegenstand als ein spanisches Messer heraus, welches alsbald ein Dutzend Personen als Eigentum von Mr. Pennifeather rekognoszierten. Zudem warn seine Initialen auf dem Griffe eingraviert. Die Klinge dieses Messers war aufgeklappt und blutig.

Nun blieb kein Zweifel mehr an der Schuld des Neffen, und unmittelbar nach Eintreffen in Schwetzersburg ward er zur Einvernahme vor einen Untersuchungsrichter gebracht.

Hier nahm die Sache erneut eine höchst ungünstige Wendung. Als der Gefangene befragt wurde, was er am Morgen von Mr. Shuttleworthy's Verschwinden getrieben habe, besaß er vollends die Kühnheit einzugestehen, er sei an eben jenem Morgen mit seiner Büchse auf die Pirsch gegangen, und zwar in der unmittelbaren Umgebung des Teiches, wo die blutbefleckte Weste durch den Scharfsinn von Mr. Goodfellow entdeckt worden war.

Dieser Letztere trat nun vor, und mit Tränen in den Augen bat er um die Erlaubnis, aussagen zu dürfen. Ein strenges Pflichtgefühl, so sprach er, nicht weniger gegenüber seinem Schöpfer denn seinen Mitmenschen erlaube ihm nicht länger, schweigend zu bleiben. Bislang habe das aufrichtigste Wohlwollen für den jungen Mann (ganz ohngeachtet der übeln Behandlung, welche

415

der Letztere ihm, Mr. Goodfellow, habe angedeihen lassen) ihn bewogen, jede Annahme zu setzen, die seine Phantasie ihm nur eingegeben, um doch irgendwie zu rechtfertigen, was an den so ernstlich wider Mr. Pennifeather zeugenden Umständen verdächtig scheine; doch diese Umstände seien nun insgesamt denn doch *zu* überwältigend, *zu* verdammend; da wolle er nicht länger zaudern – wolle er alles sagen, was er wisse, obgleich es ihm selber (Mr. Goodfellow) schier das Herz entzwei reißen werde. Er fuhr dann fort auszusagen, es habe am Nachmittage, der Mr. Shuttleworthy's Abreise nach der Stadt vorausging, der würdige alte Herr vor *seinen* (Mr. Goodfellow's) Ohren seinem Neffen gegenüber erwähnt, der Grund seiner Reise zur Stadt am folgenden Morgen sei der, bei der ‹Arbeiter- und Bauernbank› eine ungewöhnlich große Geldsumme einzulegen; wobei besagter Mr. Shuttleworthy dem besagten Neffen auf das bestimmteste auch seinen unwiderruflichen Entschluß erklärt habe, das ursprüngliche Testament umzustoßen und ihn leer ausgehn zu lassen. Er (der Zeuge) appellierte nun feierlich an den Angeklagten, er möge sich deutlich äußern, ob die Aussage, die er (der Zeuge) soeben getan, in jeder wesentlichen Einzelheit die Wahrheit sei oder nicht. Sehr zum Erstaunen aller Anwesenden räumte Mr. Pennifeather offen ein, sie sei es.

Der Richter hielt es nun für seine Pflicht, ein paar Konstabler auszusenden, um das Zimmer des Angeklagten im Hause des Onkels durchsuchen zu lassen. Von dieser Suche kehrten sie fast unmittelbar mit der wohlbekannten, stahl-gefaßten braunledernen Brieftasche zurück, die der alte Herr seit Jahren bei sich zu tragen pflegte. Ihr wertvoller Inhalt war jedoch entwendet, und der

Richter plagte sich vergeblich, dem Gefangenen ein Geständnis zu entreißen, welchen Gebrauch er von dem Raube gemacht oder an welchem Ort er ihn verborgen habe. Tatsächlich leugnete Mr. Pennifeather hartnäckig jede Wissenschaft von der Sache. Die Konstabler entdeckten aber zwischen Bett und Pfühl des unglücklichen Mannes ein Hemd und ein Halstuch – beide mit den Initialen seines Namens gezeichnet und beide scheußlich mit dem Blute des Opfers beschmiert. In diesem kritischen Augenblick wurde gemeldet, das Pferd des Ermordeten sei soeben im Stalle an den Folgen der Wunde verschieden, die es empfangen, und Mr. Goodfellow schlug vor, es möchte doch sofort eine Leichenöffnung an dem Tiere vorgenommen werden, um nach Möglichkeit das Geschoß zu entdecken. Dieser Vorschlag wurde befolgt; und wie um die Schuld des Angeklagten über allen Zweifel hinaus zu demonstrieren, war's Mr. Goodfellow nach gewissenhafter Suche im Brustkorb des Pferdes imstande, eine Kugel von ganz außerordentlicher Größe zu entdecken und hervorzuziehen, die – wie sich bei einer Probe herausstellte – haargenau dem Kaliber von Mr. Pennifeathers Büchse entsprach, indessen sie für die Waffen jeder andern Person im Flecken oder seiner Nachbarschaft viel zu groß war. Um den Tatbestand jedoch noch sicherer werden zu lassen, entdeckte man zudem, daß diese Kugel rechtwinklig zur gewöhnlichen Sutur einen Riß oder eine Schramme aufwies; und bei genauer Untersuchung paßte dieser Riß präzis zu einer zufälligen Unebenheit oder Erhöhung in einem Paar Gießformen, die vom Angeklagten als sein Eigentum anerkannt wurden. Kaum war diese Kugel gefunden, so lehnte es der Untersuchungsrichter ab, sich irgend weitere Bezeugung anzuhören, und überantwortete den Gefangenen dem Strafgericht – indem er es entschieden von sich wies, in diesem Falle Kaution zu nehmen, obschon sich Mr. Goodfellow sehr warm gegen diese Härte wandte und sich erbot, selber die Bürgschaft in jeder geforderten Höhe zu leisten. Diese Generosität des ‹alten Charley› stimmte nur zu wohl mit dem ganzen Tenor seines liebenswürdigen und ritterlichen Verhaltens überein, das er stets bewiesen, solang' er nur im Schwetzer-Flecken weilte. Im vorliegenden Fall ließ sich der würdige Mann so vollkommen hinreißen von der schier überquellenden Wärme seines Mitgefühls, daß es schien, als habe er, als er sich für seinen jungen Freund zum Bürgen anbot, gänzlich vergessen, daß ja er selber (Mr. Goodfellow) in der ganzen Welt nicht für einen einzigen Dollarswert Eigentum besaß.

Was den Angeklagten vorm Strafgericht erwartete, läßt sich unschwer voraussehen. Unter den lauten Verwünschungen von ganz Schwetzersburg wurde Mr. Pennifeather bei der nächsten Gerichtssitzung der Prozeß gemacht, und so bruch- und lückenlos zeigte sich die Kette der Indizienbeweise (bestärkt zudem noch von diversen zusätzlich verdammenden Tatsachen, die dem Gerichte vorzuenthalten Mr. Goodfellow seine empfindsame Gewissenhaftigkeit verbot), daß die Geschworenen, ohne ihre Sitze zu verlassen, unmittelbar ihren Spruch fällten: ‹*Schuldig des Mordes im ersten Grade.*› Bald danach empfing der unglückliche Schelm das Todesurteil und wurde in das Landesgefängnis geschafft, um daselbst die unerbittliche Rache des Gesetzes zu erwarten.

Inzwischen hatte den ‹alten Charley Goodfellow› sein nobles Verhalten den ehrbaren Bürgern des Fleckens doppelt teuer gemacht. Er wurde zehnmal so beliebt als je; und in natürlicher Folge der Gastfreundlichkeit, mit der er behandelt wurde, mäßigte er, gleichsam notgedrungenerweise, die äußerst knauserigen Gewohnheiten, zu denen ihn seine Armut bislang getrieben, und sehr häufig nun hielt er kleine *réunions* in seinem eigenen Hause, wo Witz und Lustigkeit zuoberst herrschten – gedämpft *natürlich* etwas vom gelegentlichen Gedenken an das widrige und betrübende Schicksal, welches über dem Neffen des Mannes schwebte, der – vielbeweint, nun selig – des generösen Gastgebers Busenfreund gewesen war.

Eines schönen Tages überraschte diesen hochherzigen alten Herrn recht gefällig das Eintreffen des folgenden Briefes:

«Herrn Charles Goodfellow, Wohlgeb.
Schwetzersburg
Betr.: Chat. Mar. A – Nr. 1 – 6 Dtzd. Fl.
Sehr geehrter Herr!
In Erledigung eines Auftrages, welcher unserer Firma vor etwa zwei Monaten von unserem geschätzten Korrespondenten Mr. Barnabas Shuttleworthy zuging, haben wir die Ehre, heute morgen an Ihre Adresse eine Doppelkiste Chateau-Margaux, Sorte ‹Antilope›, violettes Siegel, abzusenden. Kiste numeriert und bezeichnet wie oben.
Wir verbleiben, geehrter Herr, mit dem Ausdruck vorzgl. Hochachtg.   Hoggs, Frogs, Bogs & Co.
– – –, den 21. Juni 18 – –
PS: Die Kiste wird Sie einen Tag nach Empfang dieses Schreibens per Fracht erreichen. Unsere Empfehlungen an Mr. Shuttleworthy.   H., F., B. & Co.»

419

Tatsache ist, daß Mr. Goodfellow seit dem Tode von Mr. Shuttleworthy jegliche Erwartung aufgegeben hatte, je noch den versprochenen Chateau-Margaux zu empfangen; so sah er *nun* darin eine Art von besonderm Walten der Vorsehung zu seinem Frommen. Er war natürlich hochentzückt und lud in seiner überschwenglichen Freude auf den folgenden Tag eine große Gesellschaft von Freunden zu einem *petit souper,* um mit ihnen des guten alten Mr. Shuttleworthy Geschenk anzuzapfen. Nicht daß er irgendetwas vom ‹guten alten Mr. Shuttleworthy› *sagte,* als er die Einladungen ausgehen ließ. Tatsächlich machte er sich allerlei Gedanken und beschloß, gleich überhaupt nichts zu sagen. *Niemandem* gegenüber erwähnte er – wenn ich mich recht entsinne –, daß er Chateau-Margaux *geschenkt* erhalten habe. Er bat lediglich seine Freunde, zu ihm zu kommen und ihm eine bemerkenswert feine Qualität mit köstlicher Blume trinken zu helfen, die er sich vor ein paar Monaten aus der Stadt bestellt habe und morgen in Empfang nehmen werde. Ich habe mir oft den Kopf darüber zerbrochen, *wieso* wohl ‹Old Charley› sich entschlossen hatte, nichts davon verlauten zu lassen, daß der Wein von seinem alten Freunde stamme, doch konnte ich den Grund für sein Schweigen nie eigentlich genau erkennen, obschon er zweifellos einen ausgezeichneten und sehr edelmütigen Grund dafür hatte.

Der nächste Tag kam schließlich heran, und mit ihm nahte Mr. Goodfellow's Hause eine umfangreiche und hochachtbare Gesellschaft. Tatsächlich war die halbe Ortschaft da – ich selber mit darunter –, doch sehr zum Verdrießen des Gastgebers traf der Chateau-Margaux nicht ein, bis die Zeit bereits vorgerückt war und die Gäste dem üppigen Abendessen, das ‹Old Charley› gereicht, ausgiebig zugesprochen hatten. Doch dann kam er endlich an, – da stand die Kiste, riesig groß, – und weil die ganze Gesellschaft sich in überaus guter Laune befand, wurde *nem. con.* entschieden, man sollte sie auf den Tisch heben und alsogleich ihren Inhalt freilegen.

Kaum gesagt, so geschehen. Ich legte helfend Hand mit an; und im Nu hatten wir die Kiste auf dem Tisch, mitten zwischen all den Flaschen und Gläsern, von denen nicht wenige im Getümmel zu Bruche gingen. ‹Old Charley›, der ganz hübsch betrunken war und überaus rot im Gesichte, nahm nun mit einer Miene blasierter Würde zu Häupten der Tafel Platz und hämmerte wild mit einer Karaffe darauf herum, indem er auf diese Weise die Gesellschaft aufrief, ‹während der feierlichen Enthüllung des Schatzes› Ordnung zu bewahren.

Nach einigem Gebrüll ward volle Ruhe wiederhergestellt, und es folgte – wie's so oft in ähnlichen Fällen geschieht – eine tiefe und auffallende Stille. Der Aufforderung, den Deckel aufzubrechen, kam ich natürlich ‹mit dem allergrößten Vergnügen› nach. Ich setzte ein Stemmeisen an, und indem ich ein paarmal mit einem Hammer darauf schlug, flog der Kistendeckel plötzlich herunter, und heraus sprang – in sitzende Stellung – dem Gastgeber grad gegenüber – im selben Augenblick die zerschundene, blutige und nahezu schon verweste Leiche des ermordeten Mr. Shuttleworthy selbst. Ein paar Momente lang glotzte sie stier und bekümmert mit ihren faulig matten Augen voll Mr. Goodfellow ins Gesicht, äußerte langsam, doch klar und nachdrucksvoll die Worte «Du bist der Mann!» – und fiel dann, wie vollkommen zufriedengestellt, über die Seitenwandung der Kiste und streckte zitternd die Glieder auf dem Tische aus.

Die Szene, die nun folgte, geht gänzlich über alle Beschreibung. Ein schreckliches Drängen nach Türen und Fenstern entstand, und viele der robustesten Menschen im Raum fielen vor schierem Entsetzen sogleich in Ohnmacht. Doch nach dem ersten wilden, schrillen Ausbruch des Schreckens richteten sich alle Augen auf Mr. Goodfellow. Und wenn ich tausend Jahre lebte, nie könnt' ich die schon mehr als mörderische Seelenqual vergessen, die sich auf seinem gräßlich-geisterbleichen, soeben noch von Trunkenheit und Triumph geröteten Gesichte malte. Mehrere Minuten lang saß er steif und starr da wie ein Marmorbild; in ihrer stieren Blickesleere schienen seine Augen wie nach innen gewendet und versunken in die Betrachtung seiner eigenen elenden Mörderseele. Schließlich geschah's, daß ihr Ausdruck jäh wieder in die Außenwelt hinausblitzte, und mit einem plötzlichen Satz sprang er vom Stuhle auf und stürzte schwer mit Kopf und Schultern auf den Tisch, und in Berührung mit dem Leichnam stieß er in reißender Schnelle ein ausführliches Geständnis des scheußlichen Verbrechens hervor, für welches Mr. Pennifeather im Gefängnis saß, zum Tod verurteilt.

Was er erzählte, war im wesentlichen dies: – Er folgte seinem Opfer bis in die Nähe des Teiches; erschoß dort das Pferd mit einem Pistol; tat den Reiter mit dem Kolben ab; setzte sich in den Besitz der Brieftasche; und in dem Glauben, das Pferd sei tot, schleifte er es mit großer Anstrengung in das Gestrüpp bei dem Teiche. Auf sein eigenes Tier schlang er den Leichnam von Mr. Shuttleworthy und schaffte ihn solcherart weit weg durch die Wälder zu einem sicheren Versteck.

Die Weste, das Messer, die Brieftasche und die Kugel waren von ihm selber an ihren Fundort in der Absicht manipuliert worden, sich an Mr. Pennifeather zu rächen. Insgleichen hatte er die Entdeckung des blutbefleckten Halstuchs und Hemdes arrangiert.

Gegen Ende des schauerlichen Berichts wurden die Worte des schuldigen Wichtes stammlig und hohl. Als das Geständnis dann endlich ganz heraus war, stand er auf, taumelte vom Tisch zurück und – stürzte *tot* zu Boden.

Die Mittel, mit denen dies noch eben zur günstigen Stunde abgelegte Geständnis erpreßt ward, waren – wenngleich recht wirksam – tatsächlich simpel. Mr. Goodfellow's unmäßige Freimütigkeit hatte mich angewidert und gleich zu Anfang meinen Verdacht erweckt. Ich war dabei, als Mr. Pennifeather ihn geschlagen, und der teuflische Ausdruck, der damals auf seinem Gesichte erschien, wenngleich auch nur für einen Augenblick, gab mir die Gewißheit, daß seine Rachedrohung so unnachsichtig als möglich in Erfüllung gehen werde. Ich war mithin vorbereitet, ‹Old Charleys› Manöver in einem sehr anderen Lichte zu sehen, als es die guten Schwetzersbürger taten. Ich erkannte sogleich, daß all die belastenden Entdeckungen mehr oder minder direkt von ihm selber herrührten. Doch die Tatsache, die mir für den wahren Stand des Falles deutlich die Augen öffnete, war die Geschichte mit der Kugel, die Mr. Goodfellow *im Kadaver des Pferdes* fand. *Ich* hatte *nicht* – wie die Schwetzersbürger – vergessen, daß *zwei* Wundlöcher vorhanden gewesen waren, nämlich eines, wo das Geschoß in die Brust des Pferdes eingedrungen, und eins, wo es wieder *heraus-*

getreten war. Wenn es denn also in dem Tiere gefunden wurde, nachdem es dieses doch wieder verlassen, so mußte es – das sah ich klar – von der Person, die es fand, dort hingebracht worden sein. Das blutige Hemd und Halstuch bestätigten mir den Gedanken, den mir die Kugel eingab; denn das Blut erwies sich bei der Untersuchung als kapitaler Rotwein und nichts mehr. Als ich über all das nun nachsann und auch die seit kurzem bedeutend gewachsene Freigebigkeit und Verschwendung auf Seiten Mr. Goodfellow's bedachte, faßte ich einen Argwohn, der nicht im mindesten dadurch schwächer ward, daß ich ihn gänzlich für mich behielt.

Inzwischen unternahm ich auf eigene Faust eine rigorose Suche nach Mr. Shuttleworthy's Leichnam, und zwar suchte ich, aus guten Gründen, in Gegenden, die so weit als möglich denen abgelegen waren, zu denen Mr. Goodfellow seine Partei geführt hatte. Das Resultat war, daß ich nach einigen Tagen auf einen alten ausgetrockneten Brunnenschacht stieß, der fast ganz verborgen im Gestrüpp lag; und hier, auf seinem Grund, entdeckte ich, was ich suchte.

Nun hatte ich zufällig von Anfang bis Ende das Gespräch zwischen den beiden Kumpanen mit angehört, in dem es Mr. Goodfellow fertig gebracht hatte, seinen Gastgeber so weit zu beschwatzen, daß er ihm eine Kiste Chateau-Margaux versprach. Auf diesen Wink hin ging ich denn ans Werk. Ich besorgte mir ein steifes Stück Fischbein, stieß es dem Leichnam durch die Speiseröhre nieder und deponierte ihn sodann in einer alten Weinkiste, indem ich darauf bedacht war, mit dem Körper zugleich auch das Fischbein zusammenzukrümmen. In dieser Weise hatte ich kräftig auf den Deckel zu drücken, um ihn niederzuhalten, während ich ihn mit Nägeln sicherte; und natürlich berechnete ich voraus, daß er, sobald diese letzteren entfernt würden, auffliegen und der Körper hervorschießen würde.

Nachdem ich die Kiste solcherart vorgerichtet, bezeichnete, numerierte und adressierte ich sie, wie bereits erzählt; sodann setzte ich im Namen der Weinhändler, mit denen Mr. Shuttleworthy zu tun hatte, einen Brief auf und erteilte meinem Diener Instruktionen, die Kiste auf ein von mir selber gegebenes Signal hin auf einer Schubkarre vor Mr. Goodfellow's Haustüre zu schaffen. Was die Worte betraf, die der Leichnam nach meinem Plane von sich geben sollte, so verließ ich mich zuversichtlich auf mein bauchrednerisches Talent; für ihre Wirkung rechnete ich auf das Gewissen des Mordbuben.

Ich denke, es bleibt nichts weiter zu erklären. Mr. Pennifeather ward auf der Stelle freigelassen, erbte das Vermögen seines Onkels, ließ sich die schlimme Erfahrung zur Lehre dienen, besserte seinen Wandel und führte glücklich stets danach ein neues Leben.

DIE TAUSENDUNDZWEITE ERZÄHLUNG
DER SCHEHREZAD

Die Wahrheit ist wunderlicher denn alle Erfindung.
Altes Sprichwort

Als ich jüngst – es geschah im Verfolg etlicher orientalischer Forschungen – Gelegenheit hatte, das ‹Sachmirdoch-Istesso› zu konsultieren, ein Werk, welches (wie der Sohar des Simeon Jochaides) schlechterdings so gut wie unbekannt ist, selbst in Europa, und meiner Kenntnis nach von keinem Amerikaner noch zitiert wurde, – wenn wir, vielleicht, den Autor der ‹Denkwürdigkeiten amerikanischer Literatur› ausnehmen; – als ich Gelegenheit hatte, so sagte ich, einige Seiten des obgenannten, sehr bemerkenswürdigen Werkes umzuwenden, war ich nicht wenig erstaunt zu entdecken, daß die literarische Welt bislang auf das befremdlichste im Irrtum hinsichtlich des Geschicks der Schehrezad gewesen ist, der Tochter des Wesirs, wie es in den ‹Tausendundein Nächten› abgeschildert steht, und daß das dort gegebne *dénouement* – wenn nicht, so weit es geht, geradezu ungenau zu nennen – so doch zu mindest dafür zu schelten ist, daß es nicht noch sehr viel weiter ging.
Um volle Unterrichtung in diesem interessanten Gegenstande muß ich den wissensdürstigen Leser auf das ‹Sachmirdoch-Istesso› selber verweisen: derweil jedoch werde ich wohl Verzeihung finden, wenn ich eine summarische Übersicht dessen gebe, was ich entdeckte.
Es will daran erinnert sein, daß in der üblichen Version besagter Erzählungen ein gewisser Monarch, da er gute Ursache hat, auf seine Königin eifersüchtig zu sein, dieselbe nicht nur zu Tode bringen läßt, sondern überdies

ein Gelübde tut, bei seinem Barte und dem Propheten, eine jegliche Nacht fortan die schönste Jungfrau in seinen Landen zum Gespons zu nehmen, um sie sodann am nächsten Morgen dem Henker zu überliefern. Nachdem er dies Gelübde viele Jahre lang auf den Buchstaben genau und mit religiöser Pünktlichkeit und Akkuratesse erfüllt, welche ihm den Ruf, ein Mann von Gottesfurcht und trefflich edlem Sinn zu sein, gebührend reichlich eingetragen hatte, ward er eines Nachmittags (er war, wer möchte zweifeln, eben im Gebete) vom Besuch seines Großwesirs unterbrochen, dessen Tochter, so zeigt sich, ein besonderer Einfall gekommen war.

Diese Tochter hieß Schehrezad, und ihr Einfall ging dahin, entweder das Land von der verheerenden Abgabenlast, welche so hart auf seiner Schönheit ruhte, zu erlösen oder aber selbst, nach dem bewährten Muster aller Heroinen, bei diesem Unternehmen zu Grunde zu gehen.

In diesem Sinne – und obschon, wie wir finden, kein Schaltjahr war (wodurch das Opfer noch weit verdienstlicher) – entsendet sie ihren Herrn Vater, den Großwesir, dem Könige ihre Hand zu offerieren. Diese Hand nimmt derselbe denn auch begierig an – (er hatte sie zu nehmen auf alle Fälle vorgehabt und nur die Sache noch von Tag auf Tag verschoben, einzig weil er sich vor dem Wesir besorgte) – doch indem er sie nunmehr empfängt, gibt er allseits auf das entschiedenste zu verstehen, er hege – Großwesir her oder hin – nicht die leiseste Absicht, auch nur ein Jota seines Gelübdes oder seiner Privilegien aufzugeben. Als denn die liebliche Schehrezad darauf bestand, den König zu ehelichen und ihn auch wirklich ehelichte, trotz ihres Herrn Vaters vorzüglichem Ratschlage, von dergleichen Taten doch lieber Abstand zu nehmen, – als, sagte ich, die Dinge nun wohl oder übel also lagen, geschah's doch immerhin nicht, ohne daß sie die entzückenden schwarzen Augen so weit offen hatte, wie's die Natur des Falles grad nur erlauben wollte.

Es scheint allerdings, als hätte dieses staatskluge Fräulein (das ohne Zweifel Macchiavell gelesen) ein recht ingeniöses kleines Komplott im Köpfchen gehabt. In der Hochzeitsnacht brachte sie es – mit welchem erheuchelten Vorwande, vergaß ich leider – zu Wege, ihre Schwester ein Ruhelager einnehmen zu lassen, das dem des königlichen Paares nah genug lag, um unbeschwerte Konversation herüber und hinüber zu gestatten; und ein weniges vor dem ersten Hahnenschrei trug sie Sorge, den wackeren Monarchen, ihren Herrn Gemahl, zu wecken (welcher ihr denn auch nicht im mindesten darob grollte, gedachte er ihr doch am Morgen das Hälschen umdrehn zu lassen), – sie brachte also, sagte ich, es fertig, ihn zu wecken (obschon er, auf Rechnung eines famosen Gewissens und einer leichten Verdauung, überaus wohl schlummerte), und zwar recht schlau verschmitzt mit Hilfe einer interessanten (von einer Ratte und einer schwarzen Katze, denk' ich, handelnden) Geschichte, welche sie (im Flüsterton, versteht sich) ihrer Schwester erzählte. Als der Tag nun anbrach, traf es sich just so, daß diese Geschichte noch nicht gänzlich zu Ende gekommen und somit Schehrezad, bei Lage der Dinge, auch nicht imstande war, sie zu vollenden, ward es doch hohe Zeit für sie, sich zu erheben und erdrosseln zu lassen – eine Sache, sehr wenig vergnüglicher denn das Hängen, nur eine Kleinigkeit vornehmer.

Des Königs Neubegier jedoch siegte, so muß ich leider
vermelden, über seine untadlig frommen Grundsätze
und veranlaßte ihn dies eine Mal, die Erfüllung seines
Gelübdes bis zum nächsten Morgen noch hintanzu-
stellen – mit dem Zweck und in der Hoffnung, während
der kommenden Nacht zu vernehmen, welches Ende
es mit der schwarzen Katze (und eine schwarze Katze,
denk' ich, war es) und der Ratte genommen habe.

Die Nacht war gekommen, doch die Dame Schehrezad
versetzte nicht nur der schwarzen Katze und der Ratte
(welche blau war) den Gnadenstoß, sondern ehe sie
sich's nur selber recht versah, steckte sie bereits tief in
den Verwickelungen einer weiteren Erzählung, deren
Gegenstand (wenn ich nicht gänzlich falsch berichtet
bin) ein nelkenfarbiges Pferd (mit grünen Flügeln) war,
welches von einem Uhrwerk zu schier rasendem Lauf
angetrieben und mit einem Indigo-Schlüssel aufgezogen
wurde. An dieser Geschichte nahm der König ein womöglich noch gründlicheres Interesse als an der andern,
und als der Tag (ohngeachtet allen Bemühens der Königin, noch rechtzeitig bis zur Erdrosselung mit ihr zu
Ende zu kommen) noch vor ihrem Beschlusse anbrach,
gab es wiederum keinen Ausweg, als den feierlichen
Brauch wie vorher um vierundzwanzig Stunden aufzu-
schieben. In der nun folgenden Nacht ereignete sich ein
ähnliches Ungeschick, mit ähnlichem Ergebnis; und
insgleichen in der nächsten – und der wieder nächsten;
so daß am Ende der wackere Monarch, nachdem er unvermeidlich jeglicher Gelegenheit beraubt, sein Gelöb-
nis zu halten, und zwar durch einen Zeitraum von nicht
weniger denn tausendundein Nächten, es entweder im
Verlaufe dieser Zeit schier ganz und gar vergißt oder
sich auf regulärem Wege davon entbinden läßt oder

(was mich wahrscheinlicher bedünken will) es schlicht-
weg bricht – und den Hals seines Beichtvaters dazu.
Schehrezad jedenfalls, die – da sie in gerader Linie von
Eva abstammte – vielleicht gar Erbin jener ganzen sieben Körbevoll Geschwätzigkeit war, welche die genannte Dame, wir wissen's alle, sich im Garten Eden
unter den Bäumen auflas, – Schehrezad, so sagte ich,
siegte schließlich ob, und der Zolltarif, mit welchem die
Schönheit dortzulande belegt war, wurde aufgehoben.
Nun ist dieser Beschluß (den die Geschichte nimmt, so
wie sie uns überliefert ist) ganz ohne Zweifel hübsch
und recht gefällig – doch, ach!, wie bei so vielem, was
gefällt, ist er weitaus gefälliger denn wahr; und allezeit bin ich dem ‹Sachmirdoch-Istesso› verpflichtet,
daß es mir die Mittel an die Hand gab, den Irrtum zu
berichtigen. «*Le mieux*», sagt ein französisches Sprichwort, «*est l'ennemi du bien*», und als ich erwähnte, daß
Schehrezad die sieben Körbevoll Geschwätzigkeit er-
erbt, hätte ich wohl sollen hinzufügen, daß sie dieselben
auf Zins und Zinses Zinsen anzulegen wußte, bis
schließlich siebenundsiebzig draus geworden.
«Meine teure Schwester», so sprach sie in der tausend-
undzweiten Nacht (und ich zitiere an diesem Punkt
den Text des ‹Sachmirdoch-Istesso› *verbatim*), «meine
teure Schwester», sagte sie, «nun, da die kleine Diffizi-
lität mit dem Erdrosseln sich verflogen hat und die abscheuliche Schönheitssteuer so glücklich aufgehoben
ist, fühle ich, daß ich mich einer groben Rücksichts-
losigkeit schuldig gemacht habe, indem ich dir und dem
Könige (welcher, ich muß es leider sagen, schnarcht –
ein Ding, das eines gebildeten Herrn recht unwürdig)
den vollen Schluß der Geschichte von Sindbad dem
Seefahrer vorenthielt. Dieser Mensch durchlebte noch

zahlreiche andere und interessantere Abenteuer, als jene waren, welche ich erzählte; doch die Wahrheit ist, ich wurde etwas schläfrig in jener Nacht ihrer Erzählung und ward somit verführt, sie etwas zu verkürzen – ein erbärmlich Stücklein schlechten Betragens, von welchem ich nur zuversichtlich hoffen kann, daß mir's Allah vergeben möge. Doch ist es ja selbst jetzt noch nicht zu spät, meinem großen Versäumnisse abzuhelfen, und sobald ich nur den König zu ein oder zwei Malen geknippen habe, um ihn so weit zu wecken, daß er davon abläßt, so schauderhaftes Getöse zu veranstalten, will ich sogleich dich (und ihn, wenn es ihm gütigst gefallen möchte) mit der weitern Fortsetzung dieser sehr merkwürdigen Geschichte unterhalten.»

Hierob äußerte die Schwester Schehrezads, wie ich dem ‹Sachmirdoch-Istesso› entnehme, nicht eben sonderlich begeisterte Dankbarkeit; doch der König stand schließlich, nachdem er hinreichend geknippen worden, von seinem Schnarchen ab und sagte «Hem!» und sodann «Ho!», als die Königin auch schon, indem sie diese Worte (welche zweifellos Arabisch sind) dahingehend verstand, sie seien die Versicherung, daß er ganz Ohr sowie nach besten Kräften bemüht sein wolle, nicht fürder mehr zu schnarchen, – als die Königin, so sagte ich, nachdem sie diese Dinge zu ihrer Zufriedenheit geregelt, auch schon ohne weitern Verzug mit ihrer Geschichte von Sindbad dem Seefahrer folgendermaßen anhob:

««Im höhern Alter schließlich›, (dies sind die Worte Sindbads selber, wie sie von Schehrezad nun nacherzählt wurden), – ‹im höhern Alter schließlich, und da ich mich so mancher Jahre der Geruhsamkeit zu Hause erfreut, ward ich auf einmal von neuem besessen von dem Wunsche, fremde Länder zu besuchen; und eines Tages packte ich, ohne nur ein Mitglied meiner Familie mit meiner Absicht bekannt zu machen, aus allen solchen Waren, welche höchstlich wertvoll sind, dabei jedoch den wenigsten Raum einnehmen, einige Bündel zusammen, und indem ich mir für sie einen Träger mietete, zog ich mit demselben hinab zur Küste, um der Ankunft irgend eines Fahrzeugs zu harren, das mich aus dem Reiche fort und in irgend eine Region bringen möchte, die ich noch nicht erforscht.

«‹Nachdem wir das Gepäck im Ufersande abgelegt hatten, ließen wir uns unter einer Baumgruppe nieder und blickten hinaus auf den Ozean, in der Hoffnung, es möchte sich ein Schiff sichten lassen; allein durch mehrere Stunden hin wollte sich uns keines zeigen. Schließlich däuchte es mir, als vernähme ich fern ein seltsames Summen und Sausen, und der Lastträger erklärte insgleichen, nachdem er ein Weilchen gelauscht, es sei auch seinem Ohre nicht entgangen. In kurzem ward es noch vernehmlicher und darauf immer noch lauter, so daß wir keinen Zweifel hegen konnten, es käme uns der Gegenstand, welcher seine Ursache, dauernd näher. Schließlich entdeckten wir am Rand des Horizonts einen schwarzen Fleck, welcher in rasender Schnelle an Größe zunahm, bis wir ihn für ein riesiges Ungeheuer erkannten, das mit einem großen Teil seines Leibes über der Oberfläche des Meeres schwamm. Es kam auf uns zu mit schier unfaßlicher Geschwindigkeit, warf ungeheure Wogen von Gischt um seine Brust und beleuchtete den ganzen Teil des Meers, den es durchschnitt, mit einer langen Linie Feuers, welche bis weit hin in die Ferne zurück reichte.

«‹Als das Ding nun immer näher kam, vermochten wir

es deutlich zu erkennen. Seine Länge war gleich der von drei der höchsten Bäume, die nur wachsen, und breit war es schier wie der große Audienzsaal in deinem Palast, o du erhabenster und großmütigster der Kalifen. Sein Leib, welcher dem gewöhnlicher Fische ganz unähnlich, war so fest wie ein Felsen und von pechener Schwärze überall, so weit es über dem Wasser dahin schwamm. – mit Ausnahme nur eines schmalen blutroten Streifens, der es vollständig wie ein Gürtel umgab. Der Bauch, der unter der Wasserfläche lag und den wir nur dann und wann flüchtig zu schauen bekamen, denn das Monstrum hob und senkte sich mit den Wogen, war vollkommen mit metallischen Schuppen bedeckt, von einer Farbe wie der des Monds bei neblichtem Wetter. Der Rücken war flach und nahezu weiß, und von ihm ragten sechs Flossenstachel empor, so lang beinahe wie der halbe Leib.

«‹Diese erschreckliche Kreatur besaß keinerlei Rachen, den wir hätten feststellen können; doch wie um diesen Mangel wett zu machen, war sie mit wenigstens viermal zwanzig Augen ausgerüstet, welche aus ihren Höhlen hervortraten wie die der grünen Libelle und in zwei Reihen, eine über der andern, rund um den Leib verliefen, parallel zu dem blutroten Streifen, welcher dem Zweck einer Augenbraue zu dienen schien. Zwei oder drei dieser fürchterlichen Augen warn sehr viel größer denn die andern und hatten die Erscheinung pur-gediegnen Goldes.

«‹Obgleich sich diese Bestie uns, wie ich zuvor schon sagte, mit der reißendsten Schnelle näherte, so mußte sie gleichwohl doch von Zauberei getrieben worden sein – denn weder besaß sie Flossen wie ein Fisch, noch Schwimmhautfüße wie eine Ente, noch Schalenklappen

wie die Seemuschel, die in der Weise eines Segelschiffs
sich treiben läßt; auch wand das Untier sich nicht vorwärts, wie die Aale tun. Sein Kopf und Schwanz war
gänzlich gleicher Weise gestaltet, nur daß sich, unweit
des letztern, zwei schmale Löcher befanden, welche zu
Nüstern dienten und durch die das Monstrum seinen
dicken Atem mit gewaltiger Heftigkeit ausstieß und
mit einem kreischenden und widrigen Geräusch.

«‹Unser Entsetzen beim Anblick dieses scheußlichen
Dinges war überaus groß; doch übertroffen ward es
schier noch von Verwunderung, als wir, kaum daß wir
einen nähern Blick darauf hatten, auf dem Rücken der
Kreatur eine Unzahl Lebewesen in Größe und Gestalt
von Menschen bemerkten, denen sie in der Tat ganz ungemein ähnlich sahen, nur daß sie keine Gewandung
trugen (wie Menschen tun), sondern (zweifelsohne von
der Natur) mit einer häßlichen, unbequemen Hülle ausgestattet waren, welche zu gutem Teil doch ganz wie
Tuch anmutete, jedoch den Leib so hauteng dicht umschloß, daß sie die armen Schelme auf das lächerlichste
plump machte und tölpelhaft und sie ersichtlich bittere
Pein leiden ließ. Hoch oben auf ihren Köpfen waren
quadratische Schachteln angebracht, welche, so dacht'
ich auf den ersten Blick, wohl die Bestimmung erfüllen
sollten, für Turbane zu dienen; doch bald entdeckte ich,
daß sie ganz ungemein schwer und fest waren, und
schloß daraus, sie seien eigens künstlich zu dem Plan
erfunden, durch ihr großes Gewicht die Köpfe der
Lebewesen standhaft und sicher auf den Schultern zu
halten. Um die Nacken der Kreaturen waren schwarze
Halsbande gelegt (Kennzeichen der Knechtschaft, ohne
Zweifel), wie wir sie unsere Hunde tragen lassen, nur
noch viel breiter und unendlich steifer, so daß es den

armen Opfern schier unmöglich war, den Kopf in
irgend nur einer Richtung zu bewegen, ohne den Körper
zugleich mitbewegen zu müssen; wodurch sie denn verurteilt waren, in dauernder Beschaulichkeit auf ihre
Nasen zu starren – ein Anblick, der in erstaunlichem,
wenn nicht schlechterdings bestürzendem Maße möp-
sisch und abgestumpft wirkte.

«‹Als nun das Monstrum nahezu schon das Gestade erreicht hatte, an welchem wir standen, ließ es plötzlich
eines seiner Augen ganz unmäßig lang hervorquellen
und entsendete aus ihm einen erschrecklichen Feuer-
blitz, begleitet von einer dichten Wolke Rauchs und
einem Krach, welchen ich mit nichts als nur dem Donner vergleichen kann. Als sich der Qualm verzog, sahen
wir eines der wunderlichen Menschenwesen nahe dem
Kopf des riesigen Biestes stehen, eine Trompete in der
Hand, durch welche es (indem es sie zum Munde
führte) sich alsbald in lauter, rauher, mißtönend wider-
licher Rede an uns wendete, die wir, vielleicht, noch
fälschlich gar für eine Sprache gehalten hätten, wäre sie
nicht ganz und gar durch die Nase gekommen.

«‹Auf solche Weise ganz offensichtlich angesprochen,
geriet ich in nicht eben geringe Verlegenheit, wie zu
antworten wäre, konnt' ich doch um alles nicht verstehen, was gesprochen ward; und in dieser Schwierigkeit wendete ich mich an den Lastträger, dem vor lauter
Entsetzen schon fast die Sinne schwanden, und begehrte von ihm die Meinung zu erfahren, welcher Spe-
zies das Ungeheuer wohl zugehöre, was es begehre, und
welche Art Geschöpfe jene wären, die dort auf seinem
Rücken umherwimmelten. Auf dieses antwortete der
Träger, so wohl er es vor Angst und Zittern eben nur
vermochte, er habe einmal schon von diesem Seegetüm

gehört; ein grausamer Dämon sei es, dessen Eingeweide voll Schwefel wären und dessen Blut aus Feuer, geschaffen von schlimmen Dschinnen, um Trübsal und Elend auf die Menschheit zu bringen; die Wesen auf seinem Rücken aber seien ungeziefriges Geschmeiß, wie es zuweilen Katzen und Hunde plage, nur größer etwas und noch blutgieriger; und dieses Ungeziefer habe, wenn auch übel, seinen Zweck und Nutzen – denn durch die Marterung, welche es mit seinem Nagen und Stechen dem Untiere zufüge, werde dieses zu dem Grade von Grimm aufgestachelt, welcher erforderlich wäre, es aufbrüllen zu lassen und Unheil stiften und somit die rachsüchtigen und arglistigen Pläne der boshaften Dschinnen zu erfüllen.

«‹Diese Mitteilungen bestimmten mich, alsbald die Beine in die Hand zu nehmen, und ohne auch nur einmal noch hinter mich zu sehen, rannte ich in voller Schnelle hügelan dahin, indessen der Träger die nämliche Eile entwickelte, freilich in fast entgegengesetzter Richtung, so daß er, just hierdurch, schließlich sein Entkommen fand, und zwar mit meinen Bündeln, denen er, da hab' ich keinen Zweifel, die vorzüglichste Fürsorge angedeihen ließ – ob dies auch schon ein Punkt ist, über welchen ich Bestimmtes nicht zu sagen weiß, denn ich erinnere mich nicht, ihn jemals wieder erblickt zu haben.

«‹Was nun mich selbst betrifft, so ward ich dermaßen hitzig von einem Schwarm dieses Menschengeziefers verfolgt (es war unterweil in Booten ans Ufer gekommen), daß ich sehr bald schon eingeholt, an Händen und Füßen gebunden und hinüber auf die Bestie geschafft wurde, die unmittelbar darauf wieder hinaus auf die hohe See schwamm.

«Nun gereute es mich bitterlich meiner Narrheit, ein trautes Heim verlassen zu haben, um mein Leben in Abenteuern wie diesem auf das Spiel zu setzen; doch da alles Klagen nutzlos war, suchte ich das Beste aus meiner Lage zu machen und mühte mich, mir die Gunst des Menschentieres zu erringen, welches die Trompete besaß und offenbar über seine Genossen Gewalt übte. Dieses Bemühen geriet mir denn auch so herrlich, daß mir das Geschöpf bereits nach wenigen Tagen verschiedentliche Zeichen seiner Huld spendete und sich am Ende gar dem Ungemach unterzog, mich die Anfangsgründe dessen zu lehren, was für seine Sprache zu bezeichnen es eitel genug war; so daß ich schließlich in den Stand versetzt ward, mich mit ihm recht flink und flüssig zu unterhalten, und Gelegenheit fand, ihm begreiflich zu machen, wie es mein brennend heißer Wunsch wäre, die Welt zu sehen.

«‹ *Hatschi kwatschi kwiek, Sindbad, ei diddeldikwaddel grummelmummel, hiss fiss wiss* ›, sagte er eines Tages nach dem Essen zu mir – doch ich bitte tausend Mal um Verzeihung, daß ich vergaß – Ew. Majestät sind mit dem Dialekte der Cockneys ja nicht vertraut (so nämlich wurden diese Menschenmischmaschtiere genannt; vermutlich weil ihre Sprache das Bindeglied zwischen der des Pferds und jener der Hähne bildete). Mit gütiger Erlaubnis will ich's verdolmetschen. ‹ *Hatschi kwatschi* › und so fort – das heißt: ‹Ich sehe mit Vergnügen, mein teurer Sindbad, daß du ein wahrlich ganz famoser Bursche bist; nun haben wir da grad eine Sache vor, welche Erdumsegelung genannt wird; und da du so versessen darauf bist, die Welt zu sehen, will ich ein übriges tun und dir freie Passage auf dem Rücken dieses Ungetümes geben›.»

Als die Dame Schehrezad bis hierher vorgedrungen, wendete sich der König, so berichtet das ‹Sachmirdoch-Istesso›, von der linken Seite auf die rechte und sprach –

«Es ist in der Tat *sehr* überraschend, meine teure Königin, daß du diese letztern Abenteuer Sindbads bis heute übergingst. Weißt du, daß ich sie für überaus unterhaltend und sonderbar erachte?»

Nachdem der König sich solchermaßen ausgesprochen, nahm die schöne Schehrezad, so werden wir berichtet, den Faden ihrer Historie mit den folgenden Worten wieder auf –

«Sindbad fuhr fort, dem Kalifen also zu berichten – ‹Ich dankte dem Menschentiere für seine Freundlichkeit und fühlte mich recht bald ganz zu Hause auf dem Monstrum, welches mit schier wundersam gewaltiger Schnelligkeit durch den Ozean dahinschwamm; obgleich die Oberfläche des letztern in jenem Weltteil keineswegs flach und eben ist, sondern rund wie ein Granatapfel, so daß es – so zu sagen – fortwährend hügelauf und hügelab mit uns ging.›»

«Das war, so däucht mir, doch recht eigentümlich», unterbrach der König.

«Nichtsdestoweniger ist es die reine Wahrheit», erwiderte Schehrezad.

«Ich habe da meine Zweifel», versetzte der König; «doch, bitte, sei so gut und fahre fort mit der Geschichte.»

«Das will ich», sagte die Königin. «‹Das Ungeheuer›, so berichtete Sindbad weiter dem Kalifen, ‹schwamm, wie ich schon erzählte, bergauf und bergab, bis wir schließlich zu einem Eiland kamen, das viele hundert Meilen im Umfange maß, doch gleichwohl mitten im

Meere von einer Kolonie kleiner Lebewesen erbaut
worden war, so winzig wie die Raupen[1].»

«Hem!» sagte der König.

«‹Nachdem wir dieses Eiland verlassen›, sagte Sindbad –» (und Schehrezad nahm – wohlverstanden –
keinerlei Notiz von ihres Gatten unmanierlichem Zwi-
schenruf) – «‹nachdem wir dieses Eiland verlassen,
kamen wir zu einem anderen, auf dem die Wälder von
festem Steine waren und so hart, daß auch die bestge-
härteten Äxte daran zersplitterten, als wir uns damit
mühten, sie umzuschlagen[2].› »

«Hem!» sagte der König abermals; doch Schehrezad

[1] Die Korallentierchen.

[2] «Eines der allermerkwürdigsten Naturschauspiele in Texas ist –
nahe der Quelle des Pasigno-Flusses gelegen – ein versteinerter
Wald. Er besteht aus mehreren Hundert Bäumen, welche – aufrecht stehend – allesamt zu Stein geworden. Einige Bäume, die
gegenwärtig noch wachsen, sind bereits teilweise versteint. Dies
ist ein durchaus bestürzender Tatbestand für die Naturphilosophen
und muß sie veranlassen, die bestehende Theorie über die Verstei-
nerung zu modifizieren.» – *Kennedy,* TEXAS I, S. 120.
Dieser Bericht, der zuerst nur wenig Glauben fand, ist unterweil
durch die Entdeckung eines vollkommen versteinerten Waldes
nahe den Quellgewässern des Chayenne- oder Chienne-Flusses be-
kräftigt worden, welcher seinen Ursprung in den Black Hills der
Felsengebirge hat.
Vielleicht gibt es auf dem gesamten Globus kaum ein Schauspiel
– weder vom geologischen noch vom landschaftlich-malerischen
Gesichtspunkt aus –, das merkwürdiger wäre als jenes, das der
versteinte Wald bei Kairo bietet. Der Reisende wendet sich, nachdem er die gleich vor den Toren der Stadt liegenden Kalifengräber
hinter sich gelassen, im nahezu rechten Winkel zur nach Suez
führenden Wüstenstraße gen Süden, wandert einige zehn Meilen
weit in einem unfruchtbaren Tal dahin, das mit Sand bedeckt ist,
mit Kies und mit Muscheln, so frisch noch, als sei erst gestern die
Flut darüber gegangen, und überquert sodann eine niedere Kette
von Sandhügeln, welche bereits eine Strecke weit parallel zu seinem

beachtete ihn gar nicht und fuhr in der Erzählung Sindbads fort.

« ‹Als wir auch dieses Eiland hinter uns gelassen, erreich-
ten wir ein Land, darin war eine Höhle, die ganze dreißig
oder vierzig Meilen lang in den Eingeweiden der Erde
verlief und eine größere Anzahl weit geräumigerer und
herrlicherer Paläste barg, denn in Damaskus und Bagdad
zusammen gefunden werden. Von den Gewölben dieser
Paläste hingen Myriaden von Edelsteinen nieder, Dia-
manten gleich, doch von mehr denn Mannes Größe; und
in den Straßen, mitten zwischen Türmen, Pyramiden und
Tempeln, fluteten gewaltige Ströme dahin, so schwarz
wie Ebenholz und wimmelnd belebt von Fischen, die
keine Augen hatten[1].› »

Pfade verlaufen sind. Der Anblick, der sich ihm nun bietet, ist
über alle Beschreibung seltsam und öd. Eine Menge von Baum-
überresten, die sämtlich zu Stein geworden sind und wie Gußeisen
erklirren, trifft sie der Huf des Pferdes, breitet sich, in Gestalt eines
abgestorbenen und hingestreckten Waldes, Meilen und Meilen
weit vor dem Blicke aus. Das Holz ist von dunkelbrauner Färbung,
doch bewahrt es vollkommen seine Form; die Stücke sind dabei
zwischen einem und fünfzehn Fuß lang und einen halben bis drei
Fuß dick und liegen so dicht gestreut beieinander, wohin das Auge
nur reicht, daß sich ein egyptischer Esel kaum seinen Weg zwischen
ihnen hindurch bahnen kann, und so natürlich, daß, läge die Stätte
in Schottland oder Irland, sie ganz ohne weiteres für ein ungeheures
entwässertes Moor hingehen könnte, auf dem die wieder aus-
gegrabenen Bäume verfaulend in der Sonne liegen. Die Wurzeln
und Ästereste sind in vielen Fällen vollkommen erhalten, und in
einigen gar lassen sich leicht noch die unter der Rinde eingefresse-
nen Wurmlöcher erkennen. Die zartesten Saftgefäße und -adern
und überhaupt alle feinern Teile im Innern des Holzes sind vollkommen wohl bewahrt und halten der Prüfung mit dem stärksten
Vergrößerungsglase stand. Das Ganze ist so durch und durch
verkieselt, daß sich Glas damit ritzen läßt; auch kann man es auf
hohen Glanz polieren. – ASIATIC MAGAZINE III, S. 359.
[1] Die Mammut-Höhle von Kentucky.

«Hem!» sagte der König.

«‹Wir schwammen sodann in eine Region des Meeres, wo wir einen hohen Berg fanden, an dessen Hängen reißende Ströme schmelzflüssigen Metalls hernieder-fluteten, einige davon zwölf Meilen breit und sechzig Meilen lang[1]; indessen aus einem Krater auf dem Gipfel eine solche Aschenmasse hervorbrach, daß am Himmel die Sonne davon vollkommen ausgelöscht ward und es dunkler wurde denn in der finstersten Mit-ternacht; so daß es, als wir auch nur erst hundertund-fünfzig Meilen dem Berge nahe waren, sich für unmög-lich zeigte, auch nur die hellsten Gegenstände zu er-kennen, so nah wir sie uns auch ans Auge brachten[2].›»

«Hem!» sagte der König.

«‹Nachdem wir dieser Küste den Rücken gekehrt, setzte das Ungeheuer seine Reise fort, bis wir auf ein weiteres Land stießen, in welchem die Natur der Dinge sich schier verkehrt zu haben schien – denn hier erblick-ten wir einen großen See, auf dessen Grunde, mehr denn einhundert Fuß unter der Wasserfläche, ein hoch und

[1] Auf Island, 1783.
[2] «Beim Ausbruch des Hekla im Jahre 1766 erzeugten Wolken dieser Art einen solchen Grad von Verfinsterung, daß zu Glaumba, das mehr denn fünfzig Meilen von dem Berge entfernt liegt, die Menschen nur durch Tasten ihren Weg finden konnten. Beim Ausbruch des Vesuvs im Jahre 1794 konnte man zu Caserta, vier Seemeilen entfernt, einzig bei Fackellicht ausgehen. Am 1. Mai 1812 bedeckte eine Wolke aus vulkanischer Asche und Sand, die aus einem Krater auf der Insel St. Vincent hervorbrach, das ge-samte Barbados, indem sie darüber ein so dichtes Dunkel breitete, daß man, zu Mittag und im Freien, weder Bäume noch andere Gegenstände in der Nähe wahrzunehmen vermochte, selbst nicht ein weißes Taschentuch, hielt man es sich nur sechs Zoll vom Auge ab.» – *Murray*, ENCYCLOPAEDIA OF GEOGRAPHY, Phil. Ed. S. 215.

üppig gewachsener Wald in vollem Blätterschmucke
grünte[1].›»

«Ho!» sagte der König.

«‹Einige hundert Meilen weiter brachten uns zu einem
Himmelsstrich, da war die Luft so überaus dicht und
dick, daß sie Eisen trug oder Stahl, ganz wie die unsere
Federn[2].›»

«Papperlapapp», sagte der König.

«‹Indem wir weiter immer der selben Richtung folgten,
gelangten wir bald zu der allerherrlichsten Gegend der
Welt. Durch sie hin wand sich, mehrere tausend Meilen
lang, ein gar erhabner Fluß. Dieser Fluß war von unaus-
sprechlicher Tiefe und einer Klarheit, reicher denn die
des Bernsteins. Seine Breite schwoll von drei zu sechs
Meilen; und seine Ufer, welche an beiden Seiten lot-
recht zu zwölfhundert Fuß Höhe emporstiegen, wurden von immerblühenden Bäumen gekrönt und von unaufhörlich süßduftenden Blumen, welche das ganze
Gebiet zu einem einzigen Prachtgarten machten; doch
der Name dieses üppigen Landes lautete: das Reich des
Schreckens, und es betreten hieß unrettbar dem Tode
verfallen[3].›»

«Na, na!» sagte der König.

«‹Dieses Reich verließen wir in großer Eile und kamen,

[1] «Im Jahre 1790 sank in Caraccas während eines Erdbebens der
granitene Boden ein und bildete einen See von achthundert Yards
Durchmesser und achtzig bis hundert Fuß Tiefe. Ein Teil des
Waldes von Aripao versank dabei, und die Bäume blieben noch
mehrere Monate lang unter Wasser grün.» – *Murray,* ENCYCLO-
PAEDIA OF GEOGRAPHY, S. 221.

[2] Der härteste Stahl, der je hergestellt wurde, läßt sich vor dem
Lötrohr-Gebläse in unfühlbar feinen Staub verwandeln, der
ohne weiteres in der atmosphärischen Luft schwebt.

[3] Das Gebiet des Niger. – Siehe *Simmond's* COLONIAL MAGAZINE.

nach einigen Tagen, zu einem anderen, darin wir zu
unserm Erstaunen Myriaden Monster-Tiere mit sensen-
ähnlichen Hörnern auf den Köpfen erblickten. Diese
scheußlichen Bestien graben sich ungeheure Höhlungen
von trichterförmiger Gestalt in den Erdgrund und
säumen die Seiten dann mit Felsbrocken, welche so aufeinander geschichtet sind, daß sie augenblicklich zu-
sammenstürzen, wenn ein anderes Tier daran rührt, und
dieses hinabreißen in die Höhlengrube der Monstren,
wo ihm alsband das Blut ausgesogen und sein Leichnam
hernach verächtlich fortgeschleudert wird – bis hin zu
unermeßlicher Entfernung von den Höhlen des
Todes[1].›»

«Puh!» sagte der König.

«‹Bei der Fortsetzung unserer Reise erblickten wir nun
ein Gebiet, da wuchsen in überreichlichem Maße Pflanzen, welche nicht auf dem Erdboden gediehen, sondern
in der Luft[2]. Andere auch fanden sich dort, die ent-
sprossen den Substanzen anderer Pflanzen[3]; wieder
andere sogen ihre Lebenssäfte aus den Leibern lebendi-
ger Tiere[4]; und dann wieder gab es welche, die ganz

[1] Der *Myrmeleon* – Ameisenlöwe. Der Ausdruck ‹Monstrum› läßt
sich sehr wohl auf kleine wie auf große Abnormitäten anwenden,
indessen Eigenschaftsworte wie ‹ungeheuer› nur relativ zu nehmen sind. Die Höhle des Myrmeleon ist durchaus ‹ungeheuer›
im Vergleich zum Loch der gemeinen roten Ameise. Entsprechend
ist ein Körnchen Kieselerde eben auch ein ‹Felsbrocken›.

[2] Das *Epidendron flos aeris* aus der Orchideenfamilie wächst auf
Bäumen oder andern Objekten, an deren Oberfläche bloß es seine
Wurzeln klammert, ohne aus ihnen selber Nahrung zu beziehen;
es lebt also durchaus von der Luft.

[3] Die Parasiten oder Schmarotzerpflanzen – wie etwa die wunder-
volle *Rafflesia Arnoldi*.

[4] *Schouw* spricht für eine Pflanzengattung, die auf lebendigen Tieren
wächst, die *Plantae Epizoae*. Zu ihr gehören die *Fuci* und *Algae*.

443

und gar in gleißendem Licht erglühten[1]; welche, die
ganz nach Behagen von Ort zu Ort wechselten[2]; und
schließlich – was wohl noch wunderbarer ist – entdeckten wir Blumen, die lebten und atmeten und ihre
Kelchränder ganz nach Willen bewegen konnten; sie
hatten überdies die abscheuliche Leidenschaft der
Menschheit, sich andere Geschöpfe zu Sklaven zu machen und sie in schauerliche und einsam-öde Kerker-
zellen zu sperren, bis die Gefangenen die ihnen auf-
erlegte Fronarbeit erfüllt hatten[3].›»

Mr. J. B. *Williams* aus Salem, Mass., präsentierte dem ‹National
Institute› ein Insekt aus Neuseeland mit der folgenden Beschreibung: «Die *Hotte,* entschieden eine Raupe oder ein Wurm, siedelt
am Fuße des Ratabaumes, wie man gefunden hat, und aus ihrem
Kopfe wächst eine Pflanze. Dieses höchst wunderliche und
außerordentliche Insekt wandert am Rata- wie auch am Puriri-
baume empor und frißt sich, indem es hoch droben im Wipfel ein-
dringt, seinen Weg hernieder durch den ganzen Stamm des Baums,
bis es die Wurzel erreicht; dort kommt es dann wieder hervor und
stirbt oder verfällt in Schlaf, und die Pflanze wächst und gedeiht
aus seinem Kopfe; der Leib bleibt vollkommen und ganz, nur ist
er von härterer Substanz als zuvor im Leben. Aus diesen Insekten
bereiten sich die Eingeborenen einen Färbestoff zum Tätowieren.»
[1] In Bergwerken und natürlichen Höhlen findet sich eine Sorte
kryptogamen *Fungus,* welcher ein hell phosphoreszierendes Leuch-
ten aussendet.
[2] *Orchis, scabius* und *vallisneria.*
[3] «Der Blütenkelch dieser Blume *(Aristolochia Clematitis),* der die
Gestalt einer Röhre besitzt, doch nach oben in einem bandförmi-
gen Rande endet, ist auf dem Grunde kugelartig aufgeblasen. Der
Röhrenteil ist innen mit steifen Haaren besetzt, die niederwärts
gerichtet sind. Der Kugelteil enthält den Stempel, der nur aus
Fruchtknoten und Narbe besteht, sowie die ihn umgebenden
Staubfäden. Doch da nun diese Staubfäden kürzer sind als selbst
der Fruchtknoten, können sie den Blütenstaub nicht unmittelbar
auf die Narbe bringen, da die Blüte bis nach der Befruchtung stets
aufrecht steht. So muß denn, ohne zusätzliche Hilfe von außen,

«Bah!» sagte der König.

«‹Auch dieses Land verließen wir, um bald darauf in ein anderes zu gelangen, woselbst die Bienen und die Vögel Mathematiker von solch genialischer Gelahrtheit sind, daß sie alltäglich den Weisen des Reichs in der Wissenschaft der Geometrie Unterricht erteilen. Der dortige König hatte eine Belohnung ausgesetzt für die Lösung zweier ungemein kniffliger Probleme, und auf der Stelle wurden sie gelöst – das eine von den Bienen, das andre von den Vögeln; doch da der König ihre Lösungen geheim bewahrte, geschah's erst nach den gründlichsten Forschungen und Mühen, und nachdem unendlich viele dicke Bücher darob geschrieben waren, eine ganze Reihe von Jahren lang, daß die menschlichen Mathematiker schließlich bei der nämlichen Lösung anlangten, welche die Bienen und Vögel augenblicklich gefunden hatten[1].›»

der Blütenstaub notwendigerweise nieder auf den Boden des Kelches fallen. Die Hülfe, welche die Natur in diesem Fall bereit gestellt hat, besteht nun in der Tätigkeit der *Tipula Pennicornis,* eines kleinen Insekts, welches auf der Suche nach Honig in die Kelchröhre gerät, bis auf den Boden niederdringt und dort herumstöbert, bis es am Ende ganz und gar mit Blütenstaub bedeckt ist; doch nun findet es seinen Weg nicht wieder hinaus, da doch die Haare nach innen niederwärts weisen und wie die Drähte einer Mausefalle zu einem Punkte zusammenlaufen; und indem es ungeduldig wird ob seiner Gefangenschaft, stiebt es rückwärts und vorwärts und versucht es in jedem Winkel, bis es, nachdem es solcher Art wiederholt über die Narbe hingestrichen ist, dieselbe mit zur Befruchtung hinreichendem Blütenstaub bedeckt hat, in Folge dessen die Blüte sich schlaff zu neigen beginnt und die Härchen in der Röhre zur Seite schrumpfen, so daß Raum entsteht, der das Insekt bequem entweichen läßt.» – *Rev. P. Keith,* SYSTEM OF PHYSIOLOGICAL BOTANY.

[1] Die Bienen haben – von allem Anfang her – ihre Zellen stets mit solchen Seiten, in solcher Anzahl und mit solchen Winkeln kon-

«Ach du meine Güte!» sagte der König.

«‹Kaum hatten wir dieses Imperium aus dem Gesicht verloren, als wir uns schon vor eines anderen Küste fanden, von der über unsere Köpfe weg ein Schwarm von Fluggetier dahinstrich – wohl eine Meile breit und zweihundertundvierzig Meilen in der Länge; so daß es, ob sie schon gleich eine Meile in jeder Minute zurücklegten, nicht weniger als vier Stunden brauchte, bis der ganze Zug über uns hinweg war – und es flogen darin Millionen und Abermillionen Vögel[1].›»

«Ach du grüne Neune!» sagte der König.

struiert, wie – und das hat man bewiesen, in einem die tiefsten Grundsätze der Mathematik in sich beschließenden Problem – eben genau Seiten, Anzahl und Winkel beschaffen sein müssen, um den Geschöpfen größtmöglichen Raum bei größtmöglicher Festigkeit der Struktur zu bieten.

Im letzten Teil des verfloßnen Jahrhunderts ward unter Mathematikern die Frage aufgeworfen, «die beste Form zu bestimmen, welche sich den Flügeln einer Windmühle geben läßt – unter Berücksichtigung ihrer wechselnden Entfernung sowohl von den sich drehenden Gestellen als auch vom Mittelpunkte der Umdrehung.» Dies ist ein äußerst kompliziertes Problem, denn es heißt, in andern Worten, eben soviel als die bestmögliche Stellung bei einer unendlichen Zahl verschiedener Entfernungen und einer unendlichen Menge von Punkten am Hebelarme suchen. Wohl tausend fruchtlose Versuche wurden von Seiten der berühmtesten Mathematiker unternommen, die Frage zu beantworten; und als man endlich eine unwiderlegbare Lösung gefunden, da zeigte sich's, daß sie in den Flügeln des Vogels gelegen hatte – von Anbeginn schon, seit der erste Vogel die Lüfte durchschnitten.

[1] «Er bemerkte einen Flug Tauben, der zwischen Frankfort und dem Indiana-Territorium dahinzog – wenigstens eine Meile breit; vier Stunden dauerte es, bis er vorüber war; das ergibt bei einer Geschwindigkeit von einer Meile auf die Minute, eine Länge von 240 Meilen; und nimmt man drei Tauben auf den Quadrat-Yard an, so hatte der Flug ganze 2 230 272 000 Tauben.» *Leutnant F. Hall,* TRAVELS IN CANADA AND THE UNITED STATES.

«‹Wir waren diese Vögel, welche uns beträchtlichen Verdruß verursachten, eben glücklich losgeworden, als wir ob der Erscheinung eines Vogels andrer Art erschraken, eines unendlich größern noch, als jene Ruchs waren, die mir auf meinen frühern Reisen begegneten; denn er war riesiger noch als die riesigste Kuppel deines Serails, o großmütigster der Kalifen! Dies schreckliche Geflügel hatte unseres Bemerkens keinerlei Kopf, sondern ganz und gar nur eines Bauches Gestalt, welcher auf das wundersamste fett und prall war und aus einem feinen, weichen, glänzenden und verschiedenfarbig gestreiften Stoffe zu bestehen schien. In seinen Klauen trug das Untier, hinauf zu seinem Horste in den Himmeln, ein ganzes Haus, von welchem es das Dach herabgeschlagen hatte und in dessen Innern wir mit aller Deutlichkeit menschliche Wesen gewahrten, die gewißlich in einem Zustand trostloser Verzweiflung ihrem schauerlichen Schicksal entgegenblickten. Wir schrien laut mit aller Macht, in der Hoffnung, es möchte der Vogel darob erschrecken und seine Beute fahren lassen; allein er gab nur – wie vor Wut – ein Schnauben oder Paffen von sich und ließ auf unsre Köpfe einen schweren Sack niederfallen, der, wie sich zeigte, mit Sand gefüllt war.›»

«Dummes Zeug!» sagte der König.

«‹Gleich nach diesem Abenteuer geschah's, daß wir uns einem Erdteil von unermeßlicher Ausdehnung und ungeheuerlicher Massivität näherten; nichtsdestoweniger ruhte er vollkommen auf dem Rücken einer himmelblauen Kuh, die ganze vierhundert Hörner hatte[1].›»

---

[1] «Die Erde wird getragen von einer blaufarbenen Kuh, welche Hörner hat – vierhundert an Zahl.» *Sale's* Koran.

«*Das* will ich wohl glauben», sagte der König, «denn ich habe früher einmal etwas der Art in einem Buche gelesen.»

«‹Wir nahmen unsern Weg unter diesem Erdteile her (indem wir nämlich zwischen den Beinen der Kuh hindurchschwammen) und fanden uns nach einigen Stunden in einem wahrlich wunderbaren Lande, welches, so ward ich von dem Menschentier berichtet, seine eigene Heimat war, bewohnt von Wesen seiner eignen Gattung. Dies ließ das Menschentier beträchtlich in meiner Hochachtung steigen; und in der Tat begann ich mich der geringschätzigen Vertraulichkeit zu schämen, mit der ich es behandelt; fand ich doch, daß diese Menschentiere insgesamt ein Volk höchst mächtiger Magier waren, in deren Hirnen Würmer lebten, unzweifelhaft dem Zwecke dienlich, sie durch ihr peinvolles Kribbeln und Krabbeln zu den allerwunderbarsten Taten der Imagination anzuregen[1].›»

«Unfug!» sagte der König.

«‹Bei diesen Magiern lebten verschiedene Haustiere von recht eigentümlicher Art; zum Beispiel gab es da ein ungeheures Roß, dessen Gebein aus Eisen und dessen Blut aus kochendem Wasser bestand. An Stelle des Hafers erhielt es schwarze Steine zur gewöhnlichen Nahrung; und doch war es, trotz so unfreundlicher Kost, dermaßen stark und geschwind, daß es eine Ladung, gewichtiger noch als der gewaltigste Tempel in dieser Stadt, in einer Schnelle davontrug, welche gar den Flug der meisten Vögel übertraf[2].›»

[1] «Die Entozoen oder Eingeweidewürmer sind wiederholt in den Muskeln und in der Hirnsubstanz von Menschen festgestellt worden.» Siehe *Wyatt's* PHYSIOLOGY, S. 143.

[2] Auf der *Great-Western-Railway* zwischen London und Exeter

«Eitel Geschwätz!» sagte der König.

«‹Des weitern sah ich bei diesem Volk eine Henne ohne jegliches Gefieder, doch größer denn ein Kamel; an Stelle von Fleisch und Knochen hatte sie Eisen und Ziegelsteine; ihr Blut bestand, wie das des Rosses (welchem sie in der Tat nahe verwandt war), aus kochendem Wasser; und gleicherweise fraß sie nichts denn Holz oder schwarze Steine. Diese Henne brachte sehr häufig ein Hundert Küken am Tage hervor; und nach der Geburt wohnten diese noch mehrere Wochen lang im Bauche ihrer Mutter[1].›»

«Firlefanz!» sagte der König.

«‹Einer aus diesem Volk von mächtigen Zauberern erschuf einen Menschen aus Messing, Holz und Leder und begabte ihn mit solchem Geiste, daß er im Schachspiel schier der ganzen Menschheit hätte obsiegen können – mit Ausnahme natürlich des großen Kalifen Harun al Raschid[2]. Ein anderer Magus konstruierte (aus ähnlichem Material) ein Geschöpf, das gar den Geist seines Erfinders selber noch in den Schatten stellte; denn so gewaltig waren die Kräfte seiner Vernunft, daß es in einer Sekunde Berechnungen von so wüstem Ausmaß durchführte, wie die vereinigte Arbeit von fünfzigtausend Menschen von Fleisch und Blut sonst nur in vier Jahren hätte bewältigen mögen[3]. Ein gar noch erstaunlicherer Zauberer aber formte sich ein mächtiges Ding, das weder Mensch noch Tier war, jedoch ein

---

wurde eine Geschwindigkeit von 71 Meilen auf die Stunde erreicht. Ein Zug im Gewicht von 90 Tonnen raste von Paddington nach Didcot (53 Meilen) in 51 Minuten.

[1] Das Eccaleobion.

[2] *Maelzel's* Automatischer Schachspieler.

[3] *Babbage's* Rechenmaschine.

Hirn aus Blei besaß, vermischt mit einem schwarzen, dem Peche gleichen Stoff, und Finger, welche es mit solcher Schnelle und Geschicklichkeit beschäftigte, daß es schier keinerlei Beschwer gehabt hätte, in einer Stunde wohl zwanzigtausend Mal den Koran abzuschreiben; und dies mit so erlesener Genauigkeit, daß gleich in keiner dieser Abschriften eine Abweichung von auch nur Haares Breite sollte gefunden werden. Dies Ding besaß so ungeheure Stärke, daß es auf einen Atemzug die mächtigsten Reiche aufrichtete oder stürzte; doch ward seine Macht gleicher Weise zum Übeln wie zum Guten verwendet.›»

«Lächerlich!» sagte der König.

«‹Unter diesem Volk der Schwarzkünstler gab es auch Einen, in dessen Adern floß das Blut der Salamander; denn er trug keinerlei Bedenken, sich in einen rotheißen Backofen zu setzen, um daselbst seinen Tschibuk zu rauchen, bis sein Essen auf der Herdsohle vollständig gar geworden war[1]. Ein Anderer besaß die Fähigkeit, die gemeinen Metalle in Gold zu verwandeln, ohne während dieses Vorganges auch nur einen Blick darauf zu tun[2]. Ein wieder Anderer hatte ein so delikates Tastgefühl, daß er einen Draht machte – so fein, daß er gleich unsichtbar war[3]. Ein weiterer verfügte über eine so geschwinde Auffassungsgabe, daß er jede einzelne Bewegung eines elastischen Körpers zu zählen vermochte, indem derselbe mit einer Geschwindigkeit von

---

[1] *Chabert,* und nach ihm hundert Andere.

[2] Galvanostegie.

[3] *Wollaston* stellte für das Fadenkreuz in einem Teleskope einen Draht aus Platin von einem Achtzehntausendstel Zoll Dicke her. Man konnte ihn nur mit der Hilfe eines Mikroskopes wahrnehmen.

neunhundert Millionen Malen in der Sekunde rückwärts und vorwärts sprang[1].›»

«Absurd!» sagte der König.

«‹Ein andrer dieser Magier vermochte es, mit der Hilfe
eines Fluidums, das niemand je noch erblickte, die
Leichname seiner Freunde dahin zu bringen, daß sie ihre
Arme schwenkten, mit den Füßen ausstießen, boxten
und fuchtelten oder gar noch sich erhoben und nach
seinem Willen tanzten[2]. Ein andrer hatte seine Stimme
zu solchem Maße ausgebildet, daß er sich hätte von
einem Ende der Erde zum andern verständlich machen
können[3]. Ein andrer besaß einen so langen Arm, daß er
sich in Damaskus niedersetzen und zur selben Zeit in
Bagdad einen Brief zu Papier bringen konnte – oder wo
immer sonst, in welcher Ferne auch, es ihm gefiel[4]. Ein
anderer gebot dem Blitz, vom Himmel zu ihm hernieder-
zukommen, und er kam auf seinen Ruf, und diente ihm
zum Spielzeug, da er kam. Ein anderer nahm zwei laute
Töne und schuf aus ihnen eine Stille. Ein anderer wieder
stellte eine tiefe Finsternis aus zwei hellglänzenden
Lichtstrahlen her[5]. Ein andrer machte Eis in einem rot-

---

[1] *Newton* hat bewiesen, daß die Retina unter dem Einflusse des
violetten Spektrum-Strahles 900000000 Mal in der Sekunde
vibrierte.

[2] Die Voltaische Säule.

[3] Der Elektro-Telegraph übermittelt Nachrichten innerhalb eines
Augenblicks – und zwar über jede Entfernung wenigstens auf der
Erde hin.

[4] Der Druck-Telegraph.

[5] Geläufige Experimente in der Naturphilosophie. Wenn zwei
rote Strahlen von zwei Lichtquellen aus in eine Dunkelkammer
so entsendet werden, daß sie auf eine weiße Fläche treffen, und
sie differieren in ihrer Länge um 0,0000258 eines Zolls, so wird
ihre Intensität verdoppelt. Gleiches geschieht, wenn der Längenunterschied ein gerades Vielfaches dieses Bruches beträgt. Eine

glühenden Schmelztiegel[1]. Ein andrer hieß die Sonne
sein Bildnis malen, und die Sonne tat's[2]. Ein andrer ließ
sich vom Monde und den Planeten erleuchten, und
nachdem er sie zuerst mit peinlicher Genauigkeit ge-
wogen, drang er forschend in ihre innersten Tiefen und
ermittelte die Dichtigkeit des Stoffes, aus welchem sie
gemacht sind. Doch ist tatsächlich das ganze Volk von
so überraschend zauberischen Fähigkeiten, daß weder
seine Kinder noch seine gewöhnlichsten Katzen und
Hunde irgend nur Schwierigkeit haben, Gegenstände zu
sehen, welche überhaupt nicht existieren oder bereits
zwanzigtausend Jahre vor der Geburt des Volkes selbst
vom Angesicht der Schöpfung waren getilgt worden[3].›»

Multiplikation mit $2\frac{1}{4}$, $3\frac{1}{4}$ usf. ergibt eine Intensität, welche bloß
einem Strahl entspricht; doch eine Vervielfältigung mit $2\frac{1}{2}$, $3\frac{1}{2}$
usf. erbringt das Resultat totaler Dunkelheit. Bei violetten Strahlen treten ähnliche Effekte auf, wenn der Längenunterschied
0,000157 eines Zolls beträgt; und bei allen andern Strahlen
die Resultate die selben – wobei die Differenz gleichmäßig wech-
selt von Violett nach Rot. Analoge Experimente in Bezug auf den
Schall erbringen analoge Resultate.

[1] Man stelle einen Platin-Tiegel über einen Spiritusbrenner und
erhitze ihn bis zum Rotglühen; gieße sodann etwas Schwefelsäure
hinein, und es wird sich zeigen, daß diese – obschon bei gewöhnlicher Temperatur der allerflüchtigste Stoff – in solch einem heißen
Tiegel vollkommen erhalten bleibt und nicht ein Tropfen ver-
dunstet; denn da sie von einer eignen Atmosphäre umgeben ist, so
berührt sie selber tatsächlich die Wandungen gar nicht. Nun gibt
man ein paar Tropfen Wassers zu, und alsbald kommt die Säure in
Berührung mit den erhitzten Wänden des Tiegels, entweicht in
schweflig-saurem Dampfe, und zwar so geschwind, daß der
Wärmestoff des Wassers mit fortgerissen wird und dieses selbst als
ein Klumpen Eises zu Boden fällt; ergreift man den Augenblick,
ehe es noch wieder schmelzen kann, so mag tatsächlich ein
Klumpen Eis aus einem glühheißen Gefäße genommen werden.
[2] Die Daguerreotypie.
[3] Obgleich das Licht 200000 Meilen in der Sekunde zurücklegt,

«Abgeschmackt!» sagte der König.

««Die Weiber und Töchter dieser unvergleichlich großen und weisen Magier»», fuhr Scheherezad fort, ohne sich auch nur im mindesten von diesen häufigen und höchst ungezogenen Unterbrechungen von Seiten ihres Gatten beirren zu lassen, – ««die Weiber und Töchter dieser hervorragenden Zauberer sind der Inbegriff der Wohlerzogenheit und Bildung – und würden auch der Inbegriff bestrickender Schönheit sein, wäre nicht ein unseliges Verhängnis, welches über sie gekommen ist und von dem nicht einmal die wunderbaren Kräfte ihrer Ehegatten und Väter sie bislang zu erretten vermochten. Verhängnis naht in mancherlei Gestalt, hier so – dort anders, doch dieses, von dem ich spreche, kam in Gestalt einer Grille.»»

«Einer was?» fragte der König.

««Einer Grille»», sagte Scheherezad. ««Einer der bösen Dschinnen, welche fortwährend auf der Lauer liegen, Übles zu stiften, hat dieselbe den besagten wohlerzoge-

ist doch die Entfernung des nach unserer Vermutung nächsten Fixsternes (Sirius) so unfaßlich groß, daß seine Strahlen *mindestens* drei Jahre brauchen würden, die Erde zu erreichen. Für Sterne jenseits davon wären zwanzig – oder gar tausend – Jahre noch eine müßige Schätzung. Wenn solche Sterne nun also vor 20 oder vor 1000 Jahren zu Nichts geworden wären, so möchten wir sie doch heute noch sehen, und zwar an dem Lichte, welches von ihnen – vor 20 oder vor 1000 Jahren in der Vergangenheit – ausging. Daß viele Gestirne, die wir täglich erblicken, in Wirklichkeit gar nicht mehr existieren, ist nicht unmöglich – ja, nicht einmal unwahrscheinlich. (Anmerkung des ‹Broadway Journal›.)
Der ältere Herschel behauptet, es hätte das Licht der schwächsten Stern-Nebel, welche durch sein großes Teleskop sichtbar wurden, ganze 3 000 000 Jahre brauchen müssen, um die Erde zu erreichen. Einige, die Lord Ross' Instrument sichtbar machte, haben dann zumindest 20 000 000 gebraucht. (Anmerkung Griswold.)

nen Damen in die Köpfe gesetzt, indem er ihnen ein-
blies, es bestehe jenes Ding, welches wir als persönliche
Schönheit beschreiben, insgesamt im höckrigen Her-
vorragen jener Region, die nicht gar sehr weit unterhalb
der Lendengegend liegt. – Der Gipfel der Lieblichkeit,
so sagen sie, rage in direktem Verhältnis zum Ausmaß
jenes Hümpels. Nachdem sie nun schon lange von dieser
Idee besessen und Polsterkissen billig sind im Lande,
ist lange bereits die Zeit dahin, da es noch möglich war,
ein Weib von einem Dromedar zu unterscheiden –›»
«Nun aber genug!» sagte der König, – «das kann und
will ich nun nicht länger mehr ertragen. Du hast mir
schon einen schlimmen Kopfschmerz bereitet mit deinen Lügen. Auch bricht, so sehe ich, der Tag schon an.
Wie lange waren wir verheiratet? – mein Gewissen beginnt, mir wieder beschwerlich zu fallen. Und dann
noch diese Sache mit dem Dromedar – hältst du mich
denn für einen baren Narren? Alles in allem – du stehst
am besten denn doch gleich auf und läßt dich erdrosseln.»
Diese Worte, so erfahre ich aus dem ‹Sachmirdoch-
Istesso›, betrübten und verwunderten Schehrezad in
eins; doch da sie den König als einen Mann von gewissenhafter Redlichkeit kannte, der schwerlich sich
sein Wort würde abdingen lassen, so fand sie sich mit
Anstand in ihr Schicksal. Starke Tröstung jedoch empfing sie (derweilen sich die Schlinge um ihren Hals zu-
sammenzog) aus dem Gedanken daran, daß ein be-
trächtlicher Teil ihrer Geschichte nun noch unerzählt
geblieben war und daß ihr Scheusal von einem Ehe-
manne nur seinen gerechten Lohn geerntet hatte, indem
er sich selber der Möglichkeit beraubte, noch viele un-
begreiflichere Abenteuer zu erfahren.

Das SYMPOSIUM des vorhergehenden Abends war doch um ein Spürchen zu viel für meine Nerven gewesen. Ich hatte nichtswürdiges Kopfweh, und war hoffnungslos dösig. Infolgedessen – anstatt auszugehen & den Abend wie vorgeplant zu verbringen – kam mir auf einmal der Gedanke, wie ich eigentlich nichts klügeres tun könne, als flugs 1 Bißchen Abendbrot zu essen, und anschließend sofort ins Bett zu gehen.

Ein *leichtes* Abendbrot natürlich. Nun bin ich über die Maßen versessen auf Welsh Rabbit. Mehr als 1 Pfund davon auf einmal mag zwar nicht all= & jederzeit ratsam sein. Dennoch kann es keinen stichhaltigen Einwand gegen 2 geben. Und letztlich ist zwischen 2 und 3 auch nur ein Unterschied von 1 einzigen armen Einheit. Mag sein, daß ich 4 riskiert habe. Meine Frau behauptet selbstredend 5 – aber da sind ihr einwandfrei zwei gänzlich verschiedene Angelegenheiten durcheinander geraten: die abstrakte Zahl 5 gestehe ich willig zu; aber konkret bezieht sie sich auf Flaschen Brown Stout, ohne das, als Würze, man die Finger von Welsh Rabbit lassen sollte.

Nachdem ich dergestalt ein frugales Mahl beschlossen & die ‹Nachtmütze› draufgesetzt hatte, in der frohen Hoffnung, mich ihrer bis zum morgigen Mittag erfreuen zu können, bettete ich mein Haupt aufs Kissen, und verfiel, unterstützt von einem kapitalen Gewissen, unverzüglich in tiefen Schlummer.

Aber wann sind die Hoffnungen der leidenden Menschheit schon je in Erfüllung gegangen? Ich konnte kaum meinen dritten Schnarcher vollendet haben, als ein furioses Klingeln an der Haustürschelle anhob, gefolgt von ungeduldigem Gebums des Klopfers, das mich auf der Stelle wach machte. Eine Minute später, während ich mir immer noch die Augen rieb, hielt mir meine Frau auch schon ein Briefchen meines alten Freundes, Doktor Pononner, unter die Nase. Es lautete wie folgt:

Kommen Sie unter allen Umständen zu mir, liebster bester Freund, und zwar so bald Sie dies in Händen haben. Kommen & helfen Sie uns feiern! Endlich, aufgrund ausdauernder unermüdlicher Diplomatie, habe ich von der Direktion des Städtischen Museums die Einwilligung zur Untersuchung der Mumie erlangt – Sie wissen, welche ich meine. Ich habe Erlaubnis, sie auszuwindeln; wie auch, falls nötig & wünschenswert, sie zu öffnen. Nur einige wenige Freunde werden anwesend sein – darunter natürlich Sie. Die Mumie befindet sich bereits bei mir im Haus; und wir werden heut Abend, Punkt 23 Uhr, mit dem Abrollen der Hüllen beginnen.

Stets Ihr

PONONNER

Als ich bei diesem ‹Pononner› angekommen war, hatte ich das Gefühl, so hellwach zu sein, wie es einem Manne nur immer ansteht. Ich tat einen ekstatischen Satz aus meinem Bett heraus; rannte alles um, was mir im Wege stand; kleidete mich in einem Tempo an, das wahrhaft wundersam war; und machte mich, mit Spitzengeschwindigkeit, auf den Weg zum Doktorhaus.

Dort fand ich eine angeregte Kumpanei versammelt. Sie hatten bereits mit großer Ungeduld auf mich gewartet; die Mumie lag ausgestreckt auf dem Eßtisch; und im Moment, wo ich eintrat, begann auch schon die Untersuchung.

Es handelte sich um 1 von Zweien, die Captain Arthur Sabretash, ein Vetter Pononner's, vor ein paar Jahren mitgebracht hatte; und zwar stammten sie aus einer Gruft bei Eleithias, in den lybischen Bergen, ein gutes Stück oberhalb von Theben am Nil. Die Grotten an dieser Stelle sind, obzwar weniger pompös als die thebanische Nekropole, so doch deswegen von höherem Interesse, weil sie weit mehr Aufschlüsse über das Privatleben der alten Ägypter liefern. Die Grabkammer, der unser Exemplar hier entnommen war, sollte in dieser Beziehung besonders reichhaltig sein, wie es geheißen hatte; die Wände von oben bis unten mit Fresken & Basreliefs bedeckt, während Statuen, Vasen, und feingearbeitete Mosaiken auf einen beträchtlichen Wohlstand des Abgeschiedenen hindeuteten.

Dies Kleinod war im Museum in genau demselben Zustand aufbewahrt worden, in dem Captain Sabretash es aufgefunden hatte – das heißt, der Sarg war absolut unangerührt geblieben. Seit 8 Jahren hatte er solchermaßen gestanden, den Augen der Öffentlichkeit lediglich von außen preisgegeben. Wir hatten infolgedessen nunmehr die komplette Mumie zu unserer Verfügung; und Denjenigen, die im Bilde sind, wie äußerst selten Altertümer dieser Art unser Land ungeplündert erreichen, wird unschwer begreiflich sein, daß wir beträchtlichen Grund hatten, uns ob des raren Glücksfalls zu gratulieren.

Als ich mich dem Tisch näherte, erblickte ich darauf eine große Kiste, oder ein Behältnis, etwa 7 Fuß lang, und schätzungsweise 3 Fuß breit, bei 2 ½ Fuß Tiefe. Sie hatte nicht Sarg-Gestalt, sondern war ein Oblongum. Den Stoff aus dem sie bestand, hielten wir zunächst für Sycomorenholz *(platanus);* als wir jedoch den ersten

457

Einschnitt vornahmen, merkten wir, daß es sich um Pappe handeln müsse; noch korrekter: um eine Art *Papiermaché* aus Papyrus hergestellt. Sie war über & über mit Malereien verziert, die Begräbnis-Szenen & andere bedauernswerte Ereignisse darstellten; jedoch immer wieder durchmischt mit einer ganz bestimmten Folge hieroglyphischer Schriftzeichen in allen denkbar möglichen Konstellationen, die fast unbezweifelt den Namen des Dahingeschiedenen angeben mußten. Glücklicherweise befand sich unter den Anwesenden auch Mister Gliddon, für den es keine Schwierigkeit bedeutete, die Buchstaben zu übersetzen, die übrigens simpel fonetisch waren, und vereint das Wort ‹*Allamistakeo*› ergaben.

Wir hatten einige Schwierigkeiten, dieses erste Behältnis unbeschädigt zu eröffnen; stießen jedoch, nachdem wir solche Aufgabe endlich gelöst hatten, auf eine zweite, diesmal sarggestaltige Hülle, die zwar von wesentlich geringerer Größe als die äußere war, ihr aber in jeder anderen Beziehung aufs genaueste ähnelte. Der Raum zwischen den beiden war mit einer Art Harz ausgefüllt, das in gewissem Grade die Farben des inneren Behältnisses entstellt hatte.

Als wir dieses letztere öffneten, (was sich ganz leicht bewerkstelligen ließ), stießen wir auf ein drittes Behältnis, dito sarggestaltig, und von dem vorhergehenden in nichts unterschieden, ausgenommen einzig das Material; es war nämlich Zeder, und strömte noch immer den spezifischen, hocharomatischen Duft jener Holzart aus. Zwischen dem zweiten und dritten Behältnis bestand übrigens keinerlei Zwischenraum; sie waren absolut genau ineinander gepaßt.

Als wir das dritte Behältnis entfernt hatten, trafen wir auf den Körper selbst, und nahmen ihn heraus. Wir hatten erwartet, ihn, wie es üblich ist, in vielfache Lagen oder Binden aus Leinen gewickelt zu finden; stießen jedoch statt dessen auf eine Art Futteral aus Papyrus, überzogen mit einer dick vergoldeten und bemalten Gipsschicht. Die Schildereien stellten Vorgänge dar, die sich auf die verschiedenen mutmaßlichen Pflichten der Seele im Jenseits bezogen, und wie sie diversen Gottheiten vorgestellt wurde; die weiteren zahlreichen, ganz identischen menschlichen Gestaltchen, waren höchstwahrscheinlich als Porträts der betreffenden einbalsamierten Person gedacht. Vom Kopfende bis zu den Füßen erstreckte sich ein Columnar, eine senkrechte Inschrift in fonetischen Hieroglyphen, die ein weiteres Mal Namen & Würden angab, sowie die Namen & Würden seiner Verwandten.

Um den solchermaßen festumscheideten Hals lag ein Band aus zylindrischen, verschiedenfarbigen Glasperlen, dergestalt angeordnet, daß sich Symbole von Gottheiten ergaben, der Scarabäus etc., auch der geflügelte Globus. Um die Taille lag ein ganz ähnliches Band, beziehungsweise ein Gürtel.

Nachdem wir den Papyrus abgehoben hatten, erwies sich das eigentliche Fleisch als ganz ausgezeichnet erhalten, und ohne wahrnehmbaren Geruch. Die Farbe war rötlich. Die Haut fest, glatt & glänzend. Zähne und Haare in untadeligem Zustand. Die Augen waren (wie es schien) entfernt, und durch solche aus Glas ersetzt worden; die aber sehr schön & wundervoll lebensecht wirkten; abgesehen davon, daß sie ein bißchen sehr resolut dreinstierten. Die Nägel an Fingern & Zehen waren auf's prächtigste vergoldet.

Mr. Gliddon äußerte die Meinung, wie sich aus der Rötung der Epidermis schließen lasse, daß die Einbalsa-

mierung hier gänzlich vermittelst Asphaltes bewirkt
worden sei; als wir jedoch die Oberhaut mit einem
Stahlinstrument vorsichtig beschabten, und von dem
solchermaßen gewonnenen Pulver etwas ins Feuer war-
fen, wurde sogleich ein Geruch unverkennbar, von
Kampher & anderen wohlriechenden Harzen.

Wir suchten als nächstes den Leichnam mit größter
Sorgfalt nach den üblichen Öffnungen ab, durch welche
die Eingeweide entnommen wurden; konnten aber zu
unserem Erstaunen nicht 1 entdecken. Keinem Mitglied unserer Gesellschaft war es damals bekannt, daß
man gar nicht so selten auch heile, d.h. ungeöffnete
Mumien antrifft. (Das Gehirn war es Sitte durch den
Nasentrakt herauszuziehen; die Eingeweide durch eine
Öffnung in der Flanke; dann wurde der Körper rasiert,
gewaschen, eingesalzen, und anschließend für ein paar
Wochen beiseite gelegt; erst dann begann der Prozeß
dessen, was man eigentlich unter ‹Einbalsamieren› versteht.)

Da keine Spur einer Öffnung ermittelt werden konnte,
machte Doktor Pononner seine Instrumente zur Sektion bereit, als ich mir die Bemerkung erlaubte, wie es
schon nach 2 Uhr sei. Worauf allgemein beschlossen
wurde, die internen Untersuchungen auf den nächsten
Abend zu verschieben; und wir standen bereits im Begriff, uns für heute zu trennen, als Irgendjemandem
plötzlich einfiel: doch noch das eine oder andere Experiment mit der Volta'schen Säule anzustellen.

Eine wenigstens 3, wenn nicht gar 4 tausend Jahre alte
Mumie dem elektrischen Strom auszusetzen, war ein,
wenn auch nicht besonders genialer, so doch immerhin
origineller Einfall, der bei uns Allen sofort größten An-
klang fand. Zu 10 % im Ernst, zu 90 % als Witz, bauten

wir im Studio des Doktors eine entsprechende Batterie zusammen, und überführten den Ägypter anschließend dorthin.

Nur mit beträchtlicher Mühe gelang es uns, einen Teil der Schläfenmuskulatur bloßzulegen, die von nicht gänzlich so steinerner Rigidität schien, wie andere Teile der Gestalt; jedoch – wie wir selbstredend schon vorausgesehen hatten – ergab sich, als wir sie mit dem Draht in Berührung brachten, keinerlei Anzeichen einer etwaigen galvanischen Reaktion mehr. Gleich dieser erste Versuch schien ja wohl entscheidend genug; und wir wünschten einander, unter herzlichem Gelächter ob unsrer eignen Ungereimtheit, soeben eine Gute Nacht, als meine Augen, ganz beiläufig, noch einmal auf die der Mumie fielen – und dort sogleich wie angeschmiedet haften blieben: der flüchtige Blick hatte in der Tat genügt, mich zu versichern, daß die Augäpfel, die wir Alle für Glas gehalten hatten, und die uns ursprünglich nur aufgefallen waren, weil sie uns gewissermaßen energisch fixierten – daß diese nunmehr soweit von den Lidern bedeckt waren, daß nur ein kleiner Teil der *tunica albuginea* noch sichtbar blieb.

Mit einem Ruf lenkte ich die Aufmerksamkeit auf diesen Umstand, der jetzt auch sogleich von sämtlichen Anderen bestätigt wurde.

Ich kann nicht sagen, daß ich ob des Fämomens *alarmiert* gewesen wäre; denn ‹alarmiert› ist in meinem Fall nicht das richtige Wort. Es ist theoretisch möglich, daß ich, ohne das Brown Stout, vielleicht ein klein wenig nervös geworden wäre. Was die übrige Gesellschaft anbetrifft, so machte eigentlich Keiner einen Versuch, die nackte Furcht zu bemänteln, die sie Alle befiel. Doktor Pononner wirkte wahrhaft mitleiderregend; Mr. Gliddon machte sich, vermittelst eines eigentümlichen Verfahrens, unsichtbar; Mr. Silk Buckingham wird, wie ich annehmen möchte, schwerlich die Stirn haben, abzustreiten, daß er sich, und zwar auf allen Vieren, unter den Tisch verfügte.

Nachdem jedoch erster Schock & Bestürzung abgeklungen waren, beschlossen wir selbstredend, die Versuchsreihe unverzüglich fortzusetzen. Unsere Operationen richteten sich nunmehr gegen die große Zehe des rechten Fußes. Wir machten einen Einschnitt in die Haut, auf der Außenseite des *os sesamoideum pollicis pedis,* und gelangten dergestalt zum Ansatz des *abductor* Muskels. Wir setzten die Batterie erneut in gebrauchsfertigen Zustand, und ließen den Strom durch die angeschnittenen Nervenbahnen fließen – worauf die Mumie, mit einer Bewegung von überwältigender Lebensechtheit, erst das rechte Knie anzog, so hoch, daß es beinahe den Unterleib berührte; und dann, indem sie das Glied mit unwahrscheinlicher Gewalt wiederum streckte, Doktor Pononner einen Tritt versetzte, der bewirkte, daß der genannte Herr, dem Pfeil aus einem Katapulte gleich, durchs Fenster und auf die Straße befördert wurde.

Wir stürzten *en masse* hinaus, die unkenntlichen Überreste des Opfers zu bergen; hatten jedoch die Freude, ihm bereits wieder auf der Treppe zu begegnen, die er in erstaunlichem Tempo heraufgestürmt kam, randvoll der brillantesten Theorien, und durchdrungener denn je von der Notwendigkeit, unsere Experimente mit Eifer & allem Nachdruck voranzutreiben.

Auf seine Anregung ging es denn auch hauptsächlich zurück, daß auf der Stelle ein tiefer Einschnitt in die Nasenspitze des Individuums vorgenommen wurde; worauf der Doktor selbst ungestüm Hand an das Organ

legte, und es auf's derbste in Kontakt mit dem Leitungs-
draht brachte.

Moralisch & physisch – bildlich gesprochen & buchstäblich – war die Wirkung ‹elektrisierend›.

Als allererstes schlug der Leichnam die Augen auf, und
blinzelte diverse Minuten lang mit größter Geschwindigkeit, (ungefähr wie Mister Barnes in der Panto-
mime); zweitens nieste er; drittens setzte er sich aufrecht; viertens hielt er Doktor Pononner die Faust dro-
hend unter die Nase; fünftens endlich wandte er sich den
Herren Gliddon und Buckingham zu, und redete sie,
in ganz kapitalem Ägyptisch, also an:

«Ich muß schon sagen, meine Herren, daß ich zumindest ebenso überrascht wie gekränkt bin, ob Ihres Betragens. Von Doktor Pononner stand nicht viel mehr
zu erwarten; er ist ein armer‑kleiner‑fetter Tropf, der es
nicht besser *versteht* – ich bemitleide ihn; ich vergebe ihm.
Aber Sie, Mister Gliddon – und Sie, Silk – die Beide in
Ägypten gereist sind & sich dort aufgehalten haben, daß
man Sie quasi Kinder des Hauses nennen könnte – Sie,
ich wiederhole es, die so lange unter uns geweilt haben,
daß Sie ägyptisch genau so gut sprechen, wie Sie,
meinethalben, Ihre Muttersprache schreiben – Sie, die
ich bisher immer als verläßliche Freunde aller Mumen-
heit zu betrachten gewohnt war – von *Ihnen* hätte ich nun
wirklich ein etwas gentlemanlike'eres Benehmen erwartet! Was soll ich denn davon denken, wenn Sie
ruhig daneben stehen bleiben, und zusehen, wie man
mit mir hier derart cavalièrement umgeht? Was für
einen Eindruck muß es auf mich machen, wenn Sie
jedem Hans & Franz erlauben, mich meines Sargs &
meiner Kleidung zu entledigen, und noch dazu bei
einem solch nichtswürdigen klammen Klima? In was

für einem Licht (um zum Kern der Sache zu kommen) soll ich es wohl ansehen, wie Sie diesen kümmerlichen kleinen Ganoven, diesen Doktor Pononner, der mich an der Nase zupft, förmlich anstiften, ja ihm Vorschub leisten?!»

Man wird es zweifellos für ausgemacht halten, daß wir sämtlich – unter solchen Umständen, und auf derartige Weise apostrofiert – uns entweder türwärts retiriert, beziehungsweise hysterische Anfälle bekommen hätten oder aber schlicht in Ohnmacht gefallen wären – eines von diesen dreien hätte, ich gebe das zu, zu erwarten gestanden. Wäre doch wirklich nichts plausibler gewesen, als entweder ein, oder eventuell auch alle dieser Verhaltensweisen durchzuexercieren. Ich bin auch, auf Ehrenwort, heute noch nicht imstande, mir zu erklären, wieso nicht 1 von uns sich für das eine oder andre davon entschied. Aber vielleicht ist ja der wahre Grund hierfür einfach im ‹Geist unsrer Zeit› zu suchen, der bekanntermaßen gänzlich nach dem Satz vom Widerspruch verfährt; und heute auch überall dort, wo ein Paradoxon oder eine Unmöglichkeit auftaucht, als die organischste Erklärung akzeptiert wird. Oder vielleicht lag es in letzter Instanz auch an dem so frappant natürlichen & selbstverständlichen Auftreten der Mumie, das seine Worte in praxi alles Schreckhaften entkleidete. Wie dem aber auch immer sein möge, das Faktum als solches bleibt bestehen: kein Mitglied unsrer Gesellschaft laborierte an übertriebenem Zittern, oder schien sonst der Ansicht, daß diesmal irgendetwas ganz besonders schief gegangen sei.

Ich meinerseits war sogar überzeugt, es sei alles in bester Ordnung; und trat lediglich etwas zur Seite, außer Reichweite der Faust des Ägypters. Doktor Pononner schob die Hände tief in die Hosentaschen, sah die Mumie scharf an, und wurde allmählich blutrot im Gesicht. Mr. Gliddon strich sich den Backenbart, und zog seinen Hemdkragen höher. Mr. Buckingham ließ den Kopf hängen, und steckte seinen rechten Daumen in den linken Mundwinkel.

Der Ägypter betrachtete ihn minutenlang mit strengem Gesichtsausdruck, und sagte endlich naserümpfend: «Warum erwidern Sie nichts, Mister Buckingham? Haben Sie gehört, was ich Sie gefragt habe, oder nicht? Und *nehmen* Sie endlich den Daumen aus dem Mund!»

Worauf Mr. Buckingham leicht zusammenzuckte, den rechten Daumen aus dem linken Mundwinkel zog; dafür aber, wie zur Schadloshaltung, seinen linken Daumen in den rechten Winkel der oben erwähnten Öffnung einführte.

Da es sich als unmöglich erwies, von Mr. B. eine Antwort zu bekommen, wandte die Figur sich mürrisch Mr. Gliddon zu; und verlangte in entschiedenem Ton & rundheraus, zu wissen: was das Ganze nun eigentlich bedeuten solle?!

Mr. Gliddon erwiderte ihm zuguterletzt und sehr ausführlich; und es würde mir – stünde dem nicht der bedauerliche Mangel an Hieroglyphen=Typen in unseren amerikanischen Druckereien entgegen – ein Vergnügen sein, seine ganz ausgezeichnete kleine Rede in der Originalsprache & in extenso wiederzugeben.

Ich kann bei dieser Gelegenheit gleich noch nachtragen, daß die gesamte anschließende Unterhaltung, soweit die Mumie daran Teil nahm, in altem ursprünglichem Ägyptisch erfolgte; durch Vermittlung (was meine Wenigkeit & die anderen ebenfalls nicht weitgereisten Mitglieder der Gesellschaft anbelangt) – durch Vermittlung, sagte ich, der Firma Gliddon & Buckingham als Dolmetscher. Beide Herren bedienten sich der Muttersprache der Mumie in unnachahmlich fließender & anmutiger Weise; obschon ich gelegentlich die Bemerkung machte, daß die beiden Reisenden (zweifellos aufgrund der Nötigung, moderne Metafern zu verwenden, die dem Fremdling natürlich gänzlich neu & ungewohnt sein mußten) sich wiederholt gezwungen sahen, auf optische Hülfen zurückzugreifen, um gewisse Spezialbedeutungen Jenem voll faßlich werden zu lassen. So vermochte, zum Beispiel, Mr. Gliddon an einer Stelle dem Ägypter platterdings nicht den Sinn von ‹Politik› begreiflich zu machen; bis er endlich mit einem Stück Holzkohle ein kleines kolbennasiges Männchen an die Wand zeichnete, das mit zerrissenen Ellbogen auf einer behelfsmäßigen Rednertribüne stand, den linken Fuß nach rückwärts gesetzt, den rechten Arm mit geballter Faust vorwärts≈aufwärts gestoßen, die Augen gen Himmel verdreht & den Mund in einem Winkel von 90° offen stehend. Auf genau dieselbe Weise gelang es Mr. Buckingham zuerst nicht, die so absolut moderne Idee der ‹Perückenhaftigkeit› auszudrücken; bis er (auf eine Anregung Dr. Pononners hin) plötzlich sehr blaß im Gesicht wurde, und sich dazu verstand, seine eigene abzunehmen.

Man wird unschwer verstehen, daß Mr. Gliddon's Diskurs zunächst hauptsächlich der unschätzbaren Segnungen Erwähnung tat, die der Wissenschaft durch das Abwickeln & Ausweiden von Mumien organisch zuwüchsen; was er geschickt dazu benützte, um all≈ & jede Unannehmlichkeit zu entschuldigen, die speziell *ihm,* der individuellen Mumie, genannt Allamistakeo, dadurch zugefügt worden sei; worauf er mit dem leichten

Hinweis (denn mehr konnte man es schwerlich nennen) endigte: wie man, da diese kleineren Begleitumstände nunmehr bereinigt seien, die geplanten Untersuchungen ja sicherlich weiter vorantreiben dürfe. (Hier machte Doktor Pononner seine Instrumente wieder einsatzbereit.)

Hinsichtlich dieser letzten Anregung des Sprechers, machte es den Eindruck, wie wenn Allamistakeo gewisse Bedenklichkeiten oder Vorurteile hege, (deren eigentliche Natur ich aber nie habe in Erfahrung bringen können); immerhin erklärte er sich durch die vorgebrachten Entschuldigungen als zufriedengestellt, stieg vom Tisch herunter, und schüttelte Jeglichem von uns in der Runde die Hand.

Nachdem diese Zeremonie beendet war, gingen wir unverzüglich ans Werk, die Beschädigungen auszubessern, die unser Studiensubjekt durch's Skalpell erlitten hatte. Wir nähten seine Schläfenwunde wieder zu; verbanden ihm die Zehe; und versahen seine Nasenspitze mit dem entsprechenden Quadratzoll Heftpflaster.

Man machte nunmehr auch die Bemerkung, daß den Conte (dies war der eigentliche Titel Allamistakeo's, wie es schien) ein leichtes Frösteln überkommen hatte – unzweifelhaft ob der Kälte. Der Doktor verfügte sich sogleich in seine Garderobe; und kehrte bald darauf zurück mit einem schwarzen Frack, gearbeitet in Jennings' bester Manier, einem Paar langer himmelblauer Flanellbeinkleider mit Stegen, einem *chemise* aus rosa Gingham, einer langschößigen Brokatweste, einem leichten weißen Überrock, einem Spazierstock mit Hakengriff, einem randlosen Hut, Lackstiefeln, strohfarbenen Glacéhandschuhen, einem Monokel, einem

falschen Backenbart à la morbleu, und eine Kaskaden-
kravatte. Infolge des Größenunterschiedes zwischen
dem Conte und Pononner (Verhältnis etwa 2:1) ergaben
sich einige kleine Schwierigkeiten dabei, genannte Kleidungsstücke an der Person des Ägypters zu befestigen;
aber als dann alles arrangiert war, hätte man ihn durchaus als angezogen bezeichnen können. Weshalb Mr.
Gliddon ihm auch sogleich den Arm bot und ihn zu
einem bequemen Sessel am Kamin führte; während der
Doktor unverzüglich läutete, und Zigarren & Wein auf-
zutragen befahl.

Die Unterhaltung wurde bald recht angeregt. Man
drückte selbstredend besondere Neugier aus, hinsichtlich des einigermaßen bemerkenswerten Umstandes,
daß Allamistakeo immer noch so lebendig sei.

«Ich hätte meinen mögen,» bemerkte Mr. Buckingham,
«daß es allmählich hohe Zeit würde, Sie wären tot.»

«Wieso?» entgegnete der Conte mit ungekünsteltem
Erstaunen, «ich bin schließlich erst wenig über 700 Jahre
alt! Mein Vater ist 1000 geworden, und war, als er starb,
noch nicht im mindesten kindisch.»

Hier schloß sich ein lebhaftes Hin & Her von Erkundigungen & überschlägigen Rechnungen an, aus denen
mit Evidenz hervorging, wie man sich bezüglich des
Alters der Mumie auf's gröblichste verschätzt hatte: es
waren 5050 Jahre & ein paar Monate her, daß man sie in
die Katakomben von Eleithias überführt hatte.

«Aber meine Anmerkung eben» nahm Mr. Buckingham seine Rede wieder auf, «bezog sich noch nicht einmal auf Ihr persönliches Lebensalter zur Zeit Ihrer Beerdigung – ich bin durchaus willens, Ihnen zu konzedie-
ren, daß Sie noch ein relativ junger Mann sind – meine
Anspielung sollte vielmehr dem ungeheuerlichen Zeit-

raum gelten, während dem Sie, Ihrer eigenen Aussage nach, in Asfalt verpackt gewesen sein müssen.»

«In was?», fragte der Conte.

«In Asfalt,» wiederholte Mr. B. hartnäckig.

«Ah, ja; ich habe eine blasse Ahnung, was Sie meinen; es *könnte* den Zweck eventuell auch erfüllen, sicher – aber zu meiner Zeit verwendeten wir kaum etwas anderes als Quecksilberchlorid.»

«Aber was wir am allerwenigsten begreifen können,» sagte Doktor Pononner, «ist, wie es zugeht, daß Sie in Ägypten gute 5000 Jahre tot & begraben sein konnten; und heute trotzdem quicklebendig hier sitzen, und dabei noch so erfreulich glänzend aussehen.»

«Wäre ich, wie Sie sich ausdrücken, *tot* gewesen,» erwiderte der Conte, «dann ist es mehr als bloß wahrscheinlich, daß ich auch heute noch tot sein würde; denn, wie ich verspürt habe, befinden Sie sich noch in der Kindheit der Elektrizität, und können damit nicht entfernt das ausrichten, was in der guten alten Zeit bei uns gang & gäbe war. Aber die Sache ist die, daß ich damals in Starrkrampf verfallen bin; daß meine besten Freunde zu der Überzeugung kamen, ich sei tot, beziehungsweise hätte es zu sein, und sie mich ergo kurzerhand einbalsamierten – ich nehme an, die Technik des Einbalsamierens ist Ihnen, zumindest in großen Umrissen, geläufig?»

«Mn-ä – nicht absolut.»

«Ah, ich sehe schon – bedauerlicher Zustand von Ignoranz. Nun, ich kann mich im Augenblick nicht auf Einzelheiten einlassen; aber die 1 Erklärung scheint mir notwendig, daß bei uns in Ägypten die präzise Definition von ‹einbalsamieren› die war: *alle* von dem Prozeß betroffenen animalischen Funktionen zeitlich unbegrenzt auf Null zu stellen. Ich gebrauche das Wort ‹animalisch› jetzt einmal im weitesten Sinne; so daß es nicht nur die physische, auch psychische, sondern die gesamte *Lebenseinheit* des Betreffenden in sich begreifen soll. Ich wiederhole also, wie der eigentliche Leitgedanke des Einbalsamieren bei uns der war, *sämtliche* durch den Prozeß erfaßbare animalische Funktionen schlagartig gegen Nil hin konvergieren zu machen, und dort in immerwährender Schwebe zu erhalten. Enfin, in was für einen Zustand das Individuum im Zeitpunkt des Einbalsamierens sich auch immer befinden mochte: in diesem Zustande verharrte es. – Da ich nun das Glück & die Ehre habe, vom Blute des Skarabäus zu stammen, bin ich *lebendig* einbalsamiert worden, so wie Sie mich jetzt vor sich sehen.»

«Vom Blute des Skarabäus!?» rief Doktor Pononner.

«Ja. Der Skarabäus war das *insignium* – beziehungsweise ‹Wappen›, ‹Totem› – einer sehr distinguierten & wenig zahlreichen Patrizierfamilie. ‹Vom Blute des Skarabäus› zu sein, bedeutet schlicht: 1 jener Familie zu sein, die den Skarabäus als *insignium* hat. Ich drücke mich bildlich aus.»

«Aber was hat das damit zu tun, daß Sie jetzt lebendig sind?»

«Weil es in Ägypten zwar allgemein der Brauch war, bei Leichen vorm Einbalsamieren Gehirn & Eingeweide zu entfernen; einzig & allein der Clan des Skarabäus jedoch war von diesem Brauch ausgenommen. Wäre ich ergo kein Skarabäus gewesen, hätte ich jetzt weder Gehirn noch Eingeweide; und ohne beides ist es ja nicht gerade angenehm zu leben.»

«Das leuchtet mir ein,» sagte Mr. Buckingham, «und ich folgere also weiter: daß alle *unverletzten* Mumien, die im Laufe der Zeit anfallen, vom Clan des Skarabäus sind.»

«Ohne Zweifel.»

«Ich hatte immer gedacht,» äußerte Mr. Gliddon sehr schüchtern, «der Skarabäus wäre einer der ägyptischen Götter gewesen.»

«Einer der ägyptischen *was*?!» rief die Mumie, und sprang dabei auf.

«Götter –» wiederholte der Reisende.

«Mister Gliddon, ich bin wirklich erstaunt, Sie in solchem Stil daherschwätzen zu hören,» sagte der Conte, indem er seinen Platz wieder einnahm. «Kein Volk der ganzen weiten Erde hat jemals mehr als nur 1 Gott gekannt. Der Skarabäus, der Ilis undsoweiter, waren bei uns (ebenso wie ähnliche Geschöpfe bei anderen Nationen) lediglich die Symbole, oder *media,* vermittelst deren wir einem Schöpfer – zu erhaben, um sich ihm auf direkterem Wege zu nähern – Anbetung zollten.»

Hierauf trat eine Pause ein. Endlich nahm Doktor Pononner die Unterhaltung wieder auf.

«Nach dem, was Sie uns erklärt haben, wäre es also nicht unmöglich,» sagte er, «daß sich in jenen Katakomben, in Nähe des Nils, gegebenenfalls noch weitere Mumien vom Geschlecht des Skarabäus, in ähnlichem Zustande der Belebbarkeit, befinden könnten.»

«Das kann überhaupt keine Frage sein,» entgegnete der Conte: «sämtliche Skarabäen, die durch Zufall lebendig einbalsamiert worden sind, leben auch heute noch. Ja, es besteht sogar die Möglichkeit, daß Einige von den *absichtlich* so Einbalsamierten von ihren Nachlaßverwaltern übersehen worden sind, und noch in den Grüften harren.»

«Würden Sie vielleicht die Güte haben, und uns erklä-

471

ren,» sagte ich, «was Sie mit ‹absichtlich so einbalsamiert› meinen?»

«Mit dem größten Vergnügen,» antwortete die Mumie, nachdem er mich ausgiebig durch sein Monokel gemustert hatte; (denn es war das erste Mal, daß ich mich erkühnt hatte, eine direkte Frage an ihn zu richten).

«Mit dem größten Vergnügen,» wiederholte er. – «Die normale Lebensdauer des Menschen betrug zu meiner Zeit rund 800 Jahre. Wenige Leute nur starben früher als 600, es sei denn infolge irgendeines exorbitanten Unfalles; Wenige lebten länger als 1 Dekade von Centurien – 8 galten als naturgegebene Spanne. Nach gewonnener Einsicht in das Grundprinzip des Einbalsamierens, wie ich es Ihnen bereits kurz geschildert habe, kam unsern Filosofen der Gedanke, daß nicht nur eine löbliche Neugier befriedigt, sondern gleichzeitig auch die Interessen der Wissenschaft entscheidend dadurch befördert werden könnten, wenn man besagte naturgegebene Spanne in Raten ablebe. Im Spezialfall der Geschichtsschreibung bewies die Erfahrung, daß etwas der Art eigentlich unerläßlich sei. Ein Historiker zum Beispiel, der das Alter von 500 Jahren erreicht hatte, verfaßte mit Fleiß & Mühe sein Buch, und ließ sich dann sorgfältig einbalsamieren; wobei er seinen Nachlaßverwaltern *pro. tem.* Anweisung hinterließ, ihn nach Ablauf einer bestimmten Periode – sagen wir 5 oder 600 Jahre – wieder zu beleben. Wenn er dann, nach Verfluß dieses Zeitraums, sein Dasein erneut aufnahm, fand er grundsätzlich sein Großes Buch in eine buntdurcheinandergewürfelte Sammlung von Notizen & Anekdoten pervertiert vor – mit andern Worten, in eine Art literarischer Arena verwandelt, wo sich die widerstreitenden Vermutungen, Konjekturen & persönlichen Katzbalgereien ganzer Rudel von phrenetischen Kommentatoren austobten. Diese Rätselratereien undsoweiter – die sich mit dem tönenden Namen von Annotationen oder Emendationen schmückten – hatten den eigentlichen Text derart total umnebelt, verzerrt & überwältigt, daß der betreffende Autor mit der Laterne herumlaufen mußte, um sein eigenes Buch überhaupt wieder zu entdecken. Und wenn er es dann entdeckt hatte, erwies es sich als nicht der Mühe des Suchens wert. Nachdem er es jedenfalls noch einmal von Grund auf neu geschrieben hatte, wurde es als zu den heilgen Obliegenheiten des Historikers gehörig betrachtet, nun auch unverzüglich an eine nächste Arbeit zu gehen, und, auf der Basis seiner eigenen privaten Information & Erfahrung, die dann im Schwange befindlichen Überlieferungen von der Epoche, in der er ursprünglich gelebt hatte, zu rektifizieren. Und einzig dieses Verfahren – das der Zweit= Niederschrift, & der persönlichen Berichtigung von Zeit zu Zeit, durch diverse einzelne Koryphäen – hat es ermöglicht zu verhindern, daß unsre Geschichte zur bloßen Fabel herunterkomme.»

«Entschuldigen Sie,» sagte Doktor Pononner an dieser Stelle, während er gleichzeitig mit seiner Hand sacht den Arm des Ägypters anrührte – «Entschuldigen Sie, Sir; aber darf ich so frei sein, Sie einen Moment zu unterbrechen?»

«Selbstverständlich, *Sir*,» erwiderte der Conte, indem er sich stolz emporrichtete.

«Ich wollte lediglich eine Frage an Sie richten,» sagte der Doktor. «Sie erwähnten, daß der Historiker die dann im Schwange befindlichen *Überlieferungen* von seiner eigenen, früheren Epoche persönlich berichtigte. Bitte, Sir: wieviel Prozent dieser Kabbala pflegten sich

473

durchschnittlich noch als korrekt zu erweisen – ganz rund gerechnet?»

«Besagte Kabbala, wie Sie es sehr richtig nennen, Sir, erwies sich im allgemeinen als genau gleichrangig mit den in den un-neugeschriebenen Geschichtswerken berichteten Tatsachen – das heißt mit andern Worten: weder in der einen noch dem andern war auch nur 1 einziges Jota zu entdecken, das nicht in jeglicher Beziehung total & radikal falsch gewesen wäre.»

«Aber da es einwandfrei klargestellt ist,» begann der Doktor von neuem, «daß seit Ihrer Beisetzung mindestens 5000 Jahre verstrichen sind, darf ich ja wohl als ausgemacht annehmen, daß die Geschichtswerke Ihrer Zeit, geschweige denn die Überlieferungen, sich hinreichend ausführlich verbreitet haben werden, über jenen einen Gegenstand von wahrhaft kosmischem Interesse, die Schöpfung; die ja, wie ich als Ihnen bekannt voraussetzen darf, höchstens 10 Jahrhunderte zuvor stattgefunden hatte.»

«Sir!» sagte Conte Allamistakeo.

Der Doktor wiederholte seine Bemerkung; aber ès gelang erst nach beträchtlichen zusätzlichen Erläuterungen, sie dem Fremdling annähernd begreiflich zu machen. Der Letztere äußerte schließlich zögernd:

«Die von Ihnen hier eben vorgetragenen Gedankengänge sind mir, ich gestehe es, gänzlich neu. Während meiner Zeit habe ich niemals von Jemandem vernommen, der die kuriose Idee bei sich genährt hätte, daß das Universum (beziehungsweise diese Welt, wenn Ihnen der Ausdruck lieber ist) überhaupt je einen Anfang gehabt habe. Ich entsinne mich, einmal und *nur* 1 Mal, von einem besonders theorienreichen Mann eine entfernte Andeutung dieser Art gehört zu haben, die sich allerdings nur auf den Ursprung des *Menschenge-schlechtes* bezog; und von eben diesem Individuum wurde auch genau das Wort *Adam* (also Rote Erde) verwendet, dessen Sie sich bedienen. Er gebrauchte es jedoch lediglich im genetischen Sinne, in Bezug auf die Urzeugung aus fettem Erdreich (ähnlich wie tausende der niederen Arten der Wesen sich entwickeln) – die Urzeugung also, sagte ich, von 5 vielköpfigen Horden von Menschen, die an 5 gesonderten & nahezu flächen-gleichen Teilgebieten des Erdballs schlagartig & gleich-zeitig entstanden seien.»

An dieser Stelle fand ein allgemeines Achselzucken der Gesellschaft statt, und 1 oder 2 von uns tippten sich sogar mit sehr bezeichnendem Ausdruck an die Stirn. Mr. Silk Buckingham, nachdem er erst flüchtig das Occiput, und anschließend das Sinciput Allamistakeo's begutachtet hatte, äußerte sich darauf wie folgt: –

«Die lange Dauer des menschlichen Lebens zu Ihrer Zeit – zumal im Verein mit der Praktik, es, wie Sie uns schilderten, gelegentlich in Raten zu verbringen – müßte in der Tat eine starke Tendenz ergeben haben, die Entwicklung & Aufhäufung von Wissen allgemein zu bewirken. Ich nehme deshalb an, daß man die notorische Unterlegenheit der alten Ägypter in allen Zweigen des Wissens, verglichen mit den Neueren und ganz beson-ders mit den Yankees, folglich hauptsächlich der unver-gleichlich größeren Massivität der ägyptischen Hirn-schale wird zuschreiben müssen.»

«Ich gestehe erneut,» entgegnete der Conte mit be-trächtlicher Urbanität, «daß ich einigermaßen in Ver-legenheit bin, Sie zu verstehen. Bitte, auf welche speziellen Wissenszweige spielen Sie jetzt an?»

Hier begann unsre ganze Gesellschaft, ebenso ausführlich wie durcheinander, ihm mit vereinten Stimmen die Postulate der Schädellehre und der Wunder des Tierischen Magnetismus zu schildern.

Nachdem er uns zu Ende gehört hatte, steuerte der Conte seinerseits ein paar Anekdoten bei, aus denen sich mit Evidenz ergab, daß Vorläufer von Gall & Spurzheim vor so grauen Jahren in Ägypten geblüht & wieder das Zeitliche gesegnet hatten, um nahezu vergessen zu sein; und was die Mesmer'schen Prozeduren anbetraf, so handelte es sich wahrlich um ziemlich kümmerliche Tricks, wenn man sie mit den positiven Wundern der Thebanischen *savans* zusammenhielt, die Läuse erschufen und eine große Zahl anderer ähnlicher Dinge mehr.

Ich erkundigte mich jetzt beim Conte, ob man bei ihnen imstande gewesen wäre, Finsternisse vorauszuberechnen? Er lächelte ziemlich verächtlich, und sagte, ja, das wäre man.

Das brachte mich etwas aus dem Konzept; aber ich begann gerade weitere Erkundigungen hinsichtlich seiner astronomischen Kenntnisse anzustellen, als ein Mitglied unserer Gesellschaft, das bisher noch nicht 1 Mal den Mund aufgetan hatte, mir ins Ohr flüsterte, daß ich, was Anfragen dieser Art beträfe, besser vorher im Ptolemäus nachschlüge (wer immer dieser Ptolemäus sein mag), nicht zu vergessen eines gewissen Plutarch *de facie lunae*.

Ich erkundigte mich nunmehr bei der Mumie nach Brenngläsern & Linsen, sowie nach dem Stande der Glasfabrikation allgemein; aber ich war noch nicht einmal recht zu Ende mit meinen Fragen, als das stumme Mitglied schon wieder unauffällig meinen Ellenbogen berührte, und mich um GOttes willen bat, doch 1 Blick in Diodorus Siculus zu werfen. Was den Conte betrifft, stellte er mir als Antwort lediglich die Frage, ob wir Modernen Mikroskoptypen entwickelt hätten, die uns in den Stand setzten, Cameen nach Art der Ägypter zu schneiden? Während ich aber noch darüber nachdachte, was ich ihm auf solche Frage antworten könnte, stellte sich bereits der kleine Doktor Pononner auf die allermerkwürdigste Weise bloß.

«Sehen Sie sich unsre Baukunst an!» rief er, (zum großen Verdruß unsrer beiden Reisenden, die ihn grün & blau kniffen, aber ohne Erfolg).

«Schauen Sie,» rief er schwärmerisch, «sich die Bowling Green Fountain in New York an! Oder, falls das eine zu hohe Kraft der Kontemplation erfordern sollte, betrachten Sie einen Moment das Capitol in Washington, D.C.!» – und der biedre kleine Medizinmann ging dazu über, die genauen Maße & Proportionen des von ihm genannten Gebildes anzugeben. Er erläuterte, wie allein den Portikus nicht weniger denn 24 Säulen schmückten, jedwede von 5 Fuß Durchmesser, mit 10 Fuß Abstand zwischen ihnen.

Der Conte entgegnete, wie er bedaure, im Augenblick aus dem Gedächtnis nicht die exakten Abmessungen auch nur eines der bedeutenderen Bauwerke der Stadt Aznac angeben zu können, deren Grund in grauester Vorzeit gelegt sei; deren Ruinen aber zur Zeit seiner Beisetzung noch auf einer weiten Sandebene, westlich von Theben, gestanden hätten. Er entsinne sich jedoch (da das Wort Portikus gefallen sei), an einen, vor einem der kleineren Palais, in einer Art Vorstadt namens Karnak, der aus 144 Säulen bestanden habe, jegliche von 37 Fuß Umfang, mit 25 Fuß Abstand zwischen ihnen. Den Zugang zu besagtem Portikus, vom Nil her, hätte eine

2 Meilen lange Prachtstraße gebildet, flankiert von Sfinxen, Statuen & Obelisken, 20, 60 & 100 Fuß hoch. Das Palais selbst sei (soweit er sich erinnern könne) in der einen Richtung 2 Meilen breit gewesen, und der Gesamtumfang dürfte, schätzungsweise, 7 betragen haben. Die Wände seien, innen wie außen, über & über mit Hieroglyphen geschmückt gewesen. Er wolle nicht soweit gehen und uns direkt *schriftlich* geben, daß man von des Doktors ‹Capitolen› gut 50 oder 60 innerhalb seines Mauerkranzes hätte errichten können; sei sich aber keineswegs sicher, ob man nicht, mit einiger Mühe, auch 2 oder 300 davon hineingezwängt hätte. Übrigens habe es sich bei besagtem Karnak'schem Palais nur um ein unbedeutendes, kleineres Gebäude gehandelt. Immerhin könne er (der Conte) wenn er gewissenhaft sein wolle, nicht umhin, die sinnreiche Erfindung, Pracht & Überlegenheit jener Bowling Green Fountain, so wie sie ihm der Doktor beschrieben habe, zuzugeben: nichts dergleichen – das sei er gezwungen zu gestehen – habe man je in Ägypten erblickt, oder auch anderswo.

An dieser Stelle fragte ich den Conte, was er zu unsern Eisenbahnen zu sagen habe.

«Nichts besonderes,» erwiderte er. Sie seien relativ leicht, relativ übel geplant, und kümmerlich zusammenmontiert. Ließen sich also selbstredend nicht mit den breiten, gut nivellierten, schnurgeraden, eisenschienigen Transport‹Fernbahnen vergleichen, auf denen die Ägypter ganze Tempel befördert hätten, oder auch Obelisken aus einem Stück von 150 Fuß Höhe.

Ich sprach von unseren gigantischen mechanischen Mitteln.

Er gab zu, daß wir auf diesem Gebiet einiges wüßten; erkundigte sich jedoch, wie ich wohl vorgegangen sein

würde, um am Portalbogen nur des erwähnten kleinen
Palais' zu Karnak, die Kämpferblöcke an Ort & Stelle
zu bringen?

Diese Frage beschloß ich, nicht gehört zu haben; forderte vielmehr zu erfahren, ob er einen Begriff von Arte-
sischen Brunnen habe – er aber hob nur die Augenbrauen; während Mr. Gliddon mir nachdrücklichst zu-
zwinkerte, und mit unterdrückter Stimme mitteilte, wie
die mit den Trinkwasserbohrungen für die Große Oase
beauftragten Ingenieure, neulich erst wieder einen entdeckt hätten.

Ich erwähnte jetzt unseres Stahls; aber der Fremdling
hob nur die Nase & fragte zurück, ob sich mit unserm
Stahl die tiefen scharfen Gravierungen ausführen ließen,
wie man sie auf den Obelisken sieht, und zu denen man
übrigens grundsätzlich Schneidwerkzeuge aus Kupfer
verwendet hätte.

Dies brachte uns dermaßen außer Fassung, daß wir es
für rätlich hielten, den Angriff in metaphysische Gefilde
zu verlegen. Wir ließen also einen Band einer Zeitschrift
genannt ‹The Dial› kommen, und verlasen daraus 1
oder 2 Kapitel über etwas, was zwar nicht sonderlich
klar ist; von den Bostonesen jedoch Die Große Bewegung oder Der Fortschritt genannt wird.

Der Conte merkte dazu lediglich an, daß Große Bewegungen auch in seinen Tagen widerlich häufig gewesen
wären; und was den Fortschritt anbelangt, so sei er eine
Zeit lang eine rechte Plage gewesen, aber fortgeschritten
sei er nie.

Hierauf brachten wir die hohe Schönheit & Wichtigkeit der Demokratie zur Sprache; und gaben uns alle
Mühe, dem Conte einen vollen Begriff der Vorteile zu
vermitteln, die wir dadurch genössen, daß wir in einem

Lande wohnten, wo es Wahlen *ad libitum* gäbe und keinen König.

Er lauschte uns mit unverkennbarem Interesse, und schien in der Tat nicht wenig belustigt. Als wir geendet hatten, sagte er, wie – es sei nun schon langelange her – einmal etwas ganz ähnliches vorgefallen wäre. 13 ägyptische Provinzen hätten auf einmal beschlossen, nunmehr frei sein zu wollen, und so der übrigen Menschheit ein großartiges Beispiel zu geben. Ihre Weisen mußten sich zusammensetzen und die ingeniöseste Verfassung aushecken, die vorzustellen sich nur möglich ist. Eine zeitlang wirtschafteten sie erstaunlich gut; nur hatten sie die Angewohnheit, wahrhaft wundersam aufzuschneiden. Das Ende der Affäre freilich bestand darin, daß sich besagte 13 Staaten, zusammen mit noch 15 oder 20 anderen, zu der abscheulichsten & unerträglichsten Despotie vereinigten, von der man jemals auf dem Angesicht der Erde vernommen habe.

Ich erkundigte mich, wie der Name des betreffenden tyrannischen Usurpators gewesen sei?

Soweit der Conte sich zu entsinnen vermochte, hatte er MOB geheißen.

Da ich nicht wußte, was ich hierzu sagen sollte, erhob ich lieber die Stimme und beklagte die ägyptische Ignoranz bezüglich der Dampfkraft.

Der Conte blickte mich mit großem Erstaunen an, gab jedoch keine Antwort. Dafür versetzte mir der stille Herr mit seinem Ellbogen einen heftigen Knuff in die Rippen – informierte mich, wie ich mich für diesmal nun wohl genug bloßgestellt hätte – und wollte hören, ob ich tatsächlich ein solcher Trottel sei, nicht zu wissen, daß unsre moderne Dampfmaschine sich aus der Erfindung Heron's, via Salomon de Caus, entwickelt hat?

Wir waren jetzt in der dringendsten Gefahr, endgültig geschlagen zu werden; aber unser gutes Glück wollte, daß Doktor Pononner, der sich wieder erholt hatte, zum Entsatz herbeieilte, und Antwort heischte: ob das ägyptische Volk sich im Ernst einbilde, mit uns Modernen in dem allwichtigen Punkte der Bekleidung wetteifern zu können?

Woraufhin der Conte erst den Blick an sich herunter, zu den Stegen seiner Hosen wandern ließ; anschließend das Ende eines seiner Frackschöße ergriff und es sich, minutenlang, dicht vor die Augen hielt. Als er es endlich sinken ließ, verlängerte sich sein Mund ganz allmählich, bis er von einem Ohr zum andern reichte; aber daß er irgendetwas erwidert hätte, kann ich mich eigentlich nicht erinnern.

Hierauf faßten wir neuen Mut; und der Doktor forderte, indem er sich der Mumie mit imposanter Würde näherte, diese auf, nunmehr ganz freimütig & auf seine Ehre als Gentleman es auszusprechen: ob die Ägypter, zu *irgendeinem* Zeitpunkt ihrer Geschichte, die Herstellung von Pononner-Pastillen verstanden hätten, oder, sei's drum, von Brandreth-Pillen?

Wir harrten in ängstlicher Spannung auf eine Antwort – – aber vergeblich. Es erfolgte keine. Der Ägypter errötete, und ließ den Kopf hängen. Nie war ein Triumph vollkommener; nie wurde eine Niederlage mit so wenig Grazie ertragen. Ich konnte tatsächlich das Schauspiel der armen gedemütigten Mumie nicht länger aushalten. Ich griff nach meinem Hut, machte Jenem eine steife Verbeugung, und nahm Abschied.

Als ich nachhause kam, sah ich, daß es schon nach 4 war, und ging unverzüglich zu Bett. Im Augenblick ist es 10 Uhr vormittags. Ich bin seit 7 auf den Beinen, und habe den vorliegenden Bericht zu Papier gebracht, zum Besten meiner Familie & der Menschheit. Von der erstgenannten werde ich nichts mehr erblicken. Mein Weib ist ein Drache. Auch bin ich, ehrlich gesagt, dieses Daseins, sowie des ganzen 19. Jahrhunderts allgemein, von Herzen überdrüssig. Ich lebe der Überzeugung, daß Alles falsch & schief geht. Außerdem bin ich neugierig zu wissen, wer 2045 Präsident sein wird. Sobald ich mich ergo rasiert & einen Schluck Kaffee getrunken habe, werde ich die paar Schritte zu Pononner's hinüber tun, und mich für ein paar hundert Jahre einbalsamieren lassen.

Im Herbst des Jahres 18.., auf einer Reise durch die
südlichsten Provinzen von Frankreich begriffen, geschah es, daß meine Route mich auf einige wenige Meilen nur an einer gewissen *Maison de Santé,* einer Privat=
Irrenanstalt, vorüber führte, von der ich durch meine
Mediziner=Freunde in Paris viel gehört hatte. Da ich
noch nie eine Einrichtung dieser Art besucht hatte,
dünkte mir die Chance allzu günstig, um sie ungenützt
zu lassen; und ich proponierte folglich meinem Reisegefährten – einem Gentleman, mit dem ich vor ein paar
Tagen zufällig Bekanntschaft geschlossen hatte – für 1
Stündchen oder so einen kleinen Abstecher zu machen,
und das Etablissement kurz zu besichtigen. Er erhob
Einspruch dagegen – indem er einmal Eile vorschützte,
und zum zweiten den bekannten normalen Abscheu
vorm Anblick eines Wahnsinnigen. Indes bat er mich
angelegentlich, ja nicht etwa aus reiner Höflichkeit ihm
gegenüber auf die Befriedigung meiner Neubegier zu
verzichten; und versprach auch, nur ganz gemächlich
fürbaß zu reiten, so daß ich ihn im Verlauf dieses Tages,
auf jeden Fall aber spätestens des morgigen, wieder ein-
holen könnte. Während er sich verabschiedete, fiel mir
ein, daß sich hinsichtlich der Erlaubnis zum Betreten der
Anstalt möglicherweise einige Schwierigkeiten ergeben
möchten, und ich lieh meinen diesbezüglichen Befürch-
tungen Worte. Er erwiderte, wie ich mich – falls ich mit
dem Direktor, Monsieur Maillard, nicht persönlich bekannt sei, oder mich sonst irgendwie, etwa vermittelst
eines Empfehlungsschreibens, ausweisen könne – allerdings auf etweliche Schwierigkeiten gefaßt halten müsse;
seien doch die Vorschriften für diese Privat=Irrenhäuser

beträchtlich strenger, als die für die öffentlichen Hospitäler. Er selbst hätte, fügte er hinzu, Maillard vor diversen Jahren persönlich kennen gelernt, und wolle mir insoweit gefällig sein, bis zum Eingang mitzureiten und mich dort vorzustellen; obgleich seine Gefühle bezüglich Wahnsinn & was damit zusammenhängt, ihm auf keinen Fall erlaubten, die Anstalt selbst zu betreten.

Ich dankte ihm; und wir bogen von der Hauptstraße auf einen grasüberwachsenen Seitenpfad ab, der sich binnen einer halben Stunde nahezu gänzlich in einem dichten Forste verlor, der den Fuß eines Berges einhüllte. In diesem Wald, in dem es näßte & finster war, mußten wir weitere 2 Meilen dahinreiten, bis die *Maison de Santé* in Sicht kam. Es war ein fantastisches, weitgehend verfallenes *château,* und so alt & vernachlässigt, daß es tatsächlich kaum noch bewohnbar sein konnte. Der Anblick flößte mir buchstäblich Furcht ein; ich zügelte mein Pferd, und war schon halb entschlossen, wieder umzudrehen. Gleich darauf jedoch begann ich mich meiner Schwäche zu schämen, und ritt weiter.

Während wir an der Einfahrt vorritten, bemerkte ich, daß der eine Torflügel leicht offen stand und das Gesicht eines Mannes durch den Spalt lugte. Nur einen Augenblick darauf aber trat dieser Mann auch schon heraus; redete meinen Begleiter mit Namen an, schüttelte ihm herzlich die Hand, und bat ihn, abzusteigen. Es war Monsieur Maillard selbst – ein stattlicher, sehr seriös wirkender Gentleman von der alten Schule, mit weltmännisch-abgeschliffenen Manieren, und überhaupt einem äußerst eindrucksvollen Air, gemischt aus Gravität, Würde & Autorität.

Nachdem mein Bekannter mich vorgestellt, mein Verlangen, die Anstalt zu besichtigen vorgetragen, und

Monsieur Maillard's Versicherung, wie mir all & jede
bevorzugte Behandlung zuteil werden solle, erhalten
hatte, nahm er seinerseits Abschied, und entschwand
meinen Blicken.

Als er fort war, führte der vorangehende Direktor mich
in ein kleines, überaus gefällig eingerichtetes Besuchszimmer, das – unter anderen Anzeichen von feingebilde-
tem Geschmack – viele Bücher enthielt, Gemälde,
Blumen in Töpfen und Musikinstrumente. Ein lustiges
Feuer knisterte im Kamin, und am Klavier saß eine
junge, auffallend schöne Frau, die eine Arie von Bellini
sang; sich bei meinem Eintritt jedoch unterbrach und
mich mit anmutiger Höflichkeit empfing. Ihre Stimme
klang gedämpft, und über ihrem ganzen Wesen lag es
wie Niedergeschlagenheit. Auch vermeinte ich, Spuren
von Kummer in ihrem Antlitz wahrnehmen zu können,
das ganz auffällig (obwohl für meinen Geschmack nicht
unangenehm) bleich war. Sie war in tiefer Trauer-
kleidung, und erregte in meinem Busen ein Gefühls-
gemisch aus Respekt, Interesse & Bewunderung.

Ich hatte in Paris gehört, daß Monsieur Maillard's Insti-
tut nach Grundsätzen geleitet werde, für welche sich die
populäre Bezeichnung ‹Humane Methode› eingebürgert hat – daß also jegliche Bestrafung vermieden würde
– man selbst zur Einsperrung nur ganz selten griffe –
den Patienten vielmehr beträchtliche scheinbare Frei-
heiten gelassen, und sie heimlich-unauffällig beobachtet
würden – ja, daß den Meisten von ihnen erlaubt wäre,
sich im Haus & auf dem Grundstück in der normalen
Tracht von im Vollbesitz ihrer Vernunft befindlichen
Personen, frei zu bewegen.

Dieser Andeutungen ständig eingedenk, war ich behutsam in allem, was ich vor den Ohren der jungen Dame

hier äußerte; konnte ich doch mit nichten sicher voraussetzen, daß sie bei Verstande sei, (und um ihre Augen war auch tatsächlich etwas wie ein gewisses rastloses Funkeln, aufgrund dessen ich mir halb & halb einbildete, sie sei es nicht). Ich beschränkte mich in meinen Bemerkungen deshalb auf die allgemeinsten Gegenstände; und auch da nur auf solche, von denen ich annahm, daß sie selbst Wahnsinnigen weder mißfallen noch sie aufregen könnten. Sie entgegnete auf alles, was ich vorbrachte, in untadelig rationaler Weise; und auch die Äußerungen, die sie spontan von sich aus machte, legten Zeugnis ab von dem gesündesten Menschenverstand; aber eine lange, theoretische Beschäftigung mit Manien aller Art, hatte mich gelehrt, auf solche Indizien scheinbarer Verständigkeit kein Gewicht zu legen; und ich fuhr deshalb im Verlauf unsres ganzen Zwiegesprächs ruhig fort, all die Vorsicht zu beobachten, mit der ich es eingeleitet hatte.

Bald erschien ein adretter livrierter Bedienter, und bot ein Tablett mit Obst, Wein & anderen Erfrischungen herum, von denen ich einiges zu mir nahm, während die Dame unlängst darauf das Zimmer verließ. Als sie uns den Rücken wandte, richtete ich den Blick in einer Art stummer Frage auf meinen Gastgeber: ?

«Nein,» sagte er, «oh, nicht doch – ein Mitglied meiner Familie – meine Nichte, und eine ausgesprochen hochgebildete Frau.»

«Ich bitte tausendmal um Vergebung ob meines Argwohns,» erwiderte ich, «aber Sie werden mich natürlich zweifellos zu entschuldigen wissen. Die vorbildliche Art Ihrer Amtsführung hier, wird in Paris voll & ganz gewürdigt; und ich hielt es allenfalls für im Bereich der Möglichkeit, Sie verstehen mich – »

«Aber ja, ja – kein Wort mehr darüber – oder vielmehr: ich wäre Derjenige, der sich ob der von Ihnen entfalteten lobenswerten Bedachtsamkeit zu bedanken hätte. Wir treffen bei jungen Männern selten so viel Vorbedacht an; und mehr als einmal schon ist, infolge von Gedankenlosigkeit seitens unserer Besucher, das ein= oder andre unselige *contre-temps* vorgefallen. Als meine ehemalige Methode noch in Anwendung war, und die Patienten also das Vorrecht genossen, sich relativ frei zu bewegen, sind sie von unbesonnenen Leuten, die die Anstalt zu besichtigen kamen, oftmals bis zu gefährlicher Wut gereizt worden. Ich habe mich deshalb genötigt gesehen, systematisch & mit aller Strenge eine Aussiebung vorzunehmen, und Niemandem mehr Erlaubnis zum Betreten der Anstalt zu gewähren, auf dessen Taktgefühl ich mich nicht unbedingt verlassen konnte.»

«Als Ihre *ehemalige* Methode noch in Anwendung war?!» rief ich, indem ich seine Worte wiederholte – «muß ich Sie demnach so verstehen, daß Sie damit sagen wollen, jene ‹Humane Methode›, von der ich so viel gehört habe, sei nicht länger in Kraft?»

«Es sind nun,» erwiderte er, «mehrere Wochen her, daß wir uns entschlossen haben, ihr für immer zu entsagen.»

«Tatsächlich?! Sie machen mich ganz erstaunt!»

«Tja, Sir; wir mußten,» sagte er mit einem Seufzer, «die absolute Notwendigkeit erkennen, zu den älteren Behandlungsweisen zurückzukehren. Die *Gefährlichkeit* der Humanen Methode hat ja allzeit geradezu schreckhaft auf der Hand gelegen; und ihre Vorzüge sind doch beträchtlich überschätzt worden. Ich glaube, Sir, daß man es, wenn überhaupt irgendwo, dann hier in dieser

Anstalt, ernstlich & fair damit versucht hat. Wir haben wirklich Alles getan, was Verstand gepaart mit Menschlichkeit nur immer ersinnen konnten. Es tut mir leid, daß Sie uns nicht zu einem etwas früheren Zeitpunkt einen Besuch haben abstatten, und sich aufgrund dessen ein eigenes Urteil haben bilden können. Aber ich nehme an, Sie sind vertraut mit der Technik der Humanen Behandlung – mit deren Einzelheiten.»

«Nicht hundertprozentig. Was ich darüber gehört habe, ist immer nur aus dritter oder vierter Hand gewesen.»

«Dann darf ich die Methode, ganz allgemein ausgedrückt, wohl als eine solche definieren, bei der die Patienten *menagés* waren, d. h. man ging auf sie ein. Es wurde prinzipiell *keiner* Grille widersprochen, die sich im Gehirn eines Irren festgesetzt hatte. Im Gegenteil, wir duldeten solche nicht nur, sondern bestärkten sie sogar noch; und nicht wenige unserer dauerhaftesten Heilungen sind dergestalt bewirkt worden. Es gibt ja kein Argument, das dem geschwächten Verstand eines Tollen nur annähernd so einleuchtete, wie ein *argumentum ad absurdum*. Wir hatten zum Beispiel Fälle hier, wo die Betreffenden sich einbildeten, Kücken zu sein. Die Kur bestand dann darin, daß mit der Sache, und zwar beharrlich, voller Ernst gemacht wurde – daß man den Patienten der Dummheit beschuldigte, den Tatbestand nicht genugsam erkannt & gewürdigt zu haben – und ihm anschließend einmal eine Woche lang jegliche andere Kost verweigerte, ausgenommen die, die einem Kücken angemessenerweise gebührt. Auf solche Art haben wir mit ein paar Handvoll Maisschrot oft wahre Wunder verrichtet.»

«Und diese Form des ‹Daraufeingehens› war alles?»

DR. THAER & PROF. FEDDERS

«Aber keineswegs. Wir setzten große Hoffnungen auf
Zerstreuungen einfachster Art, wie etwa Musik, Tanz,
gymnastische Übungen allgemein, Kartenspiele, bestimmte Sorten von Büchern, undsoweiterundsoweiter.
Wir stellten uns überdem so, wie wenn wir jedweden
Einzelnen lediglich irgendeines ganz normalen körperlichen Leidens halber hier in Behandlung hätten, und
das Wort ‹Irrsinn› war aufs schärfste verpönt. Ein
wichtiger Einzeltrick bestand darin, jeden Geistes-
kranken insgeheim anzuweisen, die Handlungen aller
Anderen doch, bitte, mit zu überwachen: dadurch daß
man Vertrauen in die Verständigkeit oder Diskretion
eines Tollen setzt, kann man ihn ja förmlich im Sturm
nehmen! Und wir unsrerseits wurden dadurch in den
Stand gesetzt, ein kostspieliges Wächterkontingent
weitgehend einzusparen.»
«Und es gab keinerlei Strafen irgendwelcher Art?»
«Nein; keine.»
«Sie haben Ihre Patienten niemals eingesperrt?»
«Ganz selten nur. Dann & wann, sobald sich im Leiden
des Ein= oder Anderen eine Krisis abzuzeichnen begann, oder es in nichtvorherzusehende chronische Formen von Wut umschlug; dann wurde er wohl, damit
seine Unruhe nicht die Übrigen anstecke, in eine ab-
gelegene Einzelzelle überführt, und dort solange in
Gewahrsam gehalten, bis wir ihn den Seinigen über-
geben konnten – denn für reine Tobsuchtsfälle sind wir
hier nicht zuständig; die werden im allgemeinen an die
staatlichen Sanatorien abgegeben.»
«Und das haben Sie nunmehr alles wieder geändert –
und Ihrer Ansicht nach zum Besseren?»
«Ganz entschieden. Das System hatte seine Nachteile,
ja sogar seine Gefahren. Es ist jetzt glücklicherweise,

und zwar in sämtlichen *Maisons de Santé* von ganz Frankreich, als total überholt abgeschafft worden.»

«Sie sehen mich aufs äußerste überrascht,» sagte ich, «ob dessen, was Sie mir da mitteilen; däuchte ich mir doch, bis zu diesem Augenblick noch, vollkommen sicher, daß überall, im ganzen Lande, keine andre Methode der Behandlung von Geisteskrankheiten geübt werde.»

«Sie sind noch jung, lieber Freund,» gab mein Wirt zurück; «aber die Zeit wird kommen, wo Sie lernen werden, aus eigner Anschauung zu beurteilen, was in der Welt vor sich geht, ohne auf fremdes Geschwätz zu vertrauen. Glauben Sie nichts von dem, was Sie hören; und von dem, was Sie sehen, auch immer nur die Hälfte. – Was nun unsre *Maisons de Santé* anbelangt, liegt es klar auf der Hand, daß irgendein Ignorant Sie irregeführt hat. Nachher, sobald das Dinner vorbei ist, und Sie sich von der Anstrengung Ihres Ritts hinlänglich erholt haben, werde ich mich glücklich schätzen, Sie im Hause herumzuführen, und mit einer Methode bekannt zu machen, die meiner Meinung nach – wie auch nach der jedes Anderen, der bisher Zeuge des Verfahrens war – die unvergleichlich wirksamste ist, die je ersonnen wurde.»

«Ihre eigene etwa?» erkundigte ich mich – «eine von Ihrer eigenen Erfindung?»

«Mit eigenem Stolz,» versetzte er, «darf ich gestehen, daß dem so ist – zumindest in gewissem Grade.»

Auf solche & ähnliche Weise unterhielt ich mich mit Monsieur Maillard gute 1 oder 2 Stunden lang, in deren Verlauf er mir auch die Gärten und Treibhäuser der Anlage zeigte.

«Patienten direkt vorführen,» sagte er, «möchte ich Ihnen im Augenblick allerdings noch nicht. Für ein

DR. THAER & PROF. FEDDERS

sensibles Gemüt sind dergleichen Schaustellungen doch immer mehr oder minder schockierend; und es liegt nicht entfernt in meiner Absicht, Ihnen den Appetit auf's Dinner zu verderben. Essen wir also erst. Ich kann Ihnen etwas Kalbfleisch *à la Menehoult* vorsetzen, mit Blumenkohl in *velouté* Soße – hinterher ein Gläschen *Clos de Vougeot* – dann werden Ihre Nerven hinreichend gestählt sein.»

Um 6 Uhr wurde gemeldet, daß das Dinner angerichtet sei, und mein Gastgeber führte mich in einen geräumigen *salle à manger,* wo wir bereits eine recht zahlreiche Gesellschaft versammelt fanden – 25 oder 30 insgesamt. Es handelte sich augenscheinlich um Angehörige der oberen Klassen – unverkennbar von hoher Bildung obschon der Kleiderprunk mir etwas extravagant vorkam; ein bißchen zu betont auf Glanz & Pracht des *vieille cour* ausgerichtet. Mir fiel auf, daß, schlecht gerechnet, 2 Drittel der Gäste Damen waren, von denen sich Einige auf eine Art herausgeputzt hatten, die ein moderner Pariser keineswegs als geschmackvoll bezeichnet haben würde. So waren zum Beispiel viele der weiblichen Anwesenden, deren Alter mindestens 70 betragen mußte, verschwenderisch mit Juwelen, Ringen, Armbändern, Ohrringen, überdeckt; trugen dafür aber Busen & Arme geradezu schamlos nackt. Auch bemerkte ich, daß von den Kleidern selbst nur sehr wenige *haute couture* waren – beziehungsweise, daß sie nur in den seltensten Fällen den Trägerinnen gut saßen. Während ich mich so umsah, entdeckte ich auch jenes interessante Mädchen wieder, dem mich Monsieur Maillard vorhin in dem kleinen Besuchszimmer vorgestellt hatte; aber wie groß war meine Überraschung, sie jetzt in einem Reifrock, einer veritablen Krinoline, zu erblicken, dazu hochhackige Schuhe und eine Haube aus Brüsseler Spitzen; aber angeschnutzt & in einem Grade zu groß für sie, daß ihr Gesicht darin einen Ausdruck von wahrhaft lächerlicher Winzigkeit bekam. Als ich sie zuerst sah, hatte sie, was ihr ausgezeichnet stand, tiefe Trauer getragen. *Enfin,* über den Trachten der ganzen Gesellschaft lag ein derartiges Odium von Extravaganz, daß ich zuerst doch wieder auf meine ursprüngliche Idee des ‹Humanen Systems› zurückkam, und mir einbildete, Monsieur Maillard wolle mich absichtlich bis nach dem Dinner in meiner Täuschung erhalten, auf daß mir während der Mahlzeit das unbehagliche Gefühl erspart bleibe, umgeben von Irrsinnigen zu dinieren. Andererseits fiel mir wiederum ein, wie man mich schon in Paris darauf vorbereitet hatte, daß diese südlichen Provinzler ein ganz eigentümlich excentrisches Völkchen seien, mit einer enormen Menge antiquierter Anschauungen; und überdem wurde mein Argwohn, nachdem ich mich mit diversen Mitgliedern der Gesellschaft ein wenig unterhalten hatte, bald voll & ganz zerstreut.

Der Speisesaal selbst hatte – obschon vielleicht ausreichend komfortabel, und vor allem prächtig geräumig – doch eigentlich nicht allzuviel Elegantes an sich. Zum Beispiel war der Fußboden unbeteppicht; (freilich enträt man in französischen Wohnungen häufig der Teppiche). Auch sah ich keine Gardinen vor den Fenstern; vielmehr waren die Läden geschlossen, und sorgfältig mit diagonal angeordneten Eisenstangen abgesichert, in der Art wie es bei unsern normalen Schaufensterläden üblich ist. Der Saal selbst bildete, wie ich erkannte, einen der Flügel des *château;* und also nahmen die Fenster 3 der Seiten des langen Rechtecks ein, während sich auf der letzten die Tür befand; (alles in allem zählte ich nicht weniger denn 10 Fenster).

Die Tafel war süperb besetzt – förmlich beladen mit Silber; und mehr als beladen mit Leckerbissen. Die Verschwendung war absolut barbarisch. An Fleischsorten war genügend vorhanden, daß sämtliche Enakssöhne sich hätten gütlich tun können. Nie noch, in meinem ganzen Dasein nicht, hatte ich einer derart wüsten, üppigen Vergeudung all dessen, was im Leben gut & teuer ist, persönlich gegenübergestanden. Immerhin schien, was Dekoration der Tafel angeht, sehr wenig Geschmack gewaltet zu haben; auch wurden meine an ruhige Beleuchtung gewöhnten Augen durch den ungeheuerlichen Überschimmer einer wahren Armee von Wachskerzen beleidigt, die nicht nur in silbernen Kandelabern über die ganze Tafel hin verteilt waren; sondern auch, wo immer es nur möglich gewesen war, ein Plätzchen dafür ausfindig zu machen, den gesamten Raum übervölkerten. Als Aufwärter fungierten einige Diener, und auf einem großen, massiven Tisch am entfernten Ende des Saales saßen 7 oder 8 Leute mit Fiedeln, Querpfeifen, Posaunen und 1 Trommel. Diese Letzterwähnten fielen mir, während wir speisten, von Zeit zu Zeit nicht wenig dadurch beschwerlich, daß sie eine unendliche Vielfalt von Geräuschen hervorbrachten, die wohl Musik darstellen sollten, und die sämtlichen Anwesenden, mich allein ausgenommen, großes Vergnügen zu bereiten schienen.

Alles in Allem konnte ich mich des Eindrucks nicht erwehren, daß über jeglichem, was ich hier erblickte, ein derber Hauch von Bizarrerie läge – aber die Welt besteht nun einmal aus allen möglichen Sorten von Menschen, mit allen möglichen Denkweisen, und allen möglichen Sitten & Gebräuchen. Auch war ich schließlich weitgereist genug, um ein rechter Adept des *nil admirari* geworden zu sein; nahm also völlig kaltblütig zur Rechten meines Wirtes Platz, und ließ, da ich ausgezeichneten Appetit verspürte, dem leckeren Schmaus, der mir vorgesetzt wurde, volle Gerechtigkeit widerfahren.

Die ganze Zeit über fand allgemein die angeregteste Unterhaltung statt; vor allem redeten, wie üblich, die Damen eine ganze Menge. Ich erkannte bald, daß nahezu alle Anwesenden gut erzogen & gebildet sein mußten; und was meinen Gastgeber anbelangt, so war er allein ein ganzer Mikrokosmos launigster Anekdoten. Er schien vollauf bereit, sich über seine Stellung als Direktor eines *Maison de Santé* zu verbreiten; wie denn speziell der Irrsinn, sehr zu meinem Erstaunen, ein Lieblingsthema aller Anwesenden bildete. Zumal wurde eine große Menge amüsanter Geschichten erzählt, die sich auf die *idées fixes* von Patienten bezogen.

«Einen Kunden hatten wir mal hier,» sagte der kleine fette Herr, der mir zur Rechten saß, – «einen Kunden, der sich einbildete, er wäre ein Teekessel – äußerst merkwürdig übrigens, wie oft sich grad' diese spezielle Wahnvorstellung im Hirn eines Irren einnistet, wie? Gibt es doch schwerlich 1 Heilanstalt in ganz Frankreich, die nicht mit einem menschlichen Teekessel aufwarten könnte. Bei *unserem* Herrn handelte es sich um einen aus Britanniametall; und er trug große Sorge, sich allmorgendlich mit Lederlappen & Schlämmkreide blank zu putzen.»

«Und dann,» sagte ein langer Mann, mir genau gegenüber, «jener Andere, den wir hier hatten, es ist noch gar nicht lange her, der sich in den Kopf gesetzt hatte, daß er ein Esel sei – was, allegorisch ausgedrückt, völlig richtig war, werden Sie sagen. Er war ein beschwerlicher Patient; und wir hatten alle Hände voll zu tun, daß er nicht über die Stränge schlug. Zuerst wollte er, längere Zeit hindurch, nichts als Disteln zu sich nehmen; aber von der Idee haben wir ihn geschwinde kuriert, indem wir darauf bestanden, daß er nichts anderes äße. Dann schlug er auch noch pausenlos nach hinten aus – so ungefähr – so –»

«Ms. de Kock! Wollen Sie sich gefälligst etwas benehmen, wenn ich bitten dürfte!» unterbrach ihn hier eine alte Dame, die unmittelbar neben dem Sprecher saß. «Behalten Sie Ihre Füße doch bitte für sich selbst! Sie haben mir mein Brokatkleid ganz ruiniert! Ich bitt' Sie, ist es denn unbedingt nötig, eine schlichte Bemerkung nun gleich so handgreiflich zu illustrieren? Unser Freund hier kann Sie sicherlich auch ohne dergleichen verstehen. Mein Wort darauf: Sie sind beinah' ein ebenso großer Esel, wie jener arme Unselige zu sein sich einbildete. Ihre Pantomimik ist maßlos naturgetreu, so wahr ich lebe.»

«*Mille pardons, Mam'selle!*», entgegnete der also apostrofierte Monsieur de Kock – «Tausendmal um Verzeihung! Ich habe Sie nicht im entferntesten beleidigen wollen. Mam'selle Laplace – Monsieur de Kock wird es sich zur Ehre anrechnen, ein Glas Wein mit Ihnen zu trinken.» Worauf Ms. de Kock sich tief verneigte, mit großem Zeremoniell seine Fingerspitzen küßte, und er und Mam'selle Laplace einander zutranken.

«Darf ich, *mon ami,*» wandte sich Monsieur Maillard jetzt an mich, «darf ich Ihnen ein Stück von diesem Kalbfleisch *à la St-Menehould* geben lassen – Sie werden es ganzganz delikat finden.»

Gerade war es nämlich 3 stämmigen Aufwärtern gelungen, eine enorme Schüssel, oder richtiger Mulde, sicher auf der Tafel abzusetzen, deren Inhalt ich zunächst für das bekannte ‹*monstrum horrendum, informe, ingens, cui lumen ademptum*› hielt. Eingehendere Untersuchung jedoch brachte mir die Erkenntnis, wie es sich lediglich um ein Kälbchen handle, das man im Ganzen geröstet, dann auf die Knie gestellt & ihm einen Apfel ins Maul gegeben hatte; etwa wie es englischer Brauch ist, einen Hasen herzurichten.

«Danke, nein,» erwiderte ich; «um die Wahrheit zu gestehen, ich hege keine sonderliche Vorliebe für Kalbfleisch *à la St.* – wie sagten Sie? Scheint mir doch nach allem, daß es mir schwerlich bekommen dürfte. Dennoch will ich gern die Teller wechseln, und von dem Kaninchen dort versuchen.» Es standen nämlich diverse Beischüsseln auf der Tafel, die anscheinend etwas enthielten, was das normale französische Kaninchen war – ein köstliches *morceau* übrigens, das ich nur empfehlen kann.

«Pierre,» rief mein Wirt sogleich: «dem Herrn hier einen anderen Teller; und geben Sie ihm ein Seitenstück von dem Kaninchen-*au-chat*.»

«*Au*-was?», sagte ich.

«Diesem Kaninchen-*au-chat*.»

«Oh, danke, aber – wenn ich mir's recht überlege: bitte nein. Ich nehm' mir lieber etwas von diesem Schinken hier.»

Man weiß tatsächlich nie, dachte ich bei mir, was man an den Tafeln dieser Provinzler so alles in sich hinein ißt – ich danke für deren ihr Kaninchen-*au-chat,* beziehungsweise für eine Katze-*au-lapin* nicht minder.

«Und dann,» sagte indes ein ziemlich leichenhaft dreinschauendes Individuum am unteren Ende der Tafel,

und nahm damit den Faden der Unterhaltung dort
wieder auf, wo er vorhin abgerissen war – «dann erfreu-
ten wir uns, es war einmal, unter anderen botanischen
Kuriositäten, auch eines Patienten, der auf's hartnäckigste behauptete, er sei ein Cordoba-Käse; und der infolgedessen ständig mit einem Messer in der Hand
herumlief, und alle seine Bekannten dringend einlud,
doch einmal ein Scheibchen aus seinem Dickbein zu
kosten.»

«Das war, da gilt kein Zweifel, ein großer Narr,» warf
ein Anderer ein, «obschon nicht mit einem gewissen
Quidam zu vergleichen, den wir Alle kennen – den
fremden Herrn dort ausgenommen. Ich meine jenen
Außerordentlichen, der sich für eine Champagner-
flasche hielt, und der immerfort, Popp-Fsss!, los ging;
ungefähr so –»

Hier steckte sich der Sprecher, (ungebührlich plump,
wie mir däuchte), den rechten Daumen tief in die linke
Backentasche; wuppte ihn heraus, mit einem Geräusch
wie ein Pfropfenknall; und erzeugte anschließend,
durch erzgeschicktes Zusammenspiel von Zung' &
Zähnen, ein minutenlang anhaltendes scharfes Zischen
und Pfischen, das dem Brüsseln von Champagner frappant ähnelte. Ich merkte deutlich, daß dergleichen Betragen gar nicht den Beifall von Monsieur Maillard fand;
dennoch sagte er nichts weiter dazu, und die Unterhaltung wurde von einem sehr hageren, kleinen Herrn
mit einer großen Perücke wieder aufgenommen.

«Und dann war ein Ignorant darunter,» sagte er, «der
sich mit einem Frosch verwechselte – dem er, nebenbei
bemerkt, sowieso nicht wenig ähnlich sah. Ich wollte,
Sie hätte ihn in Augenschein nehmen können, Sir» –
hier wandte sich der Sprecher direkt an mich – «das

497

Herz wäre Ihnen bei dem Anblick aufgegangen, wie natürlich Der seine Sache machte. Sir, wenn der Mann *kein* Frosch gewesen ist, tja, dann kann ich nur sagen, es ist ein Jammer, daß er keiner war. Wenn er anhub zu quaken, so – o-o-o-ck: o-o-o-ck! – B-Moll übrigens, schönste Tonart von der Welt; oder wenn er die Ellbogen auf den Tisch pflanzte, so ungefähr – nachdem er 1 oder 2 Glas Wein intus hatte – und dann den Mund breit zog: so; und die Augen nach oben verdrehte: so; und dann noch in einem unwahrscheinlichen Tempo damit blinzelte: so – also, Sir, ich verbürge mich dafür, so wahr ich hier sitze, Sie hätten sich in Bewunderung verloren ob der Genialität des Menschen!»

«Ich zweifle nicht daran,» sagte ich.

«Und dann,» sagte ein Anderer, «dieser Petit Gaillard, den wir mal hatten; der sich für eine Prise Schnupftabak hielt, und immer so ehrlich niedergeschlagen war, daß er sich nicht selber zwischen Daumen & Zeigefinger nehmen konnte.»

«Und dann Jules Desoulière's nicht zu vergessen, der ja nun wirklich ein sehr ausgefallenes Genie war, und dem die Idee zu Kopfe stieg, daß er ein Kürbis geworden sei. Er setzte dem Koch beständig zu, ihn doch einmal zu Pastetchen zu verarbeiten – ein Anliegen, was der Koch entrüstet von sich wies. Was mich anbelangt, bin ich mir so sicher gar nicht, daß eine Kürbispastete *à la Desoulières* nicht vielleicht doch ein kapitales Essen hätte ergeben können.»

«Sie machen mich ganz erstaunt!» rief ich, und warf Monsieur Maillard einen forschenden Blick zu.

«Ha! ha! ha!» machte jener Herr –: «he! he! he! – hi! hi! hi! – ho! ho! ho! – hu! hu! hu! – wirklich ausgezeichnet! Sie müssen nicht erstaunt sein, *mon ami;* unser

Freund hier ist ein Witzbold – *un drôle* – Sie dürfen, was er sagt, nicht buchstäblich nehmen.»

«Und dann,» mischte sich ein Anderer der Tischgesellschaft ein, «dann wollen wir doch Bouffon le Grand nicht vergessen – auch eine außergewöhnliche Persönlichkeit in seiner Art. Bei ihm war es die Liebe, die seinen Geist zerrüttet hatte, und er bildete sich ein, 2 Köpfe zu besitzen. Von dem einen behauptete er, es sei der Kopf Ciceros; den andern bezeichnete er als ‹zusammengesetzt›, und zwar Demosthenes vom Scheitel bis zum Mund, und vom Mund bis zum Kinn dann Lord Brougham. Es ist nicht gänzlich ausgeschlossen, daß er Unrecht hatte; aber er hätte auch Sie davon überzeugt, daß er im Recht sei, denn er war ein Mann von erstaunlicher Eloquenz. Seine Leidenschaft für die Kunst der Rede war unbezähmbar, und er mußte sie ausüben, er mochte wollen oder nicht. Zum Beispiel hatte er die Angewohnheit, auf die Dinner-Tafel zu springen, so etwa – und – und –»

An dieser Stelle legte ein Freund, der ihm zur Seite saß, dem Sprecher die Hand auf die Schulter, und flüsterte ihm ein paar Worte ins Ohr; worauf Jener überaus unvermittelt zu reden aufhörte, und auf seinen Stuhl zurücksank.

«Und dann,» fuhr der Freund fort, der eben geflüstert hatte, «dann gab es ja auch noch Boullard, den Drehwürfel. Ich nenne ihn deshalb schlicht den ‹Drehwürfel›, weil er von der putzigen, obschon nicht hundertprozentig abwegigen Grille durchdrungen war, daß er in einen Drehwürfel verwandelt worden sei. Hätten Sie ihn rotieren sehen, Sie hätten gebrüllt vor Lachen! Der Mann pirouettierte Ihnen stundenlang auf 1 Hacke, in der Art etwa – so –»

Hier leistete ihm sein Freund, den er kurz zuvor durch ein ·Flüstern unterbrochen hatte, genau den gleichen Liebesdienst.

«Aber,» schrie eine alte Dame dazwischen, so laut sie nur konnte: «Ihr Monsieur Boullard war schließlich ein Irrer, und zwar ein sehr dümmlicher Irrer, milde gesagt; denn wer, darf ich Sie fragen, hat je von einem menschlichen Drehwürfel gehört? Die Sache ist doch völlig absurd. Da war Madame Joyeuse schon verständiger, wie Sie ja wohl selbst wissen werden. Auch sie hatte ihre Grille, zugegeben; aber die war doch förmlich prall von gesundestem Menschenverstand, und bereitete Allen, die die Ehre ihrer Bekanntschaft genossen, nur Vergnügen. Sie hatte nach reiflicher Überlegung eingesehen, daß sie, infolge irgendeines Umstandes, in ein Junghähnchen transformiert worden sei; aber, einmal ein solches, benahm sie sich auch angemessen & mit Würde. Sie schlug die Flügel, wundersam & mitreißend – so – so – so – und, ach, ihr Krähen erst: also ein Genuß!: Kickeriki-i! – Kickeri-Ki! – : Kickeriki-i-i-i-ihhh!!!»

«Madame Joyeuse; ich wäre Ihnen ungemein verbunden, wenn Sie sich etwas zusammennehmen wollten!», unterbrach sie hier unser Wirt sehr erzürnt: «Also entweder benehmen Sie sich, wie es einer Lady geziemt; oder aber Sie verlassen auf der Stelle die Tafel – nun wählen Sie.»

Die alte Dame (die als ‹Madame Joyeuse› angeredet zu hören mich doch sehr verwunderte; nach der Imitation einer Madame Joyeuse, mit der sie uns gerade regaliert hatte) errötete bis über die Augenbrauen, und schien äußerst beschämt ob solcher Rüge. Sie ließ den Kopf hängen, und erwiderte nicht 1 Silbe. Aber eine andere, jüngere Dame griff dafür das Thema wieder auf – es war meine mädchenhafte Schöne, aus dem kleinen Besuchszimmer von vorhin!

«Oh, Madame Joyeuse *war* eine Törin!», rief sie aus; «aber wenn es überhaupt wirklich Einleuchtendes gibt, dann waren dies ja wohl die Theorien von Eugénie Salsafette. Das war eine sehr schöne & peinlich sittsame junge Dame, der die hergebrachte Art sich zu kleiden indezent erschien; und die sich deshalb logischerweise stets so anzog, daß sie nicht in ihre Kleider hinein, sondern aus denselben heraus fuhr. Es ist übrigens auch ganz leicht! Man braucht nur so zu machen – und dann so: – so: – so: – und dann noch so: ! – so: – so: – und endlich –»

«*Mon Dieu!* Mam'selle Salsafette!», riefen hier ein Dutzend Stimmen auf einmal: «Was *tun* Sie denn da? – Aufhören! – Genug! – Wir sehen ja schon, ganz deutlich, wie man's macht! – Halt, halt!», und mehrere Personen waren eben im Begriff, von ihren Plätzen aufzuspringen, um Mam'selle Salsafette daran zu verhindern, sich mit der Mediceischen Venus auf eine Stufe zu stellen, als ihre Absicht plötzlich & ganz frappant anderweitig bewirkt wurde, nämlich durch eine Folge von lauten gellenden Schreien, die irgendwo aus dem Mittelbau des Schlosses her zu kommen schienen.

Auch meine Nerven wurden, ich gesteh' es, von dem Gekreisch ziemlich arg mitgenommen; aber was den Rest der Gesellschaft betrifft, mußte ich sie nur bemitleiden: derartig erschrocken hatt' ich eine Sippschaft von erwachsenen, vernünftigen Leuten in meinem Leben noch nicht gesehen! Sie wurden, durch die Bank, leichenblaß; sanken auf ihre Stühle zurück; hockten dort, bibbernd & schnatternd vor Entsetzen, und

lauschten, ob sich das Geräusch wiederhole:? Da kam
es schon wieder – lauter & scheinbar näher – und nun
ein drittes Mal, *sehr* laut! – – und dann, ein viertes Mal,
mit unverkennbar verminderter Kraft. Auf dies ein-
wandfreie Verhallen des Geräusches hin erholten sich
die Lebensgeister der Gesellschaft schlagartig, und alles
war wieder Munterkeit & Anekdote wie zuvor. Ich
wagte es nun, mich nach der Ursache solch gewaltsamer
Unterbrechung zu erkundigen.

«Eine reine *bagatelle*,» sagte Monsieur Maillard. «Wir
sind an derlei Dinge schon gewöhnt, und machen uns
imgrunde herzlich wenig daraus. Die Irren stimmen ab
& zu immer wieder einmal ein vereintes Geheul an, wo
denn Einer den Andern anzustecken pflegt, etwa wie
Hunde in der Nachtstille das wohl tun. Zuweilen freilich tritt auch das ein, daß, anschließend an solch
Kreisch-Konzert, mit vereinten Kräften ein Ausbruchs-
versuch unternommen wird; wo dann natürlich eine
gewisse kleinere Gefahr zu befürchten steht.»

«Und wieviel solcher Fälle haben Sie im Augenblick?»

«Zur Zeit im Ganzen nicht mehr als 10.»

«Überwiegend Frauen, nehme ich an?»

«Oh nein – alles lauter Männer, und stämmige Burschen
dazu, das kann ich Ihnen versichern.»

«Was Sie nicht sagen! Ich bin bisher der Ansicht gewesen, daß das zarte Geschlecht die Mehrzahl der Irren
stelle.»

«Im allgemeinen ist das schon so; aber nicht immer. Vor
einiger Zeit hatten wir wohl auch 27 Patienten hier, bei
denen es sich in nicht weniger als 18 Fällen um Frauen
handelte; aber in letzter Zeit haben sich die Dinge beträchtlich geändert, wie Sie sehen.»

«Ja – beträchtlich geändert, wie Sie sehen,» unterbrach

uns hier der Herr, der Mam'selle Laplace vorhin die Schienbeine poliert hatte.

«Ja – beträchtlich geändert, wie Sie sehen!», pflichtete ihm die ganze Gesellschaft sogleich im Chore bei.

«Wollt Ihr vielleicht sofort Eure Zungen still halten?!», sagte mein Gastgeber ungemein aufgebracht. Worauf die ganze Gesellschaft schier eine volle Minute lang Todtenstille bewahrte. (Die 1 der Damen gehorchte Monsieur Maillard sogar buchstäblich; indem sie ihre Zunge heraussteckte – die zudem noch unmäßig lang war – und sie, resignierter Miene, bis zum Ende der Lustbarkeit mit beiden Händen festhielt.)

«Und diese Dame dort,» sagte ich im Flüsterton, mich näher zu Monsieur Maillard hinüber beugend: «die gute Dame, die da eben gesprochen, und uns vorhin das hübsche ‹Kikeriki-ih!› zum Besten gegeben hat – sie ist harmlos, nehme ich an – vollkommen harmlos, ja?»

«Harmlos?!», stieß er in ungekünteltem Erstaunen aus: «ja aber – aber was *können* Sie damit nur meinen?»

«Nur ganz leicht affiziert?», sagte ich, indem ich mir an den Kopf tippte. «Ich nehme es für gewiß an, daß sie nicht übermäßig – nicht gefährlich erkrankt ist, wie?»

«*Mon Dieu!* In welchem Irrtum *sind* Sie nur befangen? Besagte Dame, Madame Joyeuse, ist eine besonders gute alte Freundin von mir, und genau so bei Verstande wie ich selbst. Sie ist ein klein wenig excentrisch, zugegeben – aber, Sie wissen ja selbst, alle älteren Frauen, alle *sehr* alten Frauen, sind grundsätzlich mehr oder weniger excentrisch.»

«Zugegeben,» sagte ich – «sicher, zugegeben – und alle diese übrigen Damen und Herren –»

«Sind meine Freunde und Wärter,» fiel Monsieur Maillard mir ins Wort, und richtete sich voller *hauteur* auf –: «meine allerbesten Freunde & Assistenten.»

«Was?! Einer wie der Andre?» fragte ich – «die Frauen und Alle?»

«Ja, zweifellos,» sagte er – «wir konnten nicht daran denken, die Frauen total auszuschalten; sie sind die besten Irren=Pflegerinnen von der Welt; sie haben so ihre ganz eigene Art, wissen Sie; ihre schimmernden Augen tun erstaunliche Wirkung – ungefähr der Faszination durch Schlangen zu vergleichen, wissen Sie?»

«Sicher,» sagte ich – «Jaja, sicher! Sie benehmen sich nur etwas kurios, wie? – sie sind etwas *wunderlich,* wie? Meinen Sie nicht auch?»

«‹Kurios›! – ‹Wunderlich›! – ja, sind Sie *tatsächlich* der Ansicht? Wir sind nicht übermäßig formell hier im Süden, sicher – tun weitgehend was uns behagt – genießen unser Leben, mit allem Drum & Dran, wissen Sie – –»

«Sicher,» sagte ich – «Jaja, sicher.»

«Und dann macht vielleicht auch dieser *Clos de Vougeot* hier etwas=ä kopflastig, wissen Sie – ein bißchen *stark* – Sie verstehen, gelt?»

«Sicher,» sagte ich – «Jaja, sicher. Nebenbei, Monsieur, ich habe Sie doch vorhin insofern richtig verstanden, als die neuerdings von Ihnen angewandte Methode – die an die Stelle der berühmten ‹humanen› getreten ist – eine von rigorosester Strenge sei?»

«Aber nicht im geringsten. Die Absperrung wird notwendigerweise ziemlich straff gehandhabt; aber die Behandlung selbst – ich meine jetzt die ärztliche Behandlung – ist für die Patienten eher angenehmer geworden.»

«Und diese Neue Methode ist also von Ihrer eigenen Erfindung?»

«Nicht gänzlich. Teile davon fanden sich bereits vorgebildet bei Dr. Thaer, von dem Sie ja wohl zwangsläufig gehört haben müssen, und was gewisse kleinere Modifikationen meiner Grundkonzeption anbelangt, gestehe ich öffentlich & mit Stolz, daß hier das Primat dem berühmten Fedders gebührt, mit dem Sie ja, wenn ich nicht irre, intim bekannt zu sein die Ehre haben.»

«Ich bin tief beschämt, gestehen zu müssen,» erwiderte ich, «daß ich bis heut nicht einmal den Namen auch nur eines der Herren vernommen habe.»

«Gütiger Himmel!» rief mein Wirt, indem er die Hände in die Luft warf & jählings mit dem Stuhl zurückfuhr: «Ich habe wohl nicht recht verstanden! Sie haben doch nicht etwa sagen wollen, wie?, Sie hätten noch niemals auch nur *gehört,* weder von dem gelehrten Dr. Thaer, noch von dem gefeierten Professor Fedders?!»

«Ich sehe mich genötigt, meine Unwissenheit zu bekennen,» entgegnete ich; «aber man soll ja die unverfälschte reine Wahrheit über alles stellen. Nichtsdestoweniger fühle ich mich in Grund & Boden beschämt ob meiner Unbekanntschaft mit den Werken jener zweifellos außerordentlichen Männer. Ich will mir aber ihre Schriften unverweilt beschaffen, und sie mit Fleiß & Sorgfalt studieren. Monsieur Maillard, Sie haben – ich will's nur gestehen – Sie haben *wirklich* erreicht, daß ich mich vor mir selber schäme!»

Und so war es tatsächlich.

«Aber kein Wort mehr, mein lieber junger Freund,» sagte er wohlwollend, und drückte mir dabei die Hand – «kommen Sie, trinken wir ein Glas *Sauterne* zusammen.»

Wir tranken. Die Gesellschaft folgte unserm Beispiel wie ein Mann. Man schwatzte – man scherzte – man lachte – man beging tausend Tollheiten – die Fiedeln schrillten – die Trommel rum=pumperte – die Posaunen brüllten, und jede davon wie der eherne Stier des Phalaris – kurzum, die ganze Szene gestaltete sich immer ärger & ärger je mehr der Wein die Oberhand bekam und wurde am Ende zu einer Art Pandämonium *in petto;* während zwischendurch=zwischenein Monsieur Maillard & Ich, über ein paar Buddeln Sauterne und Vougeot hinweg, unser gelehrtes Gespräch mit äußerstem Stimmaufwand fortsetzten, (denn ein Wort, in normaler Lautstärke gesprochen, hätte keine größere Chance gehabt, verstanden zu werden, als die Stimme eines Fisch's im tiefsten Grund der Niagarafälle).

«Und, Sir,» sagte ich, indem ich ihm ins Ohr brüllte: «Sie deuteten vorm Essen etwas an, hinsichtlich der Gefahr, der man sich bei der alten Humanen Methode aussetzte: wie steht es damit?»

«Tja,» erwiderte er, «gelegentlich ergaben sich da tatsächlich ungemeine Gefahren. Die Gedankensprünge der Irren sind ja platterdings nicht vorauszuberechnen; und meiner persönlichen Meinung nach – die auch Dr. Thaer und Prof. Fedders teilen – ist es *nie & nimmer* rätlich, sie auf freiem Fuß & relativ unbewacht sich selbst zu überlassen. Ein Irrer mag zeitweilig ‹beschwichtigt› werden, wie der Fachausdruck lautet; in letzter Instanz jedoch ist die Tendenz zur Tobsucht latent immer vorhanden. Hinzu tritt seine große, sprüchwörtliche Verschlagenheit. Wenn sich bei ihm ein Projekt erst einmal festgesetzt hat, dann tarnt er seine Absichten mit meisterlicher Raffinesse; und die taschenspielerische Gewandtheit mit der er Normalität simuliert, liefert dem Betrachter menschlicher Psyche eines der allereigenartigsten Schauspiele: sobald ein Irrer *von Grund auf geheilt* erscheint, ist es höchste Zeit, ihn in die Zwangsjacke zu stecken.»

«Aber die *Gefahr,* verehrter Herr, von der Sie sprachen – aus Ihrer eigenen Erfahrung – während Sie hier dieser Anstalt vorstanden – haben Sie jemals im Falle eines Irren konkreten Grund gehabt, seine Bewegungsfreiheit für riskant zu erachten?»

«Hier? – aus eigner Erfahrung? – oh, das kann ich wohl sagen, ja. Zum Beispiel: – es ist noch gar nicht so *sehr* lange her, daß sich in eben diesem Hause ein merkwürdiger Vorfall ereignete. Damals wendete man, wie Sie wissen, noch allgemein die ‹Humane Methode› an, und die Patienten liefen so gut wie frei herum. Sie betrugen sich bemerkenswert korrekt – auffällig korrekt – jeder halbwegs Verständige hätte erspüren müssen, daß an irgendeinem höllischen Komplott geschmiedet werde, allein aus dem einen Umstand, daß die Kerls sich so erstaunlich korrekt betrugen. Und, siehe da, eines schönen Morgens fanden sich die Wärter an Händen & Füßen gebunden, und in die Zellen gesperrt; allwo sie nunmehr behandelt wurden, wie wenn *sie* die Irren wären: von den Irren selbst, die das Wärteramt an sich gerissen hatten.»

«Was Sie nicht sagen! Dergleichen Absurdität hab' ich in meinem Leben noch nicht gehört!»

«Tatsache – ausgelöst wurde das Ganze durch einen stupiden Gesellen – einen Verrückten – der es sich irgendwie & -wann in den Kopf gesetzt hatte, eine bessere Verwaltungsmethode erfunden zu haben, als alle bisher bekannten – Verwaltung der Irrenangelegenheiten, mein' ich. Er wollte seine Erfindung einmal praktisch erproben, nehme ich an – und überredete also die übrigen Patienten, sich ihm bei einer Verschwörung zwecks Umsturz der regierenden Gewalten anzuschließen.»

«Und er hatte tatsächlich Erfolg damit?»

«Zweifellos. Wächter und Bewachte hatten nur zu bald die Plätze getauscht. Was noch nicht einmal exakt ausgedrückt ist – denn die Verrückten waren frei gewesen; während die Wärter unverzüglich in die Zellen gesperrt, und dort, wie ich leider sagen muß, ziemlich cavalièrement traktiert wurden.»

«Aber ich nehme doch an, daß sehr bald eine Gegenrevolution erfolgt sein wird? Solcher Stand der Dinge konnte schließlich nicht von langer Dauer sein. Die Landbevölkerung der Umgegend – Besucher, die die Anstalt besichtigen kamen – müssen doch Alarm geschlagen haben.»

«Da sind Sie auf dem Holzwege. Dafür war der Chef= Rebell viel zu gerissen. Er ließ einfach keine Besucher mehr herein – nur eines Tages machte er 1 Ausnahme, bei einem besonders dümmlich wirkenden jungen Herrlein, vor dem sich irgend zu fürchten er keinen Grund sah. Den ließ er ein und sich die Anstalt besehen – nur um der lieben Abwechslung halber – um sich einen kleinen Spaß mit ihm zu machen. Sobald er ihn hinreichend gefoppt hatte, ließ er ihn wieder 'raus, und schickte ihn seiner Wege.»

«Und *wie lange,* insgesamt, haben die Verrückten so regiert?»

«Oh, eine erstaunlich lange Zeit – einen Monat mindestens – wieviel länger noch, kann ich im Moment gar nicht 'mal genau angeben. Inzwischen ging es bei den Irren nun natürlich hoch her – darauf können Sie einen

Eid leisten. Sie hingen ihre eigenen schäbigen Kleider an den Nagel, und bedienten sich freisamlich der Familiengarderobe & -juwelen. Die Keller des *château* waren trefflich mit Wein versorgt; und gerade diese Verrückten verstehen sich ja auf's Trinken, wie die baaren Teufel. Die haben vielleicht gelebt, das kann ich Ihnen versichern.»

« Ja, aber die Behandlung – worin bestand die besondere Behandlung, die der Anführer der Rebellen jetzt praktisch einführte? »

«Nun, was das betrifft, so muß – ich bemerkte es bereits – ‹Irrer› nicht unbedingt identisch mit ‹Trottel› sein; und es ist meine aufrichtige Überzeugung, daß seine Behandlungsweise, im Vergleich mit derjenigen, die durch sie abgelöst wurde, die mit Abstand bessere war. Es war tatsächlich eine kapitale Methode – einfach – klar – keinerlei Mühe mehr – war wirklich ganz köstlich – es war –»

An diesem Punkt wurden die Aufschlüsse meines Gastgebers neuerlich durch eine Brüllserie unterbrochen, von derselben Art, wie sie uns zuvor schon so außer Fassung gebracht hatte. Diesmal jedoch schien sie von Personen herzurühren, die rapide näher kamen.

«Gütiger Himmel!», rief ich aus – «die Irren sind zweifellos ausgebrochen!»

«Ich fürchte sehr, es ist so,» entgegnete Monsieur Maillard, der gleichzeitig ungewöhnlich bleich wurde. Er hatte kaum seinen Satz beendet, als auch schon, unmittelbar unter den Fenstern, laute Schreie & Verwünschungen vernehmlich wurden; und gleich darauf wurde offenkundig, daß draußen Leute bemüht waren, sich gewaltsam Zutritt in den Saal zu erzwingen. Die Tür wurde bearbeitet, anscheinend mit einem Schmiede-

hammer; und an den Fensterläden wurde gerissen &
gerüttelt mit wahrhaft ungeheuerlicher Wut!

Eine Szene der allerschrecklichsten Verwirrung erfolgte. Monsieur Maillard warf sich, zu meinem unsagbaren Erstaunen, unter die Anrichte. Gerade von ihm
hätte ich mehr Entschlossenheit erwartet. Die Mitglieder des Orchesters, die in den letzten 15 Minuten den
Anschein nach zu betrunken gewesen waren, um ihre
Schuldigkeit zu tun, sprangen sämtlich mit einem
Schlag auf die Füße und an ihre Instrumente; erkrab-
belten sich ihre Tischplattform, und stimmten dort wie
ein Mann den ‹Yankee Doodle› an; den sie dann, wenn
auch nicht ganz in Ton & Takt, so doch zumindest mit
übermenschlicher Energie, während des ganzen an-
schließenden Getümmels durchhielten.

Indes war auf unsere eigentliche Dinnertafel, mitten
zwischen Flaschen & Gläser hinein, jener Herr ge-
sprungen, der mit solcher Mühe daran verhindert
worden war, schon früher dorthin zu steigen. Sobald
er hinreichend festen Fuß gefaßt hatte, begann er eine
Rede, die ohne Zweifel ganz herrlich gewesen wäre,
wenn man sie nur hätte vernehmen können. Im gleichen
Augenblick hatte der Herr mit der Schwäche für Drehwürfel sich in Bewegung gesetzt, und kreiselte jetzt, die
Arme rechtwinklig vom Körper abgespreizt, mit ungeheuerlicher Energie durch den Saal; so daß er tatsächlich & unbestreitbar wie ein Drehwürfel wirkte, und
überdem Jeden, der ihm irgendwie in den Weg kam,
glatt umkegelte. Auch hörte ich, daß plötzlich ein un-
glaubliches Knallen & Zischen, wie von Champagner,
begonnen hatte; und erkannte endlich, daß es von der
Person ausging, die schon während des Mahles als
Flasche jenes köstlichen Getränkes aufgetreten war.

Und zusätzlich quakte der Froschmann wieder los, wie wenn das Heil seiner Seele von jedem einzelnen Ton abhinge, den er herausunkte; und mitten in all dies hinein & über alles hinweg erhob sich das Dauergebräll eines Esels. Was meine alte Freundin, Madame Joyeuse, anbetrifft, rührte die arme Lady mich fast bis zu Tränen, so grausam verblüfft schaute sie drein. Alles was sie ihrerseits unternahm, bestand jedoch lediglich darin, daß sie sich in eine Ecke neben den Kamin stellte, und dort unaufhörlich, so laut sie nur konnte, ihr «Kikeriki-i-iiihhh!» ausstieß.

Und dann kam der Klimax – die Katastrofe des Dramas. Da außer Indianergeheul, I-Ah-en & Kikeriki, dem rüstig fortschreitenden Angriff Derer draußen weiter kein Widerstand entgegengesetzt wurde, waren die 10 Fenster sehr rasch, und nahezu im selben Augenblick eingeschlagen. Aber niemals werde ich das Gefühl von Staunen plus Entsetzen vergessen, vor dem mein Blick starr wurde, als durch diese Fenster her, und mitten zwischen uns hinein, *pêle-mêle* boxend stampfend kratzend johlend, ein ganzes Heer von Wesen stürzte, die ich für Schimpansen hielt, für Orang-Utans oder große schwarze Paviane vom Kap der Guten Hoffnung.

Ich erhielt eine fürchterliche Tracht Prügel – worauf ich mich anschließend unter ein Sofa wälzte, und dort still liegen blieb. Nachdem ich mich ungefähr eine Viertelstunde ausgeruht, währendem aber nach allem, was im Saale vor sich ging, aus Leibeskräften die Ohren gespitzt hatte, gelangte ich allmählich zu einem einigermaßen befriedigenden *dénouement* dieses Trauerspiels. Monsieur Maillard hatte, wie es schien – als er mir von jenem Irren erzählte, der seine Leidensgenossen zum Rebellieren anstiftete – ganz schlicht von seinen eigenen

Heldentaten berichtet. Der Herr war tatsächlich vor 2 oder 3 Jahren einmal Vorsteher dieser Anstalt gewesen; dann aber begann sein eigener Verstand zu leiden, und er war selber zum Patienten geworden – ein Umstand, der dem Reisegefährten, der mich ihm vorgestellt hatte, unbekannt gewesen war. Die Wärter, 10 an der Zahl, waren, nachdem man sie plötzlich überrumpelt hatte, erst brav eingeteert, dann sorgsam gefedert, und endlich in unterirdische Zellen eingesperrt worden. Dort hatten sie über einen Monat als Gefangene verbracht; während welcher Zeit Monsieur Maillard ihnen großzügigerweise nicht nur der Teer & die Federn ließ (in denen seine ‹Methode› bestand); sondern auch etwas Brot, und Wasser im Überfluß (dies letztere war täglich über sie gepumpt worden). Am Ende gelang es Einem, durch die Kanalisation zu entkommen; der dann alle Übrigen befreite.

Im *château* herrscht nun wieder, obschon mit erheblichen Abwandlungen, die ‹Humane Methode›; und dennoch kann ich mir nicht helfen, ich muß Monsieur Maillard insofern zustimmen, als seine ‹Behandlung› in ihrer Art ganz kapital war. Wie er sie, sehr richtig, charakterisiert hat: sie war «einfach – klar – und machte keinerlei Mühe mehr – nicht die geringste.»
Ich habe nur noch hinzuzufügen, daß allen Recherchen in jeglicher Großbibliothek Europas zum Trotz, meine Bemühungen, der Werke Dr. Thaer's und Professor Fedder's habhaft zu werden, bis auf den heutigen Tag gänzlich zum Scheitern verurteilt gewesen sind.

Angesichts des ungemein genauen und gelehrten Referates von Arago, ganz zu schweigen von der Kurzfassung im ‹Wissenschaftlichen Journal› mit Leutnant Maurys gerade veröffentlichter detaillierter Stellungnahme, wird niemand erwarten, daß die flüchtigen Bemerkungen zu von Kempelens Entdeckung, die ich hiermit vorlege, irgend den *wissenschaftlichen* Charakter der Sache betreffen. In der Tat beabsichtige ich denn auch nur, über von Kempelen selbst, den vor einigen Jahren flüchtig kennenzulernen ich die Ehre hatte, einige Worte zu sagen – muß doch in diesem Augenblick alles ihn Betreffende notwendig von Interesse sein –, und zweitens die *Folgen* seiner Entdeckung allgemein und spekulativ zu erörtern.

Doch scheint es nicht unangebracht, bevor ich zu meinen kursorischen Beobachtungen komme, gegen jene weit verbreitete Ansicht zu protestieren, die, wie stets in solchem Falle, ein Produkt der Presse ist, es sei diese fraglos höchst erstaunliche Entdeckung ganz unvorhergesehen erfolgt.

Ein Blick in das ‹Tagebuch von Sir Humphrey Davy› (Cottle und Munroe, London, S. 53 und 82) zeigt, daß dieser illustre Chemiker nicht nur bereits den zu erörternden Einfall hatte, sondern auch *eben die Untersuchung, die jetzt von Kempelen so triumphal zum Abschluß brachte, auf experimentellem Wege ein gut Stück vorantrieb.* Und obwohl von Kempelen das ‹Tagebuch› mit keiner Silbe erwähnt, verdankt er ihm zweifellos – ich sage es ohne Zögern und kann es, falls gewünscht, beweisen – zumindest den ersten Anstoß zu seinen eigenen Überlegungen. Auf die Gefahr hin, sehr speziell zu werden, kann ich es mir nicht versagen, zwei Abschnitte des ‹Tagebuchs› und eine von Sir Humphreys Gleichungen anzuführen. (Da uns die erforderlichen algebraischen Typen nicht zur Verfügung stehen und das ‹Tagebuch› zudem in der Bibliothek des Athenaeum vorhanden ist, haben wir Poes Manuskript an dieser Stelle leicht gekürzt. – Anmerkung der Herausgeber.)

Der Artikel aus dem ‹Kurier und Tagblatt›, der jetzt in allen Blättern nachgedruckt wird und angeblich die Ansprüche eines Mr. Kissam aus Brunswick, Maine, auf die Entdeckung geltend machen soll, scheint mir, ich gestehe es, ein wenig dubios, wenngleich er inhaltlich in keinem Punkt Unmögliches oder gar Unwahrscheinliches enthält. Ich kann mir eine detaillierte Darlegung ersparen. Mein Urteil über diesen Artikel wird vor allem von der *Art der Darstellung* bestimmt. Sie *sieht* nicht sehr nach Wahrheit aus. Wer *Fakten* zu berichten hat, nimmt es mit Tag und Jahr und Ort nur selten so genau wie Mr. Kissam es zu tun scheint. Und beiläufig gesagt, wenn Mr. Kissam *tatsächlich,* wie er behauptet, zu dem genannten Zeitpunkt, vor nahezu acht Jahren, die Entdeckung machte, warum unternahm er dann nicht *unverzüglich* Schritte, den unermeßlichen Segen zu sichern, der, wie jeder Tölpel sehen konnte, für ihn selbst, wenn nicht für die ganze Welt aus der Entdeckung hätte resultieren können? Daß jemand von auch nur mäßiger Intelligenz entdeckt haben könnte, was Mr. Kissam entdeckt haben *will* und sich dann in der Folge so naiv und borniert anstellen sollte, erscheint mir völlig unglaubwürdig. Und übrigens – wer *ist* denn dieser Mr. Kissam? Und ist der Aufsatz im ‹Kurier und Tagblatt› nicht vielleicht ein Phantasieprodukt, das nur die Zungen in Bewegung setzen soll? Man wird doch zugeben, das Ganze riecht nach einem Riesenschwindel. Meiner bescheidenen Meinung nach ist nur wenig Verlaß darauf. Und wüßte ich nicht aus Erfahrung, wie *begriffsstutzig* Wissenschaftler sind, sobald es einmal nicht um ihr Spezialgebiet geht, so könnte es mich sehr verwundern, einen so bedeutenden Chemiker wie Professor Draper den Anspruch eines Mr. Kissam (oder heißt er Mr. Quizzam?) auf die Entdeckung ernsthaft diskutieren zu hören.

Doch kommen wir zum ‹Tagebuch› von Sir Humphrey Davy zurück. Daß dieses Büchlein *nicht* für die Öffentlichkeit bestimmt war, auch nicht beim Ableben seines Autors, wird jeder, der auch nur die primitivsten Voraussetzungen der Schriftstellerei kennt, schon bei flüchtigem Betrachten des Stiles sehen. So liest man Seite 13, etwa in der Mitte, mit Bezug auf seine Forschungen über Stickstoffoxydul: «In weniger als einer halben Minute bei fortdauernder Atmung, allmähliches Nachlassen, *denen* folgte ähnlich sanftem Druck auf alle Muskeln.» Daß nicht vom ‹Nachlassen› der *Atmung* die Rede ist, ergibt sich nicht allein aus dem Kontext, sondern auch aus dem Plural ‹denen›. Kein Zweifel, der Satz sollte lauten: In weniger als einer halben Minute(,) bei fortdauernder Atmung, allmähliches Nachlassen (dieser Empfindungen), denen (ein Gefühl) folgte(,) ähnlich sanftem Druck auf alle Muskeln.» Hundert ähnliche Beispiele erhärten, daß das so unbedacht veröffentlichte Manuskript nichts war als ein *Konvolut ungeformter Notizen,* bestimmt nur für des Autors Auge, und nähere Betrachtung des Büchleins dürfte jeden Denkenden von der Richtigkeit meiner Vermutung überzeugen. Fest steht, daß Sir Humphrey Davy der letzte gewesen wäre, sich wissenschaftlich *eine Blöße zu geben*. Er hegte nicht nur außerordentlichen Abscheu für alle Stümperei, er war geradezu krankhaft bemüht, auch nicht den *Anschein* des Pfuschens zu erwecken. Selbst wenn er für sich fest überzeugt gewesen wäre, dem fraglichen Problem auf die Spur gekommen zu sein, *geäußert* hätte er sich doch erst dann, wenn für die sinnenfällige Demonstration alles bereit gewesen wäre. Ich glaube wahrlich, schon der Verdacht, man könnte seinen Wunsch nach Verbrennung des mit kruden Spekulationen angefüllten ‹Tagebuches› mißachten, wie es doch wohl geschah, hätte ihm noch den letzten Augenblick vergällt. Ich sage ‹seinen Wunsch›, denn daß zu den vermischten Papieren, welche ‹zu verbrennen› waren, auch sein Notizbuch gehörte, unterliegt meiner Ansicht nach keinem Zweifel. Ob es glücklicher- oder unglücklicherweise den Flammen entging, steht noch dahin. Daß die oben zitierten Abschnitte, mit ähnlichen anderen, an die ich denke, von Kempelen *einen Fingerzeig* gaben, braucht wohl nicht weiter erörtert zu werden. Doch wiederhole ich, es steht noch dahin, ob diese folgenschwere Entdeckung, und *folgenschwer* ist sie in jedem Falle, der Menschheit zum Nutzen oder zum Schaden gereichen wird. Nur ein Narr kann bezweifeln, daß von Kempelen und seine engeren Freunde einen beachtlichen Schnitt machen werden. Sie dürften kaum versäumen, ihn beizeiten durch den Kauf von Häusern, Ländereien und anderen *bleibenden* Werten zu realisieren.

In dem Bericht von Kempelen, der im ‹Heimatblatt› erschien und inzwischen mehrfach nachgedruckt wurde, dürfte dem Übersetzer, der den Abschnitt angeblich einer neueren Nummer der Preßburger ‹Schnellpost› entnahm, an mehreren Stellen die Bedeutung des deutschen Originals entgangen sein. ‹Viele› wurde offenbar,

wie oft, so auch hier, mißverstanden. Und was der Übersetzer mit ‹sorrows› wiedergibt, sind wohl ‹Leiden›,
richtig also ‹sufferings›, was wiederum den ganzen Bericht entscheidend nuancieren würde. Aber hier bin ich
natürlich weitgehend auf Vermutungen angewiesen.

Auf keinen Fall aber ist von Kempelen ‹ein Misanthrop›,
zumindest nicht dem Äußern nach, was immer er in
Wahrheit sein mag. Meine Bekanntschaft mit ihm war
rein zufälliger Natur, und ich darf wohl kaum behaupten, ihn zu kennen. Doch einen Mann, der so *über alle
Maßen* berühmt ist oder doch in wenigen Tagen *sein wird,*
gesehen, gar sich mit ihm unterhalten zu haben, ist in
unseren Zeitläuften wahrlich nichts Geringes.

Die ‹Welt der Literatur› behauptet kühn, er *stamme* aus
Preßburg; wahrscheinlich ließ sie sich durch den Bericht im ‹Heimatblatt› dazu verleiten. Hingegen habe
ich das Vergnügen, mit Entschiedenheit – weiß ich es
doch von ihm selbst – sagen zu können, daß er in Utica
im Staat New York geboren wurde, wenngleich beide
Eltern wohl aus Preßburg kamen. Seine Familie ist
irgendwie mit jenem Maelzel von Schachspiel-Auto-
matenangedenken verwandt. (Irren wir nicht, so war
der Name des Erfinders des Automaten Kempelen,
von Kempelen oder ähnlich. – Anmerkung der Herausgeber.) Er selbst ist von kleiner, gedrungener Statur,
hat große, *wässrige,* blaue Augen, rötliches Haar und
Backenbart, einen breiten, aber angenehmen Mund,
gesunde Zähne und, erinnere ich mich recht, eine
Römernase. Der eine Fuß ist mißgestaltet. Seine Art ist
offen, sein ganzes Verhalten strahlt *bonhomie* aus. Kurzum, im Aussehen, Sprechen und Verhalten ist er so
wenig ‹Misanthrop› wie irgendeiner. Sechs Jahre mag
es her sein, daß wir beide eine Woche lang zu Gast im

Earl's Hotel in Providence, Rhode Island, waren und ich zu verschiedenen Malen mit ihm sprach, im ganzen wohl drei oder vier Stunden. Er redete hauptsächlich von Tagesereignissen, und keines seiner Worte ließ mich auf wissenschaftliche Kenntnis bei ihm schließen. Er reiste vor mir ab, wollte nach New York und weiter nach Bremen. An letzterem Orte wurde seine Entdeckung zuerst publik, oder vielmehr: dort verdächtigte man ihn zuerst, sie gemacht zu haben. Das ist alles, was ich persönlich über den jetzt unsterblichen von Kempelen weiß, doch scheint mir selbst diese karge Kenntnis von Interesse für das Publikum.

Die meisten der erstaunlichen Gerüchte, die über diese Sache umgehen, sind ohne Frage pure Erfindung und dürfen so viel Glauben beanspruchen wie die Geschichte von Aladins Wunderlampe. Und dennoch – in einem so gearteten Falle, wie etwa auch bei den Entdeckungen in Kalifornien, bleibt zu bedenken, daß die Wahrheit befremdlicher *sein kann* als alle Erfindung. Die folgende Anekdote zumindest ist so gut verbürgt, daß wir sie vorbehaltlos glauben dürfen.

Während seines Aufenthaltes in Bremen erfreute sich von Kempelen nicht einmal leidlicher Lebensumstände, und man weiß, daß die Beschaffung kleiner Darlehen ihn oft in die peinlichsten Situationen brachte. Als nun die Betrügereien, von denen die Firma Gutsmuth & Co. betroffen wurde, allgemeines Aufsehen erregten, fiel der Verdacht auf von Kempelen, hatte er doch kürzlich eine beachtliche Liegenschaft in der Guldengasse erworben und weigerte sich, über die Herkunft der Kaufsumme Auskunft zu geben. Schließlich wurde er festgenommen, am Ende aber, da nichts Belastendes gegen ihn vorzubringen war, wieder freigelassen. Aber die

Polizei beschattete ihn und stellte so fest, daß er häufig sein Haus verließ. Sein Weg war immer der gleiche, und immer entging er seinen Verfolgern in der Nähe jenes Labyrinthes enger und gewundener Gassen, die der Volksmund Dunnergatt nennt. Doch mit großer Beharrlichkeit gelang es ihnen schließlich, seine Spur bis in die Dachstube eines alten siebenstöckigen Hauses am Fleetplatz zu verfolgen, und da sie ganz überraschend auftauchten, glaubten sie, ihn auf frischer Fälschertat zu ertappen. Seine Erregung soll so groß gewesen sein, daß die Beamten an seiner Schuld nicht den geringsten Zweifel hegten. Sie legten ihm Handschellen an und durchsuchten das Zimmer, vielmehr die Zimmer, denn offenbar benutzte er die ganze *Mansarde*. An die Dachstube, in der sie ihn faßten, schloß sich ein Kabinett an, das zehn mal acht Fuß maß und eine chemische Apparatur bislang unbekannter Bestimmung enthielt. In einer Ecke des Kabinetts stand ein winziger Schmelzofen, in dem ein Feuer glühte, und auf diesem eine Art Zwillingstiegel, d. h. zwei Tiegel, die durch eine Röhre verbunden waren. Einer dieser Tiegel war ganz mit schmelzendem Blei gefüllt, das aber nicht bis zur Öffnung der nahe am Rande angebrachten Röhre reichte. In dem anderen Tiegel war eine Flüssigkeit, die sich beim Eintritt der Beamten gerade ungestüm in Dampf zu verwandeln schien. Der Bericht meldet, daß von Kempelen, als er sich ertappt sah, die Tiegel mit beiden Händen ergriff – wie sich später zeigte, trug er Handschuhe aus Asbest – und ihren Inhalt auf den gekachelten Boden stürzte. Das war der Augenblick, ihm die Handschellen anzulegen. Vor der Durchsuchung der Räumlichkeiten nahm man noch eine Leibesvisitation vor, fand jedoch nichts Bemerkenswertes außer einem Päckchen in seiner Rocktasche, das, wie später festgestellt wurde, eine Mischung aus Antimon und einer *unbekannten Substanz* zu fast, aber nicht genau gleichen Teilen enthielt. Zwar sind bisher alle Versuche, diese unbekannte Substanz zu identifizieren, fehlgeschlagen, doch gibt es keinen Zweifel, daß die Analyse zuguterletzt gelingen wird.

Nach dem Verlassen des Kabinetts gingen die Beamten mit ihrem Gefangenen durch eine Art Vorzimmer, in dem sich nichts Wesentliches fand, in das Schlafzimmer des Chemikers. Hier durchstöberten sie Schubläden und Kästen, fanden aber nur belanglose Papiere und ein paar gültige Gold- und Silbermünzen. Unter dem Bett entdeckten sie schließlich *einen großen, gewöhnlichen Koffer, mit Fell bezogen, ohne Scharniere, Haken oder Schloß,* dessen Deckel achtlos *über* das Unterteil gelegt war. Beim Versuch, diesen Koffer unter dem Bett hervorzuziehen, fanden sie, daß ihre vereinte Kraft (es waren ihrer drei und starke Männer) «nicht langte, ihn auch nur zollbreit zu bewegen». Darob verwundert, kroch der eine unters Bett und sagte nach einem Blick in den Koffer:

«Was Wunder, daß wir ihn nicht bewegen konnten – ist er doch prall gefüllt mit altem Messingkram!»

Um festen Halt zu haben, stemmte er die Füße gegen die Wand und schob mit ganzer Kraft, indessen seine Kameraden mit all der ihren zogen, und so wurde mit viel Mühe der Koffer unter dem Bett hervorexpediert und darauf sein Inhalt geprüft. Das mutmaßliche Messing, womit er gefüllt war, hatte die Gestalt kleiner, glatter Stücke von Erbsen- bis zu Dollar-Größe, doch waren sie, obschon sämtliche flach, von unregelmäßiger Form, und das ganze sah aus «als wenn man geschmolzenes

Blei zu Boden wirft und dort erkalten läßt». Wohlbemerkt, nicht einer der Beamten hielt das Metall auch nur einen Augenblick für irgend anderes denn Messing. Der Gedanke, es könne *Gold* sein, kam ihnen natürlich nicht in den Kopf – wie *hätte* auch solch phantastischer Gedanke dahin kommen sollen? Und man mag sich ihr Erstaunen ausmalen, als am nächsten Tag ganz Bremen wußte, daß das ‹Messingzeugs›, das sie so verächtlich zum Revier geschafft hatten, ohne auch nur das kleinste Stück einzustecken, nicht nur Gold war – wahres Gold –, sondern weit edleres Gold als das gemeinhin für Münzen verwandte – Gold fürwahr, absolut rein, jungfräulich, ohne jede Spur einer Beimengung.

von Kempelens Geständnis, so weit davon überhaupt die Rede sein kann, und seine Freilassung brauche ich nicht detailliert zu schildern, sind sie doch der Öffentlichkeit wohlvertraut. Daß er im Geist und in der Tat, wenn nicht gar buchstäblich, den alten Wunschtraum der Weisen verwirklicht hat, wird kein vernünftiger Mensch bezweifeln können. Sicher verdienen Aragos Ansichten größte Beachtung, doch ist er wahrlich nicht unfehlbar. Und was er in seinem Bericht an die Akademie von *Bismuth* redet, ist *cum grano salis* zu nehmen. Ist doch die schlichte Wahrheit die, daß bis jetzt *jede* Analyse mißlungen ist. Und so lange von Kempelen sich nicht entschließt, uns den Schlüssel zu seinem publik gewordenen Geheimnis zu liefern, wird die Sache höchstwahrscheinlich jahrelang *in statu quo* verharren. Einstweilen kann gerechterweise nur gesagt werden, daß es möglich ist, «reines Gold ganz nach Wunsch und ohne Umstand aus Blei in Verbindung mit gewissen anderen, der Qualität und Proportion nach unbekannten Substanzen herzustellen».

Natürlich beschäftigt sich die Spekulation mit den unmittelbaren und mittelbaren Auswirkungen dieser Entdeckung, einer Entdeckung, die mit dem Allgemeininteresse an Gold, das durch die kürzlich in Kalifornien erfolgten Schürfungen noch gesteigert ist, in Verbindung zu bringen, kaum einer zögern wird, der nachdenkt. Und diese Überlegung führt uns unweigerlich zu einer anderen – wie außerordentlich *ungelegen* doch von Kempelens Lösung des Problems kommt.

Ließen sich bisher schon viele von einer Teilnahme am kalifornischen Abenteuer durch die bloße Befürchtung abhalten, die Ergiebigkeit der dortigen Minen könnte den Goldwert so empfindlich senken, daß das Unterfangen, so weit entfernt danach zu suchen, höchst zweifelhaft würde – welchen Eindruck wird dann erst die Nachricht von der erregenden Entdeckung von Kempelens auf die haben, die gerade aufbrechen wollen, oder auf jene, die schon im Schürfgebiet sind? Besagt diese Entdeckung doch, daß Gold, abgesehen von seiner bleibenden Bedeutung für Industriezwecke, worin immer die bestehen mag, jetzt oder zumindest bald (denn *lange* wird von Kempelen sein Geheimnis nicht wahren können) keinen größeren Wert hat als Blei und weit geringeren als Silber. Es ist sicher äußerst schwierig, zukunftsträchtige Spekulationen über die Konsequenzen dieser Entwicklung anzustellen; aber eines kann mit Sicherheit behauptet werden: wäre die Nachricht von dieser Entdeckung vor einem halben Jahr gekommen, sie hätte erheblichen Einfluß auf die Besiedlung Kaliforniens gehabt.

In Europa waren die bemerkenswertesten Resultate bis jetzt ein Anziehen der Preise für Blei um zweihundert und für Silber um fünfundneunzig Prozent.

Wohlbekannt ist, daß ‹die Weisen› seinerzeit ‹aus dem Morgenlande› kamen, und da Herr Sausewind Knallkopp aus östlichen Gauen anrückte, folgt daraus schlicht und stichfest, daß Herr Knallkopp ein Weiser war; und sollte's dafür noch weitern Beweises bedürfen, so kann ich auch damit dienen: – Herr K. war von Berufe Redakteur. Jähzorn war seine einzige schwache Seite; denn der verbohrte Eigensinn, dessen die Menschheit ihn zieh, war in Wirklichkeit alles andere denn eine Schwäche, und ganz zu Recht betrachtete er denselben als seine ausgesprochen starke Seite. Sie machte seine Kraft aus – seine Tugend; und es hätte die ganze Logik eines Brownson erfordert, ihn zu überzeugen, sie wäre leider «alles andere, als».

So steht denn fest, daß Sausewind Knallkopp ein Weiser war; und wenn es einen einzigen Zeitpunkt gab, an dem er sich als nicht ganz infallibel erwies, so war's an jenem Tage, da er den Osten, die legitime Heimat aller Weisen, im Stiche ließ und in die fernen Westen fortzog, nach Alexanderdergroßeonopolis oder irgendeinem Örtchen ähnlichen Namens.

Zum Steuer der Gerechtigkeit muß ich feststellen, daß er seinen Entschluß, sich in besagter Stadt niederzulassen, unter dem irrigen Eindruck faßte, es existiere in jenem Teile des Landes noch keinerlei Zeitung und konsequenterweise auch kein Redakteur. Er hoffte demnach, das Feld für sich allein zu haben, wenn er sich dort mit der ‹Teekanne› etablierte. Nie hätte er, so sagt mir ein sicheres Gefühl, auch nur im Traum daran gedacht, seinen Wohnsitz in Alexanderdergroßeonopolis aufzuschlagen, wäre er der Tatsache gewahr gewesen, daß

dort, in Alexanderdergroßeonopolis, ein Herr namens
Johann Schmid weste (wenn ich mich recht entsinne),
der daselbst durch jahrelanges Redigieren und Edieren
der ‹Alexanderdergroßeonopolitanischen Gazette› gut-
bürgerliches Fett angesetzt hatte. So geschah es denn
einzig aufgrund einer Fehlunterrichtung, daß Herr
Knallkopp sich nach Alex..... – ich denke, wir sagen
künftig, ‹der Kürze halber›, schlicht und einfach Nopolis – begab, doch als er sich nun einmal dort befand,
beschloß er, nun auch seinem Ruf als Mann von
Eigen---- wollte sagen, von Charakterfestigkeit Ehre
zu machen und zu bleiben. So blieb er denn; und er tat
noch mehr: er packte seine Presse aus, seinen Setzerka-
sten usw. usw., mietete sich ein Bureau genau gegenüber dem der ‹Gazette› und brachte am dritten Morgen
nach seiner Ankunft die erste Nummer der ‹Alex...› –
will sagen der ‹Nopolitanischen Teekanne› heraus: – so
lautete, entsinn’ ich mich noch recht, der neuen Zeitung
Name.
Der Leitartikel, das muß ich zugeben, war einfach brillant – um nicht zu sagen, von klassischer Strenge. Er
sparte nicht mit beißenden Glossen über die Dinge im
allgemeinen, – und was im besondern den Redakteur
der ‹Gazette› betraf, so sah man förmlich die Fetzen
fliegen. Einige von Knallkopps Bemerkungen waren in
der Tat so feurig-hitzig, daß ich stets seither, sooft ich
Johann Schmids gedachte (der immer noch am Leben
ist), an einen Salamander denken mußte. Ich darf mir
nicht anmaßen, hier *sämtliche* Auslassungen der ‹Teekanne› *verbatim* wiederzugeben, doch eine von ihnen
nahm den folgenden Gang:
«O ja! – oh, wir begreifen! – oh, kein Zweifel mehr!
Der Redakteur von drüben ist ein Prachtgenie! – O

Gott! – o du gütiger Himmel! – oh! oh! oh! – *wohin* soll es mit dieser Welt noch kommen! O Tempora! O Moses!»

Eine so ätzende und zugleich klassische Philippika mußte unter den bis dato friedfertigen Bürgern von Nopolis wie eine Sprenggranate einschlagen. Gruppenweise sammelten sich aufgeregte Individuen an den Straßenecken. Jeder von ihnen erwartete in herzinnerlicher Angst die Antwort des würdigen Schmid. Dieselbe erschien am nächsten Morgen und hatte den nachfolgenden Wortlaut:

«Wir zitieren aus der ‹Teekanne› von gestern untenstehenden Abschnitt: – ‹*O* ja! – *oh*, wir begreifen! – *oh*, kein Zweifel mehr! – *O* Gott! – *o* du gütiger Himmel! – *oh! oh! oh!* – *O* Tempora! *O* Moses!*›* Also wirklich, das Kerlchen ist ein einziges riesiges O! Es mag das zum Grunde haben, daß er immerfort im Kreise denkt, und uns erklären, warum alles, was er von sich gibt, so ohne Anfang und Ende ist und ohne Hand und Fuß. Wirklich, wir glauben, dieser Vagabund vermag nicht ein einziges Wort zu schreiben, welches kein O in sich hätte. Man fragt sich, ob dies O-en wohl eine Angewohnheit von ihm ist! Zu denken gibt, daß er in auffälliger Eile aus dem hintersten Osten angereist kam. Ob er dort wohl ebenso viel ge-o-t hat, wie er's hier nun tut? ‹Oh! es ist jammervoll!›»

Den Unmut des Herrn Knallkopp über diese schändlichen Insinuationen werde ich gar nicht erst zu beschreiben versuchen. Doch da er grundsätzlich eines Aales Haut besaß, machte er nach außen den Eindruck, als sei er bei dieser Attacke auf seine Redlichkeit weit weniger ergrimmt, als man sich eigentlich wohl denken sollte. Es war das flotte Gespöttel über seinen *Stil:* das trieb ihn zur Verzweiflung. Was denn! – er, Sausewind Knallkopp! – er sollte's nicht vermögen, ein Wort ohne ein O darin zu schreiben?! Dem Lümmel wollte er es aber bald zeigen, daß er sich verrechnet hatte. Jawohl! er würde es ihm zeigen, *wie sehr* er sich verrechnet hatte, der Laffe! Er, Sausewind Knallkopp aus Froschteichium, wollte es diesem Herrn Johann Schmid schon demonstrieren, daß er, der Knallkopp, wann es ihm nur paßte, gleich einen ganzen Abschnitt – ach, was denn! einen ganzen Artikel – verfassen konnte, in welchem jener geschmähte Vokal nicht *einmal* – nicht ein *einziges-mal* – in Erscheinung treten sollte. Doch nein; – das hieße ja besagtem Johann nur weiter Wasser auf die Mühle schütten. Er, Knallkopp, wollte *keinerlei* Veränderung in seinem Stile vornehmen, um den Kapricen irgendeines Mitchristen namens Schmid Genüge zu tun. Hinweg denn mit so garstigen Gedanken! Ein Hoch dem O! Nun würde er gerade drauf beharren. Er würde diesem Wicht da ein Oho bereiten, daß ihm die Augen übergehen sollten.

In glühender Begeisterung ob dieser heldenhaften Entschließung nahm der große Sausewind in der nächsten ‹Teekanne› lediglich mit dem folgenden schlichten, doch resoluten Paragraphen auf die unglückselige Affäre Bezug:

«Der Redakteur der ‹Teekanne› hat die *Ehre,* dem Redakteur der ‹Gazette› hiermit anzukündigen, daß sie (die ‹Teekanne›) in ihrer morgigen Morgenausgabe Gelegenheit nehmen wird, sie (die ‹Gazette›) davon zu überzeugen, daß sie (die ‹Teekanne›) in Sachen des Stils *ihr eigener Herr* nicht nur sein kann, sondern auch sein und bleiben wird; – daß sie (die ‹Teekanne›) ihr (der ‹Gazette›) die extreme und tatsächlich vernich-

tende Verachtung, mit welcher ihrer (der ‹Gazette›)
Rezension den unabhängigen Busen der unterzeichneten ‹Teekanne› inspiriert, zu zeigen beabsichtigt, indem
sie (die ‹Teekanne›) – ob ihr (der ‹Gazette›) zur besondern Erbauung, wird sich dann erweisen – einen Leitartikel von nicht unbeträchtlicher Länge schaffen wird,
in welchem der besagte köstliche Vokal – das Sinnbild
der Ewigkeit – und bisher ihrem (der ‹Gazette›) hyper-
exquisiten Zartgefühle gänzlich unanstößig – mit höchster Sicher- und Gewißheit *nicht vermieden* werden wird
von ihrer (der ‹Gazette›) gehorsamster, demütigster
Dienerin, der ‹Teekanne›. ‹Soviel für Buckingham!›»
Die fürchterliche Drohung zu erfüllen, die solcherart
eher nur dunkel angedeutet denn klar entschieden an-
gekündigt worden, verschloß der große Knallkopp allen Bitten um ‹Manuskript› sein Ohr und forderte seinen Setzermeister schlicht auf, ‹zum Teufel zu gehen›,
als er (der Setzer) dringend zu bedenken gab, es sei
für sie (die ‹Teekanne›) höchste Zeit, ‹in Druck zu gehen›, – der große Knallkopp also, sagte ich, verschloß
gegen alles und jedermann sein Ohr und hockte, unter
maßlosem Ölverbrauch, bis Tagesanbruch über der
Komposition des wahrhaft unvergleichlichen Artikels,
der nun folgt:
«Hoho, Johann! Wo juckt dich heut der Floh? Noch
immer toll? Zum Wohl denn! Wohl bekomm's dir so!
Ein Kopf voll Stroh, was sollte der schon loben! Den
Morgen vor dem Abend, – na dann Prost! Du schmollst
wohl noch, du bist erbost? Du oller Knollenkoch! Du
Tropf mit deinem Kropf! Oho, kommst du mir so, du
Wiedehopf? Der Onkel wird dir den Popo versohlen!
Spann an, Johann, und fort von diesem Ort! Troll dich
davon, sonst komm ich dich holen, du Hinterhof-Philo-

soph! Fort nach Concord, wo du geboren! Wer soviel
Bockmist boll, wer so von tollem Groll besoffen über-
quoll, der hat hier nichts verloren. Der ist doof. Der ist
bekloppt. Du wolltest uns wohl foppen, oller Depp?
Nun bell den Mond an, Mops! Dein Maß ist voll. Johle
nicht, Dohle! Hopp im Galopp! Du Groschenfrosch!
Du Schmock und Possenbock! Ich komm dir mit dem
Stock! Jedem Hohn seinen Lohn! Für jede Glosse was
auf die Flosse! Du schofler Schwafler, roll dich in die
Gosse! Scher dich ins Moor, du Molch! Du paßt bloß in
Morast! Räume die Redaktion! Dein Hohn ist schon
bankrott, du Strolch! Gewonnen, zerronnen. Glotze
nicht so! Oh! Großer Gott, Johann, sieh dich bloß an!
Erst trotzen und protzen mit zotigen Pfoten, dann selber im Kot! Famoser Stoß das, was? Vorige Woche
noch rot, heute ohne Brot, und morgen schon tot: das
ist dein Los, Zelot!»

Ganz natürlicherweise erschöpft von einer so stupenden
Geistesanstrengung, vermochte sich der große Sausewind in jener Nacht keinerlei anderer Arbeit mehr zu
widmen. Mit Festigkeit und wohlgesetzter Ruhe, doch
auch mit einer Miene voller Machtbewußtsein, händigte
er das MS. dem wartenden Setzerlehrling aus und begab
sich sodann, nachdem er in Muße heimwärts gewandert,
mit unbeschreiblicher Würde zu Bett.

Inzwischen rannte der Setzerlehrling, dem das Manuskript anvertraut worden war, mit Windeseile die
Treppe hinauf zu seinem Setzkasten und machte sich
unverzüglich daran, das MS. ‹abzusetzen›.

Zuerst einmal stürzte er sich natürlich – da das Eröff-
nungswort ‹Hoho› lautete - auf das Fach mit den großen
H's und zog voller Triumph ein solches großes H hervor.
Erhoben von diesem Erfolge, warf er sich in blindem

Ungestüm sogleich nun auf den Kasten mit den kleinen O's; – doch wer beschreibt seinen Schrecken, als seine Finger ohne den erhofften Buchstaben im Griffe wieder hervortauchten? wer malt sein Erstaunen und seine Wut, als er, seine Knöchel reibend, erkennen mußte, daß er sich dieselben lediglich und durchaus nutzlos am Boden eines *leeren* Kastens angeschlagen hatte? Nicht ein einziges kleines O befand sich in dem Fach der kleinen O's; und als er nun, von Sorge beschlichen, in die Abteilung der großen O's blickte, fand er zu seinem äußersten Entsetzen, daß sie in ganz ähnlicher Weise des Inhalts entriet. Von Schreck gepackt, war's nun sein erster Antrieb, zum Setzermeister zu laufen.

«Meester!» rief er, nach Atem ringend, «ick kann Ihn' dat Zeug aber nich absetzen, wenn ick keene O's habe.»

«Was willst du damit sagen?» knurrte der Setzer, der sich bei übler Laune befand, weil er so spät noch aufbleiben mußte.

«Nu, Meester, wa ham keen eenzijes O mehr im Büro, keen jroßes nich un keen kleenes!»

«Was – zum T----l ist denn aus denen geworden, die im Kasten waren?»

«Weeß *ick* doch nich», sagte der Junge, «bloß eens von den Bürschchen von der Jazette, der hat die janze Nacht hier rumjemacht, und da denk ick mir ma jleich, der hat se sich alle untern Najel jerissen.»

«Hol' ihn der Henker! Ich zweifle keinen Augenblick», erwiderte der Setzer und wurde purpurrot vor Wut – «aber ich sag dir, was du machen wirst, Bob, sei ein guter Junge – du gehst bei der ersten Gelegenheit rüber, und dann klaust du ihnen ihre sämtlichen I's und (verd--- sie!) ihre Zets dazu.»

«Wird jemacht», antwortete Bob, blinzelnd mit finsterem Blick – «ick wer den’ ma zeijen, wat ne Harke is; aber wat machen wa denn mit diesem Ardikkel hier? Der *muß* in Satz jehn, heute nacht noch, sonst ham wa ’n D----l auf’m Hals, und – – –»

«– – – und das wahrhaftig nicht zu knapp», unterbrach ihn der Meister mit einem tiefen Seufzen, und indem er das ‹knapp› sorgenschwer betonte. «Ist er *sehr* lang, der Artikel, Bob?»

«Dat würd ick nu auch wieder nich sajen», sagte Bob. «Ah, schön! dann sieh zu, was du daraus machen kannst! Wir *müssen* in die Presse damit», sagte der Setzer, der bis über die Ohren in Arbeit steckte; «setz einfach irgendeinen andern Buchstaben ein für das O; liest ja sowieso keiner den Quatsch, den der Kerl verzapft hat.»

«Jut», antwortete Bob, «wird jemacht!» und schon stürzte er an seinen Kasten; und unterwegs murmelte er – «Dat sind mir ja schöne Sachen hier, diese Ausdrücke, besonders für een Mann, der dat Fluchen nich jelernt hat! Na, den’ wer’ ick aber ma so eene Nummer zeijen oder zweie, wat? Die solln sich noch krumm und dämlich ärjern. Für sowat ist unsereens jrad der richtije Mann.» Tatsache ist, daß Bob, wenn er auch erst zwölf Jahre zählte und eben vier Fuß hoch war, sich doch jeder Balgerei gewachsen fühlte – solange sie sich in seinen Grenzen hielt.

Die hier beschriebene kritische Lage ist in Druckereien keineswegs ein seltenes Vorkommnis; zwar weiß ich keine Erklärung dafür abzugeben, doch das Faktum ist unbestreitbar, daß fast immer, *wenn* eine solche Notlage eintritt, das X als Ersatz für den fehlenden Buchstaben genommen wird. Der eigentliche Grund liegt vielleicht einfach darin, daß X diejenige Letter ist, die am wenigsten gebraucht und darum so ziemlich am reichlichsten in den Setzerkästen vorhanden ist – oder jedenfalls, in frühern Zeiten, *war* – lange genug, um das in Rede stehende Ersatzverfahren bei den Druckern zur festen Gewohnheit zu machen. Was Bob betraf, so hätte er es einfach für ketzerisch gehalten, in einem Fall wie diesem einen anderen Buchstaben zu verwenden als das X, an dessen Gebrauch er sich längst gewöhnt hatte.

«Ick wer' ma diesen Ardikkel x-en müssen», sprach er bei sich, nachdem er ihn voller Verblüffung durchgelesen, «aber dat is ja so unjefähr dat fürchterlichste Zeug, wat ick je jesehn hab»: so x-te er ihn unnachgiebig, und ge-x-t wanderte er in die Presse.

Am nächsten Morgen ergriff die gesamte Bevölkerung von Nopolis maßlose Bestürzung, als man in der ‹Teekanne› den folgenden außerordentlichen Leitartikel las:

«Hxhx, Jxhann! Wx juckt dich heut der Flxh? Nxch immer txll? Zum Wxhl denn! Wxhl bekxmm's dir sx! Ein Kxpf vxll Strxh, was sxllte der schxn lxben! Den Mxrgen vxr dem Abend, – na dann Prxst! Du schmxllst wxhl nxch, du bist erbxst? Du xller Knxllenkxch! Du Trxpf mit deinem Krxpf! Xhx, kxmmst du mir sx, du Wiedehxpf? Der Xnkel wird dir den Pxpx versxhlen! Spann an, Jxhann, und fxrt vxn diesem Xrt! Trxll dich davxn, sxnst kxmm ich dich hxlen, du Hinterhxf-Philxsxph! Fxrt nach Cxncxrd, wx du gebxren! Wer sxviel Bxckmist bxll, wer sx vxn txllem Grxll besxffen überquxll, der hat hier nichts verlxren. Der ist dxxf. Der ist beklxppt. Du wxlltest uns wxhl fxppen, xller Depp? Nun bell den Mxnd an, Mxps! Dein Maß ist vxll. Jxhle nicht, Dxhle! Hxpp im Galxpp! Du Grxschenfrxsch! Du Schmxck und Pxssenbxck! Ich kxmm dir mit dem

Stxck! Jedem Hxhn seinen Lxhn! Für jede Glxsse was auf die Flxsse! Du schxfler Schwafler, rxll dich in die Gxsse! Scher dich ins Mxxr, du Mxlch! Du paßt blxß in Mxrast! Räume die Redaktixn! Dein Hxhn ist schxn bankrxtt, du Strxlch! Gewxnnen, zerrxnnen. Glxtze nicht sx! Xh! Grxßer Gxtt! Jxhann, sieh dich blxß an! Erst trxtzen und prxtzen mit zxtigen Pfxten, dann selber im Kxt! Famxser Stxß das, was? Vxrige Wxche nxch rxt, heute xhne Brxt, und mxrgen schxn txt: das ist dein Lxs, Zelxt!»

Der Aufruhr, den dieser mystische und kabbalistische Artikel verursachte, ist unvorstellbar. Der erste bestimmte Gedanke, den die Bevölkerung faßte, bestand darin, es müsse irgendeine überaus teuflische Tücke in den Hieroglyphen verborgen liegen; und in Scharen rannte man zu Knallkopps Wohnung, mit dem Zweck, ihn den Volkszorn fühlen zu lassen; doch der besagte Herr war nirgends aufzufinden. Er war verschwunden, – wie, das vermochte keiner zu sagen; und nie seither ist auch nur sein Geist wieder gesichtet worden.

Unfähig, ihr rechtmäßiges Opfer zu fassen, verebbten die Wogen der Volkswut schließlich wieder, – um hinter sich, als eine Art Ablagerung, einen wahren Mischmasch verschiedenster Ansichten über diese unglückselige Affäre zu lassen.

Ein Herr fand, das Ganze sei ein x-zellenter Witz.

Ein anderer bekundete, Knallkopp habe eine ausgesprochen x-altierte Phantasie bewiesen.

Ein dritter wollte X-zentrizität gelten lassen, doch nicht mehr.

Ein vierter konnte darin nur des Yankee's Absicht vermuten, ganz allgemein einmal seinen Grimm zu x-hibieren.

«Sagen Sie lieber: der Nachwelt ein X-empel zu setzen», schlug ein fünfter vor.

Daß Knallkopp zum Äußersten getrieben worden sei,
war allen klar; und tatsächlich ging die Rede, man sollte,
da der eine Redakteur nun nicht mehr greifbar war,
dann doch den andern, noch vorhandenen, lynchen.

Die allgemeinere Meinung ging jedoch dahin, daß die
Affäre schlicht x-zeptionell und in-x-plikabel wäre.
Selbst der Stadtmathematiker bekannte, er vermöge aus
einem so dunkeln Problem nichts zu machen. X, das
wisse ja jedermann, sei eine unbekannte Größe; doch in
diesem Fall handle es sich (wie er sehr richtig bemerkte)
ja gleich um eine unbekannte Anzahl unbekannter Grö-
ßen.

Die Meinung Bobs, des Setzerlehrlings (der mit Fleiß
verschwieg, daß er selber «den Ardikkel je-x-t» hatte),
fand nicht so viel Beachtung, wie sie nach meinem Da-
fürhalten verdiente, obschon sie ohne Furcht und in aller Offenheit geäußert ward. Er sagte, was ihn betreffe,
so hege er überhaupt keinen Zweifel in der Sache; der
Fall sei gänzlich klar; denn der Herr Knallkopp, «der
hat ja nie schön orntlich wie de andern Leute jebechert;
der mußte immer wat besonderes ham und hat sich dauernd dies verflickste XXX-Bier einjeträufelt; dat hat
ihm dann so ins Hemde jehauen, daß er nachher bloß
noch X-e jesehn hat; – tja, und die hat er ja irjendwo los-
wer'n müssen.»